実践 OpenCV 3 for C++
画像映像情報処理

永田雅人／豊沢 聡●共著

■サンプルファイルのダウンロードについて

　本書掲載のサンプルファイルは、一部を除いてインターネット上のダウンロードサービスからダウンロードすることができます。詳しい手順については、本書の巻末にある袋とじの内容をご覧ください。

　なお、ダウンロードサービスのご利用にはユーザー登録と袋とじ内に記されている番号が必要です。そのため、本書を中古書店から購入されたり、他者から貸与、譲渡された場合にはサービスをご利用いただけないことがあります。あらかじめご承知おきください。

本書で取り上げられているシステム名／製品名は、一般に開発各社の登録商標／商品名です。本書では、™ および ® マークは明記していません。本書に掲載されている団体／商品に対して、その商標権を侵害する意図は一切ありません。本書で紹介している URL や各サイトの内容は変更される場合があります。

はじめに

　普段は意識しませんが、スマートフォンで撮影する写真やビデオ、ウェブサイトで閲覧する映像の実体はデジタルデータ、つまり数値の集まりです。相手が数値なら、足したり引いたりの算術で操作できます。本書で紹介する OpenCV（Open Source Computer Vision Library）は画像・映像に計算を施すことで、そこに映し出されている世界からヒトに意味のある情報を抽出する「コンピュータビジョン」に特化したオープンソースのライブラリ集です。

　コンピュータビジョンの主な目的の 1 つは、カメラが映す対象の中の「どこに」「何が」存在するかの認識にあります。たとえば、顔の位置に自動的にフォーカスするカメラなら、ファインダ内の「どこに」「顔」があるかを判定します。セキュリティカメラなら、歩行者の位置と人数を検出します。こうした技術はすでに実用化されており、OpenCV にもこうした定番アルゴリズムが含まれています。

　より高度な判断を必要とするケースもあります。たとえば自動車運転支援システムや全自動運転では、車線、周囲の車両、歩行者、信号機や標識など時々刻々と変化する複雑な外環境を天候、光の加減、車の速度や方向に関わらず認識しなければなりません（たとえば自動運転車の障害物認識など）。こうした要求に応じて、最近ではディープラーニングなどを応用した物体認識やクラス分類方法が多数実用化されています。また、人工知能と連携した研究開発も活発に進められており、ヒトが眼で見て判断していることや、それより複雑なことも高速、高精度に行えるようになりつつあります。OpenCV には、こうした最新かつ実験的なコンピュータビジョンの技法も集約されています。

　ライブラリに含まれている関数は高水準なので、初心者でも画像処理プログラムを簡単に作成できます。また、ソースプログラムの可読性が高くなるので、拡張や保守も容易になります。しかも、同じ機能を自分で実装するよりたいていは高速です。画像処理を研究しているのなら、基本的な処理を OpenCV に任せることで、本質的なアルゴリズムに的を絞って問題解決に取り組めます。

　本書は、それぞれの節で設定した課題を素早く達成することを目指したシンプルなサンプルコードを中心に構成されています。コードはいずれについても全行を掲載したので、まずはプログラムをビルドし、実行してみてください。そして、プログラムの調整や改良を通じて、OpenCV による画像・映像の扱い方、各種アルゴリズムの利用方法、リファレンスの読み方な

どに慣れ親しみましょう。本書を読み終えれば、OpenCV を駆使してオリジナルのコンピュータビジョン処理ができるようになっているでしょう。

　本書では、Microsoft Visual Studio の無償版である Visual Studio Community での開発を想定し、開発環境の導入からプログラムの実行まで解説しています。Windows の C++ 開発環境に慣れていない方やプログラミングをこれから勉強しようとしている方でも、すぐに取りかかることができます。

　本書は、2013 年に上梓した「実践 OpenCV 2.4」を最新の OpenCV バージョン 3 に対応させたものです。主な変更点は次のとおりです。

① C++ API

　OpenCV バージョン 3 から C 言語 API がメンテナンス対象外となり（利用は可能）、C++ やPython が推奨されるようになったことに伴い、C から C++ に移行しました。ただし、本書はOpenCV ライブラリが提供する C++ クラスの「利用」をメインとしているので、C++ の知識は最低限で済むように考慮しました。

②コードの全面改訂

　より読みやすい、あるいは効率の良い方法でプログラムを書き換えました。

③新しいトピック

　OpenCV 3 から利用できるようになったディープラーニングなどの新しいトピックを追加しました。

④開発環境は Microsoft Visual Studio に限定

　バージョン 3 から配布パッケージに同梱されているバイナリが Visual C++ 用のみになったのに伴い、MinGW gcc は直接には扱いません。ただし、本書のサンプルプログラムはすべてMinGW でも動作確認済みです。

　コンピュータビジョンは、普段何気なく見ている身近なシーンを対象にするので結果がわかりやすく、趣味のプログラミングとして、またはオリジナルのアルゴリズムを実装する応用力を身に付けるのにも適したテーマだと思います。本書が画像映像処理やコンピュータビジョン、プログラミングなどの入り口となれば幸いです。

2017 年 7 月　永田 雅人

■ 本書の構成

本書の構成を次に示します。

第1章から第2章は導入部で、OpenCV プログラミングを行う上で必要な知識や開発環境構築方法を説明します。第3章から第5章は基本編で、OpenCV での画像・映像の取り扱い方法やユーザインタフェースの利用方法を説明します。第6章と第7章は応用編で、そこまでの知識と OpenCV の関数を用いて映像情報を解析したり、物体を認識するなど、コンピュータビジョンアプリケーションらしいトピックを扱います。

第1章　OpenCV について

OpenCV の多様な応用場面を紹介します。また、プログラミングをする上で必要となる「画像」や「動画」の形式を簡単に説明します。

第2章　開発環境の準備

Visual Studio 開発環境の構築方法を説明します。具体的には、OpenCV と Visual Studio をインストールし、本書添付のサンプルコードのビルドと実行を行います。

第3章　画像・映像の入出力

画像、ビデオファイル、カメラ映像の入出力および保存方法を説明します。また映像のスキップなどビデオの操作方法も取り上げます。

第4章　ユーザインタフェース

図形や文字などのグラフィックスの描画、キー入力、トラックバー、マウスといったユーザインタフェースの処理方法を紹介します。また、性能計測に必要な処理時間の測り方も説明します。

第5章　チャンネル、領域、ピクセル単位の処理

Mat 画像をチャンネル、部分領域、ピクセル単位で処理する方法を説明します。また、画像データに浮動小数点数型を用いる方法や空間フィルタリングも取り上げます。

第6章　画像情報の取得

映像からさまざまな情報を抽出する高度な方法を紹介します。具体的には、ヒストグラム、周波数フィルタリング、JPEG 風の情報圧縮、オプティカルフローを扱います。

v

第 7 章　物体認識

画像に映っているのが何かを認識する方法を説明します。ここでは、サンプルと同じもの
を探すテンプレートマッチング、色構成から同じ画像を検索する 2 次元ヒストグラム法、
特徴点抽出と特徴点マッチングによるサンプル物体の検出、顔検出に特化した HaarLike 特
徴検出を扱います。また、ディープラーニングを用いた画像の分類と文字の検出も紹介し
ます。

付録

標準パッケージには含まれていない OpenCV ライブラリの contrib（拡張機能）のインストー
ル方法や、Visual Studio の便利な使い方、エラーメッセージとその対処法、OpenCV ライ
センス、参考文献といった本文では扱えなかったトピックをまとめています。

各節はそれぞれが 1 つのトピックを取り扱っており、その構成は次のとおりです。

x.y.1　プログラムの実行（実行画面）

x.y.2　ソースコード

x.y.3　ライブラリの用法（コードの解説と関数／クラスの定義）

x.y 節の冒頭（たとえば 3.1 節）では、ターゲットとなる課題を定義した上で、その課題を達
成するために必要な基礎知識とプログラム化するのに必要な OpenCV 関数を示します（ただし
初出のもののみ）。続く x.y.1 節（たとえば 3.1.1 節）では、そのプログラムの実行状況を示しま
す。x.y.2 節（3.1.2 節）はプログラム（コード）全体を提示します。x.y.3 節（3.1.3 節）ではその
節で紹介する関数およびクラスの定義を示しつつ、基本的には行番号順に解説します。

第 7 章のプログラム（関数）の中には画像や映像以外の外部ファイルを読み込むものがあり
ます。それらの節では x.y.1 節に「プログラム実行に必要なファイル」が挿入されています。以
降は実行（x.y.2）、コード（x.y.3）、用法（x.y.4）と小節番号がずれます。

その節の課題に関わる多少高度な話題は、節末の NOTE に加えました。プログラムを書く上
で必須ではないので、空いたときにでも目を通していただければ幸いです。

■開発環境

以下、本書が対象としている開発環境を説明します。かなり限定的に書いていますが、OpenCV 自体がプラットフォーム OS や開発環境を限っているわけではありません。あくまで、この範囲であれば、インストール方法やサンプルコードが本書に示すとおりに動作することを意味しています。

対象 OS

プラットフォームは 64 ビット版 Windows 10 です。

64 ビット版に限定しているのは、Sourceforge から配布されている OpenCV 標準パッケージに含まれている実行形式が、バージョン 3.1 以降 64 ビット版のみとなったことに伴うものです。32 ビット版 Windows を使用しているのなら、32 ビット版を含む以前のバージョンを使用するか、OpenCV ライブラリ本体をソースからリビルドします（付録 A 参照）。

使用している Windows 10 が 32 ビットか 64 ビットかは、[スタートメニュー]を右クリック→[システム]から確認できます。[システムの種類:]が[64 ビットオペレーティングシステム、x64 ベースプロセッサ]なら 64 ビット版です。

32 ビット版を使用しているのなら、本書の説明にある「x64」は「x86（Win32）」と読み替えてください。

開発環境

開発環境は、Microsoft Visual Studio Community 2017 C++（以降 Visual Studio）です。

このエディションは学生、オープンソースの開発者、非営利団体、開発者 5 名以内の企業を対象とした Open Source Initiative（OSI）ライセンスに準拠した無償版です。ライセンスについては以下の URL を参照してください。

> https://www.microsoft.com/ja-jp/dev/products/community.aspx

製品版の Visual Studio Professional などその他のエディションやバージョン（Visual Studio 2015 など）でも、OpenCV の設定手順は基本的には変わりません。

OpenCV のバージョン

本書執筆時点で最新版（2016 年 12 月リリース）の OpenCV 3.2 を対象としていますが、本書掲載のサンプルコードは OpenCV 3.1 でも動作を確認しています。3.1.0 でサンプルをビルドするときは、コード冒頭の #pragma comments で指定されているライブラリのバージョンを opencv_world310d.lib に変更してください。

OpenCV は BSD ライセンスを利用しており、本書の付録 D あるいは以下の URL から閲覧できます。

> http://opencv.org/license.html

■サンプルコードについて

本書に掲載したサンプルコードは、すべて巻末の「袋とじ」にあるダウンロードサービスからダウンロードできます。サンプルコードは節単位でプロジェクトになっており、たとえば 3.1 節のコードのビルド・実行は、該当するプロジェクトファイルを起動するだけで行えます（2.6 節参照）。

これ以外にサンプルコードで注意しなければならない点を次に示します。

パス区切り記号について

パス区切り記号は、本書の本文でもサンプルコードでも「/」（フォワードスラッシュ）を用いています。たとえば、ヘッダファイルは「#include <opencv2/opencv.hpp>」のように「/」

を使ってその所在を指定しています。

　ソースコード内のパス区切り記号は Windows スタイルの「¥」（円記号）でも、Unix スタイルの「/」のどちらでもかまいませんが、円記号を使うのならば 2 つ重ねて「¥¥」と記述してください。「¥」が C/C++ の特殊記号なため、「エスケープ」しなければならないからです。

　絶対パスで Windows のドライブを指定するときは、通常どおり「C:¥¥Windows」あるいは「C:/Windows」のようにドライブ名と「:」（コロン）で記述します。

日本語文字

　読みやすさを優先して、ウィンドウ識別名は日本語文字で記述しています。開発環境によっては、コンパイル時にエラーや警告が上げられたり、ウィンドウ等に文字化けして表示されることがあります。移植性を考慮するならば、プログラム内の文字列には半角英数を使用することをお勧めします。

　配布ソースファイルのエンコードは UTF-8（BOM 付き）です。

入力画像・ビデオ

　サンプルコードが読み書きする画像・ビデオファイルは、プログラムではたとえば、imread("robo.png") のようにカレントワーキングディレクトリを想定してハードコードされています。各プロジェクトフォルダには、そのプログラムが読み込むファイルをあらかじめ含めてあります。

　画像やビデオの属性をハードコーディングしているものもあります。たとえば、カメラのフレームサイズは 640 × 480 ピクセル、ビデオファイルのフレームレートは 30 fps を想定しています。

　同梱されているサンプルの画像・映像以外を利用するときは適宜変更してください。

■ 添付のファイルについて

　本書のサンプルコードを実行するときに必要な外部ファイルは、各プロジェクトフォルダ中に置いてあります。また、data フォルダにもまとめました。

　画像や映像は OpenCV パッケージに同梱されていたり OpenCV 公式サイトに掲載されているサンプル、もしくは筆者が用意したものです。ただし、OpenCV のビデオファイル（video.avi）については、本書のサンプルコードで扱いやすいようにサイズ、フレームレート、コーデック

を変更してあります[注1]。

ビデオファイルはいずれもコンテナは AVI、コーデックは Xvid、サイズは 640 × 480 です。それ以外のプロパティを参考までに次に示します。

表●添付ビデオファイルのプロパティ

ファイル名	内容	長さ（秒）	フレームレート（fps）
video.avi	大学キャンパス／歩行者（OpenCV サンプルより）	79.5	30
sample1.avi	アヒル／ペン／ボール／ミニカー	3.6	30
sample2.avi	マグネット／ロボ／ミニカー／コマ	19.3	30
sample3.avi	7 種類の動物（自然画像）	14.0	0.5
duck_greenback.avi	緑の背景の中を移動するアヒル	20.2	30

7.4 節から 7.6 節では、これらに加えて物体の検出や分類用の外部ファイルを用います。これらも入力画像・動画ファイルと同じように各プロジェクトフォルダおよび data フォルダに置いてあります。詳細については、それぞれの節の「プログラム実行に必要なファイル」（7.y.1 節）を参照してください。

注1　OpenCV パッケージ同梱のオリジナルは C:/opencv/sources/samples/data/768x576.avi にあります。オリジナルのプロパティは DIV3 コーデック、768 × 576 ピクセル、10 fps です。

目　次

はじめに -- iii

第1章　OpenCV について …… 1

1.1　OpenCV とは --2

1.2　OpenCV リファレンス --3

1.3　OpenCV の応用例--6
- 1.3.1　2 値化／ 6
- 1.3.2　エッジ検出／ 7
- 1.3.3　モルフォロジー演算／ 7
- 1.3.4　ヒストグラム／ 9
- 1.3.5　オプティカルフロー／ 10
- 1.3.6　テンプレートマッチング／ 10
- 1.3.7　特徴点検出／ 11
- 1.3.8　物体認識・機械学習／ 13
- 1.3.9　ディープラーニング／ 13

1.4　画像の構造-- 14
- 1.4.1　ピクセル／ 15
- 1.4.2　チャンネル数／ 16
- 1.4.3　カラーモデル／ 16
- 1.4.4　画像サイズ／ 18
- 1.4.5　データ型／ 18
- 1.4.6　画像の構成／ 20

1.5　映像の構造-- 23
- 1.5.1　フレームレート／ 23
- 1.5.2　ビデオファイルのコーデックとコンテナフォーマット／ 24
- 1.5.3　ビデオのプロパティ／ 25
- 1.5.4　映像処理の流れ／ 25

第2章　開発環境の準備 …… 27

2.1　インストールの前に ------------------------------------- 28

2.2　OpenCV のインストール --------------------------------- 28
- 2.2.1　ダウンロード／ 28
- 2.2.2　インストール（解凍）／ 30
- 2.2.3　確認／ 31

xi

2.3 Visual Studio のインストール ------------------------------ 32

- ●2.3.1 ダウンロード／32　　●2.3.2 インストール／33
- ●2.3.3 確認／34

2.4 Visual Studio の環境設定 ------------------------------ 36

- ●2.4.1 インクルードパス／37　　●2.4.2 ライブラリパス／41
- ●2.4.3 コマンドパスの設定／43

2.5 新規プロジェクトの作成 ------------------------------ 48

- ●2.5.1 プロジェクトの準備／48　　●2.5.2 stdafx.h ／50
- ●2.5.3 プラットフォーム（x64）の指定／50
- ●2.5.4 テンプレートそのままをビルドし、実行／51
- ●2.5.5 ソリューションとプロジェクト／52
- ●2.5.6 画像・映像ファイルの置き場所／53
- ●2.5.7 動作確認／54

2.6 本書サンプルコードのビルドと実行 ------------------------------ 57

- ●2.6.1 ソリューションファイルから開く場合（通常はこちら）／57
- ●2.6.2 ソースファイルからプロジェクトを新規作成する場合／59

第3章 画像・映像の入出力 …… 61

3.1 画像ファイルの表示 ------------------------------ 62

- ●3.1.1 プログラムの実行／62　　●3.1.2 ソースコード／63
- ●3.1.3 ライブラリの用法／63

3.2 画像ファイルのエッジ検出と保存 ------------------------------ 70

- ●3.2.1 プログラムの実行／72　　●3.2.2 ソースコード／72
- ●3.2.3 ライブラリの用法／73

3.3 画像の作成と Mat メンバ ------------------------------ 77

- ●3.3.1 プログラムの実行／79　　●3.3.2 ソースコード／80
- ●3.3.3 ライブラリの用法／82

3.4 ビデオファイルの表示 ------------------------------ 90

- ●3.4.1 プログラムの実行／90　　●3.4.2 ソースコード／91
- ●3.4.3 ライブラリの用法／92

3.5 ビデオファイルの2値化処理と保存 ------------------------------ 94

- ●3.5.1 プログラムの実行／95　　●3.5.2 ソースコード／96
- ●3.5.3 ライブラリの用法／97

目次

3.6 カメラ映像の反転表示 ----------------------------------- 104
- ●3.6.1 プログラムの実行／104
- ●3.6.2 ソースコード／105
- ●3.6.3 ライブラリの用法／106

3.7 カメラ映像の平滑化と保存 ----------------------------- 109
- ●3.7.1 プログラムの実行／109
- ●3.7.2 ソースコード／110
- ●3.7.3 ライブラリの用法／111

3.8 ビデオ属性とビデオシャッフリング ---------------------- 116
- ●3.8.1 プログラムの実行／117
- ●3.8.2 ソースコード／118
- ●3.8.3 ライブラリの用法／119

第4章 ユーザインタフェース ······ 125

4.1 グラフィック描画 ----------------------------------- 126
- ●4.1.1 プログラムの実行／127
- ●4.1.2 ソースコード／128
- ●4.1.3 ライブラリの用法／129

4.2 キーボード操作とコマ撮り ------------------------------ 140
- ●4.2.1 プログラムの実行／141
- ●4.2.2 ソースコード／142
- ●4.2.3 ライブラリの用法／144

4.3 トラックバー操作と2値化 ------------------------------ 148
- ●4.3.1 プログラムの実行／149
- ●4.3.2 ソースコード／151
- ●4.3.3 ライブラリの用法／152

4.4 マウス操作とペイントアプリ ----------------------------- 158
- ●4.4.1 プログラムの実行／159
- ●4.4.2 ソースコード／160
- ●4.4.3 ライブラリの用法／161

4.5 マウス操作とミニチュア風映像 --------------------------- 166
- ●4.5.1 プログラムの実行／167
- ●4.5.2 ソースコード／168
- ●4.5.3 ライブラリの用法／170

4.6 マウス操作と射影変換 --------------------------------- 175
- ●4.6.1 プログラムの実行／177
- ●4.6.2 ソースコード／178
- ●4.6.3 ライブラリの用法／180

4.7 処理時間とモルフォロジー演算 --------------------------- 186
- ●4.7.1 プログラムの実行／188
- ●4.7.2 ソースコード／189
- ●4.7.3 ライブラリの用法／190

xiii

第5章　チャンネル、領域、ピクセル単位の処理 …… 195

5.1　BGR 画像の分離と合成 -- 196
- 5.1.1　プログラムの実行／197
- 5.1.3　ライブラリの用法／200
- 5.1.2　ソースコード／198

5.2　HSV 画像とポスタリゼーション --------------------------- 203
- 5.2.1　プログラムの実行／204
- 5.2.3　ライブラリの用法／206
- 5.2.2　ソースコード／205

5.3　マスクとクロマキー合成 -------------------------------- 207
- 5.3.1　プログラムの実行／210
- 5.3.3　ライブラリの用法／215
- 5.3.2　ソースコード／214

5.4　ピクセル操作と点描化 --------------------------------- 219
- 5.4.1　プログラムの実行／220
- 5.4.3　ライブラリの用法／222
- 5.4.2　ソースコード／221

5.5　浮動小数点数型画像 ------------------------------------ 226
- 5.5.1　プログラムの実行／227
- 5.5.3　ライブラリの用法／230
- 5.5.2　ソースコード／229

5.6　移動物体の抽出 --- 232
- 5.6.1　プログラムの実行／235
- 5.6.3　ライブラリの用法／237
- 5.6.2　ソースコード／236

5.7　空間フィルタリング ------------------------------------ 241
- 5.7.1　プログラムの実行／245
- 5.7.3　ライブラリの用法／246
- 5.7.2　ソースコード／245

5.8　行列の要素毎の積とトランジション --------------------- 250
- 5.8.1　プログラムの実行／254
- 5.8.3　ライブラリの用法／257
- 5.8.2　ソースコード／255

第6章　画像情報の取得 …… 263

6.1　ヒストグラム --- 264
- 6.1.1　プログラムの実行／265
- 6.1.3　ライブラリの用法／267
- 6.1.2　ソースコード／266

6.2　DFTと周波数フィルタリング------------------------------ **269**

- 6.2.1　プログラムの実行／275
- 6.2.2　ソースコード／277
- 6.2.3　ライブラリの用法／279

6.3　YCbCr カラーモデルと DCT 情報圧縮 -------------------- **286**

- 6.3.1　プログラムの実行／289
- 6.3.2　ソースコード／291
- 6.3.3　ライブラリの用法／293

6.4　オプティカルフロー ------------------------------------ **295**

- 6.4.1　プログラムの実行／298
- 6.4.2　ソースコード／299
- 6.4.3　ライブラリの用法／301

第7章　物体認識 …… 307

7.1　テンプレートマッチング------------------------------- **308**

- 7.1.1　プログラムの実行／310
- 7.1.2　ソースコード／311
- 7.1.3　ライブラリの用法／313

7.2　2次元ヒストグラムと類似画像検出 ----------------------- **317**

- 7.2.1　プログラムの実行／320
- 7.2.2　ソースコード／322
- 7.2.3　ライブラリの用法／324

7.3　特徴点抽出と特徴量のマッチング -------------------------- **325**

- 7.3.1　プログラムの実行／328
- 7.3.2　ソースコード／330
- 7.3.3　ライブラリの用法／331

7.4　HaarLike 特徴検出を用いた顔・眼の検出 ------------------ **338**

- 7.4.1　プログラム実行に必要なファイル／339
- 7.4.2　プログラムの実行／340
- 7.4.3　ソースコード／341
- 7.4.4　ライブラリの用法／342

7.5　ディープラーニングによる画像分類 ------------------------- **345**

- 7.5.1　プログラム実行に必要なファイル／346
- 7.5.2　プログラムの実行／348
- 7.5.3　ソースコード／349
- 7.5.4　ライブラリの用法／351

7.6　N&M アルゴリズムによる文字検出 ------------------------- **359**

- 7.6.1　プログラム実行に必要なファイル／361
- 7.6.2　プログラムの実行／362
- 7.6.3　ソースコード／363
- 7.6.4　ライブラリの用法／365

付 録 ······ 371

付録A　OpenCV contrib のビルド----------------------------372
- A.1　contrib のダウンロード／373　　　 A.2　CMake のインストール／374
- A.3　contrib プロジェクトの生成（CMake）／376
- A.4　contrib のビルド（Visual C++）／380
- A.5　モジュールファイルのコピー／380

付録B　Visual Studio の便利な機能----------------------------382
- B.1　行番号の表示／382　　　 B.2　ビルド と リビルド／382
- B.3　「デバッグの開始」と「デバッグなしで開始」／383
- B.4　デバッグの中断／384　　　 B.5　IntelliSense／384
- B.6　データヒント／385
- B.7　ライブラリバージョンの自動切換え／386

付録C　エラーメッセージと対処法 ----------------------------387

付録D　OpenCV ライセンス ----------------------------392

付録E　参考文献----------------------------394

索 引----------------------------397

OpenCV について

1

　本章では OpenCV で何ができるかをかいつまんで説明します。また、プログラミングを始めるにあたって知っておくべきリファレンスの読み方、データ型やカラーモデルといった画像や映像の表現方法を簡単にまとめます。

1.1　OpenCV とは

1.2　OpenCV リファレンス

1.3　OpenCV の応用例

1.4　画像の構造

1.5　映像の構造

第 1 章 OpenCV について

1.1 OpenCV とは

OpenCV（Open Source Computer Vision Library）は無償のオープンソース画像映像処理用ライブラリです。

このライブラリには 2 値化、フィルタ処理、テンプレートマッチングなど古典的な画像処理から、物体や顔の認識、映像解析、特徴の検出と記述、物体追跡、オプティカルフロー、3 次元推定、機械学習など高度なアルゴリズムまで数多くの機能が用意されています。また、各国のコンピュータビジョン研究者らが考案した最新の画像映像処理アルゴリズムもいち早く実装されています。

OpenCV は一般的な意味での画像処理だけでなく、ゲーム、AR（拡張現実）、映像アート表現に至るさまざまな分野で活用されています。また、扱う対象も普通の「画像」だけでなく、医療用 CT 画像、デプス画像[注1]、3 次元ボクセルデータ、衛星画像や宇宙観測画像、産業用画像といった特殊な画像に広がっています。

OpenCV プログラミングは、一般的な PC 環境があれば誰でも始めることができます。ウェブカメラからの入力にも対応しているので、ライブ映像を利用したリアルタイムなコンピュータビジョンも容易に実現できます。

開発を最初に始めたのは Intel ですが、その後コンピュータビジョン専門企業の Willow Garage や Itseez を経て、現在では opencv.org の管理のもと活発に研究開発が行われています。OpenCV のソースコードは GitHub という共同開発ウェブサービス上に公開され、世界中のボランティア開発者らによっても日々改良されています。

2000 年の α 版リリースからしばらくの間メジャーバージョン番号が 0 のままでしたが、2006 年にはバージョン 1、2009 年にはバージョン 2 と順当に繰り上がっていき、執筆時点での最新バージョンは 3.2 になっています。ダウンロード数もすでに 1000 万を超えています。

OpenCV の「Open」はオープンソースを意味します。具体的には BSD ライセンスに基づくオープンソースで、ソースファイルの公開、その自由な改変や再配布、無保証・免責を宣言しています。また、再配布に際しては著作権表示のみを利用条件にしています。

ターゲットとなる開発環境も多岐にわたっています。現在サポートされている言語には C++、C、Python、Java、MATLAB があります。また、プラットフォームも Windows、Mac OS X、

注1　普通の画像は輝度情報からモノの形を平面的に写し取っていますが、デプス（奥行き）画像はレーザーなどのスキャナで対象までの距離を記録することで、モノの凹凸など 3 次元的な情報を表現するものです。

Linux、Android など多岐にわたっています。

　商用目的であっても無償で利用可能です。公式サイトの配布資料によると、Google、Yahoo、Microsoft、Intel、IBM、Sony、Honda、Toyota、NASA などのさまざまな企業や機関がOpenCV を利用しています。たとえば Google はストリートビューの全方位画像に、NASA は火星探査ロボットビジョンに OpenCV を活用しています[注2]。

　標準でバンドルされているライブラリ以外にも、opencv_contrib と呼ばれる拡張モジュールには最先端のアルゴリズムが多数実装されています。opencv_contrib の利用方法は付録 A で説明します。

　OpenCV に関する情報は、以下の OpenCV の公式サイトにまとめられています。

　http://opencv.org/

1.2　OpenCV リファレンス

　クラス、関数、定数などの正確な定義（API）は、次の OpenCV 公式ドキュメントから確認できます（英文）。

　http://docs.opencv.org/

　トップページには各バージョンへのリンクが列挙されているので、自分の利用しているバージョンのリファレンスマニュアル（Reference Manual）をクリックします（図 1.1）。

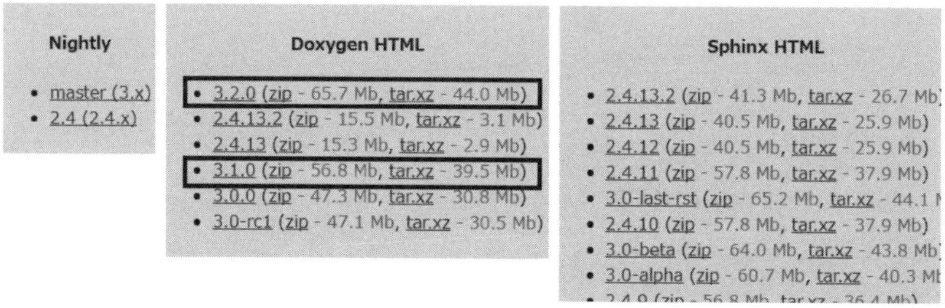

Nightly

* master (3.x)
* 2.4 (2.4.x)

Doxygen HTML

* 3.2.0 (zip - 65.7 Mb, tar.xz - 44.0 Mb)
* 2.4.13.2 (zip - 15.5 Mb, tar.xz - 3.1 Mb)
* 2.4.13 (zip - 15.3 Mb, tar.xz - 2.9 Mb)
* 3.1.0 (zip - 56.8 Mb, tar.xz - 39.5 Mb)
* 3.0.0 (zip - 47.3 Mb, tar.xz - 30.8 Mb)
* 3.0-rc1 (zip - 47.1 Mb, tar.xz - 30.5 Mb)

Sphinx HTML

* 2.4.13.2 (zip - 41.3 Mb, tar.xz - 26.7 Mb)
* 2.4.13 (zip - 40.5 Mb, tar.xz - 25.9 Mb)
* 2.4.12 (zip - 40.5 Mb, tar.xz - 25.9 Mb)
* 2.4.11 (zip - 57.8 Mb, tar.xz - 37.9 Mb)
* 3.0-last-rst (zip - 65.2 Mb, tar.xz - 44.1 M
* 2.4.10 (zip - 57.8 Mb, tar.xz - 37.9 Mb)
* 3.0-beta (zip - 64.0 Mb, tar.xz - 43.8 Mb)
* 3.0-alpha (zip - 60.7 Mb, tar.xz - 40.3 Mb
* 2.4.9 (zip - 56.8 Mb, tar.xz - 36.4 Mb)

図 1.1 ● OpenCV ドキュメントのメインページ。使用しているバージョンをクリックします。

注2　OpenCV 公式サイト（opencv.org）の配布ドキュメント「OpenCV 3.0 Latest news and the Roadmap」より。

第1章 OpenCV について

　リファレンスは OpenCV のモジュール（core や imgproc など）別に分けられているので、目的のものをピンポイントに見つけるのは難しいですが、右上のサーチフィールドが予測入力をサポートしています（図 1.2）。

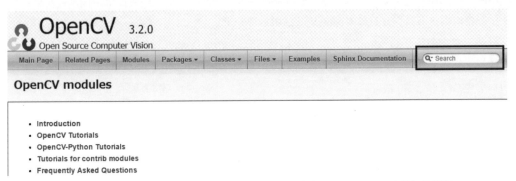

図 1.2 ● OpenCV のモジュール別リファレンストップページ。右上のサーチフィールドから検索。

　同名のクラスや関数があると（ただし名前空間が異なる）、目的のものをクリックするとさらに選択肢が出てくることもあります。図 1.3 は「dft」で検索したところ、dft の下にさらに cv:dft() と cv::cuda::dft() が出てきた様子を示しています。この cv::cuda は NVIDIA の GPU 開発プラットフォーム CUDA 用のものなので、このモジュールがコンパイル（付録 A 参照）されていなければ利用できません。

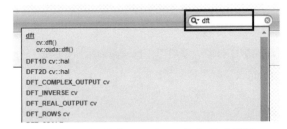

図 1.3 ● OpenCV 公式リファレンスから dft を検索

　日本の OpenCV ユーザが管理している非公式なサイトにも、バージョン 2.2 まででしたら和訳リファレンスマニュアルがあります。本書が扱っている基本的な関数・クラスの大半はバージョン 3 になってもほとんど変更されていないので、参考になると思います。URL は次のとおりです。

　　http://opencv.jp/reference_manual

本書に示す関数およびクラスや型の定義は OpenCV ドキュメンテーションページと似た形式で記述していますが、わかりやすくするために省略した箇所もあります。たとえば、異なる引数を取ることのできる関数がいくつかありますが（オーバーロード）、基本的に説明時の用法のものだけを示しています。

次に、本書の関数定義の形式を imread 関数の例から示します。

画像の読み込み

imread (const String & **filename**, int **flags** = *IMREAD_COLOR*)

filename	読み込む画像ファイル名
flags	画像の読み込み型（ビット数／チャンネル数）（表3.3）
戻り値（**Mat**）	読み込んだ画像を返す。画像が読み込めない場合は空行列（Mat::data==NULL）を返す。

---

1 行目に関数の機能と関数プロトタイプを示します。斜体の値（上記では *IMREAD_COLOR*）はデフォルト引数（呼び出し時に指定されていなければ、規定のデフォルト値が用いられる）です。

以降の行にそれぞれの引数を簡単に説明します。最後の行には戻り値とその型（クラス）を示しますが、void のときは記載していません。

これ以外に参考となるのは、次の OpenCV 公式の Q&A サイトです（英文）。現在、このフォーラムには約 23,000 件の質問や回答が登録されています。

http://answers.opencv.org

C++ については、以下の 2 つのサイトがリファレンスとしてはよいでしょう。

http://www.cplusplus.com/（英文）
https://cpprefjp.github.io/（和文）

1.3 OpenCVの応用例

本書で扱う画像処理アルゴリズムをいくつかかいつまんで紹介します。これでもたくさんあるように思えますが、OpenCVには2,500種類以上のアルゴリズムが実装されているので、まだほんの入り口でしかありません。

1.3.1 2値化

2値化は、画像のピクセル値を0か1などの2つの値に変換する操作を指します。たとえば、図1.4左のように黒〜白の値が0〜255の256諧調の白黒（グレースケール）画像があるとき、値が0〜127の範囲のピクセルは0に、値が128〜255の範囲のピクセルは255に変換すると、右図のようになります。画像が白と黒に鮮やかに分かれるので、物体の輪郭を明確にしたいときなどに用いられます。

入力画像　　　　　　　　　　　　　　2値化画像

図1.4 ●グレースケール画像と2値画像

ピクセル値を2値のどちらに振り分けるかを決定する値を閾値（しきい値）といい、先の例では128が閾値です。固定的に指定するだけでなく、トラックバー（スライドバーともいう）などを介してユーザが自在に調整できるようにもできます。

固定的な閾値を用いた方法は3.5節で、トラックバーから閾値をインタラクティブに変化させる方法は4.3節で説明します。

1.3.2 エッジ検出

画像からモノの輪郭だけを抽出することで、ヒトが線で描くような画像を生成することをエッジ（輪郭）検出といいます。図 1.5 左の道路標識のシーンに適用すると右図のようになります。

入力画像　　　　　　　　　　　　　　　　　エッジ画像

図 1.5 ●エッジ検出例

輪郭は、最も素朴には隣り合うピクセルの値が極端に異なる箇所を強調することで検出できますが、実際にはライティングなどの影響のためにこれほど輪郭がはっきりとしません。そこで、各種のエッジ検出アルゴリズムが考案されています。その中でも性能が高いといわれているのは Canny（キャニー）アルゴリズムです。

Canny 法を用いたエッジ検出は 3.2 節で説明します。

1.3.3 モルフォロジー演算

モルフォロジー（morphological）演算は、画像中の幾何学的な構造を解析したり処理したりするときに用いられる数学的な方法の 1 つです。ノイズ除去、平滑化、テクスチャ解析、エッジ検出など各種の画像処理に用いられています。

モルフォロジー演算にはいくつかの演算方法があります。簡単にいうと、背景が黒、その中の物体が白の白黒画像で、白に隣接するピクセルを白にする操作を dilation（ディレーション）といいます。こうすると、白い物体が膨れ上がったり、物体内の黒い箇所が白く埋められたり、離れている複数の白い物体がくっついたりします。反対に、黒に隣接するピクセルを黒にする操作が erosion（エロージョン）で、白い物体が縮こまったり、白い細線が消えたりしま

す。opening（オープニング）は erosion に続いて dilation を行う操作で、closing（クロージング）は反対に dilation に続いて erosion を行う操作です。

ちなみに dilation は膨張、erosion は収縮、opening は開放、closing は閉鎖という意味です。

図 1.6 の例は、左上の入力画像に対し、それぞれ dilation 処理（右上）、erosion 処理（左下）、closing 処理（右下）を施したものです。右下図のバックネットを見てのとおり、closing 処理は白地に対する黒い細線などの微小領域を消してしまうので、黒いノイズの除去などに使用されます。

入力画像

dilation（膨張）

erosion（収縮）

closing（dilation → erosion）

図 1.6 ●モルフォロジー演算処理

モルフォロジー演算は 4.7 節と 5.3 節で具体的に説明します。

1.3.4 ヒストグラム

画像のヒストグラム（度数分布図）とは、所定の値を持つピクセルの数をカウントし、棒グラフにしたものを指します。

図1.7の例では、左図のカラー画像から2つのヒストグラムを生成しています。図中央は、ピクセルから輝度情報だけを抜き取り、それをヒストグラムにしたものです。横軸が輝度（たとえば0から255）、縦軸がその個数です。従属変数が1つなので、1次元ヒストグラムともいいます。このグラフは右寄りにピークがあるので、明るい画素が多い、つまり明るい画像だということが読み取れます。

図右は、カラー画像のカラーをHSV(色相－彩度－明度)と解釈して、所定のH(色相)とS(彩度)を持つピクセルの個数をカウントして生成しています。横軸が色相(左が赤で、順に黄、緑、水色、青、紫と経て、右端でまた赤に戻る)、縦軸が彩度(色の鮮やかさで、下がくすんだ色で、上に行くにしたがい鮮やかになる)です。従属変数が2つなので、2次元ヒストグラムともいいます。(H, S)の組の個数はグラフでは明るさで示されています（明るいほど数が多い）。このグラフからは、左上の赤〜黄の鮮やかな色が比較的多いことがわかります。

ヒストグラムを比較することで、2つの画像がどれだけ似ているかも判断できます。

 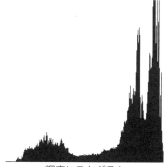 

入力画像（実際はカラー）　　輝度ヒストグラム　　HSV 2次元ヒストグラム

図1.7 ●ヒストグラム

1次元ヒストグラムについては6.1節、2次元ヒストグラムを用いた類似度の判定は7.2節で説明します。

第 1 章 OpenCV について

1.3.5 オプティカルフロー

　映像から、動いている物体がどちらの方向にどれだけ早く移動しているかは、オプティカルフローで判定できます。オプティカルフローは端的には、前後のフレームに写っている同じ物体の同じ箇所どうしを線分で結ぶことで得られます。線分が長いほど高速で移動しているということになります。図 1.8 左は走行車両の前方映像で、右が得られたオプティカルフローを視覚化したものです。線分の長さから、左脇をすり抜けていく車両の移動量（速さ）が大きいことがわかります。

入力画像

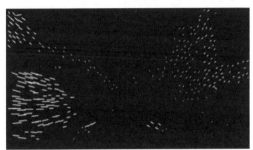
オプティカルフロー

図 1.8 ●オプティカルフロー検出

　オプティカルフローの検出アルゴリズムはいろいろと提案されていますが、本書では 6.4 節で Dual TV-L1 アルゴリズムという手法を紹介します。

1.3.6 テンプレートマッチング

　画像から、たとえばコップや椅子、標識といった所定の物体を検出するには、テンプレートマッチングがよく用いられます。テンプレートマッチングでは、あらかじめ指定のパターンの画像を用意し、画像内でこのパターンを順次照らし合わせながら探索します。このパターン画像をテンプレートといいます。図 1.9 の例では左図が探索したいテンプレート画像で、右図がその検出結果です（四角枠）。

テンプレート画像

検索結果（検出箇所に枠）

図 1.9 ●テンプレートマッチング

テンプレートマッチングは、7.1 節で説明します。

1.3.7 特徴点検出

　テンプレートマッチングは画像に対象と同じものがあるかを順次チェックしていく方法なので、たとえばテンプレートの撮影方向が異なっているだけで、その対象が存在していてもマッチしません。そこで、対象そのものではなく、対象の特徴的な点だけに注目をして検出する方法も考案されています。こうした特徴的な点には、画像中の線の端点、交差点、角などが主として用いられます。

　図 1.10 に代表的な特徴点を模式的に示します。こうした特徴点を画像から見つけ出す処理を特徴点検出といいます。

そして、撮影方向が異なる別の画像などにおいて、対象物体の同じ箇所（図 1.10 ではラベル側の角）の特徴点を対応付けることを**特徴点のマッチング**などと言います。

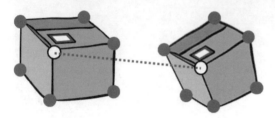

図 1.10 ●特徴点（コーナー）

OpenCV には、パテントフリーで特徴点抽出ができるクラスがいくつか実装されています。図 1.11 は、ORB および AKAZE と呼ばれる方式で得た特徴点の位置を描画した例です。円の半径はその特徴点の強度、円の中の直線は向きを表しています。円の半径の大きさが両者で大きく異なるのは、左の方が強度が強いというわけではなく、円のサイズのパラメータ設定が異なるからです。

どちらの方法でも、目、鼻、髪の毛の輪郭部分などが検出されているのがわかります。

ORB 特徴点

AKAZE 特徴点

図 1.11 ●特徴点抽出手法

特徴点を用いて物体を検出する方法は 7.3 節で取り上げます。

1.3.8 物体認識・機械学習

映像から人物や顔や眼、車両といった物体を検出するとき、検索領域内の陰影情報を利用したHaarLike（ハール状）特徴がよく用いられます。そして、多数のサンプルのどの陰影が顔や眼なのかのパターンをコンピュータに「学習」させておき、その結果をあとから利用すれば、顔や眼の検出を行うことができます。

図1.12に例を示します。左図は、映像から顔の部分を検出した結果です。右は、駐車場を撮影した映像から、歩行者と車両を検出しています。

顔の検出

歩行者と車両の検出

図1.12 ●顔検出・物体検出（OpenCVドキュメントより抜粋）

HaarLike特徴を用いた顔と眼の検出は7.4節で説明します。

1.3.9 ディープラーニング

先の例では、「正面顔」や「横向きの自動車」のように対象が特定の物体なため、検出は比較的容易です。しかし、これが無作為に与えられた画像の中から「何が」あるかを答えるのは、かなり難しい問題です。なぜなら、世の中の物体には無数の種類（クラス）があり、その向きや色などのバリエーションも無数にあるからです。ディープラーニングの登場は、このような難問解決への糸口となりました。

図1.13左はディープラーニングによるクラス分類の結果です。クラス分類とは、世の中の物体がいくつか限定的な種類に分かれているとして、入力画像がそのどの種類に属しているのか、そしてその種類である確率はどれくらい高いのかを判定する作業です。図左では、この画像が飛行機（airliner）であり、その確度は75%程度だと判定しています。

第 1 章　OpenCV について

図右は同様なやり方で、文字がある領域を検出しています。

図 1.13 ● 物体（クラス）分類（左）と文字領域検出（右）

ディープラーニングは 7.5 節、文字領域検出は 7.6 節で簡単に取り上げます。

1.4 画像の構造

　OpenCV が提供する各種の関数は、基本的に 1 枚の「画像」を対象に規定の操作を行います。ここで「画像」は写真、映像の 1 フレーム、あるいはグラフィックが描画されたキャンバスのような静止画像全般です。

　OpenCV の C++ インタフェースでは、この 1 枚の画像を 1 つの Mat クラスのオブジェクトに格納して扱います。Mat オブジェクトの中には個々のピクセル（画素）の値だけでなく、画像の縦横サイズ、値の範囲といった画像に関わるメタデータも含まれています。

　JPEG や PNG のように画像データが圧縮されたファイルを OpenCV の関数で読み込んだときは、データは自動的に展開され、Mat オブジェクトに収容されます。圧縮形式を考慮する必要はありません。書き込み時も同様で、Mat オブジェクトはそれぞれの圧縮形式にのっとって保存されます。OpenCV が対応している画像の形式は 3.1 節を参照してください。

　以下、本節ではこの Mat オブジェクトに含まれているデータを説明します。Mat クラスに備

わっている主要なメンバや関数（メソッド）の扱い方は、3.3 節で示します。

1.4.1 ピクセル

1 枚の画像を構成している 1 つ 1 つの点を**ピクセル**といいます。画像の「素」なので、画素ともいいます。

ピクセルは数値で表現され、一般には値が低いほど暗く、高いほど明るい光の強さを表現しています（色については後述）。これがモノクロ画像なら値が 0 のときは黒、値が次第に大きくなるにつれて明るく、つまり白っぽくなっていき、最大値に達したところで真っ白になります。図 1.14 に、ピクセルの値が 0 から 255 の整数で規定されているときの明るさを示します。

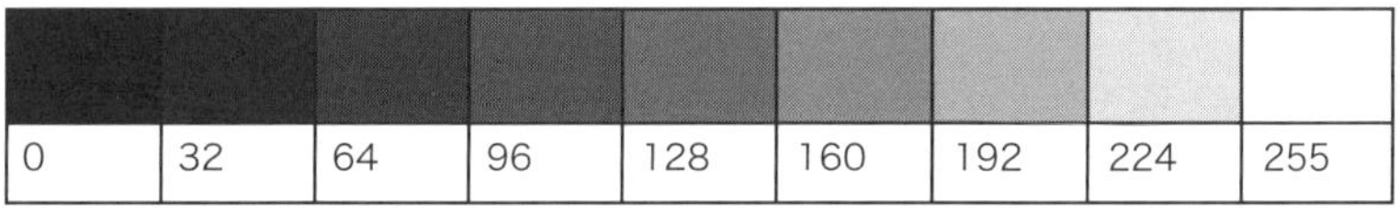

| 0 | 32 | 64 | 96 | 128 | 160 | 192 | 224 | 255 |

図 1.14 ●ピクセル値と明るさの対応。値が小さいほど暗く（黒く）、大きいほど明るい（白い）。

このように 1 数値 1 画素で構成された、色のない、白黒の濃淡のピクセルからなる画像をモノクロ、あるいはグレースケール画像といいます。

カラー画像は、ピクセル 1 つに 3 組の数値を割り当てることで表現されます。たとえば、その組が (a, b, c) で構成されているとして、a が赤、b が青、c が緑の濃淡（あるいは強さ）をそれぞれ示すとし、それらの色を混ぜ合わせることで多様な「色」を生成できるわけです。図 1.15 に、上述と同じように 1 つの値の範囲が 0 ～ 255 の整数であるとき、(赤 , 緑 , 青) の組の値が (153, 26, 102) のピクセルを模式的に示しています。赤みと青みの値が大きいところからもわかるように、結果のピクセルは紫系の色になります。赤・青・緑のように混色によりその他の色を構成する元となる色を**基本色**あるいは**原色**といいます。

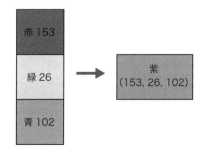

図 1.15 ●カラーピクセル

第 1 章　OpenCV について

1 つの値の範囲が 0 ～ 255 の整数であるとき、3 つの値の組み合わせである 256 × 256 × 256 = 16,777,216 が表現できる色の数を示します。

値 3 組のカラーピクセルであっても、すべてに同じ画素値が格納されていれば色の間に差が生じません。そのため、この画像はグレースケールと同じようにモノクロに見えます。それでも、ピクセルの構成上はカラーとして扱われます。

Mat クラスには at という、画像の中から特定のピクセルの値（あるいは値の組）だけを取得したり変更したりするメンバ関数が備わっています。具体的な用法は 5.4 節で説明します。

1.4.2　チャンネル数

ピクセル 1 つを構成する値の数を**チャンネル数**といいます。図 1.14 のグレースケールピクセルは 1 チャンネルで、図 1.15 の (赤 , 緑 , 青) の組のカラーピクセルなら 3 チャンネルです。

ピクセルに透明度を加えたいときは、もう 1 つ数値を加えます。この値を**アルファチャンネル**といいます。透明度情報も持ったカラーピクセルはしたがって 3 ＋ 1 で 4 チャンネルになります。本書では扱いません。

チャンネル数は単純に 1 つのピクセルを構成する値の数を示しているので、多チャンネルであってもカラーではないものもたまにあります。たとえば、6.2 節で紹介する DFT（フーリエ変換）では複素数、つまり 1 点を表現するのに x ＋ iy のように 2 つの要素が用いられるときは、2 チャンネルを用います。

Mat クラスには channel という、ピクセルのチャンネル数を取得するメンバ関数が備わっています。具体的な用法は 3.3 節で説明します。

1.4.3　カラーモデル

先ほどのカラーピクセルの説明では、(赤 , 緑 , 青) の 3 つの基本色を用いました。これは、コンピュータや色彩工学で一般に用いられる色の表現方法で、**RGB カラーモデル**といいます。それぞれ、R（red）、G（green）、B（blue）を意味します。

画像を適切に表現するには、これとは異なるカラーモデルが必要なこともあります。カラーモデルは表色系、色空間ともいいます。

OpenCV のデフォルトカラーモデルは **BGR カラーモデル**です。基本色は RGB と同じですが、同じ 3 組の値であっても登場順序が違うために最終的な色は異なります。たとえば、図 1.16 のようにピクセルの値が (32, 129, 230) であるとき、RGB カラーモデルはこれを赤 32、緑 129、

青 230 と解釈するのでほぼ青になります。これに対し、BGR は青 32、緑 129、赤 230 と解釈するので黄土色になります。

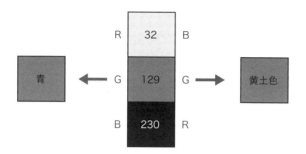

図 1.16 ● 3 つの同じ値の並びをそれぞれ RGB と BGR のカラーモデルで解釈したときの色

　RGB および BGR 以外の 3 チャンネルカラーモデルには、他にも HSV があります。これは (32, 129, 230) のピクセルを 32 が色相（「赤」や「青」などの色合い、色味）、129 が彩度（色の鮮やかさ）、230 が明度（色の明るさ）の値として解釈します。画像処理において「色」だけに特に着目して処理したいときには HSV がしばしば用いられます。HSV は、5.2 節で扱います。

　4 チャンネルのカラーモデルもあります。プリンタなど印刷関係で用いられる CMYK カラーモデルはシアン（C）、マゼンタ（M）、イエロー（Y）を基本色とする点では 3 チャンネルと同じですが、混色で黒を生成すると絵の具をランダムに混ぜたのと同じような汚い黒になってしまうため、黒（K、キー）だけは純色で別に用意しています。また、もともと 3 チャンネルであった BGR や RGB に透明度を示すアルファチャンネル A を加えたものは、それぞれ BGRA、RGBA カラーモデルといいます。

　OpenCV で利用可能な主要なカラーモデルとそのチャンネル数を表 1.1 に示します。

表 1.1 ● カラーモデル

カラーモデル	チャンネル数	基本色
BGR	3	Blue（青）、Green（緑）、Red（赤）。OpenCV のデフォルトカラーモデル
RGB	3	Red（赤）、Green（緑）、Blue（青）
GRAY	1	グレースケール
HSV	3	Hue（色相）、Saturation（彩度）、Value（明度）
YCrCb	3	Y（輝度）、Cr（赤み）、Cb（青み）
CMY	3	Cyan（シアン）、Magenta（マゼンタ）、Yellow（イエロー）
CMYK	4	CMY に黒（Key plate）を足したもの
BGRA	4	BGR にアルファチャンネル A を足したもの
RGBA	4	RGB にアルファチャンネル A を足したもの

第1章　OpenCV について

　各カラーモデルは、たとえば BGR から HSV、HSV から RGB のように相互に変換が可能です。ただし、たとえば GRAY から BGR のようにチャンネル数が小さいものから大きいものへ変換する場合は、そのままでは情報が不足しているので、1 つのチャンネルを 3 チャンネル分に複製するというような操作が行われます。

　OpenCV には cvtColor という、画像全体のカラーモデルを相互変換する関数が備わっています（Mat クラスのメンバではありません）。BGR と GRAY の相互変換は 3.5 節、BGR から HSV およびその逆は 5.2 節と 5.3 節でそれぞれ具体的に扱います。

1.4.4　画像サイズ

　画像は、上記に示した 1 つ以上の値からなるピクセルが順序よく縦横に並んでいます。一般的に、画像の**サイズ**とは画像の縦または横のピクセル数を規定する数値です。たとえば、横に 640 ピクセル、縦に 480 ピクセルの画像のことを、「サイズが 640 × 480 ピクセルである」といいます。

　Mat クラスには cols と rows という、それぞれ横と縦のピクセル数を格納したメンバ変数が備わっています。また、これらをひとまとめに表現した Size 型を取得する size() というメンバ関数もあります。具体的な用法は 3.3 節で説明します。

1.4.5　データ型

　ピクセルの値には、それぞれの画像の目的に適したデータの型（種類）が用いられます[注3]。データ型の分類方法には次に示すいろいろな基準があります。

- 値は整数か小数か
  データ型は整数型か浮動小数点数型のどちらかに分けられます。一般的な画像では前者が、計算精度が必要とされる場面では後者が主に利用されます。

- 値に符号があるかないか
  符号なし（すべて 0 以上）か符号あり（負の数もあり）でも分類できます。通常は符号なしが用いられますが、計算上負の値が出てくるときは符号ありが用いられます。ただし、浮動小数点数型は常に符号ありです。

注 3　ヘッダ（core/cvdef.h）では matrix type（行列タイプ）と呼ばれています。

● ビット数

データ型は表現できる数値の範囲を示すビット数でも分けられます。通常は8ビット、16ビット、32ビット、64ビットのいずれかで、ビット数が多いほど表現できる値の範囲が広くなります。これにより、よりきめ細かく色の強さを表現できる反面、1枚の画像を管理するメモリ量が増大します。ビット数は、「ビット深度」（depth）とも呼ばれます。

ピクセルを8ビットの符号なし整数で表現すると値の範囲は0〜255となり、256諧調を表現できます。16ビット符号なし整数は0〜65535の65,536諧調で、32ビット符号あり整数は−2147483648〜2147483647の範囲です。

浮動小数点数では主として32ビットと64ビットが用いられます。前者はC/C++でいうfloat型と同じで、その範囲は±3.4 × 10^{38} です。後者はdouble型で、±1.797693 × 10^{308} です。

● チャンネル数

ピクセル値は1.4.2節で示した1ピクセルあたりの値の数でも分類できます。

　以上のようにピクセルを表現するデータの型は整数型・浮動小数点数型、符号のありなし、ビット数、チャンネル数の組み合わせで定まります。もちろん、すべてのパターンが存在するわけではなく、たとえば符号のありなしに関わらず64ビット整数はOpenCVでは使われません。

　OpenCVのインクルードファイルでは、表1.2に示したようにこれらの組み合わせに定数名と値を割り当てています。

表1.2 ● OpenCV のデータ型

データ型定数名	説明
CV_8UC1 〜 CV_8UC4	8ビット符号なし整数（0〜255）、1〜4チャンネル
CV_8SC1 〜 CV_8SC4	8ビット符号あり整数（−128〜127）、1〜4チャンネル
CV_16UC1 〜 CV_16UC4	16ビット符号なし整数、1〜4チャンネル
CV_16SC1 〜 CV_16SC4	16ビット符号あり整数、1〜4チャンネル
CV_32SC1 〜 CV_32SC4	32ビット符号あり整数、1〜4チャンネル
CV_32FC1 〜 CV_32FC4	32ビット浮動小数点数（float型）、1〜4チャンネル
CV_64FC1 〜 CV_64FC4	64ビット浮動小数点数（double型）、1〜4チャンネル

　データ型の定数名は次の形式で構成されています。

第 1 章　OpenCV について

CV_[ビット深度][数値型]C[チャンネル数]

- ● ビット深度はビット数（8、16、32、64）
- ● 数値型は U=unsigned（符号なし整数）、S=signed（符号あり整数）、F=float（浮動小数点数）
  のいずれか
- ● C は channel の略
- ● チャンネル数は 1 ～ 4

定数名からチャンネル数（C1 ～ C4）を省略したときは 1 チャンネルとして扱われます。た
とえば、CV_8U は CV_8UC1、CV_32F は CV_32FC1 と同じです。

また、チャンネル数を問わずデータのビット深度と数値型だけを指定したいときも、同じ
CV_8U や CV_32S などの定数名が用いられます。CV_8UC1 などのチャンネル数込みのデータ
型と区別するため、本書ではこれを「ビット深度型」と呼びます。

OpenCV には convertTo という、画像全体のデータ型を相互変換する関数が備わっています
（5.5 節参照）。たとえば、3 チャンネル 8 ビット符号なし整数型の CV_8UC3 から 3 チャンネル
32 ビット浮動小数点数型の CV_32FC3 に変換する方法は 5.5 節で扱います。なお、データ型
の変換に際しては浮動小数点数型を整数型にすると小数点以下が切り捨てられたり、16 ビット
を 8 ビットにするなどビット深度を小さくすると変換先の範囲にはない値（たとえば 10,000）
は切り詰められてしまうなど、思ってもみなかった副作用が出ることもあるので注意が必要
です。

1.4.6　画像の構成

次に、画像内でこうしたピクセルがどのように構成されているかを説明します。

ピクセルは、2 次元の画像内に格子状に並べられています。それぞれの位置は、画像を直交
座標としてみたときの点 P(x, y) として表現されます。ただし、この直交座標は画像の左上の点
を原点 (0, 0) とし、横方向（x 軸方向）は左から右に、縦方向（y 軸方向）は上から下と、普通
の数学などの直交座標とは y 軸が反対方向を向いています。ピクセルの座標を意識したプログ
ラミングは 4.1 節や 5.4 節で説明します。

図 1.17 にピクセルの並びを具体的に示します。図左は緑の葉が付いた赤いりんごが白い背景
の上に置かれたカラー画像です。右図はその一部から幅 8 ピクセル×高さ 8 ピクセルの領域を
切り出して拡大したものです。

20

図 1.17 ● 画像の拡大図

図 1.18 は右図で四角く囲った一部（座標値でいえば (1, 1) から (3, 3) の間）をさらに切り出して拡大し、その画素値を示したものです。3 チャンネル 8 ビット符号なし整数（CV_8UC3）の BGR カラーモデルなので、1 ピクセルが 3 つの値で構成されており、数値は上から順に (B, G, R) です。

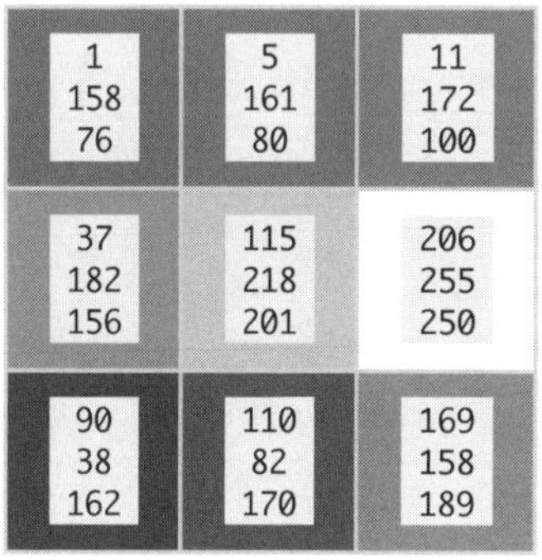

1 158 76	5 161 80	11 172 100
37 182 156	115 218 201	206 255 250
90 38 162	110 82 170	169 158 189

図 1.18 ● BGR ピクセル値

たとえば左上の画素の値は (B, G, R) = (1, 158, 76) です。Blue と Red に比べて Green の値が大きいことから、ここが葉っぱの緑の部分だとわかります。左下のりんごの赤い部分は (90, 38, 162) で、Red の値が大きくなっています。右側中央は (206, 255, 250) と 3 つとも同じような高い値であることから、黒〜グレー〜白のモノクロに近い濃淡であり、最大値（255）付近であることから白（明るい）っぽいことがわかります。

Mat オブジェクトは、画像を構成するピクセルを、左上を開始点としてラスタ順[4]に格納し

注 4　左上の点から水平方向に右側に進み、右端に到達したら 1 ピクセル下の左端に飛んで、再び水平方向に右側に進む走査方法です。右下の点が最後です。

第1章 OpenCVについて

ます。デフォルトのBGRカラーモデルならば、B、G、R、B、G、R、……の順です。画像は2次元ですが、コンピュータのメモリ上では、横方向のピクセルの羅列をそれぞれ順につなぎ合わせた1直線で収容されます。

図1.18の3×3ピクセルのデータがMatオブジェクトimgに格納されているとき、次の要領でこれをそのままcout(C++の標準出力関数)に入力すると値をコンソールから確認できます。

```
cout << img;
```

coutは親切なので次のように行単位で印字してくれます(行末が「;」で示されている)。しかし、3チャンネルの値のまとまりごとに分けてくれるわけではありません。

```
[  0, 158,  76,      5, 161,  80,     11, 172, 100;
  37, 182, 156,    115, 218, 201,    206, 255, 250;
  90,  38, 162,    110,  82, 170,    169, 158, 189
```

サイズが3×3ピクセル、それぞれが3チャンネル8ビット符号なし整数なので、都合27個の0～255の整数値が並んでいることがわかります。

OpenCV関数を使用した画像処理は、ほとんどが画像1枚(Matオブジェクト1つ)単位で行われます。そのため、ここで説明したピクセル値の配列や並び順について意識する必要はあまりありません。ただ、関数は内部でこのようなピクセル単位の計算を行っていることは頭に入れておくとよいでしょう。ピクセル単位での操作は5.4節で扱います。

1.5 映像の構造

映像は、図 1.19 のように複数の画像が連続して高速に切り替わって表示される**動く画像**あるいは**動画**です。映像は主として avi や mp4 などの拡張子を持つファイルあるいはカメラから入力されますが、本書では前者を**ビデオファイル**、後者を**カメラ映像**と呼びます。映像から取り出した 1 コマの静止画像を**フレーム**といいます。

図 1.19 ●映像とフレーム画像

OpenCV は映像のフレームを Mat に読み込み、静止画像と同じように扱います。つまり、1 秒あたり 30 枚のフレームを表示する映像を処理するときは、1 フレームずつ読み込んだ画像を Mat オブジェクトに格納し、それを処理するという一連のステップを高速に繰り返します。

1.5.1 フレームレート

フレームレートは 1 秒間あたりに表示（処理）するフレームの数のことで、単位は **fps**（frames per second、フレーム / 秒）です。物理学で一般に「周波数」と呼ぶものと同じです。一般的な映像のフレームレートは 30 fps です（周波数でいえば 30 Hz）。

フレームとフレームの間隔、つまり前のフレームが表示されてから次のフレームが表示されるまでの間を**周期**といいます。OpenCV では単位にミリ秒(ms)を用います。周期はフレームレートの逆数なので、一般的なフレームレートである 30 fps の周期は、1000ms / 30fps ≒ 33 ms です。つまり、あるフレームは 33 ms 表示されると、次のフレームと入れ替えられます。

1.5.2　ビデオファイルのコーデックとコンテナフォーマット

ビデオファイルを正しく再生するためには、ビデオファイルを生成したときのコーデックおよびコンテナフォーマットの両方に再生環境が対応していなければなりません。図 1.20 に代表的な種類を示します。

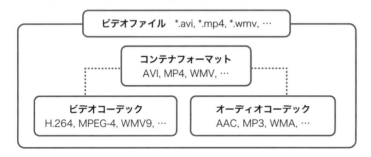

図 1.20 ●コーデックとコンテナフォーマット

コーデックとは、データのエンコード（圧縮）とデコード（展開）のための規格です。オーディオ、画像、映像にはさまざまなコーデックが存在し、たとえばビデオには H.264 や MPEG-4 などのコーデックがあります。ビデオファイルを再生したときに「コーデックがない」というエラーが出るのは、そのコーデックで圧縮されたデータを展開するソフトウェアがインストールされていない、ということです。

なお、OpenCV は「映像」処理のライブラリなので、オーディオは扱いません。オーディオの入ったビデオであっても、オーディオデータは無視されます。

コンテナフォーマットとは映像用のファイルフォーマットで、ビデオ／サウンドをコーデックでエンコードしたデータを、1 つのファイルに組み合わせるための規格です。

しかし、ファイルの拡張子が同じであってもファイル内部で使用されているコーデックやコンテナフォーマットが異なるケースもままあります。そのため、拡張子だけからではそのビデオファイルが再生できるかどうかは判断できません。

OpenCV は H.264 や MPEG コーデック、Windows で通常用いる AVI コンテナなどに対応しています[5]。また、Windows メディアプレーヤーで再生可能なビデオファイルであればおおむねそのまま読み込めます（必ずしも読み込めるとはかぎりません）。

注 5　OpenCV はビデオの読み書きに ffmpeg ライブラリを利用しています。詳細は ffmpeg サイト（https://ffmpeg.org/）を参照してください。

1.5.3 ビデオのプロパティ

　ビデオファイルには、そのビデオのフレームのサイズ（縦横のピクセル数）、カラーモデル、フレームレート、総フレーム数、現在読みだされているフレームの番号といったメタデータが含まれています。OpenCV でビデオプレーヤーを作るのなら、これらプロパティを読み込み、適切なサイズで適切なフレームレートで該当するフレームを逐次表示するようにプログラムを書きます。逆に、フレームレートをオリジナルなものから変更すれば、早送りやスロー再生もできます。現在のフレーム番号を変更すれば、映像をスキップさせたり巻き戻したりもできます。
　ビデオのプロパティを操作する方法は 3.8 節で取り上げます。

1.5.4 映像処理の流れ

　OpenCV の動画プログラミングでは映像からフレームを取得し、それを静止画像とまったく同じように処理し、そして（普通なら）処理結果を表示するという操作を、映像にあるフレームの数だけ繰り返し行います。この処理の流れを図 1.21 に示します。

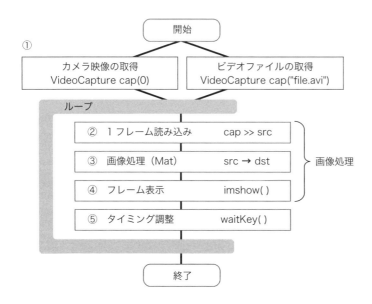

図 1.21 ● OpenCV での映像処理（フローチャート）

① 最初にカメラ／ビデオファイルから映像を読み込む準備をします。詳細は第 3 章以降で説明しますが、VideoCapture クラスのコンストラクタに文字列を指定すれば、指定のビデオ

ファイルを読み込みます（右側）。整数値を指定すれば（左側）、カメラなどのビデオキャプチャ機器のインデックス番号として解釈されるので（1台目に接続したカメラなら通常0）、ビデオカメラを読み込みます。

② 用意したビデオリソース（図中 cap）から1フレーム分を読み込み、Mat オブジェクト src に格納します。

③ src に好みの画像処理を施した結果を dst に格納します。

④ dst をウィンドウに表示します。

⑤ 次のフレームを表示するまでのタイミングを調整することで、ビデオが適切なテンポで表示されるようにします。

「③ 画像処理」の箇所が OpenCV プログラムの肝となる部分です。1.3.2 節で紹介した Canny エッジ検出ならば、ここに Canny 関数を置きます。これで、このプログラムは「ビデオカメラから入力された映像をリアルタイムで線画にしてしまうプログラム」となります。モルフォロジー演算を置けば、ノイズ除去プログラムになります。当然ながら、目的となる関数を利用する前にノイズ除去やカラー変換などの前処理が必要なこともあり、そうなるとこの部分はだんだんと長くなりますが、やっていることの基本に変わりはありません。

②から④のステップは、静止画像のときと同じです。OpenCV では画像も映像フレームも同一のフォーマット（Mat クラス）で扱うので、静止画とビデオの違いはループが形成されていることと、⑤のタイミング調整だけです。

30 fps で撮影されたビデオファイルを表示するプログラムを考えてみましょう。映像を読み込み、大した処理もせずに表示するのには、普通の PC ではほとんど時間がかかりません。そのため⑤で何もしなければ即座に次のフレームに処理が移るので、超早送り映像になってしまいます。そこで、30 fps に相当する 33 ms 周期の待ち時間を waitKey 関数を使って入れます。これで、オリジナルと同じテンポでビデオが再生できます。

周期をこれよりも遅くすると（たとえば 50 ms）、映像表示時間はオリジナルの時間よりも長くなります（スロー再生）。逆であればオリジナル時間よりも短くなります（早送り再生）。

理屈でいえば、ビデオ再生前にフレームレートプロパティを読んでおき、その待ち時間を⑤に置けば、ビデオによらず正しいスピードで再生ができるはずです。しかし、②から④の処理にかかる時間を勘案しなければ、オリジナルの表示タイミングにはなりません。処理にかかる時間は「画像処理」部分がどれだけ複雑なのか、そして PC の性能に応じて変わってきます。補正に必要な処理時間の測定方法は 4.7 節で扱います。

開発環境の準備

本章では、Microsoft Visual Studio を使った OpenCV 開発環境の構築方法を説明します。

まず OpenCV と Visual Studio のインストール方法を説明します。続いて Visual Studio 上で OpenCV を利用できるように設定をします。この設定は最初に一度だけ行えばよいので、以降 OpenCV プロジェクトの新規作成は、2.5 節の手順から始められます。設定が済んだら、OpenCV コードをビルドし、動作確認をします。最後に、本書のサンプルプログラムを実行する手順を示します。

本書が対象としている開発環境については、「はじめに」を参照してください。

2.1　インストールの前に

2.2　OpenCV のインストール

2.3　Visual Studio のインストール

2.4　Visual Studio の環境設定

2.5　新規プロジェクトの作成

2.6　本書サンプルコードのビルドと実行

第 2 章　開発環境の準備

2.1　インストールの前に

以下の点に注意してください。

(1)　インストール時も含めて、本書では OpenCV が C ドライブ直下（C:/opencv/）にインストールされているものとしてパスを記述しています。これ以外のフォルダにインストールするのならば、適宜読み替えてください。

(2)　インストール時には、管理者権限ユーザとしてログオンしてください。インストール先のフォルダにアクセスするときに管理者権限が必要になります。管理者権限以外のアカウントでインストール作業を行うならば、そのユーザがアクセス可能な「マイドキュメント」などにインストールします。

(3)　本章に掲載した各サイトのスクリーンショットは本書執筆時点のものです。サイトによってはデザインが変わることもあります。また、インストーラのファイル名なども微妙に変わることがあります。

2.2　OpenCV のインストール

2.2.1　ダウンロード

OpenCV パッケージを次に示す SourceForge からダウンロードします。

　http://sourceforge.net/projects/opencvlibrary/

図 2.1 に示すメインページの［Download］からパッケージをダウンロードします。このボタンからは、その時点の最新版がダウンロードされます。

2.2 OpenCV のインストール

図 2.1 ● OpenCV 配布元（SourceForge）メインページで、[Download] から最新版を取得

　もっとも、OpenCV チームの開発状況によっては最新バージョンではないこともあるので、ボタンに記載のファイル名は必ず確認します。この図では opencv-3.2.0-vc14.exe とあるので、3.2.0 です。このインストーラを好みの場所にダウンロードしてください。

　もしも、利用環境などの都合で異なるバージョンのパッケージを使用する必要がある場合は、旧バージョンもダウンロード可能です。それには図 2.1 での [Files] タブをクリックし、プラットフォーム別フォルダのページから Windows 用の [opencv-win] フォルダをクリックします（図 2.2 左）。その後、インストールしたいバージョンのフォルダ（3.1.0 など）をクリックすればダウンロードできます（図 2.2 右）。

Name	Modified		Name	Modified
opencv-unix	2016-12-23		Parent folder	
opencv-ios	2016-12-23		3.2.0	2016-12-23
opencv-win	2016-12-23		2.4.13	2016-12-19
opencv-android	2016-12-23		2.4.12	2016-03-01
3rdparty	2014-05-23		3.1.0	2015-12-18

図 2.2 ● OpenCV 配布元（SourceForge）でプラットフォームとバージョンを選択

2.2.2 インストール（解凍）

ファイルは実行形式の exe ファイル（7-Zip 自己解凍形式）です。opencv-3.2.0-vc14.exe を実行（ダブルクリック）すると、インストール先を指定するダイアログが表示されます（図 2.3 左）。欄には最初は既定のダウンロード先（ユーザにより異なる）が示されています。

本章では、簡易さを優先して C ドライブの直下（ルートフォルダ C:¥）にインストールするので、書き込まれている文字列をすべて消したのち「C:¥」のみを半角で記入してください（図 2.3 右）。あるいは「…」ボタンを押して C ドライブを選択してください。以降、説明中のインストール先フォルダは自分で指定したものに読み替えてください。

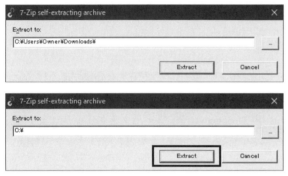

図 2.3 ● OpenCV のインストール先フォルダの指定（C:¥ のみ記入）

インストール先を指定したのち［Extract］ボタンを押すと開始します。開始するとダイアログボックスが進行状況を示します（図 2.4）。

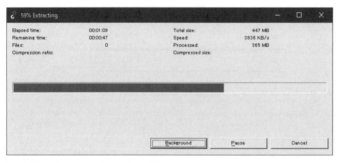

図 2.4 ● OpenCV インストール中

ダイアログボックスが自動的に閉じれば OpenCV のインストールは完了です。特にインストール完了を示す表示はありません。

インストーラは指定した保存先（ここではCドライブ直下）にopencvというフォルダを自動生成し、その中に必要ファイルすべてを展開します。ちなみに、インストーラは圧縮ファイルを展開しているだけなので（レジストリを書き込まない）、インストール後にこのopencvフォルダごと任意の箇所に移動することも可能です。

ダウンロードしたインストーラはOpenCVインストールが完了したら削除してもかまいません。もっとも、付録AでインストールするOpenCV contribのインストールに失敗したときに再インストールが必要になるかもしれないので、とっておくのもよい考えです。

2.2.3 確認

所定の場所にインストールされたか確認するためにCドライブの中身を見てみましょう。図2.5左のようにCドライブの直下にopencvというフォルダが作成され、中にbuildやsourcesフォルダが展開されていればインストールは完了です（図2.5右）。

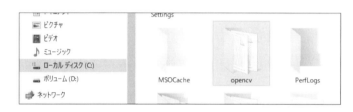 

図2.5 ● C:¥にインストールされたopencvフォルダ

OpenCVパッケージにはOpenCVアプリケーションをビルド、実行する上で不可欠な動的ライブラリ（dll）、リンクライブラリ（lib）のファイルが含まれています。これらファイルのファイル名はバージョン番号を示しているので、Visual Studio用の正しいバージョンがインストールされたかを確認します。

opencvフォルダからbuild→x64→vc14→libの順にフォルダを開きます。3.2.0をインストールしていれば、そこには次のファイルが置かれています。

（C:/opencv/build/x64/vc14/lib/）opencv_world320.lib

（C:/opencv/build/x64/vc14/lib/）opencv_world320d.lib

OpenCVライブラリファイルは上記のようにopencv_worldで始まります。続く数字はバージョン番号で、ここでは320（3.2.0）です。3.1.0なら310です。「d」のあるものとないものが

ありますが、この d はデバッグ用という意味です。本書ではデバッグモードを使用するので、使うのは後者の opencv_world320d.lib の方です。リリースモードでは opencv_world320.lib を用います。

2.3 Visual Studio のインストール

次に、OpenCV の C++ プログラム開発環境として、Microsoft Visual Studio Community 2017 を導入します。Community エディションは、製品版である Microsoft Visual Studio シリーズの無償版です。フル機能でありながらも、個人の開発者、オープンソースプロジェクト開発者、研究や教育利用、中小企業の開発者などは無償で利用できます。

2.3.1 ダウンロード

Visual Studio Community は、以下の Microsoft 配布サイトからダウンロードします。

　https://www.visualstudio.com/ja/

ページ上部のメニューの［ダウンロード］をクリックしてください（図 2.6）。ブラウザの幅を狭くしていると、メニューが左上の 3 本バーアイコン［三］内に折りたたまれて隠れていることもあります。

図 2.6 ● Visual Studio メインページの上部メニュー

［Visual Studio Community］の［無償ダウンロード］をクリックします（図 2.7）。ちなみに、他のエディションの［無料試用版］は 90 日間のみ無料で使用できます。

図 2.7 ● 「Visual Studio ダウンロード」ページから、Visual Studio Community の［無償ダウンロード］
をクリック

　ダウンロードが開始されます。ブラウザがインストーラダウンロードのダイアログボックス
を表示したら、ファイル保存を指示します。インストーラなのでどこに保存してもかまいません。

2.3.2　インストール

　ダウンロードしたファイルをダブルクリックするとインストーラが起動し、インストールするツールの選択画面（図 2.8）が表示されます。ここで［C++ によるデスクトップ開発］にチェックを入れ、右下の［インストール］ボタンを押して開始します。

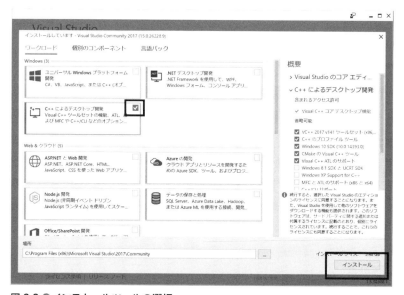

図 2.8 ●インストールツールの選択

画面に「インストール済み」と表示されればインストール完了です（図2.9）。［起動］ボタンを押してそのまま起動することもできますし、インストール画面を閉じたあとにスタートメニューから起動することもできます。ここでは［起動］ボタンを押してください。

図2.9 ●インストール完了画面

2.3.3　確認

　Visual Studioを初めて起動すると、図2.10左に示すサインイン画面が表示されます。すでにアカウントがあればそのままサインインし、なければアカウントを作成します。今作成したくないのなら［後で行う。］をクリックしてもかまいません。その場合、インストールから30日後にアカウント作成を促すダイアログが表示されますが、アカウント作成後にサインインすれば継続して利用できます。

　図2.10右に示す続く画面で、開発設定に［Visual C++］を選択し、好みの配色テーマを選んだのち、Visual Studioを開始します。

図2.10 ● Visual Studio 初期設定ダイアログ

初めて起動したときの画面は図 2.11 のようになっています。左側のパネルが「ソリューションエクスプローラー」、右側のパネルが「スタートページ」です。ただし、レイアウトは必ずしもこのようになっているとは限りません。各パネルはドラッグアンドドロップで上下左右に移動できるので、好みのレイアウトに変更してください。

図 2.11 ●初回起動後のレイアウト例（Visual Studio メイン画面）

　以上で Visual Studio 本体のインストールは完了です。

第 2 章　開発環境の準備

　Visual Studioはいったん閉じてもかまいません。再び Visual Studio を起動するときは、［スタートメニュー］の中の［Visual Studio 2017］から起動できます（図 2.12）。Windows のバージョンによっては［スタートメニュー］→［すべてのアプリ］→［Visual Studio 2017］からです。

図 2.12 ●スタートメニューから Visual Studio 2017 を起動

2.4　Visual Studio の環境設定

　ここまでの手順で、OpenCV とその開発環境である Visual Studio をそれぞれインストールできました。ここから、Visual Studio 開発環境で OpenCV を利用するための環境設定を行います。具体的には、OpenCV の各コンポーネントがどこにインストールされているかが Visual Studio にわかるように、また作成したプログラムを起動するときに必要なファイルがどこにあるかを Windows にわからせるように、**パス**（PATH）を設定します。

　パスとは目的のフォルダやファイルまでの経路を文字列で示すもので、たとえば［C ドライブ］→［opencv フォルダ］→［build フォルダ］へのパスは C:/opencv/build という記法で示します[注1]。

注1　本書冒頭で説明したように、本書ではパスの区切り記号に半角フォワードスラッシュ「/」を用いています。

OpenCVで設定しなければならないのはインクルードパス、ライブラリパス、コマンドパスの3つです（表2.1）。

表2.1 ●設定するパスの種類

パスの種類	設定先	設定するパスと説明
インクルードパス	Visual Studio	**C:/opencv/build/include** OpenCVソースコード中の #include <opencv2/opencv.hpp> などでインクルードするヘッダファイル（*.hpp、*.h）を検索する対象フォルダへのパス。インクルードディレクトリ、ヘッダサーチパスなどとも呼ばれます。
ライブラリパス	Visual Studio	**C:/opencv/build/x64/vc14/lib** OpenCVソースコード中の #pragma comment(lib, "opencv_world320d.lib") などでリンク指定した静的ライブラリファイル（*.lib）を検索する対象フォルダへのパス。
コマンドパス	Windows	**C:/opencv/build/x64/vc14/bin** ソースコードビルド後のアプリケーション（*.exe）実行時に参照される動的ライブラリファイル（*.dll）を検索する対象フォルダへのパス。

　Visual Studioにパスを設定するにはいくつかの方法がありますが、本節では、一度だけ設定を済ませれば以降は同じ設定を繰り返す必要がないグローバルな設定方法を説明します。これには、Visual Studioのプロパティシートと呼ばれるものに設定を書き込みます[注2]。

　それでは3種類のパスを設定していきましょう。まず、スタートメニューからVisual Studio 2017を起動してください（スタートメニューは図2.12参照）。

2.4.1　インクルードパス

最初にインクルードパスを設定します。

1. Visual Studioを起動します。
2. メニューの［ファイル］→［新規作成］→［プロジェクト］から［Visual C++］をクリックし、作成するプロジェクトの種類として［Win32コンソールアプリケーション］を選択します（図2.13）。名前欄には任意の名前（ここではTestとしています）を入力して［OK］

注2　プロジェクト新規作成ごとに設定する方法もあります。その場合は、手順3.と4.の代わりにメニューの［プロジェクト］→［プロジェクトのプロパティ］→［VC++ ディレクトリ］から設定します。

ボタンを押します。

図 2.13 ●初期設定用プロジェクトの作成

3. Win32 アプリケーションウィザードが立ち上がるので、そのまま[完了]を押すとウィザードが終了します（図 2.14）。

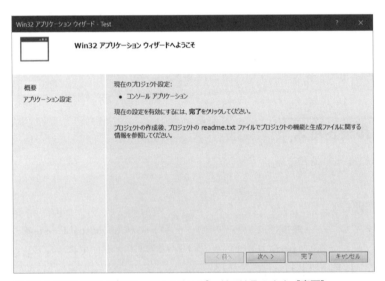

図 2.14 ● Win32 アプリケーションウィザードではそのまま［完了］

4. 続いて、ウィザードが生成した C++ ソースコードの雛形が用意された「Visual Studio メイン画面」が表示されます（図 2.15）。

図 2.15 ● Visual Studio メイン画面

5. ［表示］メニューの下方にある［プロパティ マネージャー］をクリックします（図 2.16）。環境によっては［表示］→［その他のウィンドウ］→［プロパティ マネージャー］の場合もあります。似た名前の［プロパティウィンドウ］や［プロパティページ］ではないので注意してください。

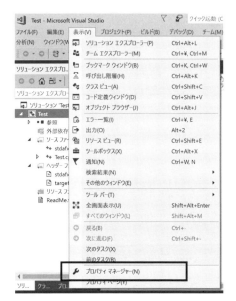

図 2.16 ●［表示］の［プロパティ マネージャー］を選択

6. プロパティマネージャーが表示されます（図2.17左）。プロジェクト名（ここではTest）の左側の三角マークをクリックし、さらに「Debug | x64」の左側の三角マークをクリックすることで展開します（図右）。中にある「Microsoft.Cpp.x64.user」をダブルクリックします。

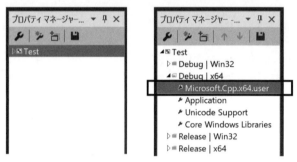

図2.17 ●プロパティ マネージャーの設定ファイルを展開する

7. x64 プラットフォーム用のプロパティページが表示されます（図2.18）。［共通プロパティ］→［VC++ ディレクトリ］の［インクルードディレクトリ］を選択し、右端のドロップダウンボタンを押したのち［<編集...>］をクリックします。

図2.18 ●プロパティページ

8. インクルードパスの編集ダイアログが表示されます（図2.19）。黄色いフォルダマークを押すと現れる右端の［…］ボタンからパス（C:/opencv/build/include）を指定します（図左）。もしくは空欄に直接書き込むこともできます（図右）。ただし、すべて半角英数文字を用いてください。opencvフォルダには他にもincludeフォルダがあるので（たとえばC:/opencv/sources/include）間違えないように注意してください。

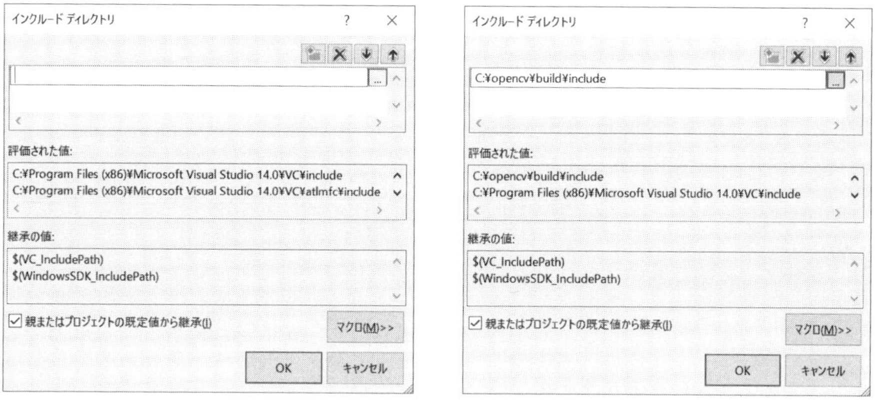

2.4 Visual Studio の環境設定

図 2.19 ●インクルードパスの指定（左図はフォルダから、右図は直接書き込みで設定）

9. 指定後ボタン［OK］を押すと設定ダイアログが閉じ、図 2.20 のダイアログに戻ります。

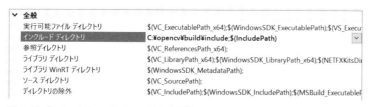

図 2.20 ●インクルードパスの設定完了後

以上でインクルードパスの指定は完了です。

2.4.2　ライブラリパス

続いて、同じ要領でライブラリパスを指定します。図 2.18 で示したプロパティページが表示されているとします。

1. ［インクルード ディレクトリ］の 2 つ下に［ライブラリ ディレクトリ］があるので、この右側の欄をクリックします。

2. インクルードパスと同じやり方でライブラリパス C:/opencv/build/x64/vc14/lib を指定します。

3. パス指定完了後、図 2.21 のようにライブラリパスが設定されていることを確認し、[OK] ボタンをクリックします。ここで、[OK] ボタンを押さずに右上の「×」でプロパティページを閉じてしまうと設定が保存されないので注意してください。

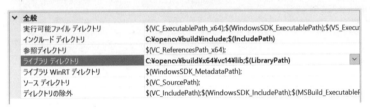

図 2.21 ●ライブラリパスの設定完了後

4. パス指定が完了したら、これらの設定のために開いていた［プロパティ マネージャー］ウィンドウを閉じます。この時点ではまだ設定は保存されていない点に注意してください。

5. 設定を保存するため、Visual Studio 本体を終了させます。終了時、図 2.22 のようにプロパティシートについて「今すぐ保存しますか？」というメッセージが表示されるので［はい］をクリックします。ここでも、［いいえ］や［キャンセル］を選択すると設定が保存されないので注意してください。

図 2.22 ●プロパティシートの保存

以上で Visual Studio のインクルードパスとライブラリパスの設定は完了です。

ここで作成した任意の名前のプロジェクト（Test）は、プロパティシートに設定するためのダミーです。パスの設定が終わったあとは削除してかまいません。

2.4.3　コマンドパスの設定

最後に Windows にコマンドパスを指定します。

コマンドパスとは、アプリケーションファイル（*.exe など）および実行ファイルが利用する動的リンクライブラリファイル（*.dll）を格納している場所のことです。Windows にこのコマンドパスを指定するには、Windows の環境変数 PATH に指定します。なお、以下の手順はWindows 10 のものですが、他のバージョンでも要領はおおむね同じです（どのバージョンでも要は［環境変数］ダイアログボックスを呼び出せればよいのです）。

1. スタートメニュー（Windows マークのアイコン）をクリックしてから［設定］をクリックします（図 2.23）。

図 2.23 ●スタートメニューをクリックして［設定］のアイコンをクリック

2. 設定の画面が表示されます（図 2.24）。検索欄に「システムの詳細設定」と入力し、検索欄のすぐ下に現れる［システムの詳細設定の表示］をクリックします。

図 2.24 ●［システムの詳細設定の表示］をクリック

3. ［システムのプロパティ］ダイアログが表示されるので、[詳細設定] タブの［環境変数］
   ボタンをクリックします（図 2.25）。

図 2.25 ●システムのプロパティ

4. ［環境変数］ダイアログが表示されます（図 2.26）。

図 2.26 ●環境変数ダイアログボックス

まず上半分の「ユーザ環境変数」を確認してください。ここに変数 Path が存在しなければ、方法 1 から新規作成します。すでに存在していたら、方法 2 から追加します[注3]。

方法 1. ユーザ環境変数に変数 Path が存在しない場合

1. ユーザ環境変数エリアの［新規］ボタンをクリックすると、［新しいユーザー変数］ダイアログが現れます（図 2.27）。

図 2.27 ●新しいユーザー変数

2. 次の値をそれぞれのフィールドに入力します。文字は必ず半角英数で記述してください。

フィールド名	値
変数名	Path
変数値	C:/opencv/build/x64/vc14/bin

なお、パス名に現れる vc14 は Visual Studio のバージョン番号です（本節末の NOTE 参照）。

注3　上半分の「ユーザ環境変数」エリアに変数 Path があるかないかは、以前にインストールしたアプリケーションのインストーラが自動的に Path を設定したことがあるかないかで決まります。下半分の「システム環境変数」エリアには、必ずあらかじめ Path が存在しています。こちらは、そのマシンの全ユーザ共通の設定です。ここにステップ 2 の要領で OpenCV のコマンドパスを設定することもできますが（全ユーザが OpenCV ライブラリを利用可能になる）、おそらく、ユーザエリアのほうがあとあと管理しやすいでしょう。

3. 完了したらダイアログボックスの中を再度確認し（図2.28）、［OK］ボタンで閉じてください。

図2.28 ●ユーザ変数 Path を追加したあとの環境変数ダイアログボックス

方法2. ユーザ環境変数に変数 Path が存在する場合

1. 図2.26 の［環境変数］ダイアログで既存の Path を選択し、［編集］ボタンをクリックします。

2. 図2.27 と同じダイアログボックスが表示されます（ただしウィンドウバーにあるタイトルは異なります）。

3. すでにあるパスに OpenCV のコマンドパスを追加します。

   a) すでに設定してあるパスを消さないように慎重に行ってください。もともとのパスの文字列をテキストファイルにコピー＆ペーストするなどして保存しておくと安心です。
   b) パスを追加するには、前のパスの末尾に区切り文字の半角セミコロン「;」を入力してから次のパスを追加します。たとえば、すでに以下の2つのパスが指定されているとします。

   　　%USERPROFILE%¥AppData¥xxx;C:¥yyy¥zzz

   半角セミコロンを最後に記入したのち次のようにパスを追記します。パス区切りは「¥」でも「/」でもかまいません。

   　　%USERPROFILE%¥AppData¥xxx;C:¥yyy¥zzz;C:/opencv/build/x64/vc14/bin

   方法1でも方法2でも Path の設定が完了したら、正しく指定されていることを確認してから［環境変数］ダイアログボックスを［OK］ボタンで閉じます。この設定中に Visual Studio を起動していたのなら、Visual Studio にこの設定を反映させるために Visual Studio を再起動します。

以上で、すべての初期設定が完了しました。本章冒頭でも述べたように、ここまでの初期設定は一度だけ行うだけでよいです。以降、OpenCV プロジェクトの新規作成は次の 2.5 節から始めてください。

Visual Studio のバージョン

　ライブラリパスに現れる C:/opencv/build/x64/vc14/lib の「vc14」は Visual Studio のバージョン名を表しています。Visual Studio 2017 のバージョン名は「v15」、Visual Studio 2015 のバージョン名は「v14」です。製品名に含まれている年号の下二桁とは違うので気をつけてください。

　本書執筆時点では、OpenCV 3.2 インストーラには Visual Studio 2015（vc14）用のライブラリファイルが提供されていますが、Visual Studio 2017 でも利用可能です。将来的な話ですが、次期バージョンの OpenCV では Visual Studio 2017（vc15）専用のライブラリファイルが提供されるはずなので、その場合はそちら（v15）を指定するようにしてください。

　ターゲットとしている Visual Studio のバージョンにインストーラが対応していなければ、OpenCV ライブラリ本体をそのバージョン向けにビルドし直すことでも対応可能です（付録 A 参照）。

2.5 新規プロジェクトの作成

本節では、初期設定の動作確認も兼ねて OpenCV プロジェクトの新規作成方法を説明します。題材は、画像ファイルを読み込み、それを表示するというものです。

2.5.1 プロジェクトの準備

まず Visual Studio を起動し、スタートページのメニューから［ファイル］→［新規作成］→［プロジェクト］を選択し［新しいプロジェクト］ダイアログボックスを表示させます（図 2.29）。

図 2.29 ●「新しいプロジェクト」作成画面

［新しいプロジェクト］の各入力・選択項目には、表 2.2 の要領で必要事項を設定します。名称は何でもかまいませんし、場所（フォルダ）もどこでも OK です。ここでは［ドキュメント］フォルダ（フォルダ名 Documents）を指定しています。ここで用いられている「プロジェクト」や「ソリューション」の意味は 2.5.5 節で説明します。

表 2.2 ● プロジェクト作成時に設定する項目

項目	設定値
テンプレートの種類	［Visual C++］の［Win32 コンソールアプリケーション］
プロジェクトの名前	HelloOpenCV（名前は任意）
プロジェクトの場所	C:¥Users¥ユーザ名¥Documents¥（場所は任意）
ソリューション名	HelloOpenCV（名前は任意）

以上を入力したら［OK］をクリックします。［Win32 アプリケーションウィザード］ダイアログボックスが表示されます（図 2.30）。

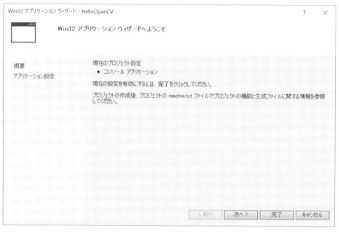

図 2.30 ● Win32 アプリケーションウィザードダイアログボックス

［完了］をクリックすると、開発環境ウィンドウが開きます（図 2.31）。

図 2.31 ● Visual Studio 開発環境ウィンドウ

これで、指定した場所に「ソリューション」や「プロジェクト」などのフォルダなどが自動的に生成されます。アプリケーションウィザードはまた、図に示すプログラムコードのテンプレートを自動生成してくれます[注4]。図では示されている行番号はデフォルトでは表示されないので、行番号を表示するよう設定しておくと便利です（付録 B.1 参照）。

注4　Visual Studio のバージョン 2013 以前では _tmain 関数（文字セット拡張版）の使用が推奨されていましたが、バージョン 2015 からは、初期コードは引数なしの main() を使用するように変更されています。どちらで記述してもかまいません。

第2章　開発環境の準備

2.5.2　stdafx.h

図 2.31 に示したテンプレートコードに次の行があります（4 行目）。

```
#include "stdafx.h"
```

stdafx.h は、大規模な開発においてビルドを高速化するための Visual Studio 固有のヘッダファイルです。プロジェクトの規模が大きくなった際は、頻繁にコンパイルするコードのヘッダをまとめてここに記述し、Visual Studio に事前にコンパイル（プリコンパイル）させることで、ビルドをスピードアップできます。

このインクルード文は、プロジェクトが新規生成されたときにコード先頭に自動的に追加されます。本書は stdafx.h の機能は使用しませんが、デフォルトなのでそのままコードに残してあります。また、stdafx.h をインクルードしていないと次のエラーメッセージが出力パネルに表示されます。

プリコンパイル ヘッダを検索中に不明な EOF が見つかりました。'#include "stdafx.h"' をソースに追加しましたか？

このインクルード文をソースコードを自動的に用意するには、Visual Studio のメニューで［プロジェクトのプロパティ］→［構成プロパティ］→［C/C++］→［詳細設定］→［必ず使用されるインクルードファイル］に stdafx.h を追加します。

2.5.3　プラットフォーム（x64）の指定

プログラムの実行形式を生成するに際しては、ターゲットとなる PC のプラットフォームを 32 ビット（x86）か 64 ビット（x64）のどちらかを指定します。x86 にしておけば最大公約数のプラットフォームで動作するため、Visual Studio のデフォルトは x86 になっていますが、本書が対象としている OpenCV ライブラリは x64 用なので、ここでは x64 を指定します。

変更には、開発環境ウィンドウのツールバーにある［x86］とあるプルダウンメニューから x64 を選択します（図 2.32）。

50

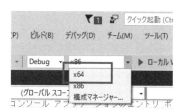

図 2.32 ● プラットフォームを 32 ビット（x86）から 64 ビット（x64）に変更

Visual Studio のバージョンが古いなどの理由から［x64］を選択できないこともあります。その場合は、以下の手順を試してください。

1. ［ビルド］-［構成マネージャ］を開く。
2. ［プラットフォーム］-［新規作成］を選択する。
3. ［新しいプロジェクト プラットフォーム］を開く。
4. 新しいプラットフォームは x64、設定のコピー元は Win32 にし、OK ボタンを押下する。
5. 構成マネージャのプラットフォームで x64 を設定する。
6. ツールバーのソリューションプラットフォームで x64 を選択する。
7. ［プロジェクト］-［プロパティ］を開く。
8. ［リンカー］-［詳細設定］-［対象コンピュータ］を選択する。
9. 対象コンピュータに MachineX64 を設定する。

x64 でないと、OpenCV プログラムのビルド時にエラーが発生します。このため、PC の CPU や OS が 32 ビットだとこのままでは開発できません。やむを得ず 32 ビット環境で OpenCV アプリケーションをビルドしたいときは、OpenCV の旧バージョン 2.4 系を利用するか、OpenCV ライブラリ本体を 32 ビット用にビルドしなければなりません。ライブラリ本体のビルドは付録 A を参考にしてください。

2.5.4　テンプレートそのままをビルドし、実行

ソースコードはまだテンプレートのまま（main しかない）ですが、このままでも「何もしない」プログラムを生成できます。ここでいったんビルドし、64 ビットアプリケーションが生成されるか確認しましょう。なお、「ビルド」とは、ソースコードから実行できるプログラムを生成するという意味です。

ビルドは、メニューの［ビルド］→［HelloOpenCV のビルド］から実行します。

第 2 章　開発環境の準備

出力パネルに下記のように表示されたら、ビルドは正常に終了しています。

========== ビルド：1 正常終了、0 失敗、0 更新不要、0 スキップ ==========

プログラムは［デバッグ］→［デバッグなしで開始］を選択することで実行します。コンソールに「続行するには何かキーを押してください…」と表示されれば正常です。［デバッグの開始］と［デバッグなしで開始］の違いについては付録 B.3 を参照してください。

2.5.5　ソリューションとプロジェクト

Visual Studio がいうところの「プロジェクト」と「ソリューション」は、作成するアプリケーションや機能ごとに必要なファイルやフォルダをグループ化したものです。

● プロジェクト
1 つのプログラムを作成するのに必要なファイル群をまとめたもので、ここには C++ ソースコードファイルや画像などのデータファイルなどを収容します。

● ソリューション
プロジェクトの上位のグループです。大規模な開発では複数のプロジェクトから複数のプログラム（実行ファイルや DLL）を生成することがありますが、これらをひとまとめに扱うときの概念です。

ソリューションとプロジェクトは、デフォルト構成では、どちらも具体的にはフォルダとしてみることができます。先ほどプロジェクトの保存場所を C:/Users/ ユーザ名 /Documents/ としたので（表 2.2）、ソリューションフォルダは C:/Users/ ユーザ名 /Documents/HelloOpenCV です。プロジェクトフォルダはこのソリューションフォルダの中に生成されるので、具体的には C:/Users/ ユーザ名 /Documents/HelloOpenCV/HelloOpenCV です。ソースファイルなどはこのプロジェクトフォルダ内に保存されます（たとえば HelloOpenCV.cpp）。

Debug モードでのビルド実行後に生成された実行ファイルは、ソリューションフォルダ内の x64 の Debug フォルダに格納されます（C:/Users/ ユーザ名 /Documents/HelloOpenCV/x64/Debug）。実行ファイル名はソリューション名と同じ（HelloOpenCV.exe）です。

これらフォルダの構成を図 2.33 に示します。

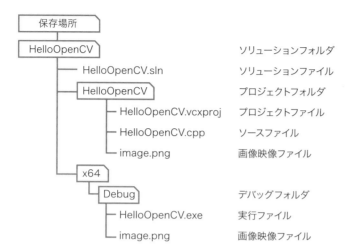

図 2.33 ● Visual Studio のフォルダ・ファイル構成例

2.5.6　画像・映像ファイルの置き場所

　Visual Studio からプログラムを実行するときに読み込む画像・映像ファイルは、既定ではプロジェクトフォルダ内に置きます。プログラムがファイルを書き出すときも、特にパスを指定しなければプロジェクトフォルダに書き込まれます。Visual Studio から実行するときこのプロジェクトフォルダを「カレントディレクトリ」といいます。

　次節の動作確認では、プログラムはカレントディレクトリから image.png を読み込みます（図 2.33 の 2 つある上のほうのファイル）。中身は何でもよいので、画像を以下に用意してください。

　　C:/Users/ ユーザ名 /Documents/HelloOpenCV/HelloOpenCV/image.png

カレントディレクトリ以外に保存したファイルにアクセスするときは、ソースコード内で対象ファイルへのパスを指定します。

　なお、Windows のデフォルト設定では拡張子（.png など）が非表示なので、画像ファイル名を変更するときは注意してください。非表示設定のままファイル名を変更すると image.png.png のように拡張子を 2 重に指定してしまうこともあり、実行時に「画像ファイルが読み込めません。」というエラーが発生します。Windows 10 なら、ファイルエクスプローラの「表示」タブで「ファイル名拡張子」にチェックを入れれば、拡張子が表示されます。

第2章 開発環境の準備

実行ファイル HelloOpenCV.exe を直接実行したいときは実行ファイルと同じ［Debug］フォルダ内に保存します。

2.5.7 動作確認

何もしないテンプレートのままのソースコードを正しくビルドできることが確認できたので、次は、画像ファイルを読み込んで表示するプログラムで動作確認しましょう。以下の OpenCV 動作確認プログラムを入力してください。コードのそれぞれの意味は次章から説明します。

コード 2.1 ●動作確認プログラム

```
 1 #include "stdafx.h"
 2 #include <opencv2/opencv.hpp>
 3 #pragma comment(lib, "opencv_world320d.lib")
 4 using namespace std;
 5 using namespace cv;
 6
 7 int main()
 8 {
 9   Mat img;
10   img = imread("image.png");
11   if (img.empty()) {
12     cout << "Unable to read the file";
13     cin.get();
14     return -1;
15   }
16   imshow("Image", img);
17   waitKey();
18   return 0;
19 }
```

なお、テンプレートにもともと書き込んであった次の最初の2行のコメント文や空行は消してもかまいません。

```
// HelloOpenCV.cpp : コンソール アプリケーションのエントリ ポイントを定義します。
//
```

すべて半角英数で入力します。第3章以降ではエラーメッセージやウィンドウの名称に全角

54

文字を用いますが、それらリテラル（そのまま）に解釈される文字列以外はすべて半角文字です。全角文字を囲むダブルクォーテーション（二重引用符）「"」も半角文字です。また、コード中に全角のスペースがあるとエラーになります。文字の打ち間違いなどの箇所には赤い波線が表示されます。

　コードを入力したら、メニューの［ビルド］→［HelloOpenCV（プロジェクト名）のビルド］でプロジェクトをビルドします（付録 B.2 も参照）。ここで、「このプロジェクトは変更されています。ビルドしますか？」というダイアログ（図 2.34）が表示された場合は［はい］をクリックするとビルドが開始します。このダイアログを表示したくないときは［今後このダイアログを表示しない］にチェックを入れておくとよいでしょう。

図 2.34 ●ビルドの確認

　ビルドが完了すると、Visual Studio の出力パネルに図 2.35 のようなビルドレポートが表示されます。出力パネルが表示されていないときは Visual Studio メニューの［表示］→［出力］から表示できます。

図 2.35 ●出力パネル（正常終了）

　出力パネルに以下のようなエラーが表示されたときは、メニューの［プロジェクト］→［HelloOpenCV のプロパティ］→［構成プロパティ］→［C/C++］→［SDL チェック］を［いいえ］

に設定し、ビルドし直してください。

```
error C4996: 'fopen': This function or variable may be unsafe.
```

Visual Studio が報告するその他のエラーメッセージの意味とその対処法は付録 C にまとめたので、そちらを参照してください。たとえば、「warning C4819：ファイルは、現在のコードページ（932）で表示できない文字を含んでいます」というエラーは文字コードに関わる警告で、詳細は付録 C に示したとおりです。

メニューの［デバッグ］→［デバッグの開始］を選択すれば、アプリケーションがビルド／実行されます。実行すると、図 2.36 のように「画像表示」ウィンドウとコンソール（黒いウィンドウ）が表示されます。アプリケーションを終了するには、「画像表示」ウィンドウがアクティブな状態（選択した状態）で何かのキーを押すか、コンソール右上の「×」（閉じる）ボタンを押します。

図 2.36 ●動作確認プログラムの実行結果（画像表示）

プログラムが 12 行目の「Unable to read the file」というランタイムのエラーメッセージを表示したら、2.5.6 節に戻って image.png ファイルをプロジェクトフォルダ直下に置いてください。ファイルの保存場所やパスの指定、ファイル名の大文字や小文字、拡張子（jpg や png）なども見直しましょう。

違うファイル名の画像を用いたいのであれば、ソースコードの 10 行目にある imread 関数の

引数のファイル名を変更します。たとえば fruits という名前の jpg ファイルを読み込ませたいのであれば imread("fruits.jpg") とします。

コードを変更したら、再度ビルドします。

以上で動作確認は完了です。

Visual Studio 本体を閉じて終了したあとに再び同じ状態から始めるときは、ソリューションフォルダ内のソリューションファイル HelloOpenCV.sln を実行するか、Visual Studio 起動後に［ファイル］→［最近使ったプロジェクトとソリューション］から開きます。

2.6 本書サンプルコードのビルドと実行

巻頭に示したダウンロードサービスから、本書の第 3 章以降に掲載したサンプルコードのファイルをダウンロードできます。本節では、そこに含まれるファイルからプログラムを実行するまでの手順を説明します。

2.6.1 ソリューションファイルから開く場合（通常はこちら）

使用している開発環境が Visual Studio 2017 であれば、ソリューションファイル CV3.sln を開くだけです。

ダウンロードしたファイル一式の［実践 OpenCV3］→［VisualStudio2017 用プロジェクト］フォルダにある CV3.sln を開くと、すべてのプロジェクトが登録されたソリューションが開きます（図 2.37）。最初は図 2.37 左のようにはソースコードが表示されないので、右のプロジェクト一覧から、たとえば［ソリューション 'CV3'］→［3_1］→［ソースファイル］→［3_1.cpp］を選択します。ファイルをシングルクリックしただけでは他のファイルをクリックしたときに変わってしまいますが、3_1.cpp をダブルクリックすれば固定することができます。なお、フォルダやソースプログラムの名称に使われている「3_1」などは章節番号を示しています。たとえば、3_1 は 3.1 節のコード（プロジェクト）です。

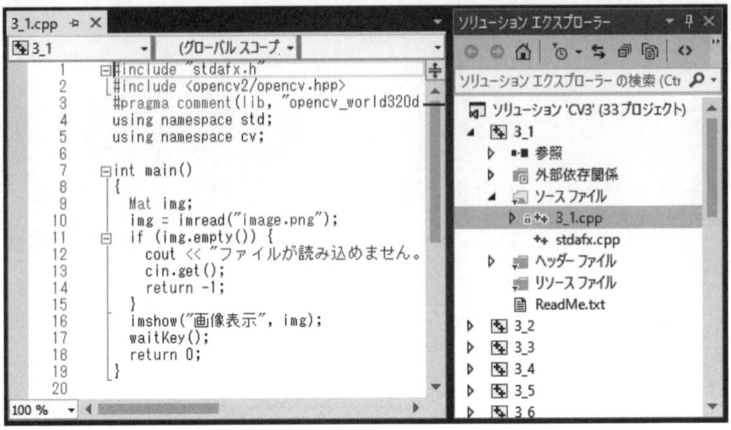

第 2 章　開発環境の準備

図 2.37 ●ソリューションファイルの全プロジェクト

　この状態で、メニューの［ビルド］→［3_1 のビルド］からビルドを行います。ビルドが正常に終了したら、［デバッグ］→［デバッグなしで開始］からプログラムを実行します。
　別のプロジェクトをビルドするときは、そのプロジェクトを「スタートアッププロジェクト」にする必要があります。しかし、本書には多くのプロジェクトがあるので、毎回切り替えるのは面倒です。そこで、現在選択されているプロジェクトが自動的にビルドされるように変更します。ソリューション 'CV3' の上を右クリックし、［スタートアップ プロジェクトの設定］をクリックします（図 2.38）。

図 2.38 ●スタートアッププロジェクトの設定

　現れたプロパティページで、デフォルトでは［シングル スタートアップ プロジェクト］ですが、［現在の選択］に変更して［OK］を押してください（図 2.39）。

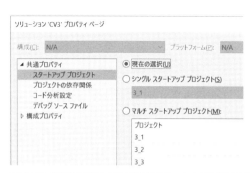

図 2.39 ●現在選択しているプロジェクトをビルドするようにする

2.6.2 ソースファイルからプロジェクトを新規作成する場合

旧バージョンの Visual Studio を利用しているなど、開発環境によってはソリューションファイルを直接開けないこともあります。そのようなときは、以下の要領でソースファイルからプロジェクトを新規作成します。ここでは、例として 3_2.cpp（3.2 節）のソースファイルからプロジェクトを新規作成します。

1. Visual Studio を起動し、メニューから［ファイル］→［新規作成］→［プロジェクト］を選択します。

2. プロジェクト名を「3_2」などとしてプロジェクトを新規作成してください。プロジェクト名は任意です。

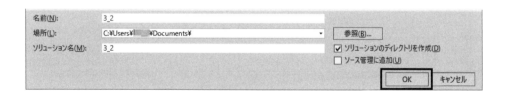

3. プラットフォームを「x86」から「x64」に変更します。

4. ダウンロードしたファイルの［実践 OpenCV3］→［ソースファイル］フォルダには、すべての節のソースファイルがまとめて収納されています。「3_2.cpp」を右クリックし［プログラムから開く］→［メモ帳］で開きます（メモ帳でなくてもよいですが、余分な制御コードが混入しないようにするにはメモ帳が最適です）。なお、左マウスボタンからダブルクリックしてしまうと、Visual Studio 上で開いてしまいます。これだとどのファイルがビルドされるのかわかりくくなるので、別アプリケーションで開くのがお勧めです。

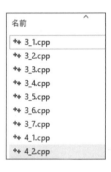

5. Visual Studio 上のデフォルトのコードをすべて消し、手順 4. で開いたソースコードをすべてコピーして貼り付けます[注5]。貼り付けた後はメモ帳は閉じてかまいません。読み込むファイルはプロジェクトフォルダに用意してありますが、自分で用意してもよいでしょう。カメラ映像を扱うプログラムであれば実行前にカメラを接続してください。

6. メニューの［ビルド］→［3_2（プロジェクト名）のビルド］でプロジェクトをビルドします。ビルドエラーがないことを確認したのち、［デバッグ］→［デバッグの開始］で実行します。

注5　これ以外にも、ソースファイルなしの空のプロジェクトを作成してから既存ファイルを追加するという方法もあります。

3

画像・映像の
入出力

　本章では、画像・映像の入出力、つまり読み込みと書き出しの方法を
説明します。本章で紹介する画像処理手法はモノクロ化、エッジ検出、
2 値化、反転、平滑化、リサイズです。また、画像やフレームは 1.4
節で触れたように Mat クラスのオブジェクトに収容されますが、この
Mat クラスに親しんでもらうため、特に 1 節を設けて Mat オブジェク
トの生成方法とこれに関わりのあるクラスも説明します。

3.1　画像ファイルの表示

3.2　画像ファイルのエッジ検出と保存

3.3　画像の作成と Mat メンバ

3.4　ビデオファイルの表示

3.5　ビデオファイルの 2 値化処理と保存

3.6　カメラ映像の反転表示

3.7　カメラ映像の平滑化と保存

3.8　ビデオ属性とビデオシャッフリング

3.1 画像ファイルの表示

画像ファイルを Mat クラスのオブジェクト（1.4 節）に読み込むには、imread 関数を用います。この関数は JPEG、PNG、BMP など主要な画像ファイルの形式に対応しています。プログラムは、画像を表示したあとキー入力があるまで待ち（waitKey）、任意のキーが押されると表示ウィンドウを閉じて終了します。キー入力以外のユーザインタフェースは第 4 章で取り上げます。

本節で説明するクラス、関数は表 3.1 のとおりです。

表 3.1 ●画像ファイルの表示プログラムで使用するクラス・関数

クラス・関数	説明
Mat	画像情報、画像データ格納用クラス
imread	画像ファイルの読み込み
Mat::empty	Mat のメンバ関数。オブジェクトが空のとき true を返す。
imshow	指定のウィンドウに画像を表示
waitKey	キー入力の待機

3.1.1 プログラムの実行

画像ファイルの表示プログラムの実行例を以下に示します。

図 3.1 ●画像ファイルの表示プログラムの実行例

実行すると、プロジェクトフォルダ（2.5.5 節参照）に置かれた画像ファイル image.png を読み込み、フルカラーでウィンドウに表示します。同時にコンソールウィンドウ（上図では右上の黒い画面）も表示されます。画像のウィンドウを選択した状態で何かキーを押すか、ウィン

ドウを閉じれば、プログラムが終了します。

3.1.2 ソースコード

画像ファイルの表示プログラムをコード 3.1 に示します。

コード3.1 ●画像ファイルの表示プログラム

```
1  #include "stdafx.h"                       // VisualStudio用ヘッダ
2  #include <opencv2/opencv.hpp>             // OpenCVヘッダ
3  #pragma comment(lib, "opencv_world320d.lib") // OpenCVライブラリ
4  using namespace std;                      // 標準ライブラリ名前空間
5  using namespace cv;                       // OpenCV名前空間
6
7  int main()                                // メイン関数
8  {
9    Mat img;                                // Matオブジェクト生成
10   img = imread("image.png");              // 画像ファイルの読み込み
11   if (img.empty()) {                      // Matオブジェクトが空のとき
12     cout << "ファイルが読み込めません。";
13     cin.get();
14     return -1;
15   }
16   imshow("入力画像", img);                 // 表示ウィンドウに画像を表示
17   waitKey();                              // キー入力待機
18   return 0;
19 }
```

3.1.3 ライブラリの用法

以下、コード 3.1 の詳細を、使用している関数とあわせて説明します。

```
2  #include <opencv2/opencv.hpp>                 // OpenCVヘッダ
3  #pragma comment(lib, "opencv_world320d.lib") // OpenCVライブラリ
```

2行目では、OpenCV のヘッダをインクルードしています。

3行目では、リンクするライブラリファイルをコンパイラに指示しています。ここで指定している opencv_world320d.lib はインポートライブラリと呼ばれるファイルで、これを指定して

第3章 画像・映像の入出力

おくことで OpenCV プログラムをビルドできます。これによりまた、実行時には動的ライブラリファイル（*.dll）を参照し、OpenCV のクラスや関数を使用できるようになります。

ここでエラーになるときは、2.4 節を参照しながらインクルードやライブラリのパス指定が正しいか見直してください。

それぞれの行にある「//」はコメント記号です。「//」以降の文字はすべてコンパイラが無視します。

```
4  using namespace std;              // 標準ライブラリ名前空間
5  using namespace cv;               // OpenCV名前空間
```

4 行目は cout などの C++ 標準ライブラリの名前空間 std、5 行目では OpenCV の名前空間 cv の使用を宣言しています。

名前空間とは関数やクラスをまとめたグループです。OpenCV の関数や定数はすべて cv という名前空間に属しているので、本来的には、たとえば関数 imread（10 行目）を呼び出すときは「cv に属する imread」という意味で cv::imread と書かなければなりません（このときの cv:: を**指定子**といいます）。同様に、12 行目と 13 行目にある C++ 標準関数の cout、cin も std という名前空間に属しているので、それぞれ指定子込みで std::cout、std::cin と書きます。

しかし、using namespace を使って宣言をすると、この文があるスコープ内（ここではプログラム全体）で関数やクラス名の前の指定子を省略できます。つまり、cv::imread ではなく imread とだけ書けばよいようになります。

OpenCV 公式サイトのコード例でもこれらの指定子は省略されています。本書でもまた、コードの簡潔さを優先して指定子を省略しています。この宣言を行わないなら、すべての OpenCV の関数やクラス名の前に cv:: を付けなければなりません。

```
9   Mat img;                         // Matオブジェクト生成
```

9 行目では、10 行目で読み込む画像データを収容するための Mat クラスのオブジェクトを宣言しています。1.4 節で説明したように、Mat オブジェクトには 1 枚の画像の縦横サイズ、カラーチャンネル数といったメタ情報や、画像データそのものが格納されます。Mat オブジェクトの操作方法は、このあと 3.3 節で詳しく説明します。

```
10  img = imread("image.png");       // 画像ファイルの読み込み
```

画像ファイル image.png を読み込み、Mat オブジェクト img に格納します（ファイルは 2.5.6 節で説明したように、プロジェクトフォルダに置いてあると仮定しています）。imread 関数の定義は次のとおりです。

画像の読み込み

imread (const String & **filename**, int **flags** = *IMREAD_COLOR*)

filename	読み込む画像ファイル名。
flags	画像の読み込み型（ビット数／チャンネル数）（表3.3）。
戻り値（Mat）	読み込んだ画像を返す。画像が読み込めない場合は空行列（Mat::data==NULL）を返す。

　第 1 引数には、読み込む画像ファイル名を指定します。プログラムを実行しても画像が表示されないときは、画像ファイルの指定場所（パスやファイル名）が間違っていることが多いので見直しましょう。ファイルのパスは、次のように絶対パスで指定することもできます。

```
img = imread("C:/opencv/sources/samples/data/fruits.jpg");
```

　imread 関数は、特に指定しなくても自動的に画像のファイルフォーマットを識別します。対応している画像ファイルフォーマットを表 3.2 に示します。OS などの利用環境によっては対応していない画像フォーマットもありますが、JPEG、PNG、TIFF は他のフォーマットよりも利用可能なことが多いです[注1]。

表 3.2 ● imread 関数で読み込み可能な画像ファイルフォーマット

画像ファイルフォーマット	拡張子
Windows ビットマップ	bmp、dib
JPEG / JPEG 2000	jpg、jpe、jp2
PNG（Portable Network Graphics）	png
TIFF	tiff、tif
WebP	webp
Portable image format	pbm、pgm、ppm
Sun rasters	sr、ras

　本コードでは省略していますが、imread 関数の第 2 引数から表 3.3 の定数を用いてカラータイプフラグを指定できます。これは、読み込む画像がカラーであってもグレースケールとして読み込むなど、読み込み後のカラーモデルを指示するときに用います。

表 3.3 ● imread で指定可能なカラータイプフラグ

ImreadModes フラグ	値	意味
IMREAD_UNCHANGED	−1	無変換
IMREAD_GRAYSCALE	0	8 ビット 1 チャンネル（グレースケール）

注 1　OpenCV を自力でビルドするときは、使用可能にしたい画像フォーマットを指定する必要があります（付録 A 参照）。

第3章　画像・映像の入出力

ImreadModes フラグ	値	意味
IMREAD_COLOR	1	8 ビット 3 チャンネル（カラー）
IMREAD_ANYDEPTH	2	任意の深度
IMREAD_ANYCOLOR	4	任意のカラー
IMREAD_LOAD_GDAL	8	Geospatial data（地理空間データ）フォーマット

　たとえば、カラー画像ファイルを 8 ビット 1 チャンネルのグレースケール画像として img に読み込むときは次のように書きます。

```
img = imread("image.png", IMREAD_GRAYSCALE);
```

　逆に、ファイルが 8 ビット 1 チャンネルのグレースケール画像であっても、IMREAD_COLOR を指定すれば 8 ビット 3 チャンネルのカラー画像に変換されて読み込まれます。もちろん、グレーな画像に色が付くわけではなく、B と G と R の値がすべて同じ値のモノクロの 3 チャンネル画像になるだけです（1.4.3 節参照）。

　imread 関数はアルファチャンネル（画素の透明度）の読み込みにも対応しています。正の値のフラグが用いられるとアルファチャンネルは切り捨てられるので、アルファチャンネルも含めて元のデータをそのまま読み込むときは負の値の IMREAD_UNCHANGED を用います。

　ところで、関数定義に示した第 2 引数には「=」が付いています。これは、この関数を呼び出すときにその引数を省略すると、右辺の値をデフォルトで用いることを意味します。10 行目はこの第 2 引数を指定していないので、これは以下と同じ意味になります。

```
img = imread("image.png", IMREAD_COLOR);
```

　逆にいうと、デフォルト値がある引数は省略することができますが（C++ のデフォルト引数機能）、そうでないものは必ず指定しなければなりません。

　関数定義の「戻り値（Mat）」はこの関数が Mat オブジェクトを返すことを意味しています。10 行目で「=」を使って imread 関数の戻り値を Mat オブジェクトである img に代入しているのはそのためです。本書では戻り値が void のときは関数定義表から省略していますが、その場合は代入する必要はありません（たとえば 16 行目の imshow など）。

　9 行目の宣言と 10 行目の代入は、次のように 1 つにまとめることもできます。

```
Mat img = imread("image.png") // Matオブジェクト生成と画像ファイルの読み込み
```

```
11    if (img.empty()) {                        // Matオブジェクトが空のとき
12      cout << "ファイルが読み込めません。";
13      cin.get();
```

```
14    return -1;
15  }
```

11 〜 15 行目は、画像ファイルが読み込めなかったときのエラー処理です。

11 行目で、画像が正しく読み取られたかを Mat クラスの empty() というメンバ関数で確認しています。このメンバ関数は画像データが存在しないときに true(= 1)、存在するときに false(= 0) を返します。Mat クラスにはこれ以外にも数多くのメンバ関数があり、それらは 3.3 節で紹介します。

img オブジェクトが空（img.empty()==true）ならば、続く 12 行目で「ファイルが読み込めません。」と表示し、C++ 標準ライブラリのキー入力関数 cin.get でコンソールをキー入力待ち状態にします。ここで Enter キーが押されると、14 行目でエラー値 –1 を返してプログラムを終了します。

Matオブジェクトが空のときtrueを返す	
Mat::empty ()	
戻り値（**bool**）	Mat::dataがNULLのときtrueを返す。

```
16    imshow("入力画像", img);                    // 表示ウィンドウに画像を表示
```

imshow 関数は指定の識別名のウィンドウに画像（Mat オブジェクト）を表示するもので、関数定義は次のとおりです。InputArray については 4.6 節末の NOTE を参照してください。

ウィンドウに画像を表示	
imshow (const String & **winname**, InputArray **mat**)	
winname	画像を表示するウィンドウ識別名。存在しない場合は自動生成される。
mat	表示させる画像が格納されたMatオブジェクト。

第 1 引数にウィンドウの識別名を、第 2 引数に Mat オブジェクトをそれぞれ指定します。16 行目が実行された時点では「入力画像」という名前のウィンドウは存在しないので、imshow 関数は「入力画像」ウィンドウを生成し、そこに img を表示します。すでにウィンドウがあれば、（すでに画像があればそれを上書きすることで）img をそこに表示します。

ウィンドウ識別名はまた、ウィンドウのタイトルバーに表示されます。なお、本書ではウィンドウ識別名に全角日本語文字を用いていますが、異機種環境などを考慮したいときは半角英文字がお勧めです。

表示されるウィンドウのサイズは、デフォルトでは画像サイズに合わせられます。また、

第 3 章　画像・映像の入出力

　ユーザ側からウィンドウのリサイズはできません。リサイズを可能にする方法は 3.6 節で説明
します。ウィンドウのディスプレイ上の見かけのサイズについては、本節末の NOTE を参照し
てください。

```
17    waitKey();                                      // キー入力待機
```

　waitKey 関数は、引数で指定された時間だけキー入力を待機します。関数定義は次のとおり
です。

キー入力の待機	
waitKey(int **delay** = 0)	
delay	待ち時間（ms）。デフォルト値は0。0以下の値を指定すると、キー入力があるまで待ち続ける。
戻り値（int）	押されたキーのASCII コードを返す。

　引数に指定する時間の単位は ms（ミリ秒）です。引数に何も指定しないときのデフォルト値
は 0 で、この場合は何らかのキー入力があるまで待ち続けます。負の値も同様です。waitKey
はまた、動画再生時に次のフレームに切り替えるタイミングを調節するときにも用いられます
が、この用法は 3.4 節で説明します。

　本章では用いませんが、waitKey 関数は押されたキーの ASCII コードを int 型で返します。こ
の戻り値を用いてキー入力で何らかの操作を行う方法は 4.2 節で説明します。

　waitKey 関数には、Ctrl + C キーと Ctrl + S キーを用いたコピーと保存の機能が実装されてい
ます。前者は、アクティブな表示ウィンドウの画像をクリップボードにコピーするものです。
後者は表示画像を画像ファイル保存ダイアログからファイルに保存できるものです。

　waitKey 関数は画像表示用ウィンドウに対して作用するものです。ウィンドウが存在しな
い段階で用いても、キー待ち状態にはなりません。たとえば、13 行目の cin.get の代わりに
waitKey を使っても、13 行目の段階では 16 行目で imshow で生成するウィンドウが存在しない
ため、一時中止せずにそのまま終了します。ウィンドウを imshow で生成する前に waitKey 関
数を利用するときは、あらかじめ namedWindow 関数で明示的に作成します。この用法は 3.6
節で説明します。

　waitKey のキー入力が有効なのは、画像表示ウィンドウがアクティブになっている間、つま
りそのウィンドウをクリックして選択した状態になっている間だけです（図 3.2 左）。非アクティ
ブな状態だと、キーはプログラムに伝達されません。たとえば、実行と同時に表示されるコン
ソールをアクティブにすると、waitKey はキー入力などのイベントを取得できません（図 3.2 右）。
その代わり、コンソール用のキー入力関数（cin.get 関数）があれば、そちらがキーイベントを

受け付けます。なお、引数に指定した待ち時間はアクティブでも非アクティブでも有効なため、映像は状態に関わらずそのタイミングで再生されます。

図 3.2 ● 画像表示ウィンドウがアクティブなときは waitKey がキー入力を受け取れます（左）。コンソールがアクティブなときは waitKey はキー入力を受け取れませんが、cin.get があればそちらが受け取ります。

Windows の「項目のサイズ」と画像のサイズ

ディスプレイ上に表示される画像のみかけの大きさは、Windows の解像度の設定だけでなく、項目サイズの倍率設定によっても異なります。

Windows 8 以降の設定画面ではこれを「テキスト、アプリ、その他の項目のサイズ」と呼んでいます。昨今では一般的な高解像度ディスプレイではデフォルトの文字やボタンがあまりに小さくなり、タッチパネルでは指でピンポイントにタッチできなくなってしまうこともあり、Windows 8 から搭載された機能です。項目のサイズの拡大率を大きくすれば、文字やボタンが「大きく」なります。図 3.3 に標準（推奨）時の 100% の画面と、150% に設定したときの画面を示します。

図 3.3 ● Windows 10 の項目サイズの拡大機能

69

この機能を用いると、OpenCVで表示される画像映像も拡大されます。デフォルトの拡大率100％であれば気にする必要はありませんが、大きな画像を扱うときに不便かもしれません。そうしたときは、Windows 10であればスタートメニューの［設定］→［システム］→［ディスプレイ］→［テキスト、アプリ、その他の項目のサイズを変更する］から変更できます（図3.4）。

図3.4 ●項目サイズの拡大率の変更

なお、これは所定のピクセル数の画像を画面上にどのくらいの大きさで表示するかの、Windows側の設定です。OpenCVプログラムの側からウィンドウや画像そのものの大きさを変更する方法は3.6節（resizeWindow関数）と3.7節（resize関数）で扱います。

3.2 画像ファイルのエッジ検出と保存

読み込んだ画像を処理し、その結果をファイルに保存します。本節では、この処理に1.3.2節で取り上げた画像からモノの輪郭を抽出するエッジ検出を用います。

エッジ検出の処理方法を1チャンネル8ビット符号なし整数画像（CV_8UC1）で考えてみましょう。ピクセル値の範囲は0～255です。図3.5はグレー地の右半分に白い物体が写っている画像（値はピクセル値）を模式的に示しています。この画像のピクセル値を横方向にみると（5

行目の黒枠内)、31、16、21、29、249、215、244、239、254、208 で、グレー地と白い物体の境目で値が急激に変化することがわかります。この変化は、単純には左右のピクセル値の差から検出できます。そして、この境目を白(255)、それ以外を黒(0)にすれば、輪郭(右図の白い線)だけが浮かび上がります。

21	21	28	20	24	17	201	236	234	247
16	24	20	30	26	20	235	253	209	225
21	21	25	22	22	238	225	244	249	242
26	27	25	30	208	254	252	231	215	231
31	16	21	29	249	215	244	239	254	208
21	25	29	16	200	216	207	253	211	218
30	21	24	29	242	213	200	201	215	240
17	16	17	24	200	248	200	207	249	212
27	17	24	251	251	244	245	225	208	226
30	31	17	236	233	250	219	222	206	229

0	0	0	0	0	0	255	0	0	0
0	0	0	0	0	0	255	0	0	0
0	0	0	0	0	255	0	0	0	0
0	0	0	0	255	0	0	0	0	0
0	0	0	0	255	0	0	0	0	0
0	0	0	0	255	0	0	0	0	0
0	0	0	0	255	0	0	0	0	0
0	0	0	0	255	0	0	0	0	0
0	0	0	255	0	0	0	0	0	0
0	0	0	255	0	0	0	0	0	0

図 3.5 ●エッジ検出の概念図(ピクセル値が急激に変化したところがエッジ)

実際の画像はライティングなどの影響のためにこれほど輪郭がはっきりとしないため、より高度な処理が必要です。OpenCV にはそうしたエッジ検出関数がいくつか用意されています。本節では、その中でも性能が高いといわれる Canny(キャニー)アルゴリズムを実装した Canny 関数を用いています。詳細を示した原論文については、付録 E の参考文献[CAN86]を参照してください。

プログラムはまず前節と同じようにファイルから画像を読み込みます。その後、入力画像に対して Canny 関数を適用します。最後に、imwrite 関数で出力画像をファイルに保存します。

本節で説明するクラス、関数は表 3.4 のとおりです。

表 3.4 ●画像ファイルのエッジ検出と保存で使用するクラス・関数

クラス・関数	説明
Canny	エッジ検出 Canny アルゴリズムの実行
imwrite	画像のファイルへの保存

3.2.1 プログラムの実行

画像ファイルのエッジ検出と保存プログラムの実行例を以下に示します。

　入力画像（カラー）　　　　　　　　エッジ検出（Canny）の結果

図 3.6 ● 画像ファイルのエッジ検出と保存プログラムの実行例

　読み込んだカラー画像ファイルをウィンドウ識別名「入力画像」に表示します（図 3.6 左）。Canny フィルタによってエッジ（輪郭）を検出した画像は、別の「出力画像」ウィンドウに表示します（図 3.6 右）。また、この処理結果の画像を image_dst.png というファイル名で PNG 形式で保存します。

3.2.2 ソースコード

画像ファイルのエッジ検出と保存プログラムをコード 3.2 に示します。

コード 3.2 ● 画像ファイルのエッジ検出と保存プログラム

```cpp
#include "stdafx.h"
#include <opencv2/opencv.hpp>
#pragma comment(lib, "opencv_world320d.lib")
using namespace std;
using namespace cv;

int main()
{
    Mat src = imread("image.png"), dst;     // 画像ファイルの読み込み
    Canny(src, dst, 50, 150);               // Cannyエッジ検出
```

3.2 画像ファイルのエッジ検出と保存

```
11
12    imshow("入力画像", src);              // 表示ウィンドウに画像を表示
13    imshow("出力画像", dst);
14
15    imwrite("image_dst.png", dst);       // 出力画像の保存
16
17    waitKey();                           // キー入力待機
18    return 0;
19 }
```

3.2.3 ライブラリの用法

以下、コード 3.2 の詳細を、使用している関数とあわせて説明します。

3.1 節では画像が正常に読み込まれたかを確認するために imread 関数直後に src.empty() で
チェックしましたが、以降はコードの見通しをよくするためにエラーチェックは省いています。
実行時に「バンドルされない例外が〜」というエラー（付録 C 参照）が出るのであれば、画像
が読み込まれていない（ファイルが無い、ファイル名が異なる、など）という原因が考えられ
ます。2.5.6 節を参考に、正しい位置に画像ファイルが在るか確認してください。

```
10    Canny(src, dst, 50, 150);            // Cannyエッジ検出
```

Canny 関数は第 1 引数の入力画像（Mat オブジェクト）に Canny エッジ検出を施し、処理
結果を第 2 引数の Mat オブジェクトに格納します。OpenCV の C/C++ インタフェースでは、
imread 関数のように = を介して左辺で結果の画像を受け取る関数もあれば、このように処理結
果を引数で受け取る関数もあります。

なお、Canny 関数の演算結果は背景（黒）とエッジ（白）だけの画像なので、入力が 3 チャ
ンネル 8 ビット符号なしカラー画像（CV_8UC3）であっても、1 チャンネル 8 ビット符号なし
グレースケール画像（CV_8UC1）が dst に書き込まれます。

第 3、第 4 引数では、Canny のエッジ検出で用いる閾値を指定します。

Canny エッジ検出では、最初にこの程度の強度（輝度）ならば間違いなくエッジであると判
断するときの閾値を指定します。これが第 4 引数の 150 です。続いて、エッジは連続線である
という仮定の元、連結性がどの程度まで弱くても連続線として追跡するかの閾値を指定します。
これが第 3 引数の 50 です。あまり低い値にするとノイズをエッジと誤検出しやすくなり、高い
値にするとエッジを見逃しやすくなります。とはいえ、パラメータ指定に確実なガイドライン

はないので、画像に応じて試行錯誤が必要です。

　第3引数と第4引数は交換可能で、数値の順序を入れ替えても大丈夫なようになっています。その場合、どちらか小さい値が連結性判断に使用され、大きい値が最初の強度判定に用いられます。

　Canny 関数には以下のように第5〜第6引数までの指定項目もありますが、それらはオプションで省略可能なので、このプログラムでは指定していません。

　第5引数は、カーネルサイズあるいはアパーチャサイズ（aperture はカメラ用語では「絞り」のことです）といい、Canny アルゴリズムの前処理で用いられます。カーネルサイズとは、簡単にいうと、エッジ検出処理をどの程度の大きさの矩形領域を単位に行うかの指定です。第5引数にたとえば5を指定すると、5 × 5 ピクセルの領域になります。引数を省略すると、デフォルトの3（3 × 3 ピクセル）が使用されます。奇数の3、5、7が指定可能で、値が大きいとそれだけエッジとして検出される箇所が多くなります。

　オプションの第6引数 L2gradient は、輝度の変化（グラディエント）を計算するときの方法を指定するものです。true を指定すると、x 方向と y 方向の変化量の自乗の平方根（L2 ノルム）を、false を指定すると x 方向と y 方向の変化量の絶対値の和（L1 ノルム）を用いて計算します。デフォルトは false です。なお、後者の方が前者よりも高速に処理が可能です。ノルムについては 5.5 節も参照してください。

　Canny 関数の定義は次のとおりです。

Cannyアルゴリズムによるエッジ検出	
Canny (InputArray **image**, OutputArray **edges**, double **threshold1**, double **threshold2**, int **apertureSize** = *3*, bool **L2gradient** = *false*)	
image	入力画像のMatオブジェクト。
edges	エッジ検出結果の画像を格納するMatオブジェクト。
threshold1	Canny関数で使用する第1の閾値。
threshold2	Canny関数で使用する第2の閾値。
apertureSize	カーネルサイズ。3、5、7のいずれか。
L2gradient	L2ノルムの利用設定。falseはL1ノルムとなる。

```
15   imwrite("image_dst.png", dst);        // 出力画像の保存
```

　まず、imwrite 関数の定義を次に示します。

3.2 画像ファイルのエッジ検出と保存

画像をファイルに保存
imwrite (const String & **filename**, InputArray **img**, const vector<int> & **params** = *vector<int>()*)

filename	保存する画像のファイル名。
img	保存する画像のMatオブジェクト。
params	画像フォーマット固有のパラメータの指定（ImwriteFlags）。
戻り値（bool）	保存に成功したときtrueを返す。

---

imwrite 関数は第 2 引数で指定した Mat 画像を、第 1 引数で指定した画像ファイル名で保存します。ここでは、Canny エッジ検出した結果の画像 dst を、プロジェクトフォルダ（カレントフォルダ）の image_dst.png に保存しています。画像フォーマットは指定のファイル名の拡張子から決定されます。ここでは拡張子が .png なので PNG 形式で保存されます。利用可能な画像フォーマットについては 3.1 節を参照してください。

Mat オブジェクトに格納された画像が 8 ビット 1 チャンネルまたは 8 ビット 3 チャンネルのどちらであっても、自動的にその形式で保存されます。Canny 関数の出力結果は 8 ビット 1 チャンネルです。

ここでは使用していない第 3 引数には、画像のパラメータを指定します。たとえば JPEGならばそのクオリティ（画質）などを指定します。使用できるパラメータのうち代表的なものを表 3.5 に示します。これ以外のパラメータについては、OpenCV 公式リファレンスのImwriteFlags を参照してください。

表 3.5 ● imwrite の代表的なパラメータ（ImwriteFlags）

パラメータ定数名	意味
IMWRITE_JPEG_QUALITY	JPEG フォーマットのクオリティ。範囲は 0 から 100 で、デフォルトは 95。
IMWRITE_PNG_COMPRESSION	PNG フォーマットの圧縮レベル。範囲は 0 から 9 までで、デフォルトは 3。
IMWRITE_PXM_BINARY	PPM、PGM、PBM フォーマットのバイナリーフラグ。0 もしくは 1 が指定でき、デフォルト値は 1。

パラメータにはその定数名と値を指定しなければなりません。たとえば、JPEG のクオリティを指定するときは定数名の IMWRITE_JPEG_QUALITY と値（0 から 100）の組を指定します。また、パラメータは同時に複数を指定することもできるので、2 個 1 組の値を複数同時に 1 つの引数に指定しなければなりません。

これには、4.1 節で説明する int 型の vector コンテナを用います。vector コンテナは簡単にいうと、同じ型を複数収容できる配列の親玉のような C++ 標準ライブラリ付属の機能です。ここではこのコンテナにパラメータ定数（が指し示す整数定数値）とその値の 2 つの int 型の要素

75

を持つ配列を指定すると考えてください。たとえば JPEG フォーマットを画像クオリティ 50 で保存するときは次のように書きます。

```
vector<int> params{ IMWRITE_JPEG_QUALITY, 50 };  // {JPEG画質,50}でparamsを初期化
imwrite("image_dst.jpg", src, params);           // paramsを指定して保存
```

JPEG の画質はクオリティは値が小さいほど悪くなりますが、その分サイズが小さくなります。ためしに極端な低クオリティ 5 でサンプル画像を保存すると、図3.7 の右図のようにブロックノイズが目立つようになります。サイズは元画像の内容に応じて異なりますが、ここではクオリティ 95 が 56 kB 程度に対し、クオリティ 5 は 3 kB とかなり小さくなっています。

図 3.7 ● JPEG 保存時のクオリティ 95（左）と 5（右）

アート風画像処理

　OpenCV プログラミングの基本は画像の読み込み→画像処理→表示・終了です。読み込みと表示はどんな OpenCV プログラムでもほとんど変わりはありません。違いは間の画像処理にあります。つまり、10 行目に書いたエッジ検出の Canny 関数を他のものに置き換えれば、プログラムはいかようにも変えることができるわけです。

　Canny 関数はエッジを検出することで、ヒトが描くような線画を自然画から生成します。このようなアート風な処理をノンフォトリアリスティック（写実的ではないという意味）といい、ここではこうした関数を 2 点紹介します。

　1 つ目は stylization 関数で、自然画像をイラスト風に加工するものです。10 行目を次のように変更します。

```
10    stylization(src, dst);
```

　この stylization 関数は、Canny 関数と同じ要領で入力と出力の Mat 画像をそれぞれ第 1、

第 2 引数に指定します。Canny のような追加のパラメータはありません。図 3.8 左に実行例を示します。

もう 1 つは pencilSketch 関数で、画像を鉛筆画風に加工します。これも、10 行目を次の 2 行に置き換えます。

```
10    Mat dst2;
11    pencilSketch(src, dst, dst2);
```

pencilSketch 関数はピュアに鉛筆風なグレースケール版とカラー版の 2 種類の絵を出力するので、Mat がそれぞれに必要です（第 2、第 3 引数）。このため、上のコードでは関数を呼び出す手前の 10 行目で Mat をもう 1 つ dst2 として用意しています。図 3.8 右に実行例を示します。

なお、元のプログラムの 13 行目の imshow は dst（ここでは白黒版）を引数にしているので、これを dst2 にすればカラー版が表示されます。

```
13    imshow("出力画像", dst2);
```

どちらの関数も、用法は OpenCV 公式リファレンスを参照してください。

stylization（実際はカラー）　　　　pencilSketch（グレースケール版）

図 3.8 ● ノンフォトリアリスティック画像処理の例

3.3 画像の作成と Mat メンバ

本節では Mat 画像を自作し、その属性を表示します。

OpenCV の関数の多くは画像を読み込んだり、結果を出力するときに、対象となる Mat オブジェクトに格納するデータのメモリ領域を自動的に作成してくれます。たとえば、前の 3.2 節

第3章 画像・映像の入出力

のコードでは次のように書かれていました。

```
 9   Mat src = imread("image.png"), dst;
10   Canny(src, dst, 50, 150);
```

9行目のdstはMatであることを宣言しているだけで、画像のピクセル値や（幅, 高さ）などのメタデータを収容するメモリスペースは確保されていません。この状態で無理に書き込みを行うと、メモリアクセスエラーになります。しかし、10行目のCanny関数は書き出すデータの量に合わせてメモリスペースを自動的に確保してくれます。

しかし、プログラマが明示的に作成しなければならないこともあります。たとえば、お絵描きアプリのキャンバスを用意したり（具体例は4.1節で取り上げます）、画像・映像の情報をグラフで描く（6.1節）などの場合です。Matオブジェクトを作成するには、Matクラスのコンストラクタ、あるいは指定のデータ型でMatオブジェクトを生成してくれるメンバ関数を用います。

Matオブジェクトのサイズの指定には、幅と高さの値を収容したSizeクラスがしばしば用いられます。また、Matを生成したら（あとで完全に上書きしないのであれば）特定の色のピクセルで初期化するのが通例です。これは、Scalarという3原色の要素すべてをまとめるクラスから指定します。

本節ではいくつかの方法でMatオブジェクトを生成します。なお、これらの方法を全部わきまえていないとMatオブジェクトが生成できないわけではありません。いろいろなパターンが用意されていますが、実際に使うのは自分の肌に合う1種類か2種類くらいでしょうし、たいていはそれで困ることはありません。

クラスであるMatにはいろいろなクラスメンバ(属性値)やクラスメソッドが備わっています。ここではさらに、そのいくつかを用いてMatの属性をコンソールに表示します。

本節で説明するクラス、関数は表3.6のとおりです。

表3.6 ●画像の作成とMatメンバプログラムで使用するクラス・関数

クラス・関数	説明
Mat::size	Matのメンバ関数。画像のサイズをSizeで返す。
Size	画像の縦横サイズを収容するクラス
Mat::total	Matのメンバ関数。画像の総画素数を返す。
Mat	Matコンストラクタ
Scalar	画像の色およびアルファチャンネル値を収容するオブジェクトのコンストラクタ
Scalar::all	Scalarにすべて同じ値を代入する関数
Mat::zeros	Matのメンバ関数。0（黒）で埋めたMatを返す。

クラス・関数	説明
Mat::create	Mat の生成
Mat::setTo	Mat（画像）全体を指定の画素値で埋める
noArray	カラの InputArray を返す
Mat::clone	指定の Mat と同じ Mat を生成する（深いコピー）
Mat::copyTo	指定の Mat と同じ Mat を生成する（深いコピー）

3.3.1 プログラムの実行

画像の作成と Mat メンバプログラムの実行例を以下に示します。

プログラムは Mat オブジェクトを生成してからこれを「生成画像」ウィンドウに表示し、その属性値をコンソールに表示します。表 3.7 に示す Mat が順次生成されるので、なんでもよいのでキーを押して次に移ります。表の 1 列目はこれら Mat のプログラム内での変数名を示しています（コンソールにも出力されます）。ビット深度型とデータ型の欄の括弧の値は定数に割り当てられている整数値です。

表 3.7 ●画像の作成と Mat メンバプログラムが生成する Mat。ビット深度型とデータ型の欄の括弧は定数値。

Mat	サイズ（幅、高さ）	チャンネル数	背景色	ビット深度型	データ型
img1	(640, 480)	1	不定	CV_8U（0）	CV_8UC1（0）
img2	(640, 480)	1	不定	CV_8U（0）	CV_8UC1（0）
img3	(200, 200)	3	水色	CV_8U（0）	CV_8UC3（16）
img4	(1280, 960)	3	グレー	CV_8U（0）	CV_8UC3（16）
img5	(320, 160)	3	黒	CV_8U（0）	CV_8UC3（16）
img6	(300, 300)	3	緑	CV_32F（5）	CV_32FC3（21）
img7	(200, 200)	3	水色	CV_8U（0）	CV_8UC3（16）
img8	(400, 400)	3	水色	CV_8U（0）	CV_8UC3（16）

Mat コンストラクタは特に設定しない限り、ピクセル値を初期化しません。img1 と img2 の背景色が「不定」とあるのは、確保しただけのメモリ領域にどんな値が入っているかあらかじめ予見できないからです。仕様がそもそも「不定」なので何とも言えませんが、著者の Visual Studio 環境では、デバッグモードでは図 3.9 左のようにグレー値（205）で埋められ、リリースモードでは右のように黒地の画像に一部白い点々の「ゴミ」が残ったような状態になりました。これはエラーの原因にもなりやすいので、Mat オブジェクトを生成したら必ず初期化（関数を通すか明示的に）するようにしましょう。

図 3.9 ●明示的に初期化されていない「不定」の Mat

プログラムは Mat の変数名、縦横サイズ、総画素数、次元数、チャンネル数、ビット深度型の値（1.4.5 節）、データ型の値（1.4.5 節）をコンソール（標準出力）に表示します。括弧で attr とあるのは属性から、method とあるのはメソッドから取得した値です。

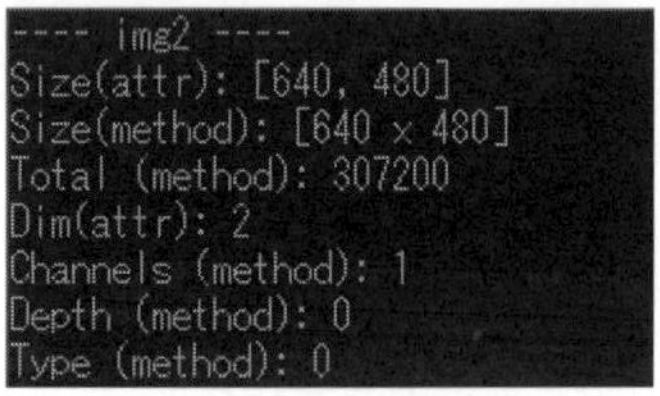

図 3.10 ●画像の作成と Mat メンバプログラムのコンソール出力

3.3.2 ソースコード

画像の作成と Mat メンバプログラムをコード 3.3 に示します。

コード 3.3 ●画像の作成と Mat メンバ

```
1  #include "stdafx.h"
2  #include <opencv2/opencv.hpp>
3  #pragma comment(lib, "opencv_world320d.lib")
4  using namespace std;
5  using namespace cv;
6
7  void printMat(string, Mat &m);
8
9  int main()
10 {
11     // (cols, rows, Type) のコンストラクタ
12     Mat img1(480, 640, CV_8UC1);
13     printMat("img1", img1);
14
15     // (Size, Type) のコンストラクタ
16     Size s2(640, 480);
```

```cpp
17    Mat img2(s2, CV_8UC1);
18    printMat("img2", img2);
19
20    // (Size, Type, カラー (Scalar)) のコンストラクタ
21    // 色は CornflowerBlue (#6495ED)
22    Scalar color(237, 149, 100);
23    Mat img3(Size(400, 400), CV_8UC3, color);
24    printMat("img3", img3);
25
26    // Scalar で ::all を用いてグレー画像を生成
27    Mat img4(s2*2, CV_8UC3, Scalar::all(128));
28    printMat("img4", img4);
29
30    // Zeros
31    Mat img5 = Mat::zeros(Size(320, 160), CV_8UC3);
32    printMat("img5", img5);
33
34    // create メソッドを使った方法
35    Mat img6;
36    img6.create(Size(300, 300), CV_32FC3);
37    img6.setTo(Scalar(0.0, 1.0, 0.0));
38    printMat("img6", img6);
39
40    // clone メソッドを使って同じ Mat を生成 (コピー)
41    Mat img7 = img3.clone();
42    printMat("img7", img7);
43
44    // copyTo メソッドを用いてコピーを生成
45    Mat img8;
46    img3.copyTo(img8);
47    printMat("img8", img8);
48
49    return 0;
50  }
51
52  void printMat(string str, Mat &m) {
53    cout << "---- " << str << " ----" << endl;
54    cout << "Size(attr): [" << m.cols << ", " << m.rows << "]" << endl;
55    cout << "Dim(attr): " << m.dims << endl;
56    cout << "Size(method): " << m.size() << endl;
57    cout << "Total (method): " << m.total() << endl;
```

第 3 章　画像・映像の入出力

```
58    cout << "Channels (method): " << m.channels() << endl;
59    cout << "Depth (method): " << m.depth() << endl;
60    cout << "Type (method): " << m.type() << endl;
61    imshow("生成画像", m);
62    waitKey();                              // キー入力待機
63 }
```

3.3.3　ライブラリの用法

以下、コード 3.3 の詳細を、使用している関数とあわせて説明します。

```
 7 void printMat(string, Mat &m);
⋮
52 void printMat(string str, Mat &m) {
⋮
63 }
```

本プログラムは何回も画像を表示したり Mat の属性やメタデータを標準出力（コンソール）に書き出すので、それらの機能はサブルーチン（関数）として切り出しています。7 行目はこの関数のプロトタイプ（関数フォーマットの定義）で、52 〜 63 行目がその本体です。関数の第 1 引数には標準出力に書き出す見出しの文字列（「img1」など）を、第 2 引数に対象となる Mat をそれぞれ指定します

```
54    cout << "Size(attr): [" << m.cols << ", " << m.rows << "]" << endl;
55    cout << "Dim(attr): " << m.dims << endl;
```

Mat には画像のメタデータを収容した属性がいくつかあり、Mat m に「.」（ピリオド）を付けて指定することでその値が得られます。ここでは、画像の幅と高さをピクセル数で収容した cols（列）と rows（行）、次元数を収容した depth を取得、表示しています。なお、次元数は画像なら縦横あるので常に 2 次元なので 2 です。

ここで使用した属性は表 3.8 にまとめました。この他にも属性はいろいろありますが、さほど利用することはないでしょう（5.4 節の NOTE では全ピクセル値を格納した data 属性を直接操作しますが、他によい方法があるので、あまり実用的ではありません）。興味のあるかたは、OpenCV 公式リファレンスの Mat の項目を参照してください。

3.3 画像の作成と Mat メンバ

表 3.8 ●画像 Mat の属性（Mat オブジェクトを img としたとき）

属性	説明
img.cols	幅、列数
img.rows	高さ、行数
img.dims	次元数（画像の場合 2）

```
56    cout << "Size(method): " << m.size() << endl;
```

Mat クラスのメンバ関数 size から画像のサイズを取得、表示しています。関数なので（引数のない）「()」が付いている点に注意してください。この関数は 2 番目の Mat（img2）のところで説明する Size クラスのオブジェクトを返します。このオブジェクトは << から印字すると、何もしなくても [640 x 480] のように可読性の高い文字列で出力してくれます。これは同じことをしている 54 行目よりずっと便利です。

画像オブジェクトのサイズを取得
Mat::size ()

戻り値（**Size**）	Mat のサイズを Size クラスで返す。

```
57    cout << "Total (method): " << m.total() << endl;
```

Mat クラスのメンバ関数 total は Mat の総画素数を返します。値としては m.cols × m.rows と同じです。size 関数同様、引数はありません。関数定義上は戻り値は size_t になっていますが、unsigned int（符号なし整数）と思ってくれればけっこうです。

画像オブジェクトの総画素数を取得
Mat::total ()

戻り値（**size_t**）	Mat の総画素数を返す。

```
58    cout << "Channels (method): " << m.channels() << endl;
```

channels メンバ関数は、Mat からチャンネル数を取得します。グレースケールなら 1 チャンネル、カラーなら 3 チャンネルです。カラーの形式については 1.4.2 節を参照してください。

```
59    cout << "Depth (method): " << m.depth() << endl;
```

depth 関数は 1.4.5 節で説明したビット深度型の値を返します。実行例で表示されている 0 は CV_8U で、これは 0 から 255 の値が表現できる 8 ビット符号なしのデータ型です。5 は

第 3 章　画像・映像の入出力

CV_32F で 32 ビット浮動小数点数です。残念ながら定数名と値の対応は、これらが定義されているヘッダファイル（core/cvdef.h）を参照しなければわかりません。とはいえ、値そのものが必要になることは滅多にありませんし、少なくとも本書ではビット深度型を数値では用いていません。

```
60    cout << "Type (method): " << m.type() << endl;
```

type 関数はこちらも 1.4.5 節で説明したデータ型定数値を返します。CV_8UC1（8 ビット符号なし 1 チャンネルグレースケール）は値にして 0、CV_8UC3（8 ビット符号なし 3 チャンネルカラー）は 16、CV_32FC1（32 ビット浮動小数点数 1 チャンネルグレースケール）は 5 です。これらも値で覚える必要はありません。

続いて、Mat の生成に移ります。

```
11    // (cols, rows, Type) のコンストラクタ
12    Mat img1(480, 640, CV_8UC1);
```

Mat クラスのコンストラクタから、最初の Mat オブジェクト img1 を生成します。第 1 引数には画像の高さを、第 2 引数には幅をピクセル単位でそれぞれ指定します。一般的な（幅, 高さ）の逆順である点に注意してください。Mat はその名のとおり Matrix なので、行×列の順に書くのです。つまり、12 行目は 640 × 480 の画像を生成しています。第 2 引数にはデータ型を定数名（値）から指定します（1.4.5 節）。

```
15    // (Size, Type) のコンストラクタ
16    Size s2(640, 480);
17    Mat img2(s2, CV_8UC1);
```

2 番目の Mat オブジェクト img2 は内容的には img1 と同じですが、第 1 引数に先に用意した Size オブジェクト s2 を、第 2 引数にデータ型を指定して生成しているところが異なります。

16 行目の Size コンストラクタは、第 1 引数に画像の幅、第 2 引数に高さを指定することで、これら 2 要素を収容した Size オブジェクトを返します。このクラスには width と height というメンバがあるので、たとえばその高さは s2.height のようにして取得できます。逆に、s2.height ＝ 10 のように代入することでメンバ変数を変更できます。

> **縦横サイズを扱うクラス**
> **Size**(int **width**, int **height**)
>
> | | |
> |---|---|
> | **width** | 幅をピクセルで指定する。 |
> | **height** | 高さをピクセルで指定する。 |
> | **戻り値（Size）** | 格納された値をSize型で返す。 |

```
20    // (Size, Type, カラー (Scalar)) のコンストラクタ
21    // 色は CornflowerBlue (#6495ED)
22    Scalar color(237, 149, 100);
23    Mat img3(Size(400, 400), CV_8UC3, color);
```

3 番目の Mat オブジェクト img3 は 2 番目のバリエーションです。まず、第 1 引数の Size は 2 番目のようにあらかじめ変数として用意しないで、即値で指定しています。これに加え、img2 にはなかった第 3 引数に Scalar を指定することで、Mat 全体をその色で初期化しています。前 2 点のコンストラクタにはこの値が指定されていないので、画像上のピクセルが初期化されていません。

Scalar クラスは 1 〜 4 つの浮動小数点数（double）を格納する汎用的なクラスで、色指定にしばしば用いられます。色の解釈はカラーモデルに応じて異なりますが、BGRA モデルでは順に B（青）、G（緑）、R（赤）、アルファチャンネルと解釈されます。4 要素ですが、上記のコードのように BGR しか指定しない用法がほとんでしょう。ここでは、Scalar コンストラクタに直接 3 つの値を指定しています。

指定しているのは HTML の色指定書式でいうところの #6495ED なので、RGB でいえば (100, 149, 237) です。OpenCV のデフォルトカラーモデルは BGR なので逆順になっているところに注目してください。カラーモデルについては 1.4.3 節を参照してください。

> **1〜4個の数値を格納**
> **Scalar**(double **v0**, double **v1**, double **v2**, double **v3**)
>
> | | |
> |---|---|
> | 1〜4個の数値を格納する。最初の3要素を使用してBGRの値を格納することが多い。 | |
> | **戻り値（Scalar）** | 格納された数値をScalar型で返す。 |

Scalar には val という配列のようなオブジェクトが収容されていて、その中に 4 つの値が収容されています。そこで、これにアクセスするには val[0]、val[1]、val[2]、val[3] を用います。要素を 1 つだけ、たとえば BGR の B だけを取得するときは color.val[0] のように参照します。逆に、G の値（現在 149）だけを変更したいときは、color.val[1] = 200 のように代入します。

Scalar コンストラクタとそのメンバ関数を用いたいろいろな色の定義方法は 4.1 節でも扱います。

以上 3 種類の Mat コンストラクタの定義を次に示します。Mat コンストラクタについてはこれ以外にもバラエティがありますので、詳細は OpenCV 公式リファレンスを参照してください。

画像オブジェクト（Mat）の生成（コンストラクタ）
Mat (int **rows**, int **cols**, int **type**) **Mat** (Size **s**, int **type**) **Mat** (Size **s**, int **type**, const Scalar **&s**)
戻り値（**Mat**）　　サイズがcols × rowsのtype（たとえばCV_8UC3）のMatを返す。

```
26    // Scalar で ::all を用いてグレー画像を生成
27    Mat img4(s2*2, CV_8UC3, Scalar::all(128));
28    printMat("img4", img4);
```

4 番目の img4 の Mat コンストラクタの用法は、img3 と同じです。

第 1 引数で指定している Size は、img2 で用意した s2 オブジェクトを 2 倍したものです。Mat や Size など行列として扱うことのできるクラス（型）に対して定数倍などの加減乗除算を行うと、そのすべての要素が演算されます。上記では、もともとの s2 の (640, 480) という 2 要素がそれぞれ 2 倍になるので、img4 のサイズは (1280, 640) となります。「/2」とやれば、2 で割るので (320, 240) になります。

Mat に対して行う定数の加減乗除もみてみましょう。図 3.11 に示したのは、2 × 2 ピクセルの CV_8UC1 の Mat です。左の Mat を 5 倍すれば、それぞれの要素が 5 倍になります。これは、輝度を 5 倍に上げることと等価です。

図 3.11 ● Mat オブジェクトに対する定数の乗算はすべてのピクセルの定数倍

第 3 引数の色指定では、Scalar クラスのメンバ関数 all を用いて、4 つの要素をすべて 128 にセットしています。これは色的には (128, 128, 128) なのでちょうど中間のグレーです。

Scalarの全要素に同じ値をセット	
Scalar::all (double **val**)	
val	全要素にセットする値
戻り値（Scalar）	Scalarを戻す

```
30    // Zeros
31    Mat img5 = Mat::zeros(Size(320, 160), CV_8UC3);
```

　5番目のimg5は真っ黒な画像です。zerosはMatの（スタティックな）関数で、指定のサイズとデータ型のMatを0で初期化して返します。0だから常に真っ黒です。Size部分は、img1のMatコンストラクタ同様、cols、rowsの2引数でも指定できます。Sizeを使ったバージョンのコンストラクタの定義を次に示します。

すべて0で埋めた画像オブジェクト（Mat）の生成	
Mat::zeros (Size **size**, int **type**)	
size	ピクセル値がすべての0の画像のサイズをSize(幅, 高さ)形式で指定する。
type	データ型を指定する（1.4.5節参照）。
戻り値（Mat）	生成したMatオブジェクト。

```
34    // create メソッドを使った方法
35    Mat img6;
36    img6.create(Size(300, 300), CV_32FC3);
37    img6.setTo(Scalar(0.0, 1.0, 0.0));
```

　6番目では、Matのメンバ関数createでMatオブジェクトを生成しています。使い方はこれまでのものとはちょっと異なり、まずMatの変数を宣言する（35行目）ところから始まります。この段階では、このMatにアクセスするときの「名前」は決まっていても、その中身は何も用意されていません。31行目のようにサイズやデータ型を指定したcreate関数を呼び出すことで、中にデータを収容するスペースが確保されます。

画像オブジェクトの作成	
Mat::create (Size **size**, int **type**)	
size	生成する画像のサイズをSize(幅, 高さ)形式で指定する。
type	データ型を指定する（1.4.5節参照）。
戻り値（Mat）	生成したMatオブジェクト。

第 3 章　画像・映像の入出力

create 関数の用法は Mat コンストラクタとたいして変わりませんが、初期値（背景色）は指定できません。そこで、ピクセル値の初期化は別途 setTo メンバ関数を使って指定します。setTo の引数には、カラーなら Scalar で記述した色を、グレースケールなら値を 1 つだけ setTo(128) のように指定します。

Matオブジェクトの全ピクセルを同じ値で埋める
Mat::setTo (InputArray **value**, InputArray **mask** = *noArray()*)

value	ピクセルを埋める値。
mask	マスク画像（4.6節参照）。デフォルトはマスクなし（noArray()）。

---

setTo の関数定義には、デフォルトでマスクを用いないときには noArray() が指定されると書かれています。noArray は「存在しない配列」（InputArray）を返す OpenCV の関数です。存在しないのでサイズも 0 で、empty 関数に対しては 1 を返します。指定する必要のない配列を引数に指定しなければならないときによく用いられます。マスク画像は 4.6 節で説明します。

存在しないInputArrayを返す
noArray ()

戻り値（**InputArray**）	カラのInputArrayを返す。

先ほどから CV_8U ばかりだったので、img6 では趣向を変えて CV_32FC3、つまり 32 ビット浮動小数点数型 3 チャンネルカラーの画像を生成しています。浮動小数点数型であろうと、imshow 関数は特になにもせずとも適切に画像を表示します。

違う点があるとすると、CV_8U（8 ビット符号なし整数）は 0 が最低輝度（黒）、255 が最大輝度（白）として解釈されるのに対し、CV_32F などの浮動小数点数型では 0.0 が最低輝度、1.0 が最大輝度として扱われる点です。そのため、32 行目では G（緑）の値に 1.0 を指定しています。

浮動小数点数型を用いた画像は 5.5 節でもっと詳しく説明します。

```
40    // clone メソッドを使って同じ Mat を生成（コピー）
41    Mat img7 = img3.clone();
```

7 番目の Mat オブジェクト img7 は、そのオブジェクトと同じ Mat を生成（コピー）する clone メンバ関数を用いて生成しています。上記は、img3 を img7 にコピーしています。img7 のデータ領域は clone 関数が自動的に確保してくれます。clone 関数は 4.2 節でも用いるので、参考にしてください。

なお、この clone は「深い」コピーといわれるもので、元のオブジェクトを画素からデータ

型やサイズのようなメタデータまですべてコピーします。

画像のコピーの作成
Mat::clone ()

戻り値（**Mat**）	コピーしたMatオブジェクト。

```
44    // copyTo メソッドを用いてコピーを生成
45    Mat img8;
46    img3.copyTo(img8);
```

最後の img8 も 7 番目と同じく img3 のコピーですが、copyTo メンバ関数を用いています。clone 関数と異なるのは、6 番目（35 行目）と同じように Mat を宣言しておくこと、そして = による代入ではなく、生成する Mat を copyTo 関数の引数で指定する点です。45 行目の宣言はメモリ領域を確保しませんが、copyTo 関数が自動的に割り当ててくれます。

こちらも clone 関数と同じく深いコピーです。clone は、実際には内部で copyTo を呼び出して一時的な画像に複製し、その画像を返しているだけです。ただし、clone はコピー元の画像を変更しない（const）ようになっているため、img = img.clone(); というように自分自身に複製することはできません。

一方 copyTo では img.copyTo(img); という書き方も可能です。clone も copyTo もほとんど同じ機能を果たしていますが、copyTo は 5.3 節で説明するオプションの第 2 引数からマスク指定ができます。また、4.5 節で紹介するコピー元の一部矩形領域だけをコピーする ROI（注目領域）も利用できます。

画像を別の画像にコピー
Mat::copyTo (OutputArray **m**, InputArray **mask** = *noArray()*)

m	コピー先の配列。サイズや型が適切でない場合は再割り当てされる。
mask	マスク画像。0以外の要素の部分がコピーされる。マスク画像を指定しない場合はすべての領域をコピー。

3.4 ビデオファイルの表示

1.5 節の手順に従い、次の手順をループで繰り返すことで映像を再生します。

（1） 指定のビデオファイルを開く
（2） 映像から 1 フレームを画像として取り出す
（3） この画像をウィンドウに表示する

映像再生は何らかのキーが押されるか、映像が終わった時点で終了します。
本節で説明するクラス、関数は表 3.9 のとおりです。

表 3.9 ●ビデオファイルの表示プログラムで使用するクラス・関数

クラス・関数	説明
VideoCapture	ビデオファイル／カメラ映像を扱うクラス
VideoCapture::VideoCapture	ビデオファイルあるいはカメラを開く
VideoCapture::isOpened	初期化状態取得
>>	C++ の入力演算子（1 フレーム取得）

3.4.1 プログラムの実行

ビデオファイルの表示プログラムの実行例を図 3.12 に示します。

図 3.12 ●ビデオファイルの表示プログラムの実行例

プログラムはまずビデオファイル video.avi を開き、フレームを最初から順次読み込んでは、その都度ウィンドウに表示します。Esc キーを押すと終了します。なお、ビデオファイルそのものに書き込まれているフレームレートを用いて再生しているわけではないので、再生速度が適正ではないこともあります。フレームレートについては 1.5.1 節を参照してください。

3.4.2 ソースコード

ビデオファイルの表示プログラムをコード 3.4 に示します。

コード 3.4 ●ビデオファイルの表示プログラム

```
 1 #include "stdafx.h"
 2 #include <opencv2/opencv.hpp>
 3 #pragma comment(lib, "opencv_world320d.lib")
 4 using namespace std;
 5 using namespace cv;
 6
 7 int main()
 8 {
 9   VideoCapture cap("video.avi");      // ビデオファイルを開く
10   if (!cap.isOpened()) {              // ビデオファイルが開けないとき
11     cout << "ビデオファイルが開けません。";
12     cin.get();
13     return -1;
14   }
15
16   Mat img;                            // Matオブジェクト生成
17
18   while (1) {                         // ループ開始
19     cap >> img;                       // 1フレーム読み込み
20     if (img.empty()) break;           // フレームが空のとき終了
21     imshow("映像表示", img);           // 1フレーム表示
22     if (waitKey(30) == 27) break;     // キー入力待機 (30ms)
23   }
24   return 0;
25 }
```

第3章 画像・映像の入出力

3.4.3 ライブラリの用法

以下、コード 3.4 の詳細を、使用している関数とあわせて説明します。

```
9   VideoCapture cap("video.avi");        // ビデオファイルを開く
```

VideoCapture コンストラクタの第 1 引数にビデオファイル video.avi を指定することで、VideoCapture オブジェクト（ここでは cap）を生成します。ビデオファイルの映像データを読み込める状態にすることを「ビデオファイルを開く」といいます。実際に映像データを取り出すのは後の行（19 行目）です。

なお、ビデオファイルはパス名の文字列（string）から指定します。これが整数だと VideoCapture はカメラ番号と判断し、カメラから映像を取得します。カメラの用法については 3.6 節で扱います。

ビデオファイルを開く	
VideoCapture::VideoCapture (const String & **filename**)	
filename	文字列ならばビデオファイル名。整数ならカメラ番号（3.6節）

コンストラクタからではなく、次のように VideoCapture オブジェクトを宣言したのちに open メンバ関数からファイルを開くこともできます。

```
VideoCapture cap;         // ビデオキャプチャオブジェクト宣言
cap.open("video.avi");    // ビデオファイルを開く
```

ファイルのオープンに失敗すると、VideoCapture は次のようなメッセージを表示し、処理を中断します。「ファイルが開けません」という意味です。

```
warning: Error opening file (../../modules/videoio/src/cap_ffmpeg_impl.hpp:578)
```

ファイルは開けたもののビデオファイルが非対応の場合、OpenCV ライブラリは次のようなメッセージを表示し、プログラムを強制中断します。「コーデックのパラメータが見つかりません」という意味です。ビデオファイルのコーデックやコンテナフォーマットについては、1.5.2 節を参照してください。

```
warning: Could not find codec parameters (../../modules/videoio/src/cap_ffmpeg_impl.
hpp:589)
```

92

```
10    if (!cap.isOpened()) {              // ビデオファイルが開けないとき
11      cout << "ビデオファイルが開けません。";
12      cin.get();
13      return -1;
14    }
```

10 〜 14 行目はエラー処理で、やっていることは 3.1 節と同じです。ただ、対象がビデオファイルなので、VideoCapture のメンバ関数である isOpened 関数を用いています。isOpened は、ビデオがきちんと開けていれば true（真）を、そうでなければ false（偽）を返します。10 行目では否定演算子「!」を使っているので、false のとき（開けていないとき）に 11 行目以降のブロックを処理します。

ビデオキャプチャの初期化状態を調べる
VideoCapture::isOpened()
戻り値（bool）　　　　　ビデオキャプチャが正常に初期化できた場合、trueを返す

```
19    cap >> img;                          // 1フレーム読み込み
20    if (img.empty()) break;              // フレームが空のとき終了
```

19 行目では、VideoCapture オブジェクト cap から 1 フレームを取得し、その画像を Mat オブジェクト img に格納します。C++ のオーバーロード機能により拡張された演算子（>>）を使用すれば、このように簡単な記述でフレームを取り出せます。

VideoCapture オブジェクトは読み出された映像フレーム番号を保持しているので、もう 1 度呼び出せば、次のフレームが取得されます。ビデオファイルが終了したときには img に NULL が格納されますが、その場合 20 行目の empty 関数が true を返すので、映像終了と共にループを抜けプログラムを終了します（empty 関数については 3.2 節参照）。

映像からフレームを取得
[VideoCaptureオブジェクト] **>>** [Matオブジェクト];
出力演算子（>>）[注2]を使用してVideoCaptureオブジェクトから1フレーム取得し、Matオブジェクトに格納する。フレームが終了したときは、NULLをMatオブジェクトに格納する。

```
22    if (waitKey(30) == 27) break;        // キー入力待機（30ms）
```

waitKey 関数で 30 ms 間待機します。この 30 ms の間にキーが押下されたら、そのキーの

注2　厳密には、Mat クラスにおいて「virtual VideoCapture & operator >> (Mat &image)」として演算子オーバーロードで定義されています。

第3章　画像・映像の入出力

ASCII コードが返ってきます。ここでは Esc キー（ASCII コード 27）が押下されたときにループから抜けてプログラムを終了します。キーが押下されなければ、−1 が返ってきます。

　待機時間 30 ms（0.03s）を挿入しているのは、1.5 節で説明したように、映像から取得したフレーム画像を表示させる間隔を調整するためです。本書のビデオファイルはいずれも 30 fps なので、計算上は 1000ms / 30fps ≒ 33 ms です。

　なお、while ループ内に待機時間がないと映像は表示されません。ウィンドウは表示されますが、映像が表示されないまま、全フレーム取得後にプログラムが終了します。また、waitKey 関数の待ち時間が極端に短くても（waitKey(1) など）、実行環境によっては映像が表示されなかったり、いくつかのフレームが表示されずにスキップされる（いわゆるコマ落ち）こともあります。

　ここまで、imshow 関数は画像表示と説明しましたが、正確には imshow 関数が実行された時点で画像が画面上に現れるわけではありません。ディスプレイに画像が表示されるのは、次の waitKey 関数が実行されたときです。imshow 関数で複数の識別名の表示ウィンドウに画像を出す場合も同様で、waitKey 関数が実行されたとき初めてすべてのウィンドウの画像が表示されます。逆に言えば、waitKey 関数がない場合、ウィンドウは生成されますが画像は表示されません。

　このことは、多数の表示ウィンドウを出したりフレームレートを正確にするときに考慮する必要が出てきますが、通常の画像映像処理を行うぶんにはそれほど意識する必要はありません。

3.5　ビデオファイルの2値化処理と保存

　本節では、ビデオファイルから読み込んだフレームに何らかの画像処理を施した上でウィンドウに表示し、指定のビデオファイルに書き込むプログラムを作成します。ここでは例として2値化処理（1.3.1 節）を取り上げます。

　プログラムは、読み込んだフレームをまずグレースケールに変換した上で2値化を行います。グレースケール化が必要なのは、2値化を行う threshold 関数が1チャンネル画像しか受け付けないからです。カラーからグレースケールへの変換には cvtColor 関数を用います。2値化の閾値は決め打ちで64を用います（トラックバーから設定を変更できる方法は4.3 節で説明します）。

　処理後のフレームは、あらかじめ用意したビデオライタを用いて AVI ファイルに1フレームずつ保存（<<）していきます。

94

終了したら、表示ウィンドウとビデオライタを自動的に閉じ、ビデオファイルの保存を完了します。保存したビデオファイルは、他のムービープレーヤー（Windows Media Player など）からも再生可能です。

本節で説明するクラス、関数は表 3.10 のとおりです。

表 3.10 ●ビデオファイルの 2 値化処理と保存プログラムで使用するクラス・関数

クラス・関数	説明
VideoWriter	ビデオファイル／カメラ映像 の保存を扱うクラス
VideoWriter::VideoWriter	書き込み用ビデオファイルの初期化
VideoWriter::fourcc	コーデック種別を示す FOURCC を指定
cvtColor	画像のカラーモデルを変換
threshold	2 値化処理
<<	C++ の入力演算子（1 フレーム保存）

3.5.1　プログラムの実行

ビデオファイルの 2 値化処理と保存プログラムの実行例を以下に示します。

プログラムを実行すると、図 3.13 のように読み込んだビデオファイルそのままの映像と（左）とこれを 2 値化した映像（右）を表示します。映像が終端に達すればプログラムは自然に終了しますが、Esc キーを押下することで途中でも終了できます。生成した 2 値化映像はカレントフォルダに video_dst.avi として保存されます。

　　　入力映像（実際はカラー）　　　　　　　2 値化処理後の出力映像

図 3.13 ●ビデオファイルの 2 値化処理と保存プログラムの実行例

第3章　画像・映像の入出力

3.5.2　ソースコード

ビデオファイルの2値化処理と保存プログラムをコード3.5に示します。

コード3.5 ●ビデオファイルの2値化処理と保存プログラム

```cpp
1  #include "stdafx.h"
2  #include <opencv2/opencv.hpp>
3  #pragma comment(lib, "opencv_world320d.lib")
4  using namespace std;
5  using namespace cv;
6
7  int main()
8  {
9    VideoCapture cap("sample2.avi");        // ビデオファイルを開く
10   VideoWriter rec("video_dst.avi"         // ビデオファイルの保存設定
11     , VideoWriter::fourcc('X', 'V', 'I', 'D'), 30, Size(640, 480));
12
13   Mat src, gray, dst;
14
15   while (1) {                             // ループ開始
16     cap >> src;                           // 1フレーム読み込み
17     if (src.empty()) break;
18
19     cvtColor(src, gray, COLOR_BGR2GRAY);            // グレースケールに変換
20     threshold(gray, gray, 128, 255, THRESH_BINARY); // 2値化処理
21     cvtColor(gray, dst, COLOR_GRAY2BGR);            // 3チャンネルに変換
22
23     imshow("入力映像", src);              // 1フレーム表示
24     imshow("出力映像", dst);
25
26     rec << dst;                           // 1フレーム書き込み
27
28     if (waitKey(30) == 27) break;
29   }
30   return 0;
31 }
```

3.5.3　ライブラリの用法

　以下、コード 3.5 の詳細を、使用している関数とあわせて説明します。本節以降では、前節では行った入力ビデオファイルが正常に開けているかのチェック（コード 3.4 の 10 ～ 14 行）は省略しています。

```
10    VideoWriter rec("video_dst.avi"        // ビデオファイルの保存設定
11      , VideoWriter::fourcc('X', 'V', 'I', 'D'), 30, Size(640, 480));
```

　10 ～ 11 行目（途中改行）で、映像保存用のクラス VideoWriter のオブジェクト rec をコンストラクタから作成します。次に関数定義を示します。

書き込み用ビデオファイルの初期化	
VideoWriter::VideoWriter (const String & **filename**, int **fourcc**, double **fps**, Size **frameSize**, bool **isColor** = *true*)	
filename	出力ビデオファイルのパス
fourcc	コーデック識別子を整数で指定。値は表3.11の文字をVideoWriter::fourccに指定することで取得する。
fps	作成する映像のフレームレート（fps）
frameSize	映像フレームのサイズ。実際に書き込む際のサイズと一致している必要がある。
isColor	trueのときは3チャンネル（カラー）、falseのときは1チャンネル（グレースケール）で保存。現在Windowsのみがサポート。

　VideoWriterコンストラクタの第1引数には書き出し先のビデオファイルのパスを指定します。ここではカレントディレクトリに書き出すので、ファイル名だけを指定しています。書き出し先の所在については、2.5.6 節を参照してください。

　第2引数には、ビデオコーデックを識別する整数値を指定します。ビデオコーデックは通常、FOURCC（four characters code）と呼ばれる「XVID」や「MJPG」などの英数文字 4 文字からなる識別子で識別されますが、VideoWriter には識別子の文字列そのままではなく、それを整数値に直したコードを用います。コードといっても FOURCC 識別子の各文字の ASCII コードを順に連結しているだけです。たとえば、MJPG は GPJM にひっくり返してから 0x47504A4D（1196444237）にした値です。ちなみに各文字のコードは G が 0x47、P が 0x50、J が 0x4A、M が 0x4D です。これを手作業で行うのは面倒なので、VideoWriter::fourcc 関数を利用します。

　次に示す関数定義からもわかるように、この関数は VideoWriter クラスの静的メンバ関数です。使用に際しては関数名の前に指定子の VideoWriter:: を付けます。

第3章　画像・映像の入出力

> **FOUCCコーデックの指定**
> **VideoWriter::fourcc** (char **c1**, char **c2**, char **c3**, char **c4**)
>
> | 戻り値（static int） | 4文字からなるfourccコーデック識別子を('**c1**', '**c2**', '**c3**', '**c4**')と指定すると対応するコードを返す。 |
> |---|---|

　関数定義からもわかるように、FOURCC識別子は4個の文字（char）に分解しなければなりません。つまり、「XVID」ではなく「'X', 'V', 'T', 'D'」です。代表的なコーデック名とVideoWriter::fourcc関数で指定する4文字の対応を表3.11に示します。

表 3.11 ●代表的なコーデックと VideoWriter::fourcc の引数

コーデック	VideoWriter::fourcc 引数
DivX	'D', 'I', 'V', 'X'
DivX ver.5.0	'D', 'X', '5', '0'
H.264	'H', '2', '6', '4'
mp4v	'm', 'p', '4', 'v'
Motion JPEG	'M', 'J', 'P', 'G'
MPEG-4.1	'M', 'P', 'G', '4'
MPEG-4.2	'M', 'P', '4', '2'
MPEG-4.3	'M', 'P', '4', '3'
VP6.1	'V', 'P', '6', '1'
VP6.2	'V', 'P', '6', '2'
WMV1	'W', 'M', 'V', '1'
WMV2	'W', 'M', 'V', '2'
Xvid	'X', 'V', 'I', 'D'
非圧縮	'D', 'I', 'B', ' '（最後は半角スペース）

　指定のコーデックで映像を書き込むには、対応するコーデックの書き込み用エンコーダが環境に事前にインストールされていなければなりません（再生用だけでは書き込めません）。本書では、筆者が試したいくつかの環境でも動作したXvidを用いていますが、これが使用できなければ環境に合わせてコーデックを変更してください。

　DIBは非圧縮ビデオです。非圧縮は情報が欠落しないというメリットがある半面、ファイルサイズが非常に大きくなります。たとえば、フレームサイズが 640 × 480 ピクセル、フレームレートが 30 fps、映像時間が 30 秒程度の映像でもファイルのサイズは数百 MB にもなります。長時間の映像では注意してください。

3.5　ビデオファイルの2値化処理と保存

　FOURCCの詳細は次のサイトから得られます。

　http://www.fourcc.org/

　第3引数にはフレームレートを指定します。ここで指定した情報はビデオファイルに記録され、ビデオプレーヤーなどで再生するときに参照されます。ここでは30を指定していますが、元のビデオファイルと同じフレームレートにしなければならないわけではありません。

　第4引数には保存するフレームサイズをSize型（3.3節）で指定します。このサイズは、書き込むフレームを保持しているMatオブジェクトのものと一致していなければなりません（26行目のdst）。

　第5引数はオプションで、書き込むフレームがカラー（3チャンネル）ならtrueを、グレースケール（1チャンネル）ならfalseを指定します。デフォルトではtrueです。なお、このオプションは現時点ではWindowsのみに対応しています。

　書き込むフレームのチャンネル数は、ここで指定するチャンネル数に合わせなければなりません。本書の用例のように第5引数が未指定ならば、3チャンネルでなければなりません。このプログラムでは、19行目でカラーの元フレームをグレースケールに変換してから、21行目で3チャンネルにまた戻しています。グレースケール1チャンネルのまま書き込みたいときは、VideoWriterの第5引数にfalseを指定します。

　trueが指定されているのに1チャンネルを、あるいはfalseが指定されているのに3チャンネルを書き込もうとしても、フレームは正しく書きこまれず、ビデオファイル自体は作成されても中身はカラになってしまいます。第4引数の縦横サイズが一致していないときと同様です。

```
19    cvtColor(src, gray, COLOR_BGR2GRAY);           // グレースケールに変換
20    threshold(gray, gray, 128, 255, THRESH_BINARY); // 2値化処理
21    cvtColor(gray, dst, COLOR_GRAY2BGR);           // 3チャンネルに変換
```

　19行目は、映像から読み取った3チャンネルカラーフレームsrcをcvtColor関数で1チャンネル画像に変換しています。これは、続く2値化関数thresholdが入力としてチャンネル数1のグレースケール画像しか受け付けないからです。また、先ほどビデオファイルへの書き出しはカラーとしたので、2値化処理のあとには21行目で反対にBGR形式の3チャンネルカラーに戻します。

99

ここでの処理を模式的に図3.14に示します。

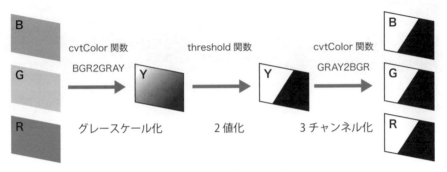

図3.14 ●カラー画像をグレースケールにし、2値化し、再度カラーに戻す

cvtColorの関数定義を次に示します。

画像カラーモデルの変換	
cvtColor (InputArray **src**, OutputArray **dst**, int **code**, int **dstCn** = 0)	
src	8ビット、16ビット、単精度浮動小数点数の入力画像
dst	入力と同じサイズと深度の出力画像
code	色変換方法を指示する定数を指定（表3.12参照）
dstCn	出力画像配列のチャンネル数。0の場合はsrcから自動的に取得します。

　第1引数には入力画像の、第2引数には出力画像のMatオブジェクトを指定します。第3引数には、表3.12に示す定数を用いてどのカラーモデルからどのカラーモデルに変換するかを指定します。19行目のBGRからグレースケールへの変換にはCOLOR_BGR2GRAYを、21行目のグレースケールからBGRへの変換にはCOLOR_GRAY2BGRを用います。これ以外の変換については、5.1節でさらに説明します。

表3.12 ● cvtColor関数で用いるカラーモデル変換方法

定数	処理
COLOR_BGR2GRAY	BGR→グレースケール
COLOR_GRAY2BGR	グレースケール→BGR
COLOR_BGR2YCrCb、COLOR_RGB2YCrCb	BGR（RGB）→YCrCb
COLOR_YCrCb2BGR、COLOR_YCrCb2RGB	YCrCb→BGR（RGB）
COLOR_BGR2HSV、COLOR_RGB2HSV	BGR（RGB）→HSV
COLOR_HSV2BGR、COLOR_HSV2RGB	HSV→BGR（RGB）

COLOR_BGR2GRAY は B、G、R のそれぞれのピクセル値から、グレーレベルのピクセル値 Y を次の式により計算します。

$$Y = 0.299\,R + 0.587\,G + 0.114\,B$$

単純に BGR の平均を取るのではなく、それぞれに異なる重み係数を掛け合わせているのは、ヒトの輝度に対する感度が色によって異なることを考慮しているためです。

反対の COLOR_GRAY2BGR では、まったく同じ 1 チャンネルのピクセル値 Y を R、G、B のそれぞれに複製します。1.4.3 節で説明したように、全チャンネルの値が同じなので、形式的には 3 チャンネルカラーであっても見た目はグレースケール（モノクロ）です。

cvtColor 関数は Mat オブジェクトの画像単位に入出力を行いますが、関数内部がどのように各ピクセルを処理しているかを図 3.15 に模式的に示します。たとえば 640 × 480 ピクセルのサイズの画像であれば、640 × 480 = 307,200 ピクセルに対して図の操作を行います。

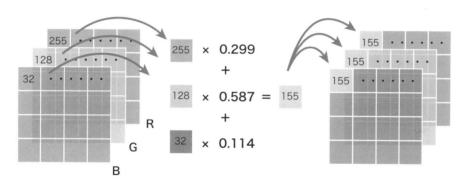

図 3.15 ● cvtColor 関数が行うピクセル処理のイメージ。BGR の各ピクセル値に所定の計数を掛けて足した値を、それぞれの対応するピクセルに書き込みます。

オプションの第 4 引数では、出力画像のチャンネル数を指定します。デフォルトの 0 の場合は、入力画像から自動的に取得されます。

```
20      threshold(gray, gray, 128, 255, THRESH_BINARY);   // 2値化処理
```

1.3.1 節でも若干触れましたが、画像の 2 値化処理には threshold 関数を用います。関数定義は次のとおりです。

閾値処理	
threshold (InputArray **src**, OutputArray **dst**, double **threshold**, double **maxval**, int **type**)	
src	入力画像（1チャンネル、8ビット／32ビット浮動小数点数型）
dst	入力と同じサイズと形式の出力画像
threshold	閾値
maxval	typeにTHRESH_BINARYかTHRESH_BINARY_INVを指定した場合に使用される最大値
type	閾値処理のタイプ（4.2節参照）
戻り値（double）	用いられた閾値を返す。

第1引数には入力画像の、第2引数には出力画像のMatオブジェクトをそれぞれ指定します。20行目ではどちらにもgrayを指定することで、変換結果を入力画像grayに上書きしています。

第3引数には2値化の閾値を、第4引数には閾値より大きいピクセルの変換後のピクセル値（最大値）をそれぞれ指定します。

第5引数には2値化の方法を指定します。ここで用いているTHRESH_BINARYはピクセルの値が閾値以下なら0に、閾値より大きければ第4引数の値（ここでは255）に変換するものです。これ以外にも2値化の方法はいくつか用意されていますが、それらは4.2節でまとめて説明します。

戻り値には閾値が返されます。ここでは第3引数と同じ値が返ってくるだけですが、threshold関数に閾値の自動判定させたときにその値を知るのに用いられます。この機能についても、詳細は4.3節で説明します。

threshold関数内部のピクセル処理のイメージを図3.16に示します。

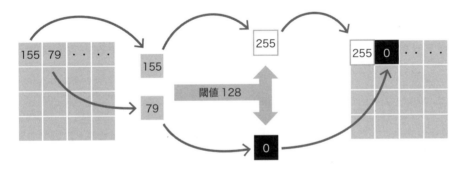

図3.16 ● threshold関数が行うピクセル処理のイメージ。それぞれのピクセル値を指定の閾値と比較し、これより大きければ255、小さければ0として対応する位置のピクセルに書き込みます。

```
26      rec << dst;                    // 1フレーム書き込み
```

2値化したフレーム dst をビデオファイル rec の 1 フレームとして追加記録します。この「<<」を挿入演算子といいます。

ここで重要なのは、VideoWriter クラスのコンストラクタで指定したチャンネル数（デフォルトは 3 チャンネル）と書き込む Mat のチャンネル数が一致していないと、フレームが書き込まれないところです。また、VideoWriter に指定した画像サイズと Mat のサイズが一致していないと、フレームが書き込まれないだけでなく、適切に動作しない恐れがあります（本節末のNOTE 参照）。

> **フレームをビデオファイルに書き込む**
> [VideoCaptureオブジェクト] **<<** [Matオブジェクト];
>
> 挿入演算子（<<）を使用して Matオブジェクトを1フレームとしてビデオファイル（VideoWriterオブジェクト）に保存します。

waitKey 関数の引数ですが、ここでは特に 30 ms を指定する必要はありません。視聴が目的なら元映像ファイルと同じペースで表示しないと不自然ですが、映像を処理した結果をファイルに落としてあとから閲覧するのなら、逆にこれよりも早いほうが処理が早く終わって便利です（たとえば 10 ms など）。生成した映像ファイルには 11 行目で指定した 30 fps が記録されているので、生成したビデオファイルをビデオプレーヤーで再生するときは、適正なフレームレートである 30 fps で再生されます。

保存したビデオファイルの再生エラー

VideoWriter と書き込むフレームの Mat オブジェクトの間で画像サイズやカラーが一致していないと、ビデオファイルにはフレームが書きこまれません。フォルダをみると video_dst.avi が生成されているので、一見してうまくいったようにみえます（図 3.17 左）。しかし、ファイルサイズが 6 kB と、入力ファイル video.avi の 2,195 kB よりも極端に小さいことから、データがほとんどないことがわかります。このファイルをたとえば Windows Media Player で再生しようとすると、右図のようなエラーダイアログが表示されます。

図 3.17 ●保存したビデオファイルの再生エラー

第3章 画像・映像の入出力

　本プログラムは VideoWriter の第4引数に合わせて出力フレームをリサイズするわけではないので、逆に、入力映像のフレームサイズに合わせて第4引数を設定します。たとえば、映像フレームサイズが 768 × 576 ピクセルなら、Size(768, 576) に変更します。映像フレームサイズは、たいていファイルのプロパティから得られます。

　プログラムを途中で異常終了させても、VideoWriter が正しく解放されないため、ビデオファイルは適切に生成されません。たとえば、フレームの保存途中で Visual Studio の［デバッグの停止］から中断するとそのようになります。

3.6　カメラ映像の反転表示

　カメラからの映像を読み込み、ウィンドウに表示します。映像ソースがビデオファイルからカメラに変わっただけで、基本構造は 3.4 節とほとんど変わりません。それだけではつまらないので、ここでは映像ウィンドウのサイズを変更した上で、左右反転します。

　本節で説明するクラス、関数は表 3.13 のとおりです。

表 3.13 ●カメラ映像の反転表示プログラムで使用するクラス・関数

クラス・関数	説明
namedWindow	ウィンドウの作成
resizeWindow	ウィンドウサイズの設定
flip	垂直軸／水平軸／両軸に関する反転
Mat::t	画像を対角線で折り返す（行列の転置）

3.6.1　プログラムの実行

　カメラ映像の反転表示プログラムの実行例を以下に示します。

　利用可能な状態であれば、OpenCV は自動的にカメラを認識します。プログラムを実行すると、カメラに入力された映像を再生するのと同時に、左右反転した映像も別のウィンドウで再生します（図 3.18）。

図 3.18 ●カメラ映像の反転表示プログラムの実行例

　VideoCapture が取得したフレームは、すべて順序どおりに表示されます。ただし、負荷に応じてフレームレートは変動します。また、カメラの仕様によっては暗い場所ではフレームレートが下げられることもあります。

　本プログラムを実行してもカメラが認識されなければ、カメラ付属のユーティリティやカメラを利用するその他のアプリケーション（Skype など）で、カメラ自体の動作確認をしてください。「DroidCam」[注3] という Android 用アプリを使って、Android 端末を USB カメラの代用とする方法もあります。

3.6.2　ソースコード

　カメラ映像の反転表示プログラムをコード 3.6 に示します。

コード 3.6 ●カメラ映像の反転表示プログラム

```
1 #include "stdafx.h"
2 #include <opencv2/opencv.hpp>
3 #pragma comment(lib, "opencv_world320d.lib")
4 using namespace std;
5 using namespace cv;
```

注3　DroidCam は Android 端末を USB/Wi-Fi ウェブカメラとして利用することができるアプリケーションです。PC 側と Android 側に専用のアプリケーションをインストールする必要があります。

第3章　画像・映像の入出力

```
6
7  int main()
8  {
9    VideoCapture cap(0);                          // カメラを開く
10     if (!cap.isOpened()) {                       // カメラが無いとき
11       cout << "カメラが見つかりません。";
12       cin.get();
13       return -1;
14     }
15     namedWindow("反転映像", WINDOW_NORMAL);        // 表示ウィンドウの作成
16     resizeWindow("反転映像", 800, 600);            // ウィンドウサイズを変更
17     Mat src, dst;
18     while (1) {
19       cap >> src;
20       if (src.empty()) break;
21       flip(src, dst, 1);                         // 左右反転
22       imshow("カメラ映像", src);
23       imshow("反転映像", dst);
24       if (waitKey(30) == 27) break;
25     }
26     return 0;
27 }
```

3.6.3　ライブラリの用法

以下、コード 3.6 の詳細を、使用している関数とあわせて説明します。

```
9    VideoCapture cap(0);                          // カメラを開く
10     if (!cap.isOpened()) {                       // カメラが無いとき
```

VideoCapture 関数の用法は 3.4 節と同じで、関数定義も当然同じです。カメラが開けたかも、ビデオファイルと同じように isOpened メンバ関数から確認します。

唯一の違いは、引数にビデオファイル名（文字列）ではなくカメラのデバイス番号を整数で指定するところです。カメラの番号は普通は 0 です（デバイス番号 0 番）。ただし、たとえば内蔵カメラと外付け USB カメラを併用しているように複数のカメラが利用可能な場合は、どの番号がどのカメラに対応しているかを確認しなければなりません。常に、最初に接続したほうに 0 が割り当てられます。0 番でカメラ映像が表示されないときは、引数を 1 などに変更してみます。

106

```
15    namedWindow("反転映像", WINDOW_NORMAL);      // 表示ウィンドウの作成
```

反転したカメラ映像を表示するウィンドウを明示的に用意します。

通常、ウィンドウは imshow 関数を呼び出すことで自動的に開きます。その方法はこれまでの節、および本プログラムのカメラ映像の表示ウィンドウ（22行目）で用いています。ただしその場合、そこに表示される Mat オブジェクトのサイズに一致したウィンドウサイズで開かれ、しかもユーザがリサイズすることはできません。

これに対し、15行目のように namedWindow 関数を用いれば、サイズをプログラムからでもユーザからでも変更できます。namedWindow 関数で画像を表示する前にウィンドウを準備するのは、トラックバー（4.3節）などのインタフェースを用意するときにもよく行われます。なお、この関数を呼んだ段階ではウィンドウは表示されません。実際の表示は imshow 関数以降です。

関数定義を次に示します。

ウィンドウの作成

namedWindow (const String & **winname**, int **flags** = *WINDOW_AUTOSIZE*)

winname	ウィンドウ識別名。指定した識別名のウィンドウが存在しなければ、自動生成します。
flags	ウィンドウ操作に関わるフラグ。指定可能な値はWINDOW_NORMAL（値0）またはWINDOW_AUTOSIZE（値：1）。デフォルトはWINDOW_AUTOSIZE。

第1引数にはウィンドウ識別名を指定します。要領は imshow 関数と同じです。同じ識別子のウィンドウがすでに存在していたら（たとえば imshow がすでにその名を使っている）、この関数は何もしません。

第2引数にはウィンドウ操作に関わるフラグを指定します。利用できる GUI フレームワークによって異なりますが、通常は WINDOWS_AUTOSIZE か WINDOW_NORMAL かどちらかが指定できます（表3.14）。WINDOW_AUTOSIZE を指定すると、ウィンドウサイズが画像（Mat）に合わせて自動調整されます。こちらがデフォルトです。

WINDOW_NORMAL を指定すると、ユーザのリサイズ操作が可能になります。ここで言うユーザのリサイズ操作とは、たとえばみなさんがブラウザをみているときに、そのウィンドウ端をマウスでドラッグして大きさを変更するような操作のことです。画像サイズも、ウィンドウサイズに応じて拡大縮小されます。ただしこの拡大縮小は表示上の話で、画像データ自体が拡大縮小されるわけではありません。画像そのもののサイズの変更（resize 関数）は次節で扱います。

第 3 章　画像・映像の入出力

表 3.14 ●ウィンドウ操作フラグ定数

ウィンドウ操作フラグ定数	意味
WINDOWS_AUTOSIZE	ウィンドウサイズを表示する Mat に合わせる。リサイズ不可。デフォルト。
WINDOW_NORMAL	ウィンドウのリサイズ可。

```
16    resizeWindow("反転映像", 800, 600);         // ウィンドウサイズを変更
```

WINDOW_NORMAL を指定して準備したウィンドウは、resizeWindow 関数からサイズを変更できます。次に示す関数定義のとおり、第 1 引数には変更対象のウィンドウ識別名、第 2 引数と第 3 引数には変更後のウィンドウの幅と高さを指定します。

ウィンドウサイズの設定	
resizeWindow (const String & **winname**, int **width**, int **height**)	
winname	サイズ変更するウィンドウ識別名
width	変更後の幅
height	変更後の高さ

```
21    flip(src, dst, 1);                        // 左右反転
```

flip 関数は、第 1 引数の Mat を「反転」して第 2 引数の Mat に格納します。第 3 引数はこの反転の方法を指定するもので、表 3.15 に示すように上下反転と左右反転が選べます。関数定義を下に示します。

表 3.15 ● flip 関数の反転方法

値	意味
0	x 軸に関して反転（上下反転）
1（正の値）	y 軸に関して反転（左右反転）
−1（負の値）	両軸に関して反転

垂直軸／水平軸／両軸に関する画像反転	
flip (InputArray **src**, OutputArray **dst**, int **flipCode**)	
src	入力画像
dst	入力と同じサイズと形式の出力画像
flipCode	画像の反転方法（表3.15）

3.7 カメラ映像の平滑化と保存

ウェブカメラからのフレームを平滑化し、リサイズしてから AVI ファイルとして保存します。

平滑化とは、飛びぬけて明るいところや暗いところを近隣のピクセルの値に近づけることで、輝度値の変化を滑らかにする操作です。これにより画像のノイズを削減したり、物体表面のキメをぼかして綺麗に見せたりすることができます。ここではガウス関数を用いた GaussianBlur 関数と移動平均を用いた blur 関数という 2 つの平滑化関数を使います（なお、blur は「ぼかす」という意味です）。

なお、OpenCV にはこれら以外にも medianBlur、bilateralFilter、edgePreservingFilter といったそれぞれに特性の異なる平滑化関数があります。詳細は OpenCV 公式リファレンスを参照してください。

ビデオファイルの保存は基本的には 3.5 節と同じですが、それだけではつまらないので、ここではカメラ映像サイズを拡大します。これは画像データ自体を拡大縮小するもので、前節で扱った resizeWindows 関数による表示上の拡大縮小とは異なります。

本節で説明するクラス、関数は表 3.16 のとおりです。

表 3.16 ●カメラ映像の平滑化と保存プログラムで使用するクラス・関数

クラス・関数	説明
GaussianBlur	ガウシアン平滑化
blur	移動平均平滑化
resize	画像の拡大縮小

3.7.1 プログラムの実行

カメラ映像の平滑化と保存プログラムの実行例を以下に示します。

図 3.19 左がカメラからの入力映像、中央が GaussianBlur 関数による平滑化後、右が blur 関数による平滑化後の映像です（共にカラー）。処理後の映像がぼやけていることがわかります。また、平滑化の映像はカメラ映像の 640 × 480 ピクセルから 800 × 600 ピクセルに拡大しています。

109

第3章 画像・映像の入出力

　　　入力映像　　　　　ガウシアン平滑化（GaussianBlur）　　　移動平均平滑化（blur）

図 3.19 ●カメラ映像の平滑化と保存プログラムの実行例

　プログラムは Esc キーを押すと終了し、ガウシアン関数の方の映像を、AVI フォーマットでビデオファイルとして保存します。3.5 節でも述べましたが、プログラムを正常に終了させないとビデオファイルは再生できません。

3.7.2　ソースコード

　カメラ映像の平滑化と保存プログラムをコード 3.7 に示します。

コード 3.7 ●カメラ映像の平滑化と保存プログラム

```
1  #include "stdafx.h"
2  #include <opencv2/opencv.hpp>
3  #pragma comment(lib, "opencv_world320d.lib")
4  using namespace std;
5  using namespace cv;
6
7  int main()
8  {
9      VideoCapture cap(0);                // カメラを開く
10     Size sizeRec(800, 600);             // 保存ビデオファイルの幅と高さ
11     VideoWriter rec("video_dst.avi"
12         , VideoWriter::fourcc('X', 'V', 'I', 'D'), 30, sizeRec);
13     Mat src, tmp, gaussian, moving ;
14
15     while (1) {
16         cap >> src;
17         if (src.empty()) break;
18
19         GaussianBlur(src, tmp, Size(15, 15), 5.0, 5.0);   // ガウシアン平滑化
```

```
20    resize(tmp, gaussian, sizeRec);              // 画像の拡大縮小
21    blur(src, tmp, Size(100, 5));                // 平滑化
22    resize(tmp, moving, sizeRec);                // 画像の拡大縮小
23
24    imshow("カメラ映像", src);
25    imshow("ガウシアン平滑化", gaussian);
26    imshow("移動平均平滑化", moving);
27
28    rec << gaussian;                             // 1フレーム書き込み
29    if (waitKey(30) == 27) break;
30  }
31
32  return 0;
33 }
```

3.7.3 ライブラリの用法

以下、コード 3.7 の詳細を、使用している関数とあわせて説明します。

13 行目で 4 つの Mat オブジェクトを宣言しています。src はカメラから直接取得するフレームを収容するためのものです。tmp は 2 種類の関数で平滑化した画像を一時的に保存するもの、gaussian と moving は平滑化した画像を 800 × 600 ピクセルに拡大した画像をそれぞれ収容するものです。

```
19    GaussianBlur(src, tmp, Size(15, 15), 5.0, 5.0);  // ガウシアン平滑化
```

GaussianBlur 関数は、ガウシアン（Gaussian）平滑化を行う関数です。ガウス関数がどうして平滑化できるかについては本節末の NOTE を参照してください。関数定義は次のとおりです。

画像の平滑化（ガウシアン）	
GaussianBlur (InputArray **src**, OutputArray **dst**, Size **ksize**, double **sigmaX**, double **sigmaY** = 0, int **borderType** = BORDER_DEFAULT)	
src	入力画像
dst	出力画像
ksize	平滑化フィルタサイズSize(幅,高さ)を奇数で指定する。値が大きいほど強く平滑化される。
sigmaX	ガウシアン平滑化における標準偏差（X軸）。値が大きいほど強く平滑化される。
sigmaY	ガウシアン平滑化における標準偏差（Y軸）。0の場合はsigmaXと同じ値が適用される。
borderType	画像の外側のピクセルを推定する方法を指定。表3.17参照。

111

第 3 章　画像・映像の入出力

第 1 引数には入力画像を、第 2 引数には出力画像をそれぞれ指定します。

第 3 引数に平滑化フィルタのサイズ（移動平均的にいえば平均を取る区間）を指定します。フィルタのサイズは奇数 × 奇数で指定し、サイズが大きいほど平滑化（ぼけ）の度合いが強くなります。ここでは 15 × 15 ピクセルを使用しています。

第 4 引数と第 5 引数にはガウス関数の標準偏差を X 方向と Y 方向でそれぞれ指定します。これらの標準偏差の値を大きくすれば、より広範囲にぼやけた画像が得られます。第 4、5 引数の意味は本節末尾で説明します。

第 6 引数はオプションなので、19 行目では指定していません。これは、画像の外側にあるピクセルを「外挿」する方法を指定するもので、表 3.17 にある方法が利用できます。**外挿**（extrapolation）とは、すでにある値から未知の値を推定することです。たとえば、横 8 ピクセル画像の 1 ラインの画素が 1、2、3、4、5、6、7、8 と並んでいたとき、1 の左にもし画素があればその値は何になるか、あるいは 8 の右にあればそれはいくつかを推定するわけです。平滑化処理では、注目しているピクセルの周囲のピクセルの情報が必要です。しかし、画像の左端や上端などの最も外隣にあるピクセルにはその外のピクセルが存在しないので、外挿しなければならないのです。このような「画像の外」のピクセルを外挿することは画像処理ではしばしばあり、たとえば 4.6 節の射影変換でもこれを用いています。

表 3.17 ●ピクセル外挿方法。例の欄では、横 8 ピクセルの画素が左から順に 12345678 であったときの外挿された値を「|」記号の左右にそれぞれ示しています。

ピクセル外挿定数	意味	例
BORDER_CONSTANT	外側のピクセル値を 0 などの一定の値とする。	0000 | 12345678 | 0000
BORDER_REPLICATE	境界にあるピクセルの値を外側に繰り返しコピーする。	1111 | 12345678 | 8888
BORDER_REFLECT	境界を境にピクセル値を鏡像のように値をコピーする。	4321 | 12345678 | 8765
BORDER_REFLECT_101	上と同じだが、境界の値が繰り返されない。	5432 | 12345678 | 7654
BORDER_WRAP	画素が同じパターンで繰り返されるとしてコピー。	5678 | 12345678 | 1234
BORDER_DEFAULT	BORDER_REFLECT_101 に同じ。	5432 | 12345678 | 7654

```
20      resize(tmp, gaussian, sizeRec);              // 画像の拡大縮小
```

resize 関数で画像を拡大します（22 行目も同じ要領です）。

3.5 節でも説明しましたが、VideoWriter オブジェクトに指定したサイズと実際に書き込まれるフレームのサイズは一致していなければなりません。10 行目で保存ビデオのフレームサイズを sizeRec(800, 600) としたので、書き出す Gaussian 平滑化画像もこのように揃えます。

次に関数定義を示します。

112

3.7 カメラ映像の平滑化と保存

> **画像の拡大縮小**
>
> **resize** (InputArray **src**, OutputArray **dst**, Size **dsize**, double **fx** = *0*, double **fy** = *0*,
>   int **interpolation** = *INTER_LINEAR*)
>
> | | |
> |---|---|
> | **src** | 入力画像 |
> | **dst** | 出力画像 |
> | **dsize** | 出力画像サイズSize(幅,高さ)を指定。これが(0, 0)のときは、幅は第4引数 × 第1引数の元画像の幅、高さは第5引数 × 元の高さから算出される。 |
> | **fx** | X方向の倍率（オプション）。 |
> | **fy** | Y方向の倍率（オプション）。 |
> | **interpolation** | 補間方法を指定する（表3.18）。 |

第1引数には入力の、第2引数には出力の Mat オブジェクトをそれぞれ指定します。

第3引数は変換後のサイズです。縦横の比率は 1:1 でなくてもかまいませんが、その場合は生成される画像のアスペクト比が変わります。

サイズをたとえば (800, 600) のように絶対値ではなく、元の何倍かで指定したいときはオプションの第4、第5引数を利用します。倍率指定のときは、第3引数にはデフォルト指定がないので明示的に (0, 0) を指定します。それ以外の値が指定されたときは倍率は無視されます。

第6引数はオプションで、ここから補間方法を指定します。

画像の拡大では、端的にはそれまで隙間なく並べられていたピクセルの間を空け、そこに適当な値をあてはめます。たとえば、1、3、5 の順に横に並んでいたピクセルを 1、□、3、□、5、□のように隙間を空ければ、画像の横サイズは倍になります。最も単純なアイデアは間の前後のピクセルの平均値を取るというもので、これだと 1、2、3、4、5、5 になります（右端が 5 なのは、BORDER_REPLICATE の要領で外側の値を 5 として外挿したから）。縮小ではピクセルを間引くわけですが、どのように行うかに工夫が必要です。

補間方法とはこのように間のピクセルをどのように算出するかを決定するアルゴリズムで、OpenCV には表3.18 に示すものが用意されています。拡大には INTER_CUBIC がよいとされていますが処理速度が遅いので、早いのがよければデフォルトの INTER_LINEAR を用います。縮小なら INTER_AREA がよいとされています。

表3.18 ●ピクセル補間方法

ピクセル補間定数	方法
INTER_NEAREST	最近傍補間
INTER_LINEAR	バイリニア補間（デフォルト）
INTER_AREA	ピクセル領域関係を利用したリサンプリング

113

第3章　画像・映像の入出力

ピクセル補間定数	方法
INTER_CUBIC	バイキュービック補間
INTER_LANCZOS4	Lanczos 補間

```
21      blur(src, tmp, Size(100, 5));                          // 平滑化
```

blur は移動平均を用いた平滑化関数です（詳細は本節末の NOTE 参照）。第 3 引数には先ほどのガウシアン平滑化と同じように平滑化フィルタのサイズを指定しますが、こちらは偶数でもかまいません。Size(15, 15) とすると先ほどのガウシアンフィルタとほとんど同じ見ためになって面白くないので、ここでは横方向に大きくブレるように Size(100, 5) としています。関数定義は次のとおりです。

画像の平滑化

blur (InputArray **src**, OutputArray **dst**, Size **ksize**, Point **anchor** = *Point(-1, -1)*,
int **borderType** = *BORDER_DEFAULT*)

src	入力画像
dst	出力画像
ksize	平滑化フィルタサイズSize(幅,高さ)を指定する。
anchor	アンカー位置(X, Y)をPoint型で指定する（4.1節）。デフォルト値の(-1, -1)はksizeの中心を表す。
borderType	画像の外側のピクセルを推定する方法を指定。表3.17参照。

　第 1 引数には入力の、第 2 引数には出力の Mat オブジェクトをそれぞれ指定します。

　第 3 引数が移動平均を取る上下前後のウィンドウです。値が大きいほど強く平滑化されます。

　オプションの第 4 引数は第 3 引数の矩形内の平均値を、矩形の中のどの位置のピクセルで置き換えるかを指定するものです。（指定のところに錨を下すので）アンカー位置と呼ばれます。デフォルトでは矩形の中央で、これは (-1, -1) でも示すことができます。もちろん、アンカー位置は矩形内になければならないので、第 3 引数の値よりも小さくなければなりません。

　第 5 引数もオプションで、表 3.17 で示したピクセルの外挿方法を指定します。

平滑化アルゴリズム

○移動平均（blur）

blur 関数が利用する移動平均とは、変更しようとする位置のピクセル値をそれを含めた前後の値の平均値で置き換える方法です。次の 1 次元の数列（横 1 列に並んだピクセル値）で考えてみましょう。

　　100, 90, 30, 60, 150, 90

ここでは前後 1 ピクセルの平均を取るとします。この前後幅を「ウィンドウ」あるいは「フィルタサイズ」と呼びます。

まず、（1 番目はちょっと飛ばして）左から 2 番目のピクセルを置き換えます。この時点で着目しているピクセルなので、これを「注目ピクセル」といいます。このピクセルの値は、前後の値の平均値 (100 + 90 + 30) / 3 から計算されるので 70 になります。続いて 3 番目のピクセルも同様に行います。このようにターゲットとなるピクセルを順にずらしながら平均を取っていくので「移動平均」なわけです。左端と右端はそれぞれ外側にピクセルがないので外挿します。BORDER_REPLICATE を用いたとすれば、左端は (100 + 100 + 90) / 3 なので 96（整数なので端数は切り捨て）、右端は (150 + 90 + 90) / 3 なので 110 です。平滑化後の数列はこれにより次のようになります。

　　96, 70, 60, 80, 100, 110

先のものより滑らか（数列間の値が小さい）になったことがここからもみてとれます。画像ではこれを 2 次元に拡張し、中心のピクセルを矩形領域の平均で置き換えます。

移動平均は画像処理以外にもいろいろなところで用いられています。たとえば、株価の「30 日移動平均線」はその日から 30 日前の株価からその日の株価までの平均値でその日の値をこの平均値で置き換えているということです。期間が短ければ元のカーブの特徴を保存していますが、それほど滑らかなカーブにはなりません（株価なら短期的な傾向を見るときに用います）。長ければ元のカーブの細かい変化がほとんど消えてしまいますが、かなり滑らかになります（長期的傾向を見るとき）。

○ガウシアン（GaussianBlur）

移動平均では、ウィンドウ内のピクセル値を均等に足してから割っています。つまり、周辺のピクセルが注目ピクセルに与える影響は、ウィンドウ内ならば距離に関係ありません。しかし、密接に関連があるのは直近のピクセルで、離れれば離れるほどその影響（関係）が弱くなると考えた方が自然でしょう。

そこで、注目ピクセルからの距離に応じて重み係数を掛けた上で和を取ります。たとえば 100、90、30、60、150 で、30 のピクセルを前後 2 ピクセル（フィルタサイズ 5）で平滑化するとき、100 × 0.8 + 90 × 0.9 + 30 × 1.0 + 60 × 0.9 + 150 × 0.8 のように加算します（割るのには係数の和、つまり 4.4 を使います）。

このように中心には大きな重みを、そこから離れるにしたがって小さくなる重みを使うとき、そのような分布を示す関数を使うと便利です。そのような性質を持つのが、図 3.20 のように中

央が出っぱったつりがね状のカーブを示すガウス関数（分布）です。

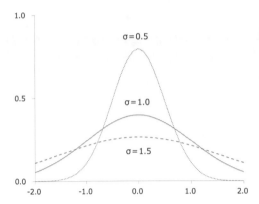

図 3.20 ●ガウス分布。ガウシアン平滑化の重み係数として用いられる。

18 行目で用いた GaussianBlur はその名のとおり、このガウス分布を用いた平滑化方法です。ガウス関数のつりがねの形状はその標準偏差（σ）値に応じて平らになったり、高くなったりします。これが GaussianBlur の第 4、第 5 引数の意味です。具体的には、σ が大きくなるほど遠方のピクセルの影響を受けやすくなり、強く平滑化できます。逆につりがねが先鋭的になる小さい σ では、近隣ピクセルの影響がより強くなり、平滑化の影響が弱くなります。

3.8　ビデオ属性とビデオシャッフリング

　本節では、ビデオ属性の扱い方や操作に慣れるために、ランダムにビデオをシャッフリングしながら再生するビデオプレーヤーを実装します。プログラムはランダムに選択したフレームにジャンプし、これまたランダムに順送りか逆送りかで 1 秒程度再生します。
　VideoCapture コンストラクタを用いてカメラあるいはビデオファイルを開くと、VideoCapture オブジェクトが得られます。このオブジェクトにはそのビデオのフレームサイズ、フレームレート、総フレーム数、現在のフレーム位置といった属性値（プロパティ）も収容されています。本節ではこのフレームレートからフレーム切り替え周期（waitKey の引数）を適切なタイミングにするとともに、現在のフレーム位置を操作することで、フレームのジャンプや逆送りなどの機能を実装します。また、ウィンドウや VideoCapture リソースを明示的に開放する方法も示します。

本節で説明するクラス、関数は表 3.19 のとおりです。

表 3.19 ●ビデオ属性とビデオシャッフリングプログラムで使用するクラス・関数

クラス・関数	説明
VideoCapture::get	ビデオキャプチャオブジェクト属性値の取得
VideoCapture::set	ビデオキャプチャオブジェクト属性値のセット
VideoWriter::release	ビデオライタを閉じる
destroyWindow	ウィンドウを閉じる
destroyAllWindows	すべてのウィンドウを閉じる
rand	ランダム数の生成（C++ 標準ライブラリ）
min	最小値の選択（C++ 標準ライブラリ）
max	最大値の選択（C++ 標準ライブラリ）

3.8.1 プログラムの実行

ビデオ属性とビデオシャッフリングプログラムの実行例を以下に示します。

プログラムはこれまでのものと同様に、指定のビデオファイルを「シャッフル」というウィンドウに表示します。開始するとビデオのサイズ、フレームレート、総フレーム数と映像時間をコンソールに表示します。図 3.21 にその例を示します。ここでは本書付属の video.avi を入力としているので、サイズは 640 × 480 ピクセル、フレームレートは 30 fps（周期は 33 ms）、総フレーム数は 2,384 フレーム、映像時間は 79 秒となっています。

図 3.21 ●ビデオシャッフリングプログラム。開始フレーム位置、表示フレーム数、表示方向はランダムに決定されます。

続いて、再生フレームを 0 から総フレーム数 − 1（2,383）の間のどこかまでランダムに飛ばします。そのフレームから表示するフレームの数も 10 〜 39 フレームの間でランダムに選択さ

第 3 章　画像・映像の入出力

れます。さらに、再生方向もランダムに順方向（1）か逆方向（−1）に決定します。1 回のラン
ダム再生が終了したら、新たに新しいフレーム位置を決定し、再度表示を始めます。

　ランダムにジャンプした先がビデオの先頭方向あるいは末尾方向だと、開始時点から 10 ～
39 フレーム戻るあるいは進むと、表示すべきフレームの番号がビデオの範囲からはみ出てしま
います。そのようなときは、最先頭（0 フレーム目）あるいは末尾（2383 フレーム目）を繰り
返し表示します。

　ランダムシャッフリング再生は Esc キーが押されるまで続きます。再生が終了すると
VideoCapture を開放し、ウィンドウを閉じます。その後さらにコンソール側でもキー待ち状態
に入り、何らかのキーが押されるとプログラムが終了します。

3.8.2　ソースコード

　ビデオ属性とビデオシャッフリングプログラムをコード 3.8 に示します。

コード 3.8 ●ビデオ属性とビデオシャッフリングプログラム

```
 1  #include "stdafx.h"
 2  #include <opencv2/opencv.hpp>
 3  #pragma comment(lib, "opencv_world320d.lib")
 4  using namespace std;
 5  using namespace cv;
 6
 7  int main()
 8  {
 9      VideoCapture cap("video.avi");                    // ビデオをオープン
10      Mat src;
11
12      // ビデオ属性の取得
13      int frameWidth = (int)cap.get(CAP_PROP_FRAME_WIDTH);   // 映像の幅
14      int frameHeight = (int)cap.get(CAP_PROP_FRAME_HEIGHT); // 映像の高さ
15      int frameCount = (int)cap.get(CAP_PROP_FRAME_COUNT);   // 総フレーム数
16      int fps = (int)cap.get(CAP_PROP_FPS);                  // フレームレート
17      int wait = 1000/fps;                                   // 待ち時間
18
19      cout << "(w, h)=(" << frameWidth << ", " << frameHeight << ")" << endl;
20      cout << "fps=" << fps << ", wait=" << wait << "ms" << endl;
21      cout << "ビデオ長" << frameCount << " (" << frameCount/fps << "s)" << endl;
22
```

```
23   bool loop = true;
24   while (loop) {
25     int pos = rand() % frameCount;
26     int window = rand() % 30 + 10;
27     int direction = 2 * (rand() % 2) - 1;
28     cout << "開始: " << pos << ", コマ数:" << window << ", 方向:"
                                          << direction << endl;
29
30     for(int f=0; f<window; f++) {
31       cap.set(CAP_PROP_POS_FRAMES, pos);
32       cap >> src;
33       imshow("シャッフル", src);
34       pos += direction;
35       pos = min(pos, frameCount-1);
36       pos = max(pos, 0);
37       if (waitKey(wait) == 27) {
38         loop = false;
39         break;
40       }
41     }
42   }
43
44   cap.release();                    // 終了処理
45   destroyWindow("シャッフル");        // ウィンドウを閉じる
46
47   cout << "キーを押して終了してください" << endl;
48   cin.get();
49   return 0;
50 }
```

3.8.3 ライブラリの用法

以下、コード 3.8 の詳細を、使用している関数とあわせて説明します。

```
12   // ビデオ属性の取得
13   int frameWidth = (int)cap.get(CAP_PROP_FRAME_WIDTH);    // 映像の幅
14   int frameHeight = (int)cap.get(CAP_PROP_FRAME_HEIGHT); // 映像の高さ
15   int frameCount = (int)cap.get(CAP_PROP_FRAME_COUNT);   // 総フレーム数
16   int fps = (int)cap.get(CAP_PROP_FPS);                  // フレームレート
```

第3章　画像・映像の入出力

12行目から16行目はVideoCaptureクラスのメンバ関数のgetを用いて、カメラから横と縦の画面サイズ、総フレーム数、フレームレートを取得しています。VideoCapture::getの関数定義を次に示します。

ビデオキャプチャ属性値の取得	
VideoCapture::get (int propId)	
propId	取得する情報のビデオ属性ID（表3.20）で指定する。
戻り値（double）	取得した値をdouble型で返す。

VideoCapture::getの引数には、幅ならCAP_PROP_FRAME_WIDTH、高さならCAP_PROP_FRAME_HEIGHTのように表3.20のビデオ属性IDを指定します。戻り値はdouble型なので、属性値が本来的に整数なら、int型にキャスト（データ型の変換で、コードでは(int)と表現されている箇所）します。

1本の映像内で値が（通常は）変化しない属性もあれば、フレーム位置や時刻のように読み進めていくにつれ自動的に増加するものもあります。逆にいえば、こうした属性値を操作することで映像の表示状態を変更できます。たとえば、フレーム位置の属性値を操作すれば、その指定位置に映像がジャンプします。この方法は31行目で説明します。

なお、対象がビデオファイルかカメラか、あるいは利用可能なコーデックや映像がエンコードされたときの状況によっては、使用できなかったり期待どおりに動作しなかったりする属性もあります。たとえば、カメラ映像には終わりはないため、総フレーム数（CAP_PROP_FRAME_COUNT）は意味がありません。

表3.20 ● VideoCaptureのビデオ属性ID

ビデオ属性ID	説明
CAP_PROP_POS_MSEC	ビデオファイルの現在の位置（単位：ms）
CAP_PROP_POS_FRAMES	次にキャプチャされるフレーム番号。0から開始する。
CAP_PROP_POS_AVI_RATIO	相対的なビデオファイルの位置（0=開始、1=終了）
CAP_PROP_FRAME_WIDTH	映像フレームの幅
CAP_PROP_FRAME_HEIGHT	映像フレームの高さ
CAP_PROP_FPS	フレームレート（frames per second）
CAP_PROP_FOURCC	コーデックを指定する4文字コード（3.5節参照）
CAP_PROP_FRAME_COUNT	ビデオファイル中の総フレーム数
CAP_PROP_FORMAT	Matオブジェクトの型
CAP_PROP_BRIGHTNESS	フレーム画像の明るさ（カメラ映像のみ）

3.8 ビデオ属性とビデオシャッフリング

ビデオ属性 ID	説明
CAP_PROP_CONTRAST	フレーム画像のコントラスト（カメラ映像のみ）
CAP_PROP_SATURATION	フレーム画像の彩度（カメラ映像のみ）
CAP_PROP_HUE	フレーム画像の色合い（カメラ映像のみ）
CAP_PROP_GAIN	フレーム画像のゲイン（カメラ映像のみ）
CAP_PROP_EXPOSURE	フレーム画像の露出（カメラ映像のみ）
CAP_PROP_CONVERT_RGB	RGB に変換するべきかどうかを示す bool 値（1 なら変換が必要）

```
17    int wait = 1000/fps;                              // 待ち時間
```

waitKey 関数（37 行目）で用いるフレームとフレームの間の待ち時間（フレーム周期）をフレームレート fps から設定します。1.5.1 節で説明したように、フレームレートからフレーム間時間を計算するにはその逆数（1/fps）を取ります。ただ、waitKey で指定する値はミリ秒なので、1,000倍しなければなりません。

```
23    bool loop = true;
24    while (loop) {
⋮
30      for(int f=0; f<window; f++) {
⋮
41      }
42    }
```

24 ～ 42 行目は 2 重ループになっています（間にあるコードは飛ばして示しています）。内側の for ループは、ランダム位置から 10 から 39 フレームに収容を表示するものです。外側の while ループは何らかのキーが押されるまでこれを繰り返すループです。while ループの条件で指定されている変数 loop には、初期状態では true が入っています（23 行目）。for ループ内にある waitKey で Esc キーが押されるとこれが false になり、外側のループから抜けます。

```
25      int pos = rand() % frameCount;
26      int window = rand() % 30 + 10;
27      int direction = 2 * (rand() % 2) - 1;
```

再生をスタートするフレーム位置、そこから再生するフレーム数、再生方向をランダムに決定しています。

rand は C++ の標準ライブラリ（std::）に含まれている関数です。引数は指定しません。戻ってくるのは 0 からコンパイラ依存の C++ の定数 RAND_MAX まで（RAND_MAX は含まない）

121

第3章　画像・映像の入出力

の整数値です[注4]。

25 行目では、得られたランダム値が 0 から総フレーム数（frameCount）−1 の値に収まるように、モジュロ演算（%）を用いて整えています。モジュロ演算は「余り算」のことで、整数のモジュロ X を取ると、その値は必ず 0 から X − 1 の値になるという性質があるため、このようにある範囲の値が必要なときによく用いられます。

26 行目も同様です。先に「rand() % 30」で 0 から 29 の値をランダムに用意し、それに 10 を加えることで 10 から 39 の再生するフレーム数を計算しています。

27 行目は再生方向を決定するため、−1 か 1 をランダムに生成しています。見た目にはややこしいかもしれませんが、「rand() % 2」が 0 か 1 を生成するので、それを 2 倍し（0 か 2）、そこから 1 を引けば −1 か 1 が得られます。if (rand()%2) {direction = 1} else {direction = -1} のように if 文を使うよりエレガントです。

ランダム値の生成
rand (void)

戻り値（int）	0以上RAND_MAX未満の範囲のランダムな値をint型で返す。

```
31    cap.set(CAP_PROP_POS_FRAMES, pos);
```

前節までは、映像フレームを進めるのに「cap >> src;」が自動的にフレーム番号を 1 つずつ増加させる機能を用いていました。ここでは逆再生など普通の流れとは異なる順序でフレームを読まなければならないので、次のフレーム番号は VideoCapture::set 関数から直接操作します。

次の関数定義に示すように、第 1 引数にビデオ属性を指定します。set 関数も get 関数と同じビデオ属性 ID を用います（表 3.20）第 2 引数にはセットする値を指定します。ここではフレーム番号です。戻り値は bool 値で、成功したら true を、失敗したら false を返します（ここでは成功したかは確認していません）。

カメラ映像／ビデオファイルの属性値のセット
VideoCapture::set (int **propId**, double **value**)

propId	セットする属性を属性IDで指定する。
value	セットする値。
戻り値（bool）	セットに成功したかどうかをbool型で返す。

```
34    pos += direction;
```

注4　Visual Studio 2017 では 32768（0x7FFF）なので、これよりフレーム数が多いビデオでは 32,767 フレーム目以降は表示されません。30 fps のビデオではこれは 18 分程度です。

```
35        pos = min(pos, frameCount-1);
36        pos = max(pos, 0);
```

34行目で次のフレーム位置を計算しています。directionには先ほど計算したように1か–1が格納されているので、posは1つ増えるか（順方向）、1つ減るか（逆方向）のどちらかです。

しかし、34行目だけだと0から1を減らして–1になったり、2,383（最後のフレーム）から1増やして2,384になったりと、ビデオにないフレームを指定してしまう恐れがあります（当然エラーが発生します）。そこで、0から1減らそうとしたら0に、最後のフレームから1増やそうとしたら最後のフレームに留まるようにしました。もちろん if (pos<0) {pos = 0} とも書けますが、ここではあえて最小値と最大値を計算する min と max という C++ 標準ライブラリ関数を用いました。

35行目は pos と frameCount – 1 とを比較し、小さいほうを pos としています。pos が frameCount 以上だったら frameCount – 1 が選択されるので、if (pos >= frameCount) {pos = frameCount - 1} と同じ結果が得られます。36行目も同様で、pos と0を比較し、大きいほうを選択しています。

最小値の選択 **min** (a, b)	
戻り値	aとbどちらか小さいほうの値

最大値の選択 **max** (a, b)	
戻り値	a と b どちらか大きいほうの値

```
44   cap.release();                    // 終了処理
45   destroyWindow("シャッフル");        // ウィンドウを閉じる
```

ループから抜けたら、VidepCapture を閉じ、ウィンドウを閉じます。

プログラムが正常終了するときは、OpenCV が用意したビデオファイル、カメラ、ウィンドウといった各種のリソースは自動的に開放されます。したがって、このような作業は本来不要です。ただ、プログラムを途中で終了させたい、書き込み用に開いた VideoWriter を再生するためにいったん閉じたい、などの要請があるときは、これら関数を明示的に呼び出さなければなりません。ここでは、リソースの解放後に必要な処理の例として、cin.get（48行目）を入れています。つまり、プログラム最後の「キーを押して終了してください」のキー入力待機時には、ビデオファイルの保存処理が完了しているので再生可能です。

第 3 章　画像・映像の入出力

　VideoCapture（入力）も VideoWriter（出力）も同じ形式で、次に示す関数定義のとおり、引
数も戻り値もありません。

ビデオキャプチャを閉じる
VideoCapture::release ( )

ビデオキャプチャを閉じる。

ビデオライタを閉じる
VideoWriter::release ( )

ビデオライタを閉じる。

　指定のウィンドウを閉じるときは destroyWindow 関数を用います。引数には閉じるウィンド
ウの識別名を指定します。複数あるウィンドウをすべて閉じるときは、destroyAllWindows 関
数を使用します。引数はありません。

指定したウィンドウを閉じる
destroyWindow (const String& **winname**)

winname	閉じるウィンドウの識別名

すべてのウィンドウを閉じる
destroyAllWindows ( )

すべてのウィンドウを閉じる。

124

4

ユーザインタフェース

　本章ではグラフィック描画、キーボード入力、トラックバー（スライダ）、マウスといったユーザインタフェースの作成方法を取り上げます。グラフィックスの描画はユーザインタフェースっぽくないトピックですが、OpenCV のグラフィック描画機能は画像の特定の箇所（たとえば検出した顔）を丸で囲って示したり、フレーム番号などの値を画面上に表示したりするなど、表示をわかりやすくするための簡単なものだけなので、ユーザインタフェースの章に含めています。これらに加え、処理時間の計測方法も説明します。

　ユーザインタフェースの活用例として、コマ撮り、2 値化、ペイントアプリ（グラフィック描画）、画像のミニチュア化、射影変換、モルフォロジー演算を実装します。

4.1	グラフィック描画
4.2	キーボード操作とコマ撮り
4.3	トラックバー操作と 2 値化
4.4	マウス操作とペイントアプリ
4.5	マウス操作とミニチュア風映像
4.6	マウス操作と射影変換
4.7	処理時間とモルフォロジー演算

4.1 グラフィック描画

　Matオブジェクトに幾何学図形や文字などのグラフィックオブジェクトを書き込みます。また、描くグラフィックオブジェクトの位置を把握しやすいように、グラフ用紙のように破線で格子も描きます。

　ここで扱うグラフィックオブジェクトは直線、矢印、長方形、多角形（塗りつぶしありとなし）、円、楕円、文字です。OpenCVにはそれぞれline、arrowedLine、rectangle、fillConvexPoly、polylines、circle、ellipse、putTextという関数が用意されています。破線については、それ用の関数あるいは直線描画のオプションがないので、短い線をループで繰り返して描きます。

　グラフィックオブジェクトはMatオブジェクトをグラフ用紙風のキャンバスにみたてて、そこに描画します。座標系は図4.1に示すように、Matオブジェクトの左上が原点(0, 0)で、そこから右方向がx座標の正、下方向がy座標の正です。キャンバスのサイズはMatオブジェクトの(幅, 高さ)と同じです。座標が0からスタートするのでキャンバスの最大の座標値は(幅 − 1, 高さ − 1)までな点に注意してください。座標や大きさなどによっては描画関数がMatの範囲外（たとえば負の座標値）にオブジェクトを描画することもありえますが、その場合、画像範囲外は黙って無視され、エラーは発生しません。

　本節では、横640ピクセル、縦480ピクセルのMat上にグラフィックスオブジェクトを描画します。座標範囲はしたがって(0, 0)から(639, 479)です。背景色は白です。破線の格子は、ひとマス50 × 50ピクセルとします。

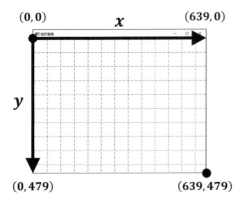

図4.1 ● OpenCVの座標系（Matサイズ 640 × 480 ピクセル）

本節で説明するクラス、関数は表 4.1 のとおりです。

表 4.1 ●グラフィック描画プログラムで使用するクラス・関数

クラス・関数	説明
line	2 点を結ぶ線の描画
Point	2 次元座標（整数型）を扱うクラス
arrowedLine	2 点を結ぶ矢印の描画
rectangle	長方形の描画
fillConvexPoly	塗りつぶした多角形の描画
polylines	多角形の枠線の描画
circle	円の描画
ellipse	楕円の描画
putText	文字列の描画

4.1.1 プログラムの実行

グラフィック描画プログラムの実行例を以下に示します（図 4.2）。

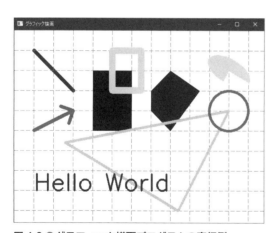

図 4.2 ●グラフィック描画プログラムの実行例

　真っ白な 640 × 480 ピクセルの Mat 上にグラフィックオブジェクトを描画します。オブジェクトはプログラム内の描画順に青い直線、赤い矢印、破線の格子、黒く内部を埋めた長方形、内部を埋めていない線枠の太い緑の長方形、内部を青で塗りつぶした 5 角形、オレンジ色の線の 3 角形、内部を埋めていない赤い円、3/4 の緑の楕円、そして「Hello World」の文字列です。

第4章　ユーザインタフェース

グラフィックオブジェクトはあとから描画したものがすでに下にあるものを上書きする点に注意してください。たとえば、緑の枠だけの長方形は黒の長方形のあとに描画されているので、黒長方形の一部が覆い隠されます。

表示ウィンドウは何らかのキーを押下すれば閉じられます。画像は保存しません。

4.1.2　ソースコード

グラフィック描画プログラムをコード4.1に示します。

コード4.1 ●グラフィック描画プログラム

```cpp
 1 #include "stdafx.h"
 2 #include <opencv2/opencv.hpp>
 3 #pragma comment(lib, "opencv_world320d.lib")
 4 using namespace std;
 5 using namespace cv;
 6
 7 int main()
 8 {
 9     // 色の設定
10     Scalar red(0, 0, 255), green(0, 255, 0), blue(255, 0, 0); // 赤、緑、青
11     Scalar gray = Scalar(128, 128, 128);                      // グレー
12     Scalar dgray = gray / 4;                                  // ダークグレー
13     Scalar white = Scalar::all(255);                          // 白
14     Mat img(Size(640, 480), CV_8UC3, white);                  // 描画領域（画像）
15
16     // 直線と矢印
17     line(img, Point(50, 50), Point(150, 150), blue, 8, LINE_AA);
18     arrowedLine(img, Point(50, 250), Point(150, 200), red, 8, LINE_4, 0, 0.3);
19
20     // 破線の格子目盛
21     for (int lx = 50; lx < 640; lx += 50)
22       for (int ly = 0; ly < 480; ly += 15)
23         line(img, Point(lx, ly), Point(lx, ly + 10), gray);
24     for (int ly = 50; ly < 480; ly += 50)
25       for (int lx = 0; lx < 640; lx += 15)
26         line(img, Point(lx, ly), Point(lx + 10, ly), gray);
27
28     // 長方形
```

```
29    rectangle(img, Point(200, 100), Point(300, 250), dgray, FILLED); // 長方形描画
30    Rect waku(250, 50, 75, 100);                                      // 矩形設定
31    rectangle(img, waku, green, 16);                                  // 長方形枠描画
32
33    // 多角形 (内部塗りつぶし)
34    vector<Point> points{Point(400, 100), Point(475, 150), Point(400, 250),
35        Point(350, 200),Point(350, 150)};
36    fillConvexPoly(img, points, Scalar(200, 0, 0));                   // 5角形描画
37
38    // 多角形 (線のみ)
39    vector<Point> poly = {Point(130, 280), Point(550, 200), Point(420, 450)};
40    polylines(img, poly, true, Scalar(0, 200, 255), 5);               // 3角形描画
41
42    // 円と楕円
43    circle(img, Point(550, 200), 50, red, 5);
44    ellipse(img, Point(550, 100), Size(60, 30), 30, 90, 360, green, FILLED);
45    // 文字
46    putText(img, "Hello World", Point(50, 400), FONT_HERSHEY_SIMPLEX, 2, blue, 4);
47
48    imshow("グラフィック描画", img);
49    waitKey();
50    return 0;
51 }
```

4.1.3 ライブラリの用法

以下、コード 4.1 の詳細を、使用している関数とあわせて説明します。

10 〜 13 行目で用いる色（Scalar）を、14 行目でグラフィックオブジェクトを描き込むキャンバス用 Mat を生成しています。これらの用法は 3.3 節を参照してください。

```
17    line(img, Point(50, 50), Point(150, 150), blue, 8, LINE_AA);
```

指定の画像上に直線を描画するには、次に示す line 関数を用います。

第4章　ユーザインタフェース

2点を結ぶ線の描画

line (InputOutputArray **img**, Point **pt1**, Point **pt2**, const Scalar& **color**, int **thickness** = *1*,
int **lineType** = *LINE_8*, int **shift** = *0*)

img	線を描画するMatオブジェクト
pt1	線の始点座標
pt2	線の終点座標
color	線の色
thickness	線の太さ（デフォルト：1ピクセル）
lineType	線の描画方法（デフォルト：8連結）。表4.2参照。
shift	点座標の小数点以下のビット数（デフォルト：0）

　第1引数に描画対象となる画像（Mat）を、第2引数と第3引数に線の始点と終点の座標（Point）を、第4引数には線の色（Scalar）を指定します。17行目では、画像（img）に座標 (50, 50) から (150, 150) まで、青色で描くように指定しています。

　第2引数と第3引数で点を指定している Point 型は、2つの整数（int）を格納するクラスです。主として色を表現する Scalar が 4 要素なのに対して、2次元平面の点を表現する Point は 2 要素です。また、要素の型は前者が double に対し、Point は整数です。メンバ変数名は x、y で定義されているので、Point p の要素に直接アクセスするときは、p.x や p.y を用います。

2次元座標（整数型）を扱うクラス

Point (int **x**, int **y**)

xとyをメンバ変数に持ち、2次元の点（整数型）を表現するのに使用する。

戻り値（Point）	格納された座標をPoint型で返す。

---

　line 関数の第5引数以降はオプションです。

　第5引数に線の太さをピクセル単位で指定します。ここでは 8 ピクセルを指定していますが、省略時のデフォルト値は 1 ピクセルです。太い線を指定すると、端点はまるめられます（この端点のまるまりは長方形の角などにも適用されます）。

　第6引数に線の描画方法を表4.2から指定します。

　LINE_4 は 4 連結と呼ばれる線種で、格子状の整数平面に 1 点ずつ点をプロットしながら線を描画するときに、上下左右の 4 方向に移動しながら描画する方法です。チェスの駒がその軌跡で線を引いていくとしたら、ルークのようにしか動けない描き方です。高速ですがギザギザな線になります。

130

LINE_8は8連結で、上下左右斜めの8方向に動くものです（チェスのクィーン）。斜めに移動することができるぶん、4連結よりも若干細く描画されます。未指定時のデフォルト値はこの8連結です。

4連結や8連結で描画した線がギザギザするのに対し、ここで指定しているLINE_AA（アンチエイリアス）は線と背景の色がなじむように滑らかに描画されます。

第7引数は座標値に小数を用いるときに使うものです。画像処理ではピクセルとピクセルの間にサブピクセルと呼ばれる仮想的なピクセルを考えることで計算精度を高めることがありますが、そのときに使います。デフォルトは0です（小数点扱いしない）。

表4.2に示した描画方法は、線以外にもたとえば塗りつぶした円や文字など、他のグラフィック描画関数でも指定できます。

表 4.2 ●線描画方法

線の種類（lineType）	値	方法	斜線（原寸）	斜線（拡大）
LINE_4	4	4連結（Bresenham アルゴリズム）		
LINE_8	8	8連結（デフォルトの線種）		
LINE_AA	16	アンチエイリアス		

```
18    arrowedLine(img, Point(50, 250), Point(150, 200), red, 8, LINE_4, 0, 0.3);
```

矢印付きの直線を描画します。関数の形式は前述の line とほぼ同じですが、オプションの第8引数が加わり、矢じりの長さを矢全体の長さの割合（デフォルト値＝0.1）で指定できます。ここでは0.3を指定しています。また、単純な直線と違って向きがあるため、第2引数から第3引数の座標に向いた矢印となることに注意してください。

第4章　ユーザインタフェース

矢印の描画

arrowedLine (InputOutputArray **img**, Point **pt1**, Point **pt2**, const Scalar& **color**, int **thickness** = *1*,
　int **lineType** = *LINE_8*, int **shift** = *0*, double **tipLength** = *0.1*)

img	矢印を描画するMatオブジェクト
pt1	矢印の始点座標
pt2	矢印の終点座標（矢じり）
color	矢印の色
thickness	矢印の太さ（デフォルト：1ピクセル）
lineType	矢印の描画方法（デフォルト：8連結）。表4.2参照。
shift	点座標の小数点以下のビット数（デフォルト：0）
tipLength	矢じりの長さを矢全体の長さの割合（デフォルト：0.1）で指定

```
21   for (int lx = 50; lx < 640; lx += 50)
22     for (int ly = 0; ly < 480; ly += 15)
23       line(img, Point(lx, ly), Point(lx, ly + 10), gray);
24   for (int ly = 50; ly < 480; ly += 50)
25     for (int lx = 0; lx < 640; lx += 15)
26       line(img, Point(lx, ly), Point(lx + 10, ly), gray);
```

背景の破線の格子目盛を描画しています。コードからわかるように、長さが 10 ピクセルの線分を 15 ピクセルおきに描くことで 1 本の破線を描いています（したがって線と線の間隔は 5 ピクセルです）。この線を 50 ピクセルおきに配置しています。色は gray です。

ちなみに、冒頭で座標系を説明した図 4.1 は、この目盛だけを描画した画像です。

```
29   rectangle(img, Point(200, 100), Point(300, 250), dgray, FILLED); // 長方形描画
```

rectangle 関数は、指定の 2 点を対角とする長方形の枠線を描画します。

第 1 引数にはいつものように Mat オブジェクトを、第 2 引数には一方の頂点を、第 3 引数には第 2 引数の対角にある頂点をそれぞれ指定します。頂点座標は左上⇔右下か左下⇔右上のペアで、順番が入れ替わってもかまいません。描画色は第 4 引数で指定します（ここではダークグレーの dgray）。

第 5 引数以降はオプションです。第 5 引数は線の太さのピクセル値ですが、FILLED という定義済みの定数（値は −1）を指定すると、内部を第 4 引数の色で塗りつぶします。デフォルト値は 1 です。FILLED は後述の circle や ellipse などの閉じた図形にも適用できます。第 6 引数の線種と第 7 引数の小数点の位取りは line 関数と同じです。

4.1 グラフィック描画

長方形の描画	
rectangle(InputOutputArray **img**, Point **pt1**, Point **pt2**, const Scalar& **color**, int **thickness** = *1*, int **lineType** = *LINE_8*, int **shift** = *0*)	
img	長方形を描画するMatオブジェクト
pt1	長方形の1点目の角の座標
pt2	長方形の2点目の角（1点目の対角）の座標
color	線の色
thickness	線の太さ（デフォルト：1ピクセル）。FILLED（−1）を指定した場合、内部を塗りつぶす。
lineType	線の描画方法（デフォルト：8連結）。表4.2参照。
shift	点座標の小数点以下のビット数（デフォルト：0）

```
30    Rect waku(250, 50, 75, 100);                    // 矩形設定
31    rectangle(img, waku, green, 16);                // 長方形枠描画
```

　長方形の対角の位置は Rect 型からも指定できます。ここでは緑色で太さ 16 ピクセルの枠線のみ描画し、内部は塗りつぶしていません。

　30 行目で使っている Rect 型のコンストラクタは、引数に左上頂点の x 座標と y 座標、長方形の幅と高さを取ります。それぞれのデータ型は int です。その他のデータ型同様、x や width などのメンバ関数からデータにアクセスもできます。なお、Scalar も 4 要素のデータ型ですが、要素の型が double と異なる点に注意してください。

長方形の指定（左上頂点と幅、高さで指定）	
Rect(int **x**, int **y**, int **width**, int **height**)	
x	長方形の左上頂点のx座標
y	長方形の左上頂点のy座標
width	長方形の幅をピクセルで指定
height	長方形の高さをピクセルで指定
戻り値（**Rect**）	指定された長方形の情報をRect型で返す。

　Rect 型のコンストラクタは上記の 4 引数バージョン以外にも、(Point(x0, y0), Point(x1, y1)) で指定する形式など、いろいろなバリエーションがありますので、OpenCV 公式リファレンスを参照してください。

```
34    vector<Point> points{Point(400, 100), Point(475, 150), Point(400, 250),
35        Point(350, 200),Point(350, 150)};
36    fillConvexPoly(img, points, Scalar(200, 0, 0));            // 5角形描画
```

133

第4章　ユーザインタフェース

fillConvexPoly 関数で塗りつぶした多角形（ポリゴン）を描画します。

多角形の描画には頂点の座標がその数だけ必要（五角形なら5つ）なので、これらをまとめて収容するのに Point 型の vector コンテナを用います。vector は同じ型（ここでは Point 型）のデータを連続して複数個収容する、C の配列を使いやすくした C++ 標準装備の機能です。途中に要素を挿入したり、削除したりすると自動的にサイズを変更してくれる優れものです。簡単な用法は本節末の NOTE で説明しているので参照してください。

fillConvexPoly の関数定義は次のとおりで、第2引数が複数の点を収容した vector である点と第6引数に新種の offset がある点を除けば、他の描画関数と同じです。第6引数はオプションで、すべての頂点を指定の量だけ平行移動（オフセット）するものです。移動量は Point(X, Y) から指定し、デフォルトは Point(0, 0) です。

塗りつぶしたポリゴンの描画

fillConvexPoly (InputOutputArray **img**, InputArrayOfArrays **pts**, const Scalar& **color**,
int **lineType** = *LINE_8*, int **shift** = *0*, Point **offset** = *Point()*)

img	ポリゴンを描画するMatオブジェクト
pts	ポリゴンの各頂点の座標
color	ポリゴンの色
lineType	ポリゴンの描画方法（デフォルト：8連結）。表4.2参照。
shift	点座標の小数点以下のビット数（デフォルト：0）
offset	全頂点のオフセット（デフォルト：Point(0,0)）

```
39  vector<Point> poly = {Point(130, 280), Point(550, 200), Point(420, 450)};
40  polylines(img, poly, true, Scalar(0, 200, 255), 5);      // 3角形描画
```

polylines 関数は指定の頂点の多角形の枠線を描画します。fillConvexPoly 関数は塗りつぶし専用ですが、polylines は枠線描画専用です[注1]。39 行目では 3 角形の頂点を 5 角形同様に要素に Point を持つ vector を用いています。

関数定義を次に示します。第1引数に描画先の Mat、第2引数に頂点座標を収容した配列（vector）を指定します。第3引数はこの多角形が閉じている（つまり最後と最初の頂点の間に線がある）かを boolean で指定するもので、ここでは閉じた多角形なので true を指定しています。第4引数は線色、第5引数は線の太さ、第6引数は線描画方法、第7引数は小数の指定です。

注1　多角形を塗りつぶす関数は他にも fillPoly という関数があります。速度的には fillConvexPoly の方が早いのですが、Convex（凸）とあるように、多角形の辺が別の辺と交わったりしていない凸な多角形にしか使えないという制約があります。

4.1 グラフィック描画

折れ線や多角形の描画

polylines (InputOutputArray **img**, InputArrayOfArrays **pts**, bool **isClosed**, const Scalar& **color**,
int **thickness** = *1*, int **lineType** = *LINE_8*, int **shift** = *0*)

img	折れ線や多角形を描画するMatオブジェクト
pts	折れ線や多角形の各頂点の座標
isClosed	線を閉じる（true）か閉じない（false）かを指定。閉じた場合は最初と最後の頂点を結ぶ。
color	折れ線や多角形の色
thickness	線の太さ（デフォルト：1 [px]）
lineType	折れ線や多角形の描画方法（デフォルト：8連結）。表4.2参照。
shift	点座標の小数点以下のビット数（デフォルト：0）

43　　circle(img, Point(550, 200), 50, red, 5);

circle 関数は第2引数と第3引数にそれぞれ指定した中心座標と半径で文字どおり円を描画します。あとは、これまでのものとほぼ同じです。ここでは第6引数を省略しているので、デフォルトの8連結で描画されます。

円の描画

circle (InputOutputArray **img**, Point **center**, int **radius**, const Scalar& **color**, int **thickness** = *1*,
int **lineType** = *LINE_8*, int **shift** = *0*)

img	円を描画するMatオブジェクト
center	円の中心座標
radius	円の半径
color	円の色
thickness	円の線の太さ（デフォルト：1ピクセル）。FILLED（-1）を指定した場合、内部を塗りつぶす。
lineType	円の線の描画方法（デフォルト：8連結）。表4.2参照。
shift	点座標の小数点以下のビット数（デフォルト：0）

44　　ellipse(img, Point(550, 100), Size(60, 30), 30, 90, 360, green, FILLED);

ellipse 関数は任意の角度に傾いた楕円を描画します。circle 関数と異なるのは第3〜6引数で、第3引数には軸（長辺と短辺）の半分の長さを Size(水平方向の軸 , 垂直方向の軸) で指定します。なお、このときの軸の方向は楕円が無回転時のものです（図4.3 左）。

第4引数には楕円全体の回転角度（回転角）を示します。ellipse 関数は楕円の扇状の一部だけを描画することができるので、第5引数と第6引数で描画の開始角と終了角をそれぞれ指定します。ここで用いる角度は0度から360度です（ラジアンではありません）。OpenCV の座標

系は図 4.1 で示したように y 軸下方向が正なので、x 軸正方向を 0 度とした時計回り方向が正の角度となります。44 行目のように回転角 30 度、開始角 90 度、終了角 360 度の状態を図 4.3 右に示します。

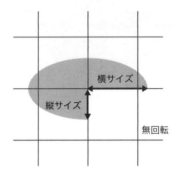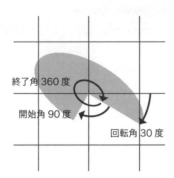

図 4.3 ●楕円の軸の長さと角度

楕円の描画
ellipse (InputOutputArray **img**, Point **center**, Size **axes**, double **angle**, double **startAngle**, double **endAngle**, const Scalar& **color**, int **thickness** = 1, int **lineType** = LINE_8, int **shift** = 0)

img	楕円を描画するMatオブジェクト
center	楕円の中心座標
axes	楕円の無回転時の水平方向半径と垂直方向半径をSize型で指定
angle	楕円の回転角（単位は度）
startAngle	楕円の開始角（単位は度）
endAngle	楕円の終了角（単位は度）
color	楕円の色
thickness	楕円の線の太さ（デフォルト：1ピクセル）。FILLED（-1）を指定した場合、内部を塗りつぶす。
lineType	楕円の線の描画方法（デフォルト：8連結）。表4.2参照。
shift	点座標の小数点以下のビット数（デフォルト：0）

```
46    putText(img, "Hello World", Point(50, 400), FONT_HERSHEY_SIMPLEX, 2, blue, 4);
```

putText 関数は指定の文字列を画像上に描きます（ここでは Hello World）。関数定義を次に示します。

4.1　グラフィック描画

文字列の描画

putText (InputOutputArray **img**, const String& **text**, Point **org**, int **fontFace**, double **fontScale**, Scalar **color**,
　int **thickness** = *1*, int **lineType** = *LINE_8*, bool **bottomLeftOrigin** = *false*)

img	文字列を描画するMatオブジェクト
text	描画する文字列
org	文字列左端の左下の座標
fontFace	フォント種別（表4.3）
fontScale	文字列の大きさを1.0を基準とした割合で指定
color	文字列の色
thickness	文字列の太さ（デフォルト：1ピクセル）
lineType	文字列の描画方法（デフォルト：8連結）。表4.2参照。
bottomLeftOrigin	trueを指定すると文字列を上下反転させる（デフォルト：false）。

　第2引数で指定した描画文字列の位置は第3引数の Point 型から指定しますが、これは文字列の左下のベースラインの位置です。「p」や「y」のような英小文字は指定の y 座標から下にはみ出します（図4.4）。

ABC gjpqy()

図 4.4 ●座標値の示すベースラインとはみ出す文字の例。

　第4引数に指定できるフォントの種類を表4.3 に示します。ここで用いられている Hershey フォントは、Ghostscript などフリー系のグラフィックスソフトウェアでよく用いられるベクトルフォントです。表中、「セリフ」（serif）は文字の先端にヒゲ（跳ね）のあるフォントで、「サンセリフ」はヒゲのないフォントです。表4.3 末尾の FONT_ITALIC は他のフォントと OR 演算で組み合わせることで、そのフォントをイタリック体（斜体）にします。たとえば、FONT_HERSHEY_PLAIN | FONT_ITALIC とすることで、FONT_HERSHEY_PLAIN を斜体にします。ただし、斜体にならないフォントもあります。

　現時点では日本語フォントには対応していません。

表 4.3 ● OpenCV で利用できるフォント種別

フォント	説明	フォント例
FONT_HERSHEY_SIMPLEX	サンセリフフォント（普通サイズ）	OpenCV
FONT_HERSHEY_PLAIN	サンセリフフォント（小さいサイズ）	OpenCV
FONT_HERSHEY_DUPLEX	サンセリフフォント（普通サイズ、SIMPLEX より複雑）	OpenCV
FONT_HERSHEY_COMPLEX	セリフフォント（普通サイズ）	OpenCV
FONT_HERSHEY_TRIPLEX	セリフフォント（普通サイズ、COMPLEX より複雑）	OpenCV
FONT_HERSHEY_COMPLEX_SMALL	COMPLEX の小さいバージョン	OpenCV
FONT_HERSHEY_SCRIPT_SIMPLEX	手書き風フォント	OpenCV
FONT_HERSHEY_SCRIPT_COMPLEX	手書き風フォント（SIMPLEX より複雑）	OpenCV
FONT_ITALIC	イタリック斜体。他のフォントと組み合わせて利用する。	PLAIN、COMPLEX、TRIPLEX、COMPLEX_SMALL のみ、斜体に対応。

第 5 引数には文字の拡大比率を指定します。1.0 だとフォント本来のサイズ（フォント依存）になります。ここでは比率に 2 を指定しているので、文字列は基準サイズの縦横 2.0 倍で描画されます。

最後の第 9 引数の bottomLeftOrigin は、true を指定すると文字の上下を反転させるもので（図 4.5）、デフォルトは false です。

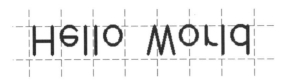

図 4.5 ● bottomLeftOrigin に true を設定すると文字が上下反転します

vector コンテナ

vector コンテナ（std::vector）は STL（Standard Template Library）という C++ の標準ライブラリの機能の一部で、非常によく用いられる機能です。普通の配列と異なり、要素には int や char などの基本型だけでなく、string や Point などのオブジェクトも収容できます。

利用に際しては、まず何を収容するかの型をテンプレートと呼ばれる <> から示し、その上で変数を示します。たとえば、int なら次のように書きます。

```
vector<int> integer;
```

Point ならこうです。

```
vector<Point> points;
```

以下、基本的な用例を以下に示します。

例 1
```
vector<int> test(3);
test[0] = 10;
test[1] = 20;
test[2] = 30;
```

要素数 3 の int 型の vector コンテナ test を宣言し、test[0] 〜 test[2] にそれぞれ 10、20、30 を代入しています。従来の C 言語の配列と似たような使い方です。

例 2
```
 vector<int> test = {10, 20, 30};
```

宣言と同時に値も代入しています。結果は例 1 と同じです。

例 3
```
vector<int> test;
test.push_back(10);                    // 末尾に10を追加
test.push_back(20);                    // 末尾に20を追加
test.push_back(30);                    // 末尾に30を追加
```

例 1、例 2 と同じ結果です。push_back() は vector のメンバ関数で、配列末尾に要素を追加します。反対に末尾の要素を削除するには、pop_back() を用います。test の宣言時に要素数を指定していませんが、追加や削除に応じて動的にサイズが増減されます。このようにして値を代入した場合も、例 1 と同じように test[0] 〜 test[2] として要素の読み書きができます。

例 4
```
cout << test.size() << ":" << test << endl;
```

第4章 ユーザインタフェース

メンバ関数の size() を用いれば、現在の要素数が得られます。また、いちいち要素に分解せずとも、vector そのままで cout に書き込むことができます。例3の値を用いれば、3: [10, 20, 30] と表示されます。

例5
```
vector<Mat> test = { imread("image0.png"), imread("image1.png"),
                                            imread("image2.png") };
vector<string> name = {"画像0", "画像1", "画像2"};
for(int i=0; i<test.size(); i++) {
  imshow(name[i], test[i]);
}
```

Mat オブジェクトも収容できます。上記は、test のそれぞれの要素に imread で生成した Mat オブジェクトを直接代入しています。また、表示ウィンドウの名称も用意しています。これらも test[1] や name[2] のように添え字からアクセスできるので、for ループで一気に表示できます。

本書では vector コンテナを従来的な配列と同じように使用するのにとどめていますが、他にも要素のソートなどの大変便利な機能があり、OpenCV に限らず C++ プログラミングではよく使われます。

4.2 キーボード操作とコマ撮り

本節では、キーボード操作によりカメラ映像からコマ撮りを映像を作成するプログラムを紹介します。

コマ撮りとは、静止している物体を少しずつ動かしながらフレーム単位で撮影することで、物体があたかも動いているかのような映像を作るアニメーションの技法です。ここではキーを押したタイミングでカメラの1フレームをビデオファイルに加えていきます。コマ撮りでは、前に撮影したフレームから微妙に、しかもある程度コンスタントに対象物を移動しなければなりません。これは、単にカメラ画像を見ているだけでは容易にはわかりません。そこで、前に撮影したフレームと現在のカメラ画像を重ねて表示することで、移動量を把握しやすくします。また、この重畳表示と通常表示（カメラ画像だけ）は、キーボードによるトグル操作で切り替えられるようにします。

キーボード操作には、前章で毎回お世話になった waitKey 関数を使います。画像サイズをカ

4.2 キーボード操作とコマ撮り

メラと収録ビデオの間で一致させるにはカメラのサイズを取得しなければなりませんが、これも 3.8 節で説明しています。撮影物体の位置を把握しやすいように画面にはグリッド模様もつけますが、グラフィックオブジェクトは 4.1 節のとおりです。

そのため本節で新たに説明するクラス、関数は表 4.4 に示すとおり、C++ 標準ライブラリの stringstream だけです。

表 4.4 ●キーボード操作とコマ撮りプログラムで使用するクラス・関数

クラス・関数	説明
stringstream	C++ の標準文字列ストリームクラス
stringstream::str()	ストリームに格納された文字列の取り出し

4.2.1 プログラムの実行

キーボード操作とコマ撮りプログラムの実行例を以下に示します。

開始すると、プログラムはカメラ映像を表示します。この状態でキー「c」（capture）またはスペースを押すと、その時点の 1 フレームをビデオファイルに加えます。画面左上には、そこまで撮影したコマ数を表示します。

キー「o」（overlay）を押すと、重畳表示モードに入ります。重畳表示では、図 4.6 のように前にキャプチャしたフレームとカメラ映像を重ね合わせて表示します。撮影対象を以前の位置を参照しながら少しずらし（クレイなら変形させて）「c」をその都度押していけば、コマ撮りアニメーションが作成できます。初期状態ではオフです。また、トグル式なので、重畳表示モードから「o」を押下すれば、通常表示モードに戻ります。

アニメーションの作成では、1 秒あたりのコマ数が多ければ多いほど滑らかな動きが達成できますが、あまりに多いと手作業で物をほんの少しずつずらすのが大変です。逆にコマ数が少ないときは、1 回の動きは多めにできる反面、物の動きもカクカクします。ここではフレームレートは 5 fps と比較的低速で指定していますが、それでも 1 分のビデオに 5 fps × 60 秒 = 300 回の撮影が必要です。

コンソールには、撮影したフレームだけピリオド「.」が表示されます。

141

第4章　ユーザインタフェース

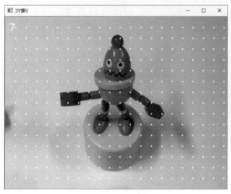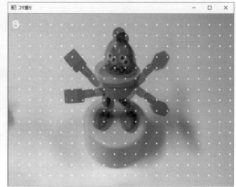

図 4.6 ●コマ撮り状況（重畳表示中）

　プログラムは実行するたびに同じファイル名のビデオファイルに上書きします。せっかく撮影したものを上書きしないよう、プログラム終了後にビデオファイルの名前を変えたり別の場所にコピーするとよいでしょう。

4.2.2　ソースコード

キーボード操作とコマ撮りプログラムをコード 4.2 に示します。

コード 4.2 ●キーボード操作とコマ撮りプログラム

```
1  #include "stdafx.h"
2  #include <opencv2/opencv.hpp>
3  #pragma comment(lib, "opencv_world320d.lib")
4  using namespace std;
5  using namespace cv;
6
7  void drawGrid(Mat img, int count) {
8      int grid = 30;
9      Scalar white = Scalar::all(255);
10     for(int x=grid; x<img.cols; x+=grid) {
11         for(int y=grid; y<img.rows; y+=grid) {
12             line(img, Point(x, y), Point(x, y), white, 1, LINE_4);
13         }
14     }
15     stringstream ss;
16     ss << count;
```

```
17    putText(img, ss.str(), Point(10, 20), FONT_HERSHEY_PLAIN, 1, white);
18  }
19
20  int main()
21  {
22    int frameRate = 5;                                  // フレームレート[fps]
23    string filename = "komadori.avi";                   // 保存ファイル名
24    Mat src, disp, prev;
25    int mode = 0;
26    vector<float> overlay = {0.0, 0.5};
27
28    VideoCapture cap(0);                                // カメラ映像入力
29    Size frame((int)cap.get(CAP_PROP_FRAME_WIDTH),      // カメラサイズ
30              (int)cap.get(CAP_PROP_FRAME_HEIGHT));
31    VideoWriter rec(filename, VideoWriter::fourcc('X', 'V', 'I', 'D'),
32                    frameRate, frame);
33
34    cout << "Frame: "<< frame << ". c: 書き込み  o:オーバーレイ  ESC: 保存終了" << endl;
35    prev = Mat(frame, CV_8UC3, Scalar::all(128));
36    int count = 0;
37
38    while (1) {
39      cap >> src;                                       // フレーム読み込み
40      disp = src*(1-overlay[mode]) + prev*overlay[mode];
41      drawGrid(disp, count);
42      imshow("コマ撮り", disp);
43
44      int key = waitKey(30);
45      if (key == 'c' || key == 32) {                    // c またはスペース押下
46        rec << src;                                     // 1フレーム書き込み
47        prev = src.clone();                             // 深いコピー
48        count++;
49      }
50      else if (key == 'o') {                            // o 押下
51        mode = 1 - mode;
52      }
53      else if (key == 27) {                             // ESC 押下
54        break;
55      }
56    }
57
```

第4章 ユーザインタフェース

```
58    return 0;
59  }
```

4.2.3 ライブラリの用法

以下、コード 4.2 の詳細を、使用している関数とあわせて説明します。

7 行目から 18 行目で用意しているグリッドと撮影コマ数を描く drawGrid 関数は、これが呼び出される 41 行目で説明します。

```
22    int frameRate = 5;                              // フレームレート[fps]
23    string filename = "komadori.avi";               // 保存ファイル名
```

保存ビデオファイルのフレームレートを fps 単位で設定しています。本節冒頭で述べたように、5 fps は比較的低速なので、他のフレームレートを試すのも楽しいと思います。保存ビデオのファイル名は komadori.avi です

```
29    Size frame((int)cap.get(CAP_PROP_FRAME_WIDTH),   // カメラサイズ
30             (int)cap.get(CAP_PROP_FRAME_HEIGHT));
```

可読性のため改行していますが、プログラム的には 1 文として扱われます。カメラの幅と高さを取得するのには、3.8 節で説明した VideoCapture クラスのメンバ関数である get を用います。用いるカメラ属性はそれぞれ CAP_PROP_FRAME_WIDTH と CAP_PROP_FRAME_HEIGHT です。戻り値が double 型なので、int 型にキャストしてから、直接 Size 型に代入します。

```
35    prev = Mat(frame, CV_8UC3, Scalar::all(128));
```

本プログラムで用いる Mat オブジェクトは、22 行目で定義したように src、disp、prev の 3 つです。src はカメラフレームをそのままで保持するためのもので、後述するように disp は映像表示用です。prev は重畳表示時に用いる前にキャプチャしたフレームを保持するためのものです。初期状態ではまだ「前のフレーム」は存在しないので、ここではカメラと同じサイズのグレーなカラー画像を用意しています。Scalar::all 関数の用法は 3.3 節を参照してください。

```
40    disp = src*(1-overlay[mode]) + prev*overlay[mode];
```

表示用のフレームを生成しています。

まず変数 mode ですが、25 行目で定義したように初期値は 0 です。この変数の値は、後述の

144

トグル処理で 0 と 1 をいったりきたりし、それぞれ通常表示と重畳表示の状態を示します。次に変数 overlay は、26 行目で定義したように 0.0 と 0.5 の値を持つ vector です。mode はこの vector の要素のインデックス番号も兼ねており、0（通常）のときは 0.0、1（重畳）のときは 0.5 を指示します。通常時は 0.0 なので、この計算式から disp = src になります。つまり、表示するのは src そのままです。重畳時には 0.5 なので disp = 0.5*src + 0.5*prev となり、現在のカメラフレームの半分（の輝度）と前のキャプチャ画像の半分を足し合わせることで重ね合わせを達成しています。

Mat に定数倍をしたときの動作については、3.3 節を参照してください。なお、ここで用いている Mat は CV_8UC3 で定義された 8 ビット整数なので、小数点以下は切り捨てられます。また、最大値である 255 を超えると 255 のまま保持されます。このような状態を**飽和**といい、4.3 節ではその状況を詳しく説明します。

```cpp
 7 void drawGrid(Mat img, int count) {
 8   int grid = 30;
 9   Scalar white = Scalar::all(255);
10   for(int x=grid; x<img.cols; x+=grid) {
11     for(int y=grid; y<img.rows; y+=grid) {
12       line(img, Point(x, y), Point(x, y), white, 1, LINE_4);
13     }
14   }
15   stringstream ss;
16   ss << count;
17   putText(img, ss.str(), Point(10, 20), FONT_HERSHEY_PLAIN, 1, white);
18 }
     ⋮
41     drawGrid(disp, count);
```

41 行目で呼び出している drawGrid 関数は表示フレーム disp にグリッド線と現在の撮影コマ数を表示するもので、7 ～ 18 行目で定義しています。引数には描画対象の Mat とコマ数カウンタの count を取ります。

グリッドの描き方は 4.1 節と同じです。画像サイズは、Mat のメンバ変数である cols と rows から取得します（3.3 節参照）。OpenCV には点を描く関数が用意されていないので、ここでは始点と終点が同じ長さ 0 の線分を描いています。点なら線種は何でも同じなので、最も高速な LINE_4 を指定しています。

コマ数カウンタも 4.1 節で説明した putText で描画しています。count は整数（int）なので文字列に変換してから第 2 引数に指定します。

第4章　ユーザインタフェース

　stringstream クラスは**文字列ストリーム**と呼ばれ、数値や文字列を書式化するときに用いる C++ の標準ライブラリです。stringstream ではまず、標準出力（cout）に似た「ストリーム」を用意します（15 行目）。

文字列を操作するストリーム（I/O）
stringstream ()

　その上で、cout に書き込むのと同じように「<<」から文字や数値を書き込みます（16 行目）。
　最後に、stringstream の str 関数を介して、書き込んだデータを文字列として取得します（17 行目の putText 関数の第 2 引数）。

ストリームに格納された文字列を取り出す	
stringstream::str()	
戻り値（string）	ストリームに書き込まれた文字列

　stringstream には、数値を小数点 1 桁までに限ったり、16 進表記にするなど C の sprintf 関数に書式指定の機能もあります。これについては、4.7 節で取り上げます。
　本章冒頭でも述べたように、OpenCV のグラフィック関数は簡素ですが、このようなユーザインタフェースにはもってこいです。
　なお、描画先は表示用の disp である点に注意してください。src に描き込んではいないので、ビデオに保存されるフレームにはグリッドやカウンタは現われません。

```
47        prev = src.clone();                    // 深いコピー
```

　c あるいはスペースキー（ASCII コードは 32）が押下されたら、その時点フレームを clone メンバ関数で prev にコピーします（3.3 節参照）。なお、このとき prev = src と書いてはいけません。prev = src は「prev の中身と src の中身は常に同じもの」という意味です。そのため、フレームが次に移ると、prev（の中身）もそれに追従して次のフレームになります。これを**浅いコピー**といいます。コピー元からは独立にデータを保持するときは clone() でコピーします。これを**深いコピー**といい、ピクセルデータからメタデータまですべて、コピー元とは別物として内容が複製されます。

```
51        mode = 1 - mode;
```

　o キーが押下されたら、標準／重畳表示モードの切り替えです。38 行目で説明したように、

変数 mode はキーが押されるたびに 0 と 1 を交互に行き来しなければなりません。if 文でも書けますが、上記のように現在の値を 1 から引けば 0 は 1 に（1 − 0）、1 は 0 に（1 − 1）なります。また、bool 値の反転を行う！演算子で、mode = !mode; としてもよいでしょう。

なお、3.7 節でも述べましたが、終了時に Visual Studio の停止ボタンなどで強制終了するとビデオは正しく保存されません。コマ撮りが完了したら必ず Esc キーで終わらせてください。

ビデオが生成できたら、メディアプレーヤーなどで楽しんでください。

waitKey 関数の戻り値

キーが指定時間内に押下されていないとき、waitKey 関数は−1 を返すことになっています。ところが OpenCV バージョン 3.2 では、何も押していないときに−1 ではなく 255 を返すという不具合が報告されています。次のバージョン 3.3 では修正されているようですが、使用している OpenCV のバイナリ（dll 等）が修正前のソースからビルドされている場合、「キーが押下された」の判断を次のようなコードで書くと、押下されていないと判断されることもあります。

```
if (waitKey(30) > -1) ...
```

対処策としては次の 3 方法があります（どれでもかまいません）。

① −1 の指定を避ける

コードで−1 を明示的に使用しないようにします。上記のコードは「どのキーでもよいから押されたならば」を実現するものですが、たとえばこれを「Esc キーが押されたならば」のように指定のキーを用いるように変更します。本書ではこのアプローチを採っています。

② waitKey 関数の結果を char にキャストする

int の 255 は 8 ビット符号あり整数キャストすれば−1 と解釈されます。たとえば、次のように書きます。

```
char c = (char)waitKey(30);
if (c >= 0) ...
```

③ バージョン 3.2 以外を使用する

waitKey 関数が「何も押されていないときに−1 ではなく 255 を返す」のは 3.2 でのみ生じる現象なので、3.1 ならば以前どおり−1 を返します。

4.3 トラックバー操作と2値化

トラックバーをスライドすることで映像の明るさと2値化の閾値をそれぞれアルタイムに変化させながら、処理後の映像を再生します。

トラックバーとは、図4.7に示すように始点（最小値）と終点（最大値）の間の任意の値をユーザが「ツマミ」を左右にずらすことで操作するグラフィカルユーザインタフェースです。本書では、調整範囲全体を「トラックバー」、その目盛上のツマミ部分を「スライダ」と呼びます。スライダ操作により変更した値も図のようにトラックバーに表示されます。

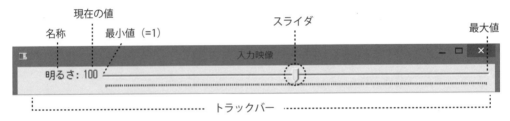

図4.7 ●トラックバーとスライダ

ここでは、トラックバーの2種類の利用方法を紹介します。

1例目はトラックバーの値をそのまま用いる方法で、ここでは2値化の閾値の取得に用います。この即値方法は簡単ですが、その値をもとに別の操作をさせたい（たとえば本プログラムのように値が変更されたときにメッセージを表示する）ときには融通が利きません。

2例目はコールバック関数を使用する方法で、こちらは明るさに用います。コールバック関数方法はより拡張性が高いですが、サブルーチン（関数）を別途用意しなければならないため、変数の受け渡しが面倒だったり、プログラムが複雑になるというデメリットもあります。

本節ではまた、3.5節で取り上げなかった2値化処理の引数も説明します。

本節で説明するクラス、関数は表4.5のとおりです。

表4.5 ●トラックバー操作と2値化プログラムで使用するクラス・関数

クラス・関数	説明
createTrackbar	トラックバーの作成
setTrackbarPos	スライダ位置の設定
threshold	画像に対する2値化処理（本節では第5引数について説明します）

4.3.1 プログラムの実行

トラックバー操作と 2 値化プログラムの実行例を以下に示します。

図 4.8 左が入力映像（カラー）です。ウィンドウ上部に配置したトラックバー「明るさ」から、明るさを変化できます。図右は、明るさを変化させた入力映像を 2 値化した映像（グレースケール）で、こちらではトラックバー「閾値」で 2 値化の閾値を変更できます。

2 値化の方法は 3.5 節と逆になっています。3.5 節では閾値以下のピクセルは最小輝度(黒)に、より大きいものは最大輝度（白）にしていました（THRESH_BINARY）。ここでは閾値以下なら白、閾値より大きければ黒にしています（THRESH_BINARY_INV）。

入力映像（カラー）　　　2 値化後の映像（グレースケール）

図 4.8 ●トラックバー操作と 2 値化プログラムの実行例

明るさの値は 0（スライダが最も左側）から 200（右側）の範囲で調節しますが、プログラムはこの値の 1/100 を入力フレームに乗じます。図 4.9 に、入力フレームの明るさの値を 50、100、150 に設定した様子を示します。スライダの値が 50 なら元の半分の輝度（50/100、つまり 0.5 倍）、100 なら元と同じ、150 なら 1.5 倍です。ただし、（CV_8U の）ピクセル値は 255 より大きい値は取れないため、255 を超えた部分（道路の中央付近）は白い（=255）ままでそれ以上明るくなりません。この状態を「飽和」といいます。

明るさ 50　　　　　　　明るさ 100　　　　　　　明るさ 150

図 4.9 ●トラックバー「明るさ」で入力映像の明るさを変更

スライダ位置の値と実際に明るさの値は入力フレームに乗じる値と異なるので、確認のため、コンソールに倍率を表示します（図4.10）。

```
明るさ倍率 = 1
明るさ倍率 = 0.99
明るさ倍率 = 0.98
明るさ倍率 = 0.97
明るさ倍率 = 0.96
```

図 4.11 ●コンソールに表示される明るさの倍率

2値化の値は 0 から 255 で、2値化の閾値にそのまま利用します。ピクセル値が閾値以下なら最大輝度、閾値より大きければ最小輝度に変換されます。図4.11 は閾値を 64、128、192 に設定した場合です。たとえば 64 のように比較的低い値にすると、比較的暗いピクセル値から上の範囲（64 〜 255）が最小値（0）に変換されるため、黒い部分が多い画像になります。反対に、たとえば 192 のように高くすると、白い部分が多い画像になります。

閾値 64

閾値 128

閾値 192

図 4.11 ●トラックバー「閾値」で2値化の閾値を変更

同じ2値化閾値であっても、明るさが変更されれば最終的な画像の見栄えも変わります。たとえば、明るさ 50 にすると全体が暗くなるので、同じ閾値でも白い部分が増えます。明るさと2値化閾値をいろいろ組み合わせて確認してください。

トラックバーを配置する createTrackbar は、このトラックバーが配置されるウィンドウの大きさやトラックバーの数（複数個を同じウィンドウに置ける）に応じて、表示ウィンドウの上部に自動的にレイアウトされます。プログラムの初回起動時にウィンドウサイズが決まっていないときは、小さいトラックバーが表示されることがあります。

4.3.2 ソースコード

トラックバー操作と2値化プログラムをコード4.3に示します。

コード4.3 ●トラックバー操作と2値化プログラム

```
1  #include "stdafx.h"
2  #include <opencv2/opencv.hpp>
3  #pragma comment(lib, "opencv_world320d.lib")
4  using namespace std;
5  using namespace cv;
6
7  double brightness = 1.0;                              // 明るさ倍率の初期値
8  void changeBrightness(int position, void* userdata); // トラックバー呼び出し関数
9
10 int main()
11 {
12   int val = 128;                  // 2値化しきい値の初期値 (0～255)
13   Mat src, gray, dst;
14   VideoCapture cap("video.avi");
15   namedWindow("入力映像");                  // トラックバー表示ウィンドウ準備
16   namedWindow("2値化映像");
17   // トラックバー生成
18   createTrackbar("閾値", "2値化映像", &val, 255);
19   createTrackbar("明るさ", "入力映像", NULL, 200, changeBrightness);
20   setTrackbarPos("明るさ", "入力映像", 100);     // スライダ初期位置
21
22   while (1) {
23     cap >> src;
24     if (src.empty()) return -1;
25     src = src * brightness;                    // 明るさ変換
26     cvtColor(src, gray, COLOR_BGR2GRAY);
27     threshold(gray, dst, val, 255, THRESH_BINARY_INV); // 2値化
28     imshow("入力映像", src);
29     imshow("2値化映像", dst);
30     if (waitKey(30) == 27) break;
31   }
32   return 0;
33 }
34 // トラックバー (明るさ) 呼び出し関数
35 void changeBrightness(int position, void* userdata)
```

第4章　ユーザインタフェース

```
36 {
37   brightness = (double)position / 100.0;         // 明るさ倍率計算
38   cout << "明るさ倍率 = " << brightness << endl;
39 }
```

4.3.3　ライブラリの用法

以下、コード 4.3 の詳細を、使用している関数とあわせて説明します。

本プログラムでは、明るさ調整後の映像を表示するウィンドウとそれを 2 値化したウィンドウの 2 つのウィンドウを表示するので、これらを namedWindow 関数（3.6 節）から用意します。ウィンドウ識別名は前者が「入力映像」（15 行目）、後者が「2 値化映像」（16 行目）です。これらにはそれぞれ 1 つずつトラックバーを装備します。

```
18   createTrackbar("閾値", "2値化映像", &val, 255);
```

2 値化映像ウィンドウには、即値方法で 2 値化閾値を調整するトラックバーを生成します。createTrackbar 関数の定義を次に示します。

トラックバーの作成	
createTrackbar (const String& **trackbarname**, const String& **winname**, int* **value**, int **count**, TrackbarCallback **onChange** = *0*, void* **userdata** = *0*)	
trackbarname	作成するトラックバーの識別名
winname	トラックバーを作成するウィンドウのウィンドウ識別名
value	スライダの初期位置（値）
count	スライダの最大値。最小値は常に0。
onChange	スライダ位置が変更されるたびに呼び出される関数
userdata	コールバック関数に渡されるユーザデータ

第 1 引数には、トラックバーを識別する名称を指定します（ここでは「閾値」）。この名称はトラックバーの左側に表示されます。

第 2 引数には、トラックバーを配置するウィンドウをその識別名から指定します。createTrackbar 関数を実行する時点で指定のウィンドウが存在しないとき、トラックバーが生成されません。

第 3 引数には、スライダの位置を格納する変数を指定します。ここでは 12 行目で定義した定

数 val を指定していますが、参照渡しなので & を付ける必要があります。スライダの位置が変化すれば、その都度 val にスライダ値が代入されます。これが即値方法です。第 3 引数はまた、トラックバー生成時のスライダ初期位置としても使用されます。val の初期値は 128 なので、スライダ初期位置は 128（範囲 0 ～ 255 の中央）です。

第 4 引数には、トラックバーが示すことのできる最大値を指定します。最小値は常に 0 です。したがって、このトラックバーの範囲は 0 ～ 255 です。

第 5、第 6 引数は即値方法では利用しません。

```
19    createTrackbar("明るさ", "入力映像", NULL, 200, changeBrightness);
```

「入力映像」ウィンドウには、コールバック方法で「明るさ」を調整するトラックバーを生成します。

createTrackbar 関数は、スライダ操作が発生するたびに「スライダが動いた」という「イベント」を発生させます。イベントが発生すると登録されたコールバック関数が自動的に呼び出されます。これが、ここでは第 5 引数で指定した自作の changeBrightness コールバック関数です。コールバック方式では、スライダ位置の値は直接的には使用しないので、第 3 引数には NULL を指定します。

changeBrightness 関数の定義は次のとおりです。

```
 7 double brightness = 1.0;                              // 明るさ倍率の初期値
 8 void changeBrightness(int position, void* userdata); // トラックバー呼び出し関数
 ⋮
25    src = src * brightness;                  // 明るさ変換
 ⋮
34 // トラックバー（明るさ）呼び出し関数
35 void changeBrightness(int position, void* userdata)
36 {
37   brightness = (double)position / 100.0;       // 明るさ倍率計算
38   cout << "明るさ倍率 = " << brightness << endl;
39 }
```

8 行目が関数プロトタイプ（宣言）、34 ～ 39 行目が関数の本体、7 行目がこの関数と main とで共有するデータです。25 行目では、このデータを実際に Mat（src）に適用することで画像処理を行っています。

createTrackbar 関数のコールバック関数の名称はここでは changeBrightness にしていますが、何でもかまいません。ただし、次の関数定義に示すように、2 つの引数が既定の型で宣言されていなければなりません。

第4章　ユーザインタフェース

トラックバーイベントに対するコールバック関数*	
void *changeBrightness (int **position**, void* **userdata** = *0*)	
position	スライダ位置（0からcreateTrackbarの第4引数で指定した最大値まで）
userdata	ユーザデータ

* 関数名は任意ですが createTrackbar 関数の第 5 引数で指定したものと同じにする必要があります。

　第 1 引数がトラックバーの唯一の変数であるスライダの水平位置で、OpenCV から直接渡されます。19 行目で最大値を 200 としたので、position に代入される値は 0 ～ 200 です。25 行目からわかるように、データ型は int です。

　第 2 引数は userdata というユーザ定義のデータです。データ型は void ポインタで、これは特にデータ型が決まっていないときに用いるもので、どのようなデータを収容するかはプログラマが決定します。ここでは利用していません。使い方は 4.5 節で説明します。なお、未使用であっても、関数の定義としては 8 行目および 35 行目のように示さなければなりません。

　changeBrightness 関数の内部では、スライダ位置 position を 100 で割ることで百分率に変換します。そして、その結果を 7 行目で宣言したグローバル変数の brightness に代入しています。main 関数と changeBrightness 関数の変数スコープは異なるので、両方で同じ変数を共有するには、このようにグローバル変数を介します。ユーザ定義データ（userdata）を用いる方法は 4.6 節で説明します。

```
20    setTrackbarPos("明るさ", "入力映像", 100);   // スライダ初期位置
```

　setTrackbarPos 関数はスライダの初期位置を指定します。第 1 引数がトラックバー識別名、第 2 引数がウィンドウ識別名、第 3 引数がスライダの値です。ここでは 100 を指定しているので、スライダ目盛り範囲 0 ～ 200 の中央に置かれます。本書では触れていませんが、その時点のトラックバーのスライダ位置を取得する getTrackbarPos 関数もあります。

スライダ位置（値）を設定	
setTrackbarPos (const String& **trackbarname**, const String& **winname**, int **pos**)	
trackbarname	トラックバーの識別名
winname	トラックバーが配置されたウィンドウのウィンドウ識別名
pos	スライダ位置（値）

```
27    threshold(gray, dst, val, 255, THRESH_BINARY_INV); // 2値化
```

　threshold 関数は 3.5 節で説明したように、第 1 引数の入力グレースケール画像を第 3 引数の

154

閾値を用いて2値化し、第2引数に格納します。

　ここでは、2値化の方法を指示する第5引数には THRESH_BINARY_INV を指定しています。定数名末尾に INV（inverse）があることから推測できるように、これは 3.5 節で用いた THRESH_BINARY の逆です。つまり、閾値以下なら最大輝度、閾値より大きければ最小輝度にします。第4引数に指定した値は最大輝度値です。

　2値化の方法にはこの他にも表 4.6 に示す方法が用意されています。図の右列には実行例を示してあります。この実行例では、左から右にピクセル値が 0 から 255 になだらかに変化する画像を入力とし、閾値は中間の 128 にしています。第4引数の最大輝度値は 255 です。

　THRESH_BINARY とその逆の THRESH_BINARY_INV は説明したとおりです。

　THRESH_TRUNC はピクセル値が閾値以下ならばそのまま保持し、閾値より大きければ閾値にします。TRUNC は「切り捨て」を意味する truncate の略で、閾値より大きい値が切り取られてしまう様子を表しています。図では閾値の 128 が中央にあたるので、ここより左は入力画像のまま、右は 128 になっています。第4引数の最大輝度値は無視されます。

　THRESH_TOZERO は閾値以下なら最小輝度（0）、閾値より大きければ元のピクセル値を保持します。THRESH_TOZERO_INV はその逆です。

表 4.6 ● threshold 関数の2値化手法（第5引数）

定数	閾値以下	閾値より大	画像例
入力画像例	そのまま	そのまま	
THRESH_BINARY	0	最大値	
THRESH_BINARY_INV	最大値	0	
THRESH_TRUNC	そのまま	閾値	

定数	閾値以下	閾値より大	画像例
THRESH_TOZERO	0	そのまま	
THRESH_TOZERO_INV	そのまま	0	

threshold 関数定義を以下に再掲します。

閾値処理

threshold (InputArray **src**, OutputArray **dst**, double **threshold**, double **maxval**, int **type**)

src	入力画像（1チャンネル、8ビット／32ビット浮動小数点数型）
dst	入力と同じサイズと形式の出力画像
threshold	閾値
maxval	typeにTHRESH_BINARYかTHRESH_BINARY_INVを指定した場合に使用される最大値
type	閾値処理のタイプ（表4.6）
戻り値（double）	typeにTHRESH_OTSUかTHRESH_TRIANGLEを指定した場合に、計算された閾値を返す（本節末のNOTE参照）。それ以外は、第3引数に指定された閾値を返す。

---

2 値化閾値の自動判定

2 値化において、閾値の選択は重要な問題です。

図 4.8 の映像から歩行者をカウントする問題を考えてみましょう。この映像の歩道は比較的明るいので、歩道を背景として白、通行人を黒に 2 値化すれば分離も容易でしょう。しかし、環境の明るさは刻々と変化するので、それに合わせて閾値も変更しなければいけません。

このように全体の明るさが変化するようなケースに対応できるよう、threshold 関数には大津とトライアングルという 2 種類の閾値自動判別方法が備わっています。

大津アルゴリズムは、グレースケール画像のヒストグラム（6.1 節参照）を作成したとき、背景と前景の部分がそれぞれ山となる（つまり、背景および前景と同程度の輝度をもつピクセルの数が最も多い）であろうと仮定し、背景と前景の集まりが最もよく分離できる閾値を計算するものです。付録 E の参考文献［OTS79］も参照してください。

大津の方法はピークが 2 つあることを想定しているため、1 ピークの画像には向きません。トライアングルアルゴリズムはヒストグラムの最大値（山）と最小値の間に線を引き、ヒストグラムの裾からその線に垂線を引き、最も長い垂線の箇を閾値とする方法です。こちらも、原論文

については、[ZAC77] を参照してください。

これらの自動判別方法 threshold 関数から利用するには、第 5 引数に、表 4.6 の 2 値化方法と表 4.7 の自動判別方法を「|」で組み合わせて指定します（論理和）。

表 4.7 ● 閾値自動判別方法（第 5 引数）

定数	閾値自動判別方法
THRESH_OTSU	大津アルゴリズム
THRESH_TRIANGLE	トライアングルアルゴリズム

閾値は自動判定されるため第 3 引数は無視されます。またこのとき、自動判別した閾値が戻り値（double）として返されます。たとえば次のように用います。

```
thresh = (int)threshold(gray, dst, NULL, 255, THRESH_BINARY | THRESH_OTSU);
```

図 4.12 に大津の方法の実行例を示します。1 段目は「明るさ」をそれぞれ変化させた入力フレームです。2 段目は 1 段目のフレームに対し、閾値を 128 で固定して 2 値化した結果を示しています。見てのとおり、入力フレームが暗くなると人物が背景にまぎれてしまいます。大津アルゴリズムによる結果は 3 段目です、下に示した値は自動決定された閾値です。入力の明るさが変化しても人物と歩道が適切に分離されていることがわかります。

OpenCV には adaptiveThreshold という「適応的 2 値化」と呼ばれる 2 値化関数もあります。興味のある方は、OpenCV 公式リファレンスを参照してください。

明るさ 60　　　　　明るさ 100　　　　　明るさ 180

閾値 128　　　　　閾値 128　　　　　閾値 128

第4章 ユーザインタフェース

図 4.12 ●大津の方法による閾値自動判定

4.4 マウス操作とペイントアプリ

　マウスを動かした軌跡をキャンバスに描くペイントアプリケーションを作成します。また、マウスの「ペン」の色とペンの太さはトラックバーから変更します。

　マウスの操作は前節のトラックバーと同様、コールバック関数を登録することで処理できます。この登録を行うのが setMouseCallback 関数です。指定のウィンドウ上で発生したマウスの移動、クリック、キーコンビネーション（Shift や Alt などのキーを押下しながらクリックするなど）などの操作は、登録されたコールバック関数に引き渡されます。マウスに関わるイベントはトラックバーのように単一ではないので、コールバックにはどのイベントが発生したかを伝えるメカニズムも備わっています。また、即値方法のような簡易なやり方はなく、すべてコールバック関数を経由しなければならないのがトラックバーと異なる点です。

　本節で説明するクラス、関数は表 4.8 のとおりです。

表 4.8 ●マウス操作とペイントアプリプログラムで使用するクラス・関数

クラス・関数	説明
setMouseCallback	マウスイベントに対するコールバック関数の割り当て
onMouse	マウスイベントに対するコールバック関数　（関数名は任意）

4.4.1 プログラムの実行

マウス操作とペイントアプリプログラムの実行例を図 4.13 に示します。

「ペイント」ウィンドウの上部はコントロール部分で、ペン色とペン先のサイズを変更する 4 つのトラックバーが貼り付けられています。ペン色は赤、緑、青の 3 原色をそれぞれ 0 から 255 の範囲で調整することで配色します。ペン先は円形でその半径は 0 から 32 ピクセルの間を取ります。ペン先が 0 だと描く円の半径も 0 になるため、描画はされません。デフォルトのペン色は青でサイズは 16 ピクセルです。

ウィンドウ下部が、初期状態では真っ白な 640 × 480 ピクセルの描画領域（Mat）です。キャンバス内で左ボタンを押しながらマウスを移動させると、マウス位置にペン色で塗りつぶした指定のサイズ小円が描画されます。描画領域上でマウスの右ボタンを押せば、キャンバス画像全体を白で塗りつぶして初期状態に戻します。

プログラムは、マウスイベントの発生に合わせて小円の描画を高速に繰り返し行います。かなり高速なので、マウスの移動によってわずかに位置のずれた小円がつながって、線が描かれます。ただし、マウスイベントが取得されるタイミングよりも早くマウスを動かすと、小円が飛び飛びになってしまいます。

その時点の描画結果は「s」キーを押下すると、カレントフォルダの「ペイント.png」に保存されます。

図 4.13 ●マウス操作とペイントアプリプログラムの実行例

第4章 ユーザインタフェース

4.4.2 ソースコード

マウス操作とペイントアプリプログラムをコード 4.4 に示します。

コード 4.4 ●マウス操作とペイントアプリプログラム

```cpp
1  #include "stdafx.h"
2  #include <opencv2/opencv.hpp>
3  #pragma comment(lib, "opencv_world320d.lib")
4  using namespace std;
5  using namespace cv;
6
7  Mat img(Size(640, 480), CV_8UC3, Scalar(255, 255, 255));
8  int vR = 0, vG = 0, vB = 255, vS = 8;
9
10 // マウスコールバック関数
11 void onMouse(int event, int x, int y, int flags, void* userdata);
12
13 int main()
14 {
15   imshow("ペイント", img);
16   setMouseCallback("ペイント", onMouse);   // マウスコールバック関数の指定
17
18   createTrackbar("赤", "ペイント", &vR, 255);
19   createTrackbar("緑", "ペイント", &vG, 255);
20   createTrackbar("青", "ペイント", &vB, 255);
21   createTrackbar("サイズ", "ペイント", &vS, 32);
22
23   int key = waitKey(0);
24   if (key == 's') imwrite("ペイント.png", img);    // sキーで画像保存
25   return 0;
26 }
27
28 // マウスコールバック関数
29 void onMouse(int event, int x, int y, int flags, void* userdata)
30 { // 左ボタンを押しながらマウス移動
31   if (event == EVENT_MOUSEMOVE && flags == EVENT_FLAG_LBUTTON)
32     circle(img, Point(x, y), vS, Scalar(vB, vG, vR), CV_FILLED, LINE_AA);
33   else if (event == EVENT_RBUTTONDOWN)
34     img.setTo(255);       // 右ボタンでクリア
35   imshow("ペイント", img);
36 }
```

160

4.4.3 ライブラリの用法

以下、コード 4.4 の詳細を、使用している関数とあわせて説明します。

```
15    imshow("ペイント", img);
```

本プログラムが他と大きく異なるのは、冒頭でいきなり imshow 関数を呼び出しているところでしょう。表示する 640 × 480 の白いキャンバスの img がグローバル変数として 7 行目で宣言されているので、プログラム開始時点からすぐにでも利用できるからです。また、while ループもありません。トラックバーやマウス操作が行われたら、コールバック関数から img を再描画するようになっているからです。

```
16    setMouseCallback("ペイント", onMouse);   // マウスコールバック関数の指定
```

クリックやドラッグなどといった、指定のウィンドウ上でマウスイベントが発生したときに呼び出されるコールバック関数を登録します。

第 1 引数には監視対象のウィンドウ識別名を指定します。createTrackbar 関数（4.2 節、4.3 節）同様、この関数が実行される時点で指定のウィンドウが存在しないと、マウスイベントがウィンドウに関連付けられないので注意してください。

第 2 引数にはコールバック関数を指定します。オプションの第 3 引数にはコールバック関数に引き渡すユーザデータを指定できますが、本節では使用しないので省略しています。ユーザデータの利用方法は 4.5 節で解説します。

マウスイベントに対するコールバック関数の登録

setMouseCallback (const String& **winname**, MouseCallback **onMouse**, void* **userdata** = 0)

winname	ウィンドウ識別名
onMouse	マウスイベント発生時に呼び出される関数
userdata	コールバック関数に渡されるユーザデータ

```
23    int key = waitKey(0);
24    if (key == 's') imwrite("ペイント.png", img);   // sキーで画像保存
```

waitKey 関数の引数が 0 なので、キー入力があるまで待機し続けます。これではプログラムがずっと停止しているようにみえますが、その間も、マウス操作があればコールバック関数に制御が渡るので、マウス描画はできます。キー入力があり、それが s キーならば描画画像を「ペイント .png」というファイル名で保存し、プログラムを終了します。それ以外のキーでは、保

161

第4章　ユーザインタフェース

存せずに終了します。

```
11 void onMouse(int event, int x, int y, int flags, void* userdata);
   ⋮
29 void onMouse(int event, int x, int y, int flags, void* userdata) {
   ⋮
36 }
```

16行目で登録したコールバック関数 onMouse の関数プロトタイプと本体です。setMouseCallback 関数で指定したものと一致させなければならないのは、4.2節のcreateTrackbar 関数と同じです。コールバック関数の書式を次に示します。

マウスイベントに対するコールバック関数	
onMouse (int **event**, int **x**, int **y**, int **flags**, void* **userdata** = *0*)	
event	マウスイベント定数（表4.9）
x	イベント発生時のマウスのx座標
y	イベント発生時のマウスのy座標
flags	イベント発生時のキーコンビネーション（表4.10）
userdata	ユーザデータ

* 関数名は任意ですが setMouseCallback 関数の第2引数で指定したものと同じにする必要があります。

　第1引数には、表4.9に示すマウスイベント値が引き渡されます。第2引数と第3引数には、そのマウスイベントが発生したカーソル位置の (x, y) 座標がそれぞれ引き渡されます。座標系はその画像の左上を原点とした座標です（4.1節参照）。第4引数にはコンビネーションキーの状態を示すフラグ、第5引数には setMouseCallback 関数の第3引数で指定したユーザデータが引き渡されます（ユーザデータは次節で扱います）。

　マウスイベントにはマウスの移動（座標の移動）、マウスボタンの種類（左中右）と操作（押す・離す・ダブルクリック）、マウスホイールの種類（垂直・水平）の3種類があります。それぞれに表4.9のマウスイベント定数が割り当てられており、コールバック関数はその第1引数からイベントの種類を分別できます。

　マウスの移動イベントは文字どおりマウスが移動すると発生します。定数名は EVENT_MOUSEMOVE です。その位置は上述のようにコールバック関数の第2、第3引数に引き渡されます。

　マウスの3種類のボタンはそれぞれ L（左）、M（中央）、R（右）と呼ばれます。ボタン操作は押すが DOWN、離すが UP、ダブルクリックが DBLCLK と呼ばれます。マウス操作はボタンと操作の組み合わせで構成されるので、3 × 3 の合計9種類あります。定数名は EVENT_[L,

162

M, R]BUTTON[DOWN, UP, DBLCLK] のフォーマットになっており、たとえば「左マウスが押された」は EVENT_LBUTTONDOWN です。

　なお、マウスの「クリック」とは、マウスボタンが押下されある一定時間内にマウスが離される操作を指します。単純に「押下」されたのとは異なる点に注意してください。ダブルクリックは、このマウスクリックが一定時間内に連続して2回繰り返されることを指します。

　マウスホイールには、垂直方向ホイール（WHEEL）と水平方向ホイール（HWHEEL）の2種類があります。マウスホイールの定数はしたがって、EVENT_MOUSE[WHEEL, HWHEEL]フォーマットになっています。ホイールの回転方向が順方向なら正の、逆方向なら負の数値を第4引数（flags）に返します。ホイールの方向はマウスの種類や設定にもよりますが、一般的な垂直ホイールならば上に回転したときが順方向です。

表4.9 ●マウスイベント値

定数	マウスイベント
EVENT_MOUSEMOVE	マウスカーソルを移動したとき
EVENT_LBUTTONDOWN	左ボタンを押下したとき
EVENT_RBUTTONDOWN	右ボタンを押下したとき
EVENT_MBUTTONDOWN	中央ボタンを押下したとき
EVENT_LBUTTONUP	左ボタンを離したとき
EVENT_RBUTTONUP	右ボタンを離したとき
EVENT_MBUTTONUP	中央ボタンを離したとき
EVENT_LBUTTONDBLCLK	左ボタンをダブルクリックしたとき
EVENT_RBUTTONDBLCLK	右ボタンをダブルクリックしたとき
EVENT_MBUTTONDBLCLK	中央ボタンをダブルクリックしたとき
EVENT_MOUSEWHEEL	垂直ホイールを回転したとき（方向により正／負の値を返す）
EVENT_MOUSEHWHEEL	水平ホイールを回転したとき（方向により正／負の値を返す）

　マウスには、キーボード上の特定のキーと組み合わせることで通常の操作とは異なる機能を呼び出すキーコンビネーションという操作方法があります。キーコンビネーション操作で用いられたキーはコールバック関数の第4引数（flags）に引き渡されます。本プログラムでは利用していないので、実装のヒントは本節末の NOTE を参照してください。

```
29 void onMouse(int event, int x, int y, int flags, void* userdata)
30 { // 左ボタンを押しながらマウス移動
31   if (event == EVENT_MOUSEMOVE && flags == EVENT_FLAG_LBUTTON)
32     circle(img, Point(x, y), vS, Scalar(vB, vG, vR), CV_FILLED, LINE_AA);
33   else if (event == EVENT_RBUTTONDOWN)
```

```
34      img.setTo(255);       // 右ボタンでクリア
35      imshow("ペイント", img);
36 }
```

31行目は、「左マウスボタンを押下しながらマウスボタンを動かす」というドラッグ操作が行われているかを判定しています。この状態は、マウス移動を示す EVENT_MOUSEMOVE が第1引数の event に、左ボタン押下を示す EVENT_FLAG_LBUTTON が第4引数の flag に同時に渡されている、つまり両者の条件が AND（論理積）で成立しているかどうかで判定できます。

右マウスボタンドラッグが行われていれば、その (x, y) 位置に円を描画します。ペンの太さを示す vS はグローバル変数として定義されており（8行目）、トラックバーにより更新されます。ペン色を示す vB、vG、vR も同様です。

33行目は「右ボタンの押下」を判定しています。イベント種別は1つだけなので、条件式もシンプルです。

押下されていると判定されたら、setTo関数（3.3節）で画像 img のピクセル値をすべて255にセットし、真っ白にクリアします。

35行目で、その時点で描画されている画像 img をペイントウィンドウに表示します。先に述べた用に、main 関数は waitKey(0) でずっと停止したままなので、main 内部からは画像を更新できません。しかし、マウスイベントが発生したときには必ずコールバック関数が呼び出されるので、コールバック関数内にあれば imshow 関数はその都度を実行されます。

キーコンビネーションによる同時押し判定

マウスのキーコンビネーション操作は、たとえば Windows エクスプローラで Ctrl を押しながらファイルをクリックしていくことで複数のファイルを選択したり、Word で文の1箇所をクリックした後で別の箇所を Shift を押しながらクリックすることでその間の文字をすべて選択する、など単純なマウス操作とは異なる動作をさせるものです。

こうしたキーコンビネーション操作で用いられる Ctrl、Shift、Alt などのキーをコンビネーションキーといいます。OpenCV のマウスイベント操作ではこれらをキーの押下状況をビット単位でのフラグとして管理しています。キーそれぞれのフラグ値は表4.10のとおりで、これらがコールバック関数の第4引数（flags）に引き渡されます。

表4.10 ●マウスイベント時のコンビネーションキー

定数	値（10進）	値（2進）	コンビネーションキー
EVENT_FLAG_LBUTTON	1	00001	マウスの左ボタンが押下されている
EVENT_FLAG_RBUTTON	2	00010	マウスの右ボタンが押下されている
EVENT_FLAG_MBUTTON	4	00100	マウスの中央ボタンが押下されている

4.4 マウス操作とペイントアプリ

定数	値（10進）	値（2進）	コンビネーションキー
EVENT_FLAG_CTRLKEY	8	00100	Ctrl キーが押下されている
EVENT_FLAG_SHIFTKEY	16	01000	Shift キーが押下されている
EVENT_FLAG_ALTKEY	32	10000	Alt キーが押下されている

　たとえば、Ctrl キーを押しながらマウス左ボタンをクリックしたとしましょう。コールバック関数の第1引数（event）には EVENT_LBUTTONDOWN が、第4引数（flags）に EVENT_FLAG_CTRLKEY がそれぞれ引き渡されます。この状態を検出するのなら、コードは次のように書きます。

```
if ((event & EVENT_LBUTTONDOWN) && (flags & EVENT_FLAG_CTRLKEY)) {
    // Ctrlと左マウス押下のときの処理
}
```

　同様に、マウス左ボタンを押しながらマウスを移動（ドラッグ操作）したときは、第1引数と第4引数にはそれぞれ EVENT_MOUSEMOVE と EVENT_FLAG_LBUTTON が渡されます。

　コンビネーションキーは複数組み合わせて使えます。コンビネーションキーフラグを2進数で表現すると、それぞれがビット単位でのフラグになっていることがわかります（表の3列名）。たとえば、Ctrl キーと Alt キーを両方同時に押すと、1番目（00001）と5番目（10000）のビットが立ったフラグ、つまり 10001=33 が引き渡されます。もっとも、いちいちビット演算を手でやらずとも、両者のキー値の論理和を取ればよいだけです。

```
EVENT_FLAG_CTRLKEY | EVENT_FLAG_ALTKEY (= 10001 = 33)
```

コールバック関数内でこれを判定するには次のように書きます。

```
① if (flags == (EVENT_FLAG_CTRLKEY | EVENT_FLAG_ALTKEY)) {
       // CtrlとAltキーを両方押下しているときの処理
   }
```

上記は次のようにも書けます。

```
② if ((flags & EVENT_FLAG_CTRLKEY) && (flags & EVENT_FLAG_ALTKEY)) {
       // CtrlとAltキーを両方押下しているときの処理
   }
```

　なお、①と②は厳密には等価ではありません。①の条件は Ctrl と Alt だけが押されているときのみ真です。ユーザが Ctrl + Alt + Shift のように3つのキーを同時に押下したら偽です（flags が 11001 = 49 になるから）。②は他に何が押されていようといまいと、Ctrl と Alt が押されてさえいれば真です（flags が 11111 であっても、11111 & 00100 = 00100 = 真だから）。ユーザインタフェースをどのように設計したいかによって論理式の書き方は変わってくるので、どちらが正解というわけではありません。

165

第4章 ユーザインタフェース

4.5 マウス操作とミニチュア風映像

　本節ではマウスイベントコールバック関数のユーザデータの用法を説明します。ユーザデータはトラックバーの位置、マウスの座標やボタン情報といった createTrackbar 関数あるいは setMouseCallback 関数が自動的にコールバック関数に引き渡すデータだけではなく、main 関数内などにある任意のデータをコールバック関数に伝達するメカニズムです。

　プログラムの題材には、リアルな映像を「ミニチュア風」、つまりあたかも特撮映画のセットやジオラマのように見せる（錯覚させる）加工を取り上げます。

　リアルなビルや町の全体は、一般的に遠くから撮影します。遠くから撮影するとフォーカスが全体に合います。反対に、セット撮影は近接撮影です。そのため、フォーカスが合うのは中心部だけで、周辺部はぼやけます。そこで、（普通の）カメラを使ってミニチュア風写真を撮影するには、使い方によっては中心にはピントがあうのに周辺はぼやける「ティルトシフトレンズ」という特殊なレンズを使います。つまり、「遠くから（大きいものを）撮影した映像」を「近くから（小さいものを）撮影した映像」に錯覚させることでミニチュアに見せるわけです。そのため、もともと「近くから撮影した映像」をミニチュア化しても、効果は比較的限定的です。

　他にも模型やおもちゃの彩度は高いことが多いのでそうした被写体を選ぶとか、小さいくてちょこまか速く細かく動くものを選ぶなど、錯覚を起こしやすくするテクニックもあります。これら撮影技術を画像処理に具体的に置き換えると、次の表 4.11 のようになります。

表 4.11 ●ミニチュア風画像の撮影テクニックと対応する画像処理

撮影技術	画像処理
ティルトシフトレンズ	画像の周辺だけを平滑化する
彩度が高い	彩度を上げる
動きが早い	フレームレートを上げる

　平滑化には 3.7 節で取り上げた blur 関数を用います。しかし、blur 関数は画像全体を平滑化するため、そのままでは「中心はピントがあっているが周辺はぼけている」が達成できません。そこで、対象画像の一部だけに blur 関数を適用し、他はそのまま残す ROI を用います。ROI は「注目領域」（Region Of Interest）の意味です。

　彩度は、ここでは明るくすることで高くしています。彩度だけを変更する方法は 5.2 節で説明します。

　動きの早さは waitKey 関数で元映像よりも早いフレームレートを指定することで達成できます。

166

このように、これまでで説明してきた方法でおおむねミニチュア化ができます。

本節で説明するクラス、関数は表 4.12 のとおりです。

表 4.12 ● マウス操作とミニチュア風映像プログラムで使用するクラス・関数

クラス・関数	説明
Mat::operator()	画像の一部領域を抽出（ROI 指定）
createTrackbar	トラックバーの作成（ユーザデータ渡し）
setMouseCallback	マウスイベントに対するコールバック関数の割り当て（ユーザデータ渡し）

4.5.1 プログラムの実行

マウス操作とミニチュア風映像プログラムの実行例を以下に示します。

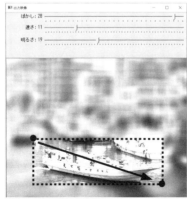

図 4.14 ● ROI とミニチュア風映像加工プログラムの実行例

第4章　ユーザインタフェース

トラックバーからぼかし（平滑化）、速さ（フレームレート）、明るさを調整します。

一番上の「ぼかし」トラックバーの値の範囲は 0 から 30 で、この値を blur 関数の第 3 引数の Size に用います。3.7 節で説明したように、第 3 引数は移動平均の平均を取る範囲なので、値が大きいほどボケが強くなります。

次の「速さ」トラックバーは waitKey 関数の引数を指定するものです。トラックバー上の値の範囲は 0 から 50 ですが、0 だとずっと待機になってしまうため、この値に 1 を加えて使っています。理屈ではフレーム間隔が 1 〜 51 ms、フレームレートにして 1000 〜 19 fps になりますが、ビデオファイルを読んだり画像処理する時間もあるので、実行的には 1,000 fps のような超高速にはなりません。

最後の「明るさ」トラックバーの値は 0 から 50 の範囲で、プログラムは画像ピクセル値をこの値の 1/10 倍にします。最大値の 50 だと 5 倍の明るさですが、4.2 節でも説明したとおり、255 を超えた部分は最大値 255 のままでそれ以上明るくはなりません。当然、0 倍だとまっくろになります。

ピントを合わせる中心部分は矩形領域として指定します。逆に矩形範囲の外がピントをぼかす領域で、ここに blur 関数がかけられます（正確には画像全体に blur をかけ、中心部分にそのまま取ってきたカメラ画像を blur した画像に貼り付けます）。矩形の 2 点の対角は、映像のどこかを左クリックし、そのまま左ボタンを押したままドラッグして他の箇所で離すことで指定します。同じ操作を行えば、矩形は何度でも指定し直せます。

4.5.2　ソースコード

マウス操作とミニチュア風映像プログラムをコード 4.5 に示します。

コード 4.5 ●マウス操作とミニチュア風映像プログラム

```
 1 #include "stdafx.h"
 2 #include <opencv2/opencv.hpp>
 3 #pragma comment(lib, "opencv_world320d.lib")
 4 using namespace std;
 5 using namespace cv;
 6
 7 // コールバック関数
 8 void changeBrightness(int position, void* userdata);
 9 void setRectangle(int event, int x, int y, int flags, void* userdata);
10
11 int main()
```

4.5　マウス操作とミニチュア風映像

```cpp
12  {
13    Mat src, dst;
14    VideoCapture cap("video.avi");
15    namedWindow("出力映像");
16
17    // ぼけ
18    int sizeBlur = 12;
19    createTrackbar("ぼかし", "出力映像", &sizeBlur, 30);
20
21    // 速さ
22    int speed = 5;
23    createTrackbar("速さ", "出力映像", &speed, 50);
24
25    // 明るさ
26    double brightness = 2.0;
27    createTrackbar("明るさ", "出力映像", NULL, 50, changeBrightness, &brightness);
28    setTrackbarPos("明るさ", "出力映像", 20);
29
30    // 矩形領域
31    int pt[] = { 40, 100, 600, 320 };                   // 始点と終点の座標
32    setMouseCallback("出力映像", setRectangle, pt);
33
34    while (1) {
35      cap >> src;
36      if (src.empty()) break;
37      resize(src, src, Size(640, 480));
38      src = src * brightness;                           // 明るさ
39
40      blur(src, dst, Size(sizeBlur + 1, sizeBlur + 1));   // ぼけ & 矩形
41      Rect roi(Point(pt[0], pt[1]), Point(pt[2], pt[3])); // 矩形の対角
42      src(roi).copyTo(dst(roi));
43
44      imshow("出力映像", dst);
45
46      if (waitKey(speed + 1) == 27) break;              // 速さ
47    }
48
49    return 0;
50  }
51
52  // トラックバー（明るさ）コールバック関数
```

第4章 ユーザインタフェース

```
53 void changeBrightness(int position, void* userdata)
54 {
55   double* br = (double*)(userdata);        // void型をdouble型にキャスト
56   *br = (double)position / 10.0;           // 明るさ倍率計算
57 }

58
59 // マウス（矩形指定）コールバック関数
60 void setRectangle(int event, int x, int y, int flags, void* userdata)
61 {
62   int* pt = (int*)(userdata);              // void型をint型にキャスト
63   switch (event) {                         // マウスイベントによる場合分け
64   case EVENT_LBUTTONDOWN:                   // 左ボタンを押したとき
65     if (0 < x && x < 640 && 0 < y && y < 480) {
66       pt[0] = x, pt[1] = y;                // 始点座標を更新
67     }
68     break;
69   case EVENT_MOUSEMOVE:                     // マウスを移動しながら、
70     if (flags == EVENT_FLAG_LBUTTON) {     // 左ボタンを押下しているとき
71       if (0 < x && x < 640 && 0 < y && y < 480 && x != pt[0] && y != pt[1]) {
72         pt[2] = x, pt[3] = y;              // 終点座標を更新
73       }
74     }
75     break;
76   }
77 }
```

4.5.3 ライブラリの用法

　以下、コード 4.5 の詳細を、使用している関数とあわせて説明します。ここではプログラム内の登場順でなく、機能順で取り上げます。

　まずは「速さ」トラックバーからです。

```
21   // 速さ
22   int speed = 5;
23   createTrackbar("速さ", "出力映像", &speed, 50);
 ⋮
46     if (waitKey(speed + 1) == 27) break;                 // 速さ
```

　4.3 節と同じく即値方法でトラックバーの値を取得しており、目新しいことはありません。

170

while ループの中でフレーム切り替えタイミングを制御している waitKey の引数が 0 にならないように 1 を加えている点に注目してください。

```
 8  void changeBrightness(int position, void* userdata);
 ⋮
25    // 明るさ
26    double brightness = 2.0;
27    createTrackbar("明るさ", "出力映像", NULL, 50, changeBrightness, &brightness);
28    setTrackbarPos("明るさ", "出力映像", 20);
 ⋮
38      src = src * brightness;                           // 明るさ
 ⋮
52  // トラックバー（明るさ）コールバック関数
53  void changeBrightness(int position, void* userdata)
54  {
55    double* br = (double*)(userdata);      // void型をdouble型にキャスト
56    *br = (double)position / 10.0;         // 明るさ倍率計算
57  }
```

明るさトラックバーはユーザデータを使ったコールバック方式で書かれています。createTrackbar 関数とコールバック関数の定義を以下に再掲します（4.3 節参照）。

```
createTrackbar ( const String& trackbarname, const String& winname, int* value,
                 int count, TrackbarCallback onChange = 0, void* userdata = 0 );
void changeBrightness(int position, void* userdata);
```

27 行目の createTrackbar の第 1 〜 4 引数は先の「速さ」トラックバーと基本的に同じですが、第 3 引数のトラックバー位置（0 から 50）は直接使わないので NULL を指定しています。第 5 引数はコールバック関数（changeBrightness）です。

createTrackbar 関数の第 6 引数 userdata は void 型のポインタで定義されているので、アドレス渡しになります。26 行目で定義した brightness は普通の変数（double）なので、アドレスを得るには & を先頭に付けます（27 行目）。この brightness のアドレスがコールバック関数に引き渡されます。

コールバック関数の第 2 引数として引き渡された変数 brightness のアドレスは、void 型として扱われます。これではそのアドレスにある値をどのように解釈してよいかプログラムにはわらかないので、55 行目の (double*) のようにキャストすることで明示的に double として読み取ります。これはアドレスなので、読む側の br の方も、先頭にアスタリスク「*」を付加します。アドレス渡しなので、56 行目の「*br」を書き換えると、main 内の brightness の値が書き変え

第4章　ユーザインタフェース

られます。

　ユーザデータを用いると main とコールバック関数の間で任意のデータを引数を介してやりとりできるだけでなく、前の節で用いていたグローバル変数をローカル変数化できるというメリットもあります。

```
17    // ぼけ
18    int sizeBlur = 12;
19    createTrackbar("ぼかし", "出力映像", &sizeBlur, 30);
⋮
40      blur(src, dst, Size(sizeBlur + 1, sizeBlur + 1));    // ぼけ & 矩形
```

「ぼかし」トラックバーも「速さ」同様、目新しいことはありません blur 関数の第 3 引数の移動平均の幅（ウィンドウ）には、トラックバーの即値から得た sizeBlur を用います。

　最後のイベント処理は、マウスによる矩形領域の選択です。

```
 9 void setRectangle(int event, int x, int y, int flags, void* userdata);
⋮
30    // 矩形領域
31    int pt[] = { 40, 100, 600, 320 };                    // 始点と終点の座標
32    setMouseCallback("出力映像", setRectangle, pt);
⋮
59 // マウス（矩形指定）コールバック関数
60 void setRectangle(int event, int x, int y, int flags, void* userdata)
61 {
62    int* pt = (int*)(userdata);            // void型をint型にキャスト
```

　ここでもユーザデータを用いたコールバック関数を使っており、その基本構造は「明るさ」トラックバーと同じです。9 行目が関数プロトタイプ、59 〜 76 行目（上記では途中省略）までがコールバック関数の本体です。4.4 節ではコールバック関数に onMouse という名前を使いましたが、ここでは関数の動作を示すように setRectangle を使っています。ユーザデータに使う変数 pt は int の配列で、31 行目で定義しています。setMouseCallback とコールバック関数（onMouse）の定義を次に再掲します。

```
setMouseCallback ( const String& winname, MouseCallback onMouse, void* userdata = 0 )
onMouse ( int event, int x, int y, int flags, void* userdata = 0 )
```

　これもアドレス渡しですが、点 (x1, y1) とその対角点 (x2, y2) を順に並べた配列を収容した pt はそれ自体がアドレスなので、32 行目には pt をそのまま書けます。60 行目はこれを void* としているので、受け取ったら 62 行目で示すように、元の定義どおりに int ポインタにキャス

トします。使うときは 1 点目の x1 なら pt[0] のように、配列番号を指定します。

ここ以降のイベント処理はこれまでどおりですし、ユーザデータがコールバック関数で書き換えられると main 側の pt に反映されるのも「明るさ」と同じです。

41   Rect roi(Point(pt[0], pt[1]), Point(pt[2], pt[3])); // 矩形の対角

ここで、全体がぼやけた dst（40 行目）の矩形領域に元の src をコピーすることで、「中心はピントがあっているが周辺はぼけている」画像を生成します。この矩形領域は、上記のように長方形の描画で用いた Rect 型で指定します（4.1 節参照）。

この矩形領域を **ROI** あるいは**注目領域**といい、特定の処理を画像全体ではなくその部分だけに施したいときに用います。ここでは、copyTo 関数（3.3 節）を用いて、全体がぼやけた dst の ROI に元のシャープな src の ROI を次の要領でコピーします。

42   src(roi).copyTo(dst(roi));

41 行目で、対角の点位置をそれぞれとして作成しています。src(roi) は、元フレームのこの矩形領域だけをコピー元にすることを指示しています。copyTo 関数の dst(roi) は、そのコピー画像を dst の同じ矩形領域だけにコピーします。src の矩形領域 roi のピクセルを dst の同じ roi 領域にコピーします。この様子を模式的に図 4.15 に示します。

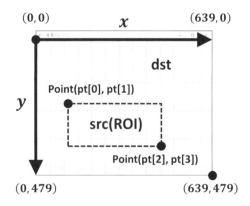

図 4.15 ● ROI と画像座標

この Mat オブジェクトに付けた括弧は、実はその Mat から roi で指定したデータを抽出して新たに Mat を生成せよという演算子です。関数定義は次のとおりです。

第4章　ユーザインタフェース

ROIのデータを抽出	
Mat::operator() (const Rect &**roi**) const	
roi	Rect型で指定したROI（注目領域）

　この矩形領域抽出演算子 () は、他の関数でも利用できます。たとえば、Canny 関数の第 1 引数と第 2 引数に次のように ROI を指定すると、その部分だけがエッジ検出処理されます。

```
Canny(src(roi), src(roi), 150, 200);    // roiを対象としたCannyエッジ検出
```

　なお、ROI が一部でも画像の外にはみ出ていると次のエラーがコンソールに表示され、異常終了します。

```
OpenCV Error: Assertion failed (0 <= roi.x && 0 <= roi.width && roi.x + roi.width <= m.cols && 0 <=
roi.y && 0 <= roi.height && roi.y + roi.height <= m.rows) in Mat, file :¥temp¥opencv310¥sources¥m
odules¥core¥src¥matrix.cpp, line 508 terminate called after throwing an instance of 'cv::Exception.
```

　そのため、コールバック関数のマウスボタン処理では、次のように座標位置をチェックしてから代入を行っています。

```
65      if (0 < x && x < 640 && 0 < y && y < 480) {
 ⋮
71        if (0 < x && x < 640 && 0 < y && y < 480 && x != pt[0] && y != pt[1]) {
```

　それぞれ、マウスクリック時とドラッグ時のものです。ドラッグ時は、左ボタンを押したときの座標 (pt[0], pt[1]) とマウス座標 (x, y) が等しくない（x != pt[0] && y != pt[1]）ことも条件に追加しています。これは、始点と終点の座標が等しいと ROI の矩形領域が点や線になってしまい、ROI を用いた操作がエラーになるのを防ぐためです。

　ROI は copyTo などの多くの関数で利用できるため、非常に便利です。しかし、ROI は矩形だけを対象としており、円形や星型、ましてやヒト型の立っているシーンの背景だけのような不定形な領域には利用できません。これを行うには 5.3 節で扱うマスク画像を用います。

4.6 マウス操作と射影変換

　前節では、ROI用に画像と平行な長方形の領域を左上と右下の座標値から指定しました。ここでは、長方形の4隅をマウスでドラッグすることで、任意の形の四角形を指定できるようにします。ここまでの節と同じく setMouseCallback 関数とそのコールバック関数を用いるので、技術的には目新しいことは何もありません。

　ただし、マウスクリックした座標が四角形の頂点のどれであるかの判定には、考慮が必要です。単純に考えると、マウスの座標値が頂点座標値のいずれかと一致していれば、その点がクリックされたと判断できます。たとえば、4隅の座標が Point 型の vector で定義されていたとしたら、次のようにそれぞれ順次確認すればよいわけです。

```
vector<Point> points;    // 4隅の座標（値はすでに入力済みとします）
Point p(x, y);           // マウスクリックのあった座標 (x, y)
int point = -1;
for(int i=0; i<point.size(); i++) {
  if (points[i] == p) {
    point = i;
    break;
  }
}
```

　しかし、これだと的確に1点（すなわち1ピクセル）をクリックしなければならず、非常に使いづらいインタフェースになってしまいます。そこで、マウスクリックの点と頂点の間の距離が一定範囲内であれば、その点がクリックされたとみなします。本プログラムでは、具体的には16ピクセル以内としています。また、16ピクセル以内に複数の頂点があったときは、最も近接している頂点を選択します。

　クリックの応答範囲を示すため、四角形の頂点には小円を描画します。また、ドラッグしている間も四角形の枠線と小円を再描画します。

　プログラムではまた、この変形四角形の領域内に表示されている入力映像を、歪めて別ウィンドウの正方形にぴったり合うように変形させてから再生します。これには射影変換を用います。

　射影変換とは、3次元空間にある平面 P の座標系を別の平面 P' の座標系に変換する操作を指します。ある平面を別の平面から透かしてみたときにそれぞれの座標点を対応付けることから、透視投影変換ともいいます。この変換操作は行列で行なわれ、これを射影変換行列と

175

いいます。プログラムではまず getPerspectiveTransform 関数を用いて変形四角形（平面 P）と正方形の座標（平面 P'）のそれぞれの 4 隅の座標から射影変換行列を取得します。その上で、warpPerspective 関数で変形四角形内のすべてのピクセルを正方形内の対応する位置に転写します。

　射影変換行列の取得と射影変換という 2 段階の計算を「y = ax + b」という簡単な直線式で考えてみると、まず (x_1, y_1) と (x_2, y_2) の 2 点から係数の (a, b) という行列を求めておくのが、getPerspectiveTransform 関数の役割です。その後、warpPerspective 関数がこの (a, b) を用いて直線上のすべての (x, y) を計算します。入力画像上の四角形が変化しなければ（直線が移動しなければ）、射影変換行列も変化しない（(a, b) が変化しない）ので、一度算出したそのまま使いまわすこともできます。しかし、本節のプログラムでは 4 点がマウス操作で変化するので、その都度射影変換行列を計算します。

　射影変換を用いれば、傾いたり奥に歪んで映ったりしている画像を正面からの見え方に補正できます。

　図 4.16 にはゆがんで写っている 3 台分の駐車スペースがあります（左図枠内）。これを射影変換すると上空から見下ろしたような形になります（右図）。最近の自動車には、車両周辺を見下ろしたような映像を表示するパーキングサポートシステムが装備されているものもありますが、それにはこのような技術が用いられています。

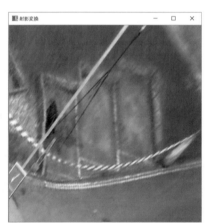

入力　　　　　　　　　　　　　　　射影変換後

図 4.16 射影変換の例

　本節で説明するクラス、関数は表 4.13 のとおりです。

表 4.13 ●マウス操作と射影変換プログラムで使用するクラス・関数

クラス・関数	説明
Point2f	2次元座標（浮動小数点型）を扱うクラス
norm	2点間の距離の計算
getPerspectiveTransform	射影変換行列の取得
warpPerspective	射影変換行列を用いて画像を射影変換する

4.6.1 プログラムの実行

　マウス操作と射影変換プログラムの実行例を以下に示します。

　入力映像ウィンドウ上には 4 つの小円とそれらを結んだ枠線が描画されます（図 4.17 左）。小円のいずれかを左マウスボタンで押下しながらドラッグすると、小円と枠線が移動します。マウスを離すとその位置で小円が固定します。選択された 4 点で囲まれた領域を正方形の出力映像に射影変換した画像を、別ウィンドウに表示します（図右）。右マウスボタンを押下すれば、四角形の領域はデフォルト位置に戻ります。

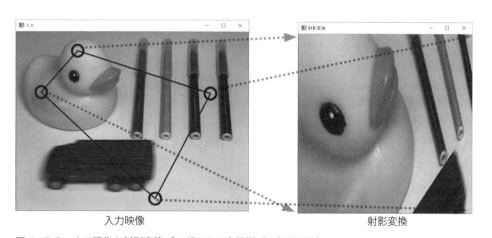

図 4.17 ●マウス操作と射影変換プログラムの実行例（四角形が凸）

　図 4.17 のように四角形の頂点がへこんでいないとき（図形が凸）は、入力の 4 点が出力の正方形状の 4 点に引き伸ばされるようになります。これに対して頂点がへこんでいるときは計算上、図 4.18 のように変換後の映像に入力映像の外側が表示される場合があります。

第4章 ユーザインタフェース

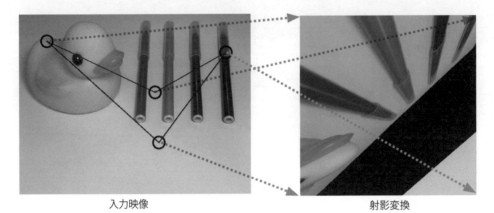

入力映像　　　　　　　　　　　射影変換

図4.18 ●マウス操作と射影変換プログラムの実行例（四角形が凸でないため、画像範囲外が黒く現れる）

　誤って四角形の頂点をウィンドウの外にドラッグしてしまうこともあるでしょう。その場合でも、射影変換は適切に行われますが、ウィンドウ外はクリックできないため、その頂点は選択できなくなります。そうしたときは右マウスボタンクリックで四角形をリセットします。

4.6.2　ソースコード

マウス操作と射影変換プログラムをコード4.6に示します。

コード4.6 ●マウス操作と射影変換プログラム

```
1  #include "stdafx.h"
2  #include <opencv2/opencv.hpp>
3  #pragma comment(lib, "opencv_world320d.lib")
4  using namespace std;
5  using namespace cv;
6
7  int sw = 480, sh = 480, cr = 16;              // 変換後のサイズ、小円半径cr
8  int numNearPoint = -1;
9  Mat src, dst;
10 vector<Point2f> ptSrc{
11   Point2f(150, 100), Point2f(250, 100),
12   Point2f(250, 200), Point2f(150, 200)
13 };
14 vector<Point2f> ptDst{
15   Point2f(0, 0), Point2f(sw, 0),
```

4.6 マウス操作と射影変換

```
16    Point2f(sw, sh), Point2f(0, sh)
17  };
18
19  // マウスコールバック関数
20  void onMouse(int event, int x, int y, int flags, void* userdata);
21
22  int main()
23  {
24    VideoCapture cap("sample1.avi");
25    namedWindow("入力映像");
26    setMouseCallback("入力映像", onMouse);
27
28    while (1) {
29      cap >> src;
30      if (src.empty()) break;
31      Mat pM = getPerspectiveTransform(ptSrc, ptDst);  // 射影変換行列取得
32      warpPerspective(src, dst, pM, Size(sw, sh), INTER_LINEAR); // 射影変換
33      vector<Point> pt4{ ptSrc[0], ptSrc[1], ptSrc[2], ptSrc[3] };
                                                 // Point2f→Point型に変換
34      polylines(src, pt4, true, Scalar(255, 0, 0), 2); // 枠線
35      for (int i = 0; i < 4; i++)
36        circle(src, pt4[i], cr, Scalar(0, 0, 0), 3);   // 小円
37      imshow("入力映像", src);
38      imshow("射影変換", dst);
39      if (waitKey(30) == 27) break;
40    }
41
42    return 0;
43  }
44
45  // マウスコールバック関数
46  void onMouse(int event, int x, int y, int flags, void* userdata)
47  {
48    switch (event) {                        // マウスイベントによる場合分け
49    case EVENT_LBUTTONDOWN: {               // 左ボタンを押したとき
50      double minDistance = cr;              // 距離最小値minDistanceの初期化
51      numNearPoint = -1;
52      for (int i = 0; i < 4; i++) {         // 4点から近い点の点番号を探す
53        double distance = norm(Point(x, y) - (Point)ptSrc[i]); // マウスと小円の距離
54        if (distance < minDistance) {       // 距離最小値より小さいとき、
55          numNearPoint = i;                 // 点番号 (0, 1, 2, 3) の更新
```

179

第4章　ユーザインタフェース

```
56         minDistance = distance;        // 距離最小値の更新
57       }
58     }
59     break;
60   }
61   case EVENT_MOUSEMOVE:                    // 移動したとき
62     if (flags == EVENT_FLAG_LBUTTON &&     // 左ボタン押下かつ、
63       numNearPoint >= 0) {                 // 近い点を取得済のとき
64       ptSrc[numNearPoint] = Point(x, y);   // マウス座標の更新（マウスに追随）
65     }
66     break;
67   case EVENT_RBUTTONDOWN:                   // 右ボタンで4点リセット
68     ptSrc[0] = Point2f(150, 100), ptSrc[1] = Point2f(250, 100);
69     ptSrc[2] = Point2f(250, 200), ptSrc[3] = Point2f(150, 200);
70     break;
71   }
72 }
```

4.6.3　ライブラリの用法

以下、コード 4.6 の詳細を、使用している関数とあわせて説明します。

```
10 vector<Point2f> ptSrc{
11   Point2f(150, 100), Point2f(250, 100),
12   Point2f(250, 200), Point2f(150, 200)
13 };
14 vector<Point2f> ptDst{
15   Point2f(0, 0), Point2f(sw, 0),
16   Point2f(sw, sh), Point2f(0, sh)
17 };
```

　入力映像上の 4 点の座標を格納する変数 ptSrc と、射影変換を施す先の正方形の座標を指定しています（vector の利用方法は 4.1 節末の NOTE を参照してください）。コードからわかるように、ptSrc の初期値は (150, 100) を左上の点とした 100 × 100 ピクセルの正方形です。ptDst は (0, 0) を左上とした 480 × 480 の正方形です。どちらも左上（0）→右上（1）→右下（2）→左下（3）の順に並んでいますが、ptSrc の各点の位置関係はドラッグ操作によって変わります。

　座標値を収容する Point 型は 4.1 節で説明しましたが、ここでは Point2f 型を用います。これは、Point 型の要素が整数であるのに対し、後述する射影変換の getPerspectiveTransform 関数が

180

浮動小数点数を要求するからです（f は float）。Point2f の定義は、下に示す用に要素が float であること以外は Point と同じです。

これら座標値 vector はグローバル変数なので、main 関数からもコールバック関数からもアクセスできます。

2次元座標（浮動小数点数型）を扱うクラス
Point2f (float **x**, float **y**)

x と y をメンバ変数に持ち、2次元の点（float型）を表現するのに使用する。

戻り値（Point2f）　　　　　　　格納された座標を Point2f 型で返す。

```
33    vector<Point> pt4{ ptSrc[0], ptSrc[1], ptSrc[2], ptSrc[3] };
                                            // Point2f→Point型に変換
```

4.1 節で説明した多角形枠線描画関数の polylines（34 行目）は、第 2 引数に要素が整数の Point の配列（vector）を指定します。しかし、ptrSrc は前述のように浮動小数点数座標値の Point2f で定義されているので、ここで Point 型に変換しています。この pt4 はあとで各点に円を描くときにも用います（36 行目）。

```
49    case EVENT_LBUTTONDOWN: {             // 左ボタンを押したとき
50      double minDistance = cr;            // 距離最小値minDistanceの初期化
51      numNearPoint = -1;
52      for (int i = 0; i < 4; i++) {       // 4点から近い点の点番号を探す
53        double distance = norm(Point(x, y) - (Point)ptSrc[i]); // マウスと小円の距離
54        if (distance < minDistance) {     // 距離最小値より小さいとき、
55          numNearPoint = i;               // 点番号（0, 1, 2, 3）の更新
56          minDistance = distance;         // 距離最小値の更新
57        }
58      }
```

左マウスボタンが押下されたときに、その位置 (x, y) が四角形のどの頂点と一致するのかを判定しています。どれかに一致していればその要素番号（0 〜 3）を、どこにも一致していなければ –1 を、グローバル変数の numNearPoint（8 行目で定義）に代入します。

冒頭で説明したように、頂点をピンポイントに選択するのはほぼ不可能なので、クリック時点の座標が頂点を中心とした半径 16 ピクセルの円内にあるかどうかで確認します。しかし、これだけでは不十分です。複数の頂点が非常に近接しているときは、どちらも半径 16 ピクセル内にあることもあります。そこで、どちらかより近いほうを選択します（等距離の場合は要素番号が若い方が選択されます）。

第4章　ユーザインタフェース

52 ～ 58 行目のループでは、(x, y) と ptSrc の距離を計算し（53 行目）それが指定の値未満か
を確認しています。指定の値は変数としては minDistance で表現されており、最初は 16 ですが
（50 行目）、これよりも近い距離があればそれに置き換えられます（54 ～ 56 行目）。これにより、
16 以下かつ最小のものであることが保証されます。

53 行目で用いている norm 関数は、次の関数定義が示すように、引数として Point 型を受け
付けます。この Point 型は 2 次元平面のベクトルとして解釈され、norm はそのベクトルの大き
さ（長さ）を計算します。ここで求めたいのは 2 点間の距離、つまり 2 本のベクトルの差なので、
Point(x, y) と ptrSrc の差を指定します。Point 型も行列の一種なので、このように同じ型どうし
で引き算をすれば、要素ごとの引き算になります。

なお、ptrSrc は Point2f なので、(Point) にキャストする必要があります。ただし、norm 関数
は double を返す点に注意してください。

ベクトルの長さを算出
norm（Point **v**）

ベクトルv(x, y)の長さを算出する。

戻り値（double）	ベクトルの長さをdouble型で返す

```
61    case EVENT_MOUSEMOVE:                    // 移動したとき
62      if (flags == EVENT_FLAG_LBUTTON &&     // 左ボタン押下かつ、
63        numNearPoint >= 0) {                 // 近い点を取得済のとき
64        ptSrc[numNearPoint] = Point(x, y);   // マウス座標の更新（マウスに追随）
65      }
66      break;
```

左マウスボタン（EVENT_FLAG_LBUTTON）を押下したままマウスを移動（EVENT_
MOUSEMOVE）しているとき（ドラッグ操作）の操作です。先ほどマウスボタンが押されて
いれば、numNearPoint は 0 から 3 の値になっています。この要素番号の ptSrc を (x, y) で置き
換えれば、現在位置を元に 33 ～ 36 行目の polyline と circle が四角形と頂点の小円を描画して
くれます。

なお、マウスがウィンドウ外に飛び出ても、マウスイベントは発生します。そのときの
座標値はウィンドウサイズよりも大きな値となったり、負の値を示したりします。本プロ
グラムでは簡略化のためはみ出たときの処理はしていません。そのため、小円をウィンド
ウの外に設定してしまうと再クリックできないので、そのようなときは右ボタン（EVENT_
RBUTTONDOWN）で点の位置をリセットしてください（67 ～ 71 行目）。

```
31      Mat pM = getPerspectiveTransform(ptSrc, ptDst);  // 射影変換行列取得
```

入力画像側に設定された四角形（ptSrc）を正方形（ptDst）に射影変換するときに用いる射影
変換行列 pM を取得します。第 1 引数と第 2 引数にそれぞれ変換元と変換先の 4 点の座標を指
定します。関数定義は次のとおりです。

射影変換行列の取得	
getPerspectiveTransform（InputArray **src**, OutputArray **dst**）	
src	入力画像内の変換元四角形4点の座標
dst	出力画像内の変換先四角形4点の座標
戻り値（**Mat**）	3×3射影変換行列を返す

```
32      warpPerspective(src, dst, pM, Size(sw, sh), INTER_LINEAR); // 射影変換
```

続いては、warpPerspective 関数が実際に射影変換を行います。関数定義は次のとおりです。

画像の射影変換	
warpPerspective（InputArray **src**, OutputArray **dst**, InputArray **M**, Size **dsize**, int **flags** = _INTER_LINEAR_, int **borderMode** = _BORDER_CONSTANT_, const Scalar& **borderValue** = _Scalar()_）	
src	入力画像
dst	出力画像
M	3×3射影変換行列
dsize	出力画像サイズSize(幅,高さ)
flags	ピクセル補間方法。INTER_NEAREST（デフォルト）またはINTER_LINEARが利用可能。 WARP_INVERSE_MAPをORで指定すると、Mをdstからsrcへの逆変換行列としてセットする。
borderMode	画像範囲外のピクセル値の外挿方法を指定。デフォルトはBORDER_CONSTANT。
borderValue	borderModeがBORDER_CONSTANTのとき、ピクセル値をScalar（B, G, R）で指定する。デ フォルトは黒。

　第 1 引数と第 2 引数にそれぞれ変換元（src）と変換先（dst）の画像を、第 3 引数に上記で得
た射影変換行列を、第 4 引数に変換後の画像サイズを指定します。

　第 5 引数に指定するオプションのピクセル補間方法には、INTER_NEAREST（最近傍補間）
または INTER_LINEAR（バイリニア補間）が指定でき、前者がデフォルトです。これらは 3.7
節の GaussianBlur 関数で使ったものと同じですが、ここではこれら 2 つしか指定できません。
その代わり WARP_INVERSE_MAP というオプションフラグが利用でき、指定されれば同じ
射影変換行列で変換先から変換元に戻します。たとえば INTER_NEAREST|WARP_INVERSE_

MAPのようにOR演算子を用いて指定します。

　冒頭でも述べましたが、選択領域が凸でないと変換元の四角形の外側のデータが用いられます。第6引数はこのときのピクセル外挿方法を指定するもので、3.7節のresize関数で説明した値のいくつかが指定できます。デフォルトのBORDER_CONSTANTならば、外側の画素はすべて黒として扱います。第7引数は第6引数がBORDER_CONSTANTのときの値を黒以外に指定するときに用いるものです。図4.19にこれらの定数を用いたときの様子を示します。

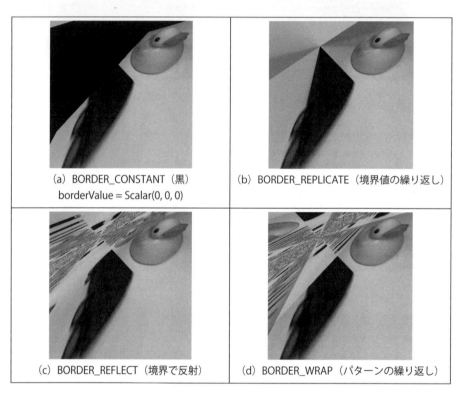

図4.19 ●画像範囲外のピクセル値指定方法

InputArray、OutputArray、そして vector

OpenCV 関数の引数の定義には、入力画像に InputArray、出力画像に OutputArray が型として指定されているものが多くあります。本書ではほぼ Mat と同義なものとして使っていますが、これらは Mat、Mat 型の vector コンテナ、unsigned char 型（uchar）の vector コンテナなどを統一的に扱えるようにした型です。

threshold 関数を参考に、用例を示します。

まず、関数定義は次のとおりで、入出力の引数にそれぞれ InputArray と OutputArray が指定されています。

```
threshold ( InputArray src, OutputArray dst,
            double threshold, double maxval, int type )
```

まず、普段どおりの用法を示します。ここでは第 1 引数の InputArray にも第 2 引数の OutputArray にも Mat を指定しています。

```
Mat src = imread("image.png", 0), dst;
threshold(src, dst, 128, 255, THRESH_BINARY);
```

続いて、第 1 引数にも第 2 引数にも vector<Mat> に収容した要素を指定します。vector の要素は Mat なので結局は先に示した直接的な Mat の指定と同じことです。

```
vector<Mat> mat(2);
mat[0] = imread("image.png", 0);
threshold(mat[0], mat[1], 64, 255, THRESH_BINARY);
```

最後の例では、uchar の要素を 3 つ持った vector コンテナを InputArray/OutputArray に指定しています。これでもちゃんと動作します。

```
vector<uchar> src{60, 180, 120};
vector<uchar> dst(3);
threshold(src, dst, 128, 255, THRESH_BINARY);
```

InputArray や OutputArray の他に InputArrayOfArrays や OutputArrayOfArrays もありますが、ヘッダファイルにはこれらはそれぞれ同じものと定義されています。

4.7 処理時間とモルフォロジー演算

本節では所定の画像処理に要する時間を実測します。

画像の処理に要する時間は、ユーザインタフェースの設計上非常に重要です。映像を適切なテンポで表示するには waitKey 関数の待ち時間を適切に定めなければなりませんが、これには処理時間を差し引かなければなりません。ビデオのフレームレートよりも時間のかかる重い処理ならば、処理する画像を間引くことでリアルタイムに表示するなど、設計を変える必要もでてきます。

ここでは画像処理に要する時間を、処理の開始前と終了直後の tick（ティック）数から算出します。処理 1 回あたりの時間なので、これは周期といいます。tick 数は時計の「チックタック」という音と同じ意味で、PC（OS）が CPU のクロックと同期して、基準時刻（たとえば PC 起動時）から一定間隔でカウントしている数です。処理の開始と終了時点の tick 数は getTickCount 関数から取得できるので、差分から処理の間の tick 数がわかります。tick 数を時間に変えるには、その PC の tick 間隔時間が必要です。これには、1 秒間に発生する tick の数を返す getTickFrequency 関数を用います。

本節では周期の単位に ms（ミリ秒）を用いるので、getTickFrequency の値は 1 ms で何回の単位にするため 1,000 分の 1 にします。

周期（ms）= (処理終了時 tick 数 − 処理開始時 tick 数) ÷ (単位時間の CPU tick 数 ÷ 1000 ms)

処理 1 回あたりの時間（周期）だけでなく、単位時間あたりの処理回数で表現したほうがわかりやすいこともあります。これを周波数といい、単位には物理などでは Hz を用いますが、映像処理では単位時間あたりの処理フレーム数なので fps を用います。周波数は周期の逆数ですが、上記の周期の単位は ms なので、秒単位にするためには 1,000 倍します。

周波数（fps）= 1000 ms ÷ 周期 (ms)

映像処理の例としては 1.3.3 節で軽く触れたモルフォロジー演算のひとつ、dilate 処理を取り上げます。dilate（膨張）処理は、図 4.20 に示すような 3 × 3 ピクセルの注目領域（カーネル）を平行移動させながら、注目領域内の 9 箇所のピクセルの最大値（相対的に明るい画素値）を、注目領域の中央のピクセル値として記録していく処理です。

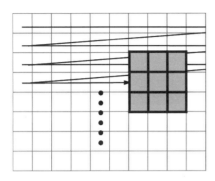

図 4.20 ●注目領域の平行移動による走査（1 格子 = 1 ピクセル）

　黒い背景に白い物体が置かれている 2 値化画像で考えてみましょう（図 4.21）。図左上の 3 × 3 の領域（点線枠）は物体の境界部分にあるため、そのピクセル値は黒黒黒黒黒黒白黒黒のように白黒が混じっています。領域内の最大値は白（255）なため、dilate 処理で領域の中心は白に変えられます（矢印が示すピクセル）。そのため、図右上のようにもともとの白の物体が少し膨らみます。これに対し、図下のように注目領域の 9 つのピクセルがすべて真っ黒あるいは真っ白なら、変化は起こりません。こうした処理により、細線を削除したり前景に混じったノイズを削除するなどの効果が得られます。対象の画像がカラーならば、BGR それぞれのチャンネルに同じ処理を施します。

　同じ dilate 処理を何度も同じ画像にかければ、1 回では消えなかったノイズを消すこともできます。しかしやりすぎると輪郭がぼやけるだけでなく、処理時間もその分増えます。本プログラムではこの反復回数をトラックバーから変更します。

　なお、モルフォロジー演算には他にもいろいろありますが、それらは 5.3 節で扱います。

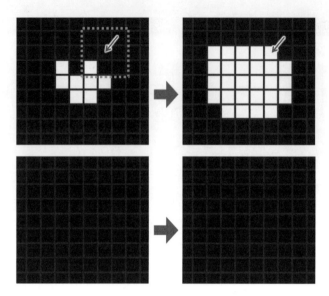

図 4.21 ●モルフォロジー演算の dilate（膨張）処理

本節で説明するクラス、関数は表 4.14 のとおりです。

表 4.14 ●処理時間計測とモルフォロジー演算プログラムで使用するクラス・関数

クラス・関数	説明
getTickCount	その時点での通算 tick 数を返す
getTickFrequency	1 秒あたりの tick 数を返す
dilate	画像の膨張（dilate）処理を行う

4.7.1 プログラムの実行

処理時間とモルフォロジー演算プログラムの実行例を図 4.22 に示します。

左上に示されている周期（ms）と周波数（fps）の値は 4.1 節で説明した文字列描画関数 putText を使って描いています。図左は反復回数が 4 回のときのもので、著者の環境（クロック周波数が 3 GHz）では処理時間は 15.6 ms、周期は 64.1 fps でした。右は 16 回のもので、それぞれ 46.9 ms と 21.3 fps でした。同じ反復回数であっても、コンピュータの計算リソースの利用可能状況に応じて数値はときどき変動します。

dilate 関数は、ピクセル値が明るい部分を膨張させます。処理反復回数に応じて明るい部分（たとえばボールの光沢部分）が大きくなっている様子がみてとれます。右図の反復回数 16 回

でペンがほぼ消失しているのは、相対的に明るいテーブル部分が各ペンの左右から膨張して覆い隠したためです。

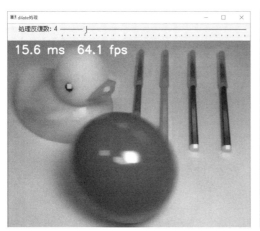 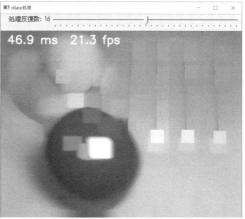

図 4.22 ●処理時間とモルフォロジー演算プログラムの実行例。明るい背景やボール上の反射が、反復回数を増やすに従って他の物体により浸食していく様子がわかります。

4.7.2 ソースコード

処理時間とモルフォロジー演算プログラムをコード 4.7 に示します。

コード 4.7 ●処理時間とモルフォロジー演算プログラム

```
1  #include "stdafx.h"
2  #include <opencv2/opencv.hpp>
3  #pragma comment(lib, "opencv_world320d.lib")
4  using namespace std;
5  using namespace cv;
6
7  void showFPS(Mat &img, double period);    // 処理周期と周波数の表示関数
8
9  int main()
10 {
11     VideoCapture cap("sample1.avi");
12     int numDilate = 8;                         // dilate処理反復数初期値
13     double tickS = getTickFrequency();         // 1秒間のtick数
14     namedWindow("dilate処理");
15     createTrackbar("処理反復数", "dilate処理", &numDilate, 32); // トラックバー作成
```

第4章 ユーザインタフェース

```
16    Mat src, dst;
17
18    while (1) {
19      cap >> src;
20      if (src.empty()) break;
21      int64 startTick = getTickCount();
22      dilate(src, dst, noArray(), Point(-1, -1), numDilate); // dilate処理
23      double period = (getTickCount() - startTick) * 1000.0 / tickS;
24
25      showFPS(dst, period);                    // 処理時間[ms]とFPS表示
26      imshow("dilate処理", dst);
27      if (waitKey(10) == 27) break;
28    }
29
30    return 0;
31  }
32  // 処理時間[ms]とFPS表示関数
33  void showFPS(Mat &img, double period) {
34    double fps = 1000.0 / period;             // 周波数[fps]
35    // 文字表示
36    stringstream st;
37    st.precision(1);
38    st << fixed << period << " ms,  " << fps << " fps";
39    putText(img, st.str(), Point(16, 32), FONT_HERSHEY_SIMPLEX
40      , 1, Scalar::all(255), 2, LINE_AA);
41  }
```

4.7.3 ライブラリの用法

以下、コード 4.7 の詳細を、使用している関数とあわせて説明します。

```
13    double tickS = getTickFrequency();        // 1秒間のtick数
```

最初に getTickFrequency 関数で tick 時間を取得しておきます。次に示す関数定義のとおり、得られるのは浮動小数点数です。

1秒あたりのtick数を返す	
getTickFrequency()	
戻り値（**double**）	1秒あたりのtick数を返す

190

4.7 処理時間とモルフォロジー演算

```
 ⋮
21    int64 startTick = getTickCount();
 ⋮
23    double period = (getTickCount() - startTick) * 1000.0 / tickS;
```

その上で、dilate（上記では割愛した22行目）直前と直後のtickをそれぞれgetTickCount関数から取得し、周期（ms）を冒頭で示した式に従って算出します。次に示す関数定義のとおりtick数は整数ですが、tick時間が浮動小数点数なので、周期も浮動小数点数として扱います。

その時点のtick数を返す
getTickCount()

戻り値（int64）	ある時刻（たとえばシステム起動時）からのtick数を返す

```
25    showFPS(dst, period);                  // 処理時間[ms]とFPS表示
 ⋮
33 void showFPS(Mat &img, double period) {
34    double fps = 1000.0 / period;          // 周波数[fps]
35    // 文字表示
36    stringstream st;
37    st.precision(1);
38    st << fixed << period << " ms,  " << fps << " fps";
39    putText(img, st.str(), Point(16, 32), FONT_HERSHEY_SIMPLEX
40      , 1, Scalar::all(255), 2, LINE_AA);
41 }
```

25行目は、画像上に周期と周波数を表示する関数を呼び出しています。この関数は描画対象のMatと周期を引数に取ります。周期から周波数を計算する34行目は、冒頭で説明した式のとおりです。

あとはこれら値をputTextを用いて表示するだけですが、これには浮動小数点数で表現された数値を文字列に変換しなければなりません。これを行っているのが36〜38行目です。

stringstreamクラスは4.1節でも整数値を文字列にするときに用いました。ここでは、小数点以下の桁数を制限する書式化の方法を取り上げます。まず、用意したstringstream stに対し、そのメンバ関数であるprecisionを使って数値は小数点以下1桁まで印字するように指示します。

38行目で最初にstに書き込んでいるfixedは小数点数の表記を通常の小数（123.00）か指数（1.23E+2.00）にするかを指定するマニピュレータです。stに対する指示であり、この文字列自体が書き込まれるわけではありません。あとは周期、その単位、周波数、その単位の順にstに書き込んでいますが、precision(1)が指定されているので値は92.3のように小数点以下1桁ま

第4章 ユーザインタフェース

でしか書き込まれません。最後に、str メンバ関数を使ってストリームに書き込んだデータを文字列にします（39 行目）

```
22      dilate(src, dst, noArray(), Point(-1, -1), numDilate); // dilate処理
```

dilate 関数の第 1 引数には処理対象となる画像（Mat）、第 2 引数には処理後の画像を格納する Mat をそれぞれ指定します。

第 3 引数には注目領域のサイズを指定しますが、ここではデフォルトの 3 × 3 を利用するので noArray() を指定します（3.3 節参照）。デフォルト以外の用法は、本節末の NOTE を参照してください。

第 4 引数以降はオプションです。第 4 引数には注目領域の中心を指定します。デフォルトは Point(-1, -1) で、これは真ん中を示します。

第 5 引数は同じ画像にこの処理を何回繰り返しかけるかを指定するもので、デフォルトは 1 回です。本プログラムではこの値をスライダから変更することで、負荷を変えています。

第 6 引数には、画像の外にはみ出るような画像境界上の注目領域を処理するとき、外側のピクセル値を外挿する方法を所定の定数（3.7 節の表）から指定します。第 7 引数は、外挿時に特定の値を用いるならば、その値を指定するものです。デフォルトでは自動的に計算されます。

dilate の関数定義を次に示します。なお、dilate の反対の erode 関数も同じ定義です。また、morphologyEx 関数も opening や closing などの操作方法を指定する引数が間に入っている以外は、これと同じ定義です。

画像のdilate（膨張）処理	
dilate (InputArray **src**, OutputArray **dst**, InputArray **kernel**, Point **anchor** = *Point(-1, -1)*, int **iterations** = *1*, int **borderMode** = *BORDER_CONSTANT*, const Scalar& **borderValue** = *Scalar()*)	
src	入力画像
dst	出力画像
kernel	注目領域の形状。デフォルトの3 × 3の場合はnoArray()を指定する。
anchor	アンカー位置（X,Y）を指定する。デフォルト値の(-1, -1)は中心を表す。
iterations	処理回数。デフォルトは1回。
borderMode	画像範囲外のピクセル値の外挿方法を指定（3.7節の表）。デフォルトはBORDER_CONSTANT。
borderValue	borderModeがBORDER_CONSTANTのとき、ピクセル値をScalar（B, G, R）で指定する。デフォルト値は処理に応じて自動計算される。

任意形状の構造要素

　dilate 関数の第 3 引数から指定する注目領域は、正確には**構造要素**（structuring element）と呼ばれます。デフォルトの 3 × 3 では、注目画素（中心）の周囲の 8 ピクセルを計算（最大値）の対象にしています。これを 8 近傍といいます。同じ 3 × 3 であっても注目画像の上下左右の四ピクセルだけを計算対象とすることもあり、これを 4 近傍といいます（つまり上下左右と中央の 5 つのピクセルの最大値を取る）。計算対象となるピクセルを 1、そうでないピクセルを 0 で表現すると、これらは次のように行列として書くことができます。

```
1 1 1              0 1 0
1 1 1              1 1 1
1 1 1              0 1 0
3 × 3 の 8 近傍      3 × 3 の 4 近傍
```

　ROI が矩形内のすべての要素を対象としているのに対し、構造要素はこのように矩形内の対象をピクセル単位で指定できます。このように、構造要素な内部が一様ではないので、Mat オブジェクトから指定します。

　サイズも自由に指定できます。次に示すのはサイズが 7 × 7 で、計算対象が注目画素を中心とした円状になっている構造要素です。次のサンプルコードでは、これを uchar（8 ビット符号なし整数）で用意しています。その上で、Mat コンストラクタから CV_8UC1（1 チャンネル 8 ビット符号なし整数）として Mat を生成しています。なお、この構造要素は本節のコード 4.7 の 43 行目以降に設けたコメントエリア（#ifdef EXAMPLES）にも掲載してあります。

```
uchar data[49] = {
  0, 0, 0, 1, 0, 0, 0,
  0, 1, 1, 1, 1, 1, 0,
  0, 1, 1, 1, 1, 1, 0,
  1, 1, 1, 1, 1, 1, 1,
  0, 1, 1, 1, 1, 1, 0,
  0, 1, 1, 1, 1, 1, 0,
  0, 0, 0, 1, 0, 0, 0
};
Mat element(Size(7, 7), CV_8UC1, data);
```

　構造要素 element は、次のように本文 25 行目 dilate 関数の第 3 引数に noArray() の代わりに指定します。

```
dilate(src, dst, element, Point(-1, -1), numDilate);  // dilate処理
```

　結果を図 4.23 に示します。先の結果と比較すると、構造要素が広いためより広範囲に「白く」膨張しており、その形状が円に近くなっていることがわかります

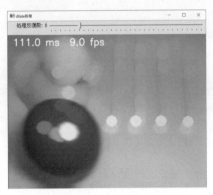

図 4.23 ●円形で 7 × 7 の構造要素を用いた dilate 処理

　構造要素は、dilate 関数に限らず erode や morphologyEx 関数でも同様の方法で指定できます。また、getStructuringElement 関数からも作成することができます。関数の詳細は OpenCV 公式リファレンスを参照してください。

5

チャンネル、領域、ピクセル単位の処理

　ここまで、画像全体か一部の矩形領域（ROI）が画像処理の対象でした。本章ではチャンネル単位あるいはピクセル単位で処理する方法を紹介します。チャンネル単位での操作にはカラーをチャンネルに分離しなければなりませんが、この分離技術を使ったクロマキー合成プログラムも実装します。また、高精度な演算を可能にするための浮動小数点数型のピクセル値や画像処理の基本である空間フィルタリングも説明します。

5.1　BGR 画像の分離と合成

5.2　HSV 画像とポスタリゼーション

5.3　マスクとクロマキー合成

5.4　ピクセル操作と点描化

5.5　浮動小数点数型画像

5.6　移動物体の抽出

5.7　空間フィルタリング

5.8　行列の要素毎の積とトランジション

5.1 BGR画像の分離と合成

1.4.3節で説明したように、カラー画像は青（B）、緑（G）、赤（R）の3つのチャンネルを重ね合わせることで表現されています。本節ではこのことを理解するため、カラー入力映像のチャンネルをB、G、Rに分離し、それぞれの色で表示するプログラムを作成します。また、各チャンネルのフレームの輝度平均値とどの色がそのフレームの基調となっているかをコンソールに示すことで、表示されているフレームの色の特徴を把握できるようにします。

図5.1にプログラムの手順を模式的に示します。

まず、入力された3チャンネルカラーフレーム（CV_8UC3）をチャンネル単位に分離します。分離された各チャンネルの画像はそれぞれ1チャンネル（CV_8UC1）であり、そのまま表示するとグレースケールと解釈されます。このままでも、3原色それぞれの強度を見るには十分です（その色が強ければ白っぽく見えます）。しかし、ここでは合成の練習も兼ねて分離後の1チャンネル画像から青、緑、赤の各3チャンネルカラー画像を合成し、そのチャンネルの色で表示します。つまり、青チャンネルは青く、赤チャンネルは赤く表示します。これには、残りのチャンネルの輝度をすべて0とした画像（ここでは「ゼロ画像」と呼びます）を結合します。

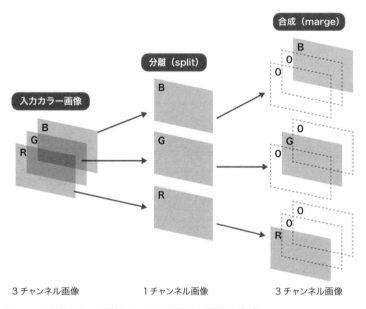

図5.1 ●入力カラー画像からBGR各輝度の画像を生成

5.1 BGR 画像の分離と合成

これに加え、各チャンネルのフレームのピクセルの平均値を求めることで平均輝度を計算し、どの色成分が多いかを判定してから、コンソールウィンドウ（コマンドプロンプト）に表示します。

本節で説明するクラス、関数は表 5.1 のとおりです。

表 5.1 ● BGR 画像の分離と合成プログラムで使用するクラス・関数

クラス・関数	説明
split	画像の 3 チャンネル（B、G、R）への分離
merge	画像の合成
mean	画像全体のピクセルの平均値を算出
minMaxLoc	最小値と最大値の値、およびそれらの位置を算出

5.1.1 プログラムの実行

BGR 画像の分離と合成プログラムの実行例を図 5.2 に示します。上段がオリジナルの入力フレーム、下段がこれを BGR それぞれに分離したフレームです。紙面ではモノクロですが、実行時には 4 枚ともカラー表示です。

入力例には、全体的に緑色の葉で覆われた中に赤いプチトマトが数個中央付近に映し出されています。青、緑、赤の各成分に分離された画像は、そのチャンネルの成分（0 〜 255）が強ければ明るく表示されます。たとえば中央の領域は（R）赤チャンネルでは明るく（白く）、それ以外のチャンネルは暗くなっているため、プチトマトが赤だとわかります。一方、背景の緑は（G）緑チャンネルで明るく表示されています。（B）青チャンネルは全体的に暗いことから、この画像には青成分が少ないことが読み取れます。もう少し細かく見ると、一番右のプチトマトは赤成分よりも緑成分が多いことから、左のものより熟していないということもわかります。

197

第 5 章　チャンネル、領域、ピクセル単位の処理

(BGR) 入力カラー映像

(B) 青チャンネル映像　　　(G) 緑チャンネル映像　　　(R) 赤チャンネル映像

図 5.2 ● BGR チャンネルの分離と合成プログラムの実行例

　コンソール（図 5.3）には各チャンネルの画素（輝度）の平均値をフレーム単位で表示します。詳細は用法の節で説明しますが、Scalar 型をそのまま表示しているので値は B、G、R、アルファチャンネルの順に示されています。この例では、その時点で表示されているフレームは赤チャンネルの値（179 ～ 187）が一番大きく、入力映像は赤が基調となっていることを示しています。

```
BGR平均値 [148, 174, 187, 0]; 赤成分が多い
BGR平均値 [144, 170, 185, 0]; 赤成分が多い
BGR平均値 [140, 165, 182, 0]; 赤成分が多い
BGR平均値 [135, 160, 180, 0]; 赤成分が多い
BGR平均値 [134, 159, 179, 0]; 赤成分が多い
```

図 5.3 ●映像フレーム全体の BGR 平均値と最大成分を表示

　操作方法ですが、一時停止にはスペースキーを、途中で終了するには Esc キーをそれぞれ押下します。プログラムはビデオファイルが末尾に達したところで終了します。

5.1.2　ソースコード

　BGR 画像の分離と合成プログラムをコード 5.1 に示します。

5.1 BGR 画像の分離と合成

コード 5.1 ● BGR 画像の分離と合成プログラム

```cpp
1  #include "stdafx.h"
2  #include <opencv2/opencv.hpp>
3  #pragma comment(lib, "opencv_world320d.lib")
4  using namespace std;
5  using namespace cv;
6
7  int main()
8  {
9    VideoCapture cap("sample1.avi");
10   Size frame((int)cap.get(CAP_PROP_FRAME_WIDTH),
11             (int)cap.get(CAP_PROP_FRAME_HEIGHT));  // 入力映像のサイズ
12   Mat src;
13   Mat imgZero = Mat::zeros(frame, CV_8UC1);        // ゼロ画像
14
15   // 3チャンネル出力用の Mat とそれぞれの名前
16   vector<Mat> dst(3);                              // 3チャンネル出力画像3枚
17   vector<string> colors{ "青", "緑", "赤" };       // 色の名称
18
19   while (1) {
20     cap >> src;
21     if (src.empty()) break;
22     vector<Mat> ch(3);                   // Mat型vectorコンテナ(3要素)を準備
23     split(src, ch);                      // BGRチャンネルに分離
24     for(int i=0; i<ch.size(); i++) {
25       vector<Mat> temp {imgZero, imgZero, imgZero};
26       temp[i] = ch[i];
27       merge(temp, dst[i]);               // チャンネル合成
28       imshow(colors[i], dst[i]);
29     }
30     Scalar ave = mean(src);              // BGRピクセル平均値を計算し表示する
31
32     cout.precision(0);
33     cout << fixed << "BGR平均値 " << ave << "; ";
34     Point maxLoc;
35     minMaxLoc(ave, NULL, NULL, NULL, &maxLoc);      // 最大値の要素番号を求める
36     cout << colors[maxLoc.y] + "成分が多い" << endl;
37
38     if (waitKey(30) == 27) break;
39   }
40
```

199

第 5 章　チャンネル、領域、ピクセル単位の処理

```
41    return 0;
42 }
```

5.1.3　ライブラリの用法

以下、コード 5.1 の詳細を、使用している関数とあわせて説明します。

```
22    vector<Mat> ch(3);                    // Mat型vectorコンテナ(3要素)を準備
23    split(src, ch);                       // BGRチャンネルに分離
```

ビデオから読み込まれたカラーフレームは src（12 行目で定義）に読み込まれています。これを分離し、チャンネル毎に Mat に書き出すには、3 つの Mat が必要です。22 行目では、これらをひとまとめに vector で用意しています（4.1 節末の NOTE 参照）。

続く 23 行目で、split 関数から src を分離します。関数の第 1 引数には入力画像を、第 2 引数には Mat の配列あるいは vector を指定します。カラーモデルはデフォルトの BGR なので、ch[0] に B、ch[1] に G、ch[2] に R のデータがそれぞれ収容されます。なお、入力画像にアルファチャンネルが含まれているときは、vector は 4 要素にします。

split 関数の定義を次に示します。

画像のチャンネル分離	
split (InputArray **m**, OutputArrayOfArrays **mv**)	
m	入力画像（マルチチャンネル）。
mv	出力画像の配列（あるいはvector）。配列サイズは必要に応じて動的に再割り当てされる。

```
24    for(int i=0; i<ch.size(); i++) {
25      vector<Mat> temp {imgZero, imgZero, imgZero};
26      temp[i] = ch[i];
27      merge(temp, dst[i]);                // チャンネル合成
28      imshow(colors[i], dst[i]);
29    }
```

3 つに分けられた各チャンネルの画像（ch[i]）から、merge 関数を用いてカラー画像を生成します。同じ作業を B、G、R の 3 回分行うため、ここではループを形成しています。for ループの条件式にある ch.size() は ch の要素数を示しているので、ループは 3 回繰り返します。

ループではまず、3 要素から成る Mat 画像 vector を用意します。いずれも初期値は 13 行目で

用意した、ピクセル値がすべて 0 の「ゼロ画像」imgZero です。続いて、そのうちの i 番目の要素だけ ch の i 番目の要素と入れ替えます。これで B（i=0）なら temp の第 1 要素に ch の第 1 要素が、G（i=1）なら temp の第 2 要素に ch の第 2 要素がそれぞれ入ります。

merge 関数は split 関数の逆の操作を行うもので、第 1 引数に指定した BGR の順の vector コンテナ（temp）を合成し、生成した 3 チャンネルカラー画像を第 2 引数に書き込みます。入力が 4 要素なら、アルファチャンネルと解釈されます。関数定義は次のとおりです。

1チャンネル画像からマルチチャンネル画像を合成

merge (InputArrayOfArrays **mv**, OutputArray **dst**)

mv	合成元の入力画像配列（BGRアルファの順）。
dst	合成後の出力画像。

なおこのループでは、imshow 関数の第 1 引数で指定するウィンドウ名も vector で用意してあります（17 行目）。

```
30    Scalar ave = mean(src);              // BGRピクセル平均値を計算し表示する
```

チャンネルごとに画像全体にわたるピクセル値の平均を求め、その結果を Scalar 型で返します（3.3、4.1 節参照）。src が BGR カラーなので、ここでは ave[0] に B の、ave[1] に G の、ave[2] に R の、ave[3] にアルファチャンネルの平均値がそれぞれ格納されます。入力画像が 3 チャンネル画像であっても、アルファチャンネル付きの 4 要素で返される点に注意してください。オプションの第 2 引数には、5.3 節で説明するマスク画像も指定できます。

Scalar 型も cout に直接書き込めます。この場合、[153, 177, 187, 0] のように [] で括られ、カンマで区切られた形式で出力されます。

mean 関数の定義は次のとおりです。

ピクセル値の平均をチャンネル単位で計算

mean (InputArray **src**, InputArray **mask** = *noArray()*)

src	計算対象となる1〜4チャンネルの入力配列。
mask	マスク画像（5.3節参照）。
戻り値（Scalar）	計算結果をScalar型（BGRアルファの順）で返す。

平均値は meanStdDev 関数からも取得できます。用法は基本的に mean 関数と同じですが、平均値と標準偏差値を同時に計算する関数です。詳細は OpenCV 公式リファレンスを参照してください。

第5章 チャンネル、領域、ピクセル単位の処理

```
34      Point maxLoc;
35      minMaxLoc(ave, NULL, NULL, NULL, &maxLoc);      // 最大値の要素番号を求める
36      cout << colors[maxLoc.y] + "成分が多い" << endl;
```

ここではフレームの基調色を調べて報告しています。

35行目の minMaxLoc 関数は、指定した画像や行列全体から最小値と最大値、およびそれらの位置を求めるのに使用されます。通常、第1引数に指定されるのは行と列を持つ2次元の Mat 等ですが、ここでは列方向に1次元に伸びる Scalar 型 ave を指定しています。

第2引数以降には結果を収容する変数を指定します。第2引数は最小値、第3引数は最大値、第4引数は最小値の座標、第5引数は最大値の座標です。ここでは最大値の位置だけに着目しているので、第5引数以外には NULL を指定して無視しています。また、座標値は (x, y) で示されるので、第5引数には Point 型を指定します（34行目）。アドレス指定なので、maxLoc には「&」を先頭に付けます。

第5引数から取得した maxLoc の (x, y) 座標のうち y 座標に着目しているのは（36行目）、ave が1行4列の行列として解釈されているからです。もう少し具体的にいうと、RGB アルファの平均値が仮に [54, 129, 106, 0] であれば、最大値は 129 で、位置の y 座標は 1（0からカウントするので）となります。

36行目では y 座標の位置をもとに赤、緑、青のいずれかの色の名称をコンソールに出力しています。

画像内の最小／最大値およびその座標を取得	
minMaxLoc (InputArray **src**, double* **minVal**, double* **maxVal** = *0*, Point* **minLoc** = *0*, Point* **maxLoc** = *0*, InputArray **mask** = *noArray()*)	
src	入力画像
minVal	最小値へのポインタ（必要ない場合はNULLを指定）
maxVal	最大値へのポインタ（必要ない場合はNULLを指定）
minLoc	最小値の座標値へのポインタ（必要ない場合はNULLを指定）
maxLoc	最大値の座標値へのポインタ（必要ない場合はNULLを指定）
mask	マスク画像（5.3節参照）。

5.2 HSV画像とポスタリゼーション

1.4.3節で説明したように、カラー画像はBGR（青－緑－赤）だけでなくHSV（色相－彩度－明度）で表現することもできます。**色相**（Hue、ヒュー）とは、赤っぽい、青っぽいなどといった色合いを表す要素です。**彩度**はその鮮やかさ、**明度**は明るさです。色相は円環で表現されるので、色の値は角度として示されます（これを色相環といい、実際の見え方は5.3節で示します）。色の順番は虹と同じで、赤（0度）から始まり、黄色、緑、水色（ここの辺で180度くらい）、青、紫を経てまた赤（360度）に戻ります。

ただし、CV_8UC3のように値の範囲が0～255のデータ型では255度を超えた値を表現できないため、Hには円環の半分の0～179を用います。180～255（ucharの範囲）の値については180が引かれて循環します。つまり180は0と等しく、200なら200－180＝20となります。ただし、SとVの範囲はいつもどおり0～255です。CV_16UC3のように360度を十分カバーできるときは、0～360が用いられます。CV_32FC3のように浮動小数点なら、0～1にスケーリングされた値になります。

表5.2にCV_8UC3のときのHの値と対応する色を示します。

表5.2 ●色相Hの値と色の対応

色相Hの値	0	30	60	90	120	150	179
色	赤	黄	緑	水色	青	紫	赤

本節ではこのHSV表現を用いてポスタリゼーションアプリケーションを実装します。ポスタリゼーションは自然な画像をポスターのように限られた色数に減らす操作を指します。CV_8UC3の画像は本来180色で構成されていますが、これをたとえば6色にするわけです。色数を減らすので減色処理とも呼ばれます。

減色は、ある一定範囲のHの値をその範囲内の代表値に置き換えることで行います。6色に減色するときの方法を表5.3に示します。この計算は単純で、Hの値を1色の範囲（6色なので180÷6）で割ることで0～6の仮の色番号を得て、それを元に戻すよう30倍するだけです。除算は整数で行われるので、たとえば0以上30未満の値は30で割ればすべて0になり、それを30倍すればすべて30になります。

表 5.3 ● 減色処理方法（180 色を 6 色に減色）

元の色の範囲	0〜30	30〜60	60〜90	90〜150	120〜150	150〜179	179
範囲で割る	0	1	2	3	4	5	6
範囲で掛ける	0	30	60	90	120	150	180
色	赤	黄	緑	水色	青	紫	赤

　プログラムは BGR 画像を HSV に変換し、これを分離します。その上で H チャンネルだけ減色処理を施した上で、もとの BGR に再合成します。カラー変換は 3.5 節のグレースケール化で用いた cvtColor 関数から行います。使用するカラーモデル変換定数は、BGR から HSV なら COLOR_BGR2HSV、HSV から BGR なら COLOR_HSV2BGR です。

　また、減色を 6 色だけに限ってしまうのでは何色が最適なのかが見えにくいので、180（色）の約数すべてのパターンの色数（1、2、3、4、5、6、9、10、12、15、18、20、30、36、45、60、90、180）でポスタリゼーションを行います。

　本節で新しく登場するクラス、関数はありません。

5.2.1　プログラムの実行

　HSV 画像とポスタリゼーションプログラムの実行例を図 5.4 に示します。

　プログラムは 18 パターンの減色数のそれぞれの箇所で停止するので、続けるには何らかのキーを押します。途中で中止するには Esc キーを押下します。減色後の色数は、ウィンドウ左上に putText 関数で示されます。最初の減色数は 180 で、これはオリジナルと同じです。

　最初の色数 1 は 0〜179 の範囲をすべて 0（赤）で代表させるので、色のあるものはすべて赤くなります。ただし、背景は白で色がないので、そのまま白く残ります。色数が 12 になると、それぞれの物体の色が戻ってきますが、オレンジは上部と下部で黄色と橙に塗り分けられます。色数が 90 ともなれば、もうほぼ元の画像と区別はつきません。

色数 1

色数 12

色数 90

図 5.4 ● HSV 画像とポスタリゼーションプログラムの実行例

5.2.2 ソースコード

HSV画像とポスタリゼーションプログラムをコード5.2に示します。

コード5.2 ● HSV画像とポスタリゼーション

```cpp
1  #include "stdafx.h"
2  #include <opencv2/opencv.hpp>
3  #pragma comment(lib, "opencv_world320d.lib")
4  using namespace std;
5  using namespace cv;
6
7  int main()
8  {
9    vector<int>lColor {180, 1, 2, 3, 4, 5, 6, 9, 10, 12, 15, 18, 20,
                                              30, 36, 45, 60, 90};
10
11   Mat src, hsv, poster;
12   src = imread("image.png");
13   cvtColor(src, hsv, COLOR_BGR2HSV);
14
15   for(int c=0; c<lColor.size(); c++) {
16     vector<Mat> ch(3);
17     split(hsv, ch);                      // BGRチャンネルに分離
18     int nColor = lColor[c];
19     int colorRange = 180 / nColor;
20     ch[0] /= colorRange;
21     ch[0] *= colorRange;
22     merge(ch, poster);
23     cvtColor(poster, poster, COLOR_HSV2BGR);
24
25     stringstream ss;
26     ss << "C=" << nColor;
27     putText(poster, ss.str(), Point(20, 30), FONT_HERSHEY_SIMPLEX, 1,
                                               Scalar::all(0));
28     imshow("ポスタリゼーション", poster);
29
30     if (waitKey() == 27) break;
31   }
32
33   return 0;
34 }
```

第 5 章　チャンネル、領域、ピクセル単位の処理

5.2.3　ライブラリの用法

以下、コード 5.2 の詳細を説明します。

```
13    cvtColor(src, hsv, COLOR_BGR2HSV);
```

基本構造は 5.1 節の BGR の分解と合成と同じです。違いは分離に先立って、cvtColor 関数で BGR の src を HSV の hsv に変換している点です。変換用の定数は COLOR_BGR2HSV です（定数のリストは 3.5 節を参照）。HSV も BGR と同じく 3 チャンネル画像なので、これを split 関数でチャンネル分離すれば、ch[0] に H、ch[1] に S、ch[2] に V がそれぞれ格納されます。

```
9     vector<int>lColor {180, 1, 2, 3, 4, 5, 6, 9, 10, 12, 15, 18, 20,
                                              30, 36, 45, 60, 90};
    ⋮
18    int nColor = lColor[c];
19    int colorRange = 180 / nColor;
```

9 行目で、このプログラムで使う色数のリストを用意しています（全 18 種類）。（1 も含む）180 の約数を使っているのは、180 を割り切れるようにするためです（19 行目）。

```
20    ch[0] /= colorRange;
21    ch[0] *= colorRange;
```

減色処理です。先にも述べたように、色の範囲で割ることで仮の色番号（0 から色数まで）を得て、それを範囲で掛けて戻すことで、飛び飛びな値を生成しています。Mat である ch の要素は行列として解釈されるので、定数倍で除算をすれば全ピクセルがその値で割られます。乗算も同じです。なお、/= や *= という記法は ch[0] = ch[0] * colorRange と同じ意味で、演算結果で元の Mat を上書きしています。

```
22    merge(ch, poster);
23    cvtColor(poster, poster, COLOR_HSV2BGR);
```

H、S、V の順に並んでいる ch をそのまま merge すれば、HSV 形式の CV_8UC3 Mat が作成されます。しかし、このまま imshow 関数で表示すると、H を B、S を G、V を R と解釈してしまうので突拍子もない色になります（物の形は合っています）。そこで、cvtColor 関数でこの HSV 画像を BGR に戻します。変換用の定数は COLOR_HSV2BGR です。

HSV 変換のピクセル値の変化

cvtColor 関数で BGR を HSV に変換したときのピクセル値の変化を具体的に示します（図 5.5）。わかりやすくするため、図上部に対応する「青、緑、赤、暗い青、……」といった代表的な色も示しました。

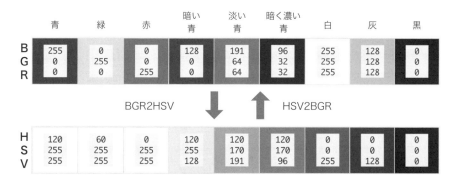

図 5.5 ● HSV 変換時のピクセル値の変化

BGR2HSV の変換を行うと、たとえば BGR で (255, 0, 0) の色相 H は 120 になります。彩度 S と明度 V は最大値の 255 です。B の輝度が最大の 255 だからです。暗い青 (128, 0, 0) では、H = 120、S = 255、V = 128 となります。H の値は (255, 0, 0) の青から変化していない（同じ色なので）のに対し、輝度を示す V の値が約半分の 128 になっていることがわかります。

HSV の値に何の変更も加えずに HSV2BGR で BGR に変換すれば、元のピクセル値に戻ります。

変換の具体的な方法（変換式）や HSV 以外のカラーモデル変換は OpenCV 公式リファレンスを参照してください。

5.3　マスクとクロマキー合成

本節では、前節の HSV のチャンネル分離にマスク画像という新しいテクニックを加えて、クロマキー合成アプリケーションを作成します。

映画などでは、スタジオで撮影した人物像を別に撮影した背景映像に埋め込むことで、その背景中にあたかも人物が存在するかのような特殊撮影が用いられます。これをクロマキー合成といい、均質な背景色の前で人物（前景）を撮影した上で背景を透明にし、この映像を背景映

像と合成することで行われます。従来は肌色の補色であるなどの理由から青い背景がよく用いられていたため、撮影用語でブルーバックと呼ばれていますが、最近では緑を使うことが多くなっており、本節でも背景に緑を用います。

　背景色の選択には考慮が必要です。たとえば「緑」といったとき、そこには水色（青と緑の混色）や黄色（赤と緑）など純粋な緑以外の成分もかなり混入しています。さらに、光源によっても色合いは大きく変わってきます。そのため、BGR カラーの B チャンネルのピクセル値が一定よりも大きい領域を背景としても、適切に分離できません。そこで、前節でやったように BGR 画像を HSV に変換してから処理します。

　前景をクロマキー画像から抜き出すには、マスク画像を用います。

　マスク画像は関数の操作が影響を及ぼす範囲を限定するときに使うもので、この画像のピクセル値が 0 ならば、その位置に対応する画像のピクセルには関数は影響しません。setTo 関数でいえば、その位置のピクセルには指定の値がセットされません。逆に値が 0 以外ならば、その位置のピクセルに関数の操作が適用されます。copyTo 関数なら、その位置のピクセル値がコピーされます。たとえば黒（0）の背景に白（255）の円が描かれているマスク画像を用いて、ある画像を真っ黒な画像にコピーすれば、図 5.6 のように円の部分だけがコピーされます。

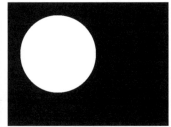

図 5.6 ●マスク画像による部分的なコピー。左から元画像、マスク画像、元画像のマスク画像部分のコピー結果。

　マスク画像には通常、1 チャンネル符号なし 8 ビット（CV_8UC1）の Mat オブジェクトを用います。たとえば図 5.6 中央の図では、背景が黒（0）の画像に白（255）で塗りつぶした円を circle 関数で描くことでマスク画像を作成しています。本節のプログラムでは、特定の色（たとえば緑）の範囲の値を持つピクセルの位置に 255 を、それ以外に 0 を書き込むことでマスク画像を生成します。

　しかし、単純に背景色の範囲内にあるピクセルをすべて 0 にするだけだと、たまたま前景に現れた背景と同じ色のピクセルも背景として扱われることになります。特に前景の輪郭は色が不安定なので、ギザギザして不自然な見栄えになります。そこでモルフォロジー演算を用いて、こうした微小な「ノイズ」を除去します。

モルフォロジー演算には、4.7 節で取り上げた dilate 処理だけでなく、erode 処理というものもあります。前者は輪郭の不定形な物体を膨らませる、つまり注目領域の中の最大値で注目画素を置き換えるものでしたが、後者は物体を縮退させる、つまり注目領域の中の最小値で注目画素を置き換えるものです

erode 処理のイメージを図 5.7 に示します。左図が元画像、矢印の先の右図が処理後の画像です。dilate 同様、erode 処理画像全体を 3 × 3 の注目領域で走査していきます。そして、3 × 3 の注目領域の全部が白ピクセルのときのみ（点線枠）、領域中央のピクセルを白くします（矢印が示すピクセル）。注目領域の 1 つでも黒ならば、中央は黒です。大雑把にいうと、これで周辺の 1 ピクセルを削られます。このため、左上図のような画像では、格好は元の形をある程度保存してはいるものの、輪郭が縮退（erode）したような画像が得られます。左下図のように白い領域が微小な場合はこの処理で消滅します。このような微小な点はノイズであることが多いため、erode 処理にはノイズを除去する機能があるということができます。

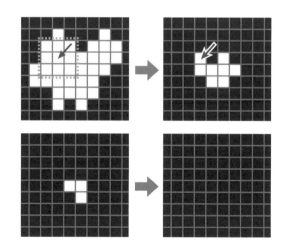

図 5.7 ●モルフォロジー演算の erode（縮退）処理

モルフォロジー演算には他にも open 処理、close 処理と呼ばれるものがあります。

open 処理は erode 処理に続いて dilate 処理を行うものです。縮退させたのちに膨張させるので、白と黒の総面積は最終的には元画像とおおむね同じになります。しかし、erode によっていったん消去された微小領域が dilate によって復活することはありません。つまり、同じ形状を保ったまま白の微小領域をなくす、つまりノイズを除去できます。

close 処理では逆に膨張させてから収縮させるので、黒の微小領域がなくなります。たとえば、白い領域中に黒い微小な穴のようなノイズがあった場合、膨張でこの穴が埋められますが、

収縮してもその穴が復活することはありません。

　入力画像にあるノイズが比較的大きいときは、こうした処理回数を適当に増やし、収縮と膨張の度合を強くすることでノイズを除去します。open処理かclose処理かは除去したいノイズが白か黒かによります。

　open/closeの適用によるノイズ消去の例を図5.8に示します。ここではopen/closeを2回適用しており、アヒルの眼の部分にあった白の微小領域（＝ノイズ）がなくなっています。2回適用してもノイズが消えなければ適用回数をさらに増やせばよいのですが、増やしすぎるともともと尖っていた輪郭が鈍ったりします。

元画像　　　　　　open/close 2回適用後

図 5.8 ● open/close の適用例

　dilate処理およびerode処理にはそれぞれ専用のdilate関数とerode関数がありますが、本節で行うopen/close処理にはmorphologyEx関数を用います。

　本節で説明するクラス、関数は表5.4のとおりです。

表 5.4 ● マスクとクロマキー合成プログラムで使用するクラス・関数

クラス・関数	説明
morphologyEx	画像のopen処理やclose処理を行う

5.3.1　プログラムの実行

　マスクとクロマキー合成プログラムの実行例を以下に示します。

　入力ビデオは図5.9に示すように前景用と背景用の2本あります。ここでは前者をグリーンバック映像、後者を背景映像と呼びます。グリーンバック映像は緑の背景の中を右から左へと動いていく黄色のアヒルのおもちゃを写しており、ここからアヒルを抽出します。背景映像はキャンパス内を歩行者が移動しているもので、ここに移動アヒルを重畳します。ファイル名は

それぞれ duck_greenback.avi、video.avi です。プログラムはこれらの入力映像そのものは表示しません。

グリーンバック映像　　　　　　　　　　　背景映像

図 5.9 ●グリーンバック映像と背景映像。前者のアヒル部分を後者に重畳します。

　グリーンバック映像の背景色範囲は図 5.10 に示す「色相範囲」ウィンドウ上部のトラックバーから指定します。2 つのトラックバーがあり、最小値と最大値の間の色相値が背景色とされます。最小値を最大値より大きくなるようにもスライダを動かせますが、そのときは最小値が最大値と入れ替わります。たとえば、スライダ値が最小値で 100、最大値で 60 の場合、背景色範囲は 60 〜 100 と解釈されます。

　ウィンドウ下部には参考のために色相環を示します。12 時の方向が（H = 0）が赤で、時計回りに黄色、緑、水色（6 時）、青、橙を経て H = 180 でまた赤に戻ります。この色相環の外周に白い円弧で示されているのが、トラックバーから指定した色相の範囲です。

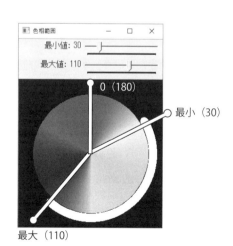

図 5.10 ●色相範囲ウィンドウ

プログラムは、指定の色相範囲内の値のピクセルを背景とみなし、グリーンバック映像（図5.9左）から背景は255、それ以外（前景）は0のCV_8UC1のグレースケールマスク画像を生成します。図5.11左は、緑を中心として「イエロー〜青」の範囲を背景として指定したときのもので、アヒルが適切に背景から分離できている様子を示しています。これに対し、図右では緑を中心としているのは同じですが、範囲を左よりも広く色範囲をとっています。このため、アヒルの形状がうまく抽出できていません。

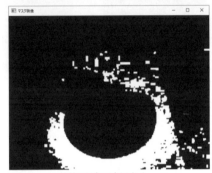

色範囲が適切なケース　　　　　　　　色範囲が不適切なケース

図5.11 ●グリーンバック映像（図5.9左）から色相範囲ウィンドウ（図5.10）で指定した色範囲のピクセルを背景、それ以外を前景として生成したマスク画像

マスク画像で切り抜いたグリーンバック映像の前景を背景映像にコピーした結果は「合成映像」ウィンドウに表示されます（図5.12）。

図5.12 ●グリーンバック映像の前景だけを背景映像にコピーして作成したクロマキー合成映像

色相範囲を黄色を中心に指定すると、今度はアヒル部分が背景、それ以外が前景とみなされるため、マスク画像は反転します（図5.13）。そのため、グリーンバック映像の緑の背景はそのまま、アヒルの上に背景映像が重畳されます。

ただし、アヒル全体に重畳されるわけではありません。マスク画像をみると、オレンジ色のくちばしと黒い目が背景から除外されています。そのため、合成映像にもくちばしと目が残っています。図5.9などのオリジナル画像をよくみてください。同じ黒い領域であっても、アヒル後部側面にある黒く細い筋はマスク映像には現れていません。これは、モルフォロジー演算によってノイズとして削減されたからです。

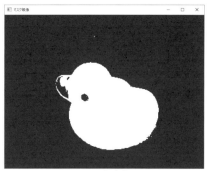 

マスク映像　　　　　　　　　　　　クロマキー合成映像

図5.13 ●色相範囲を黄色を中心とした範囲に指定すると、アヒルの上に前景映像が重畳されます

　背景色範囲指定ウィンドウからグリーンバック映像の背景色を適切に指定しないと、クロマキー合成はうまくいきません。そこで、映し出されているのはどんな色なのかを視覚的に確認できれば便利です。図5.14では、マクベスチャートと呼ばれる色校正用の色チャートを映した例を示します。厳密な色校正をするわけではないので色紙を複数用意してもよいでしょう。これを使ってマスク映像や合成結果を見ながらトラックバーをスライドすれば、背景の色範囲が確認できます。図のマスク映像に示すように、背景色範囲指定ウィンドウで指定した色（ここでは色相範囲30〜110の緑や青が含まれる色）の色票部分が白（255）となり、その部分に入力映像が合成されている様子がみてとれます。

 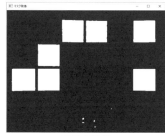 

マクベスチャート　　　　　　マスク映像　　　　　　合成映像

図5.14 ●マクベスチャートから背景色を確認

第5章 チャンネル、領域、ピクセル単位の処理

5.3.2 ソースコード

マスクとクロマキー合成プログラムをコード5.3に示します。

コード5.3 ●マスクとクロマキー合成プログラム

```cpp
1  #include "stdafx.h"
2  #include <opencv2/opencv.hpp>
3  #pragma comment(lib, "opencv_world320d.lib")
4  using namespace std;
5  using namespace cv;
6
7  int main()
8  {
9    Mat src1, src2, mask, dst, hsv;
10   VideoCapture cap1("video.avi"), cap2("duck_greenback.avi");
11   vector<Mat> ch(3);
12
13   // 色相範囲ウィンドウと色相環の生成
14   Mat imgHue1(Size(300, 300), CV_8UC3, Scalar::all(0)), imgHue2;
15   for (int h = 0; h < 180; h++) {
16     ellipse(imgHue1, Point(150, 150), Size(120, 120), -90,
17             2 * h - 1, 2 * h + 1, Scalar(h, 255, 255), -1);
18   }
19   cvtColor(imgHue1, imgHue1, COLOR_HSV2BGR);
20   imshow("色相範囲", imgHue1);
21   int minTrack = 30, maxTrack = 110;        // 色相範囲初期値
22   createTrackbar("最小値", "色相範囲", &minTrack, 180);
23   createTrackbar("最大値", "色相範囲", &maxTrack, 180);
24
25   while (1) {
26     cap1 >> src1; if (src1.empty()) break;
27     cap2 >> src2; if (src2.empty()) break;
28     resize(src2, src2, src1.size());        // src2をsrc1のサイズに合わせる
29
30     // BGR > HSV 変換合成
31     cvtColor(src2, hsv, COLOR_BGR2HSV);
32     split(hsv, ch);
33
34     // HSV の H からマスク画像生成
35     int maxH = max(maxTrack, minTrack);
```

214

```
36    int minH = min(maxTrack, minTrack);
37    threshold(ch[0], mask, maxH, 255, THRESH_TOZERO_INV);          // 上限
38    threshold(mask, mask, minH, 255, THRESH_BINARY);               // 下限
39    morphologyEx(mask, mask, MORPH_OPEN, noArray(), Point(-1, -1), 2); // ノイズ除去
40
41    // 合成
42    src2.copyTo(dst);                 // アヒル映像を全部コピー
43    src1.copyTo(dst, mask);           // 入力映像をマスクコピー
44
45    // 色相環と範囲の描画
46    imgHue1.copyTo(imgHue2);          // 色相環オリジナルをコピー
47    ellipse(imgHue2, Point(150, 150), Size(130, 130), -90,
48            2 * minH - 1, 2 * maxH + 1, Scalar::all(255), 16);
49
50    imshow("マスク映像", mask);
51    imshow("合成映像", dst);
52    imshow("色相範囲", imgHue2);
53    if (waitKey(20) == 27) break;
54  }
55
56  return 0;
57 }
```

5.3.3 ライブラリの用法

以下、コード 5.3 の詳細を、使用している関数とあわせて説明します。

```
14  Mat imgHue1(Size(300, 300), CV_8UC3, Scalar::all(0)), imgHue2;
 ⋮
16    ellipse(imgHue1, Point(150, 150), Size(120, 120), -90,
17            2 * h - 1, 2 * h + 1, Scalar(h, 255, 255), -1);
 ⋮
19  cvtColor(imgHue1, imgHue1, COLOR_HSV2BGR);
```

色相範囲ウィンドウ上に示す色相環は、ellipse 関数で色の数だけ扇形を描くことで作成しています。この関数は 4.1 節でも扱いましたが、引数がわかりにくいので再度説明します。

まず、色相環を描くキャンバスを 14 行目の Mat コンストラクタから用意します（imgHue1）。型はいつもの 3 チャンネル 8 ビット符号なし整数で、サイズは 300 × 300 ピクセル、背景は黒

第 5 章　チャンネル、領域、ピクセル単位の処理

のカラー画像です。この画像の中心 (150, 150) を中心とした半径 120 の円を、2 度の幅の扇型を色を順次変えながら、ellipse 関数で 180 回描画することで、色相環を構成します。180 回なのは、CV_8UC3 の色相値は 0 ～ 180 の 180 色（180 と 0 は同じ赤）だからです。

　ellipse 関数の第 2 引数はこの imgHue1 の中心です。第 3 引数は長軸と短軸の長さの半分を指定するものですが、ここでは円（の扇部分）なのでどちらも円の半径、つまり Size(120, 120) です。

　扇形は画像の上、角度にして −90 度から赤（0）から描画し始めます。第 4 引数の回転角はこの −90 を指しています。ループカウンタの h（0 ≦ h < 180）を描画角度とするため、第 5 引数の開始角度は (2 * h − 1)、第 6 引数の終了角度は (2 * h + 1) となります。第 7 引数の色指定では、彩度 = 255、明度 = 255 としています。つまり、この色相環は HSV カラーモデルとして作成されています。

　そこで、180 個の扇を描画し終わったら、最後に HSV から BGR に変換します（19 行目）。

　色相範囲ウィンドウのトラックバーから指定した範囲を示す白い円弧も、同じ手法で描きます。

```
47    ellipse(imgHue2, Point(150, 150), Size(130, 130), -90,
48            2 * minH - 1, 2 * maxH + 1, Scalar::all(255), 16);
```

　半径 130 の円の 1 部（2 * minH − 1 から 2 * maxH + 1 の範囲）を色は白、太さは 16 ピクセルで描いています。なお、minH と maxH はそれぞれスライダから即値（4.3 節）で得たものです。

　先に imgHue1 に用意した色相環はテンプレートで、実際にユーザに表示するのは imgHue2 のほうです。つまり、imgHue2 に imgHue1 をコピーしてから（46 行目）、その上に白い円弧をその都度描いています。

```
35    int maxH = max(maxTrack, minTrack);
36    int minH = min(maxTrack, minTrack);
```

　色相範囲ウィンドウの最小値・最大値スライダの大小関係が入れ替わったときの対処策です。maxTrack と minTrack はそれぞれのスライダ値で（22 ～ 23 行目）、ここではそれのどちらか大きいほうを maxH、小さい方を minH としています。min、max はどちらも C++ の標準ライブラリ関数です（3.8 節参照）

```
31    cvtColor(src2, hsv, COLOR_BGR2HSV);
32    split(hsv, ch);
⋮
37    threshold(ch[0], mask, maxH, 255, THRESH_TOZERO_INV);   // 上限
```

```
38        threshold(mask, mask, minH, 255, THRESH_BINARY);          // 下限
```

マスク画像を用意しています。cvtColor 関数は 3.5 節で、threshold 関数は 3.5 節と 4.3 節で、split 関数は 5.1 節でそれぞれ説明してありますが、処理手順を明確にするためにも若干説明を加えます。

グリーンバック映像のフレーム（src2）は cvtColor で BGR から HSV に変換した上で、split 関数でチャンネル毎に分離します（31 〜 32 行目）。これで、vector<Mat>ch の第 0 要素（ch[0]）に色相のデータ（0 〜 179）が収容されます。

続いて、threshold 関数で色相チャンネルを 2 値化します。図 5.15 に、最大値（ここでは 200）と最小値（100）の間だけを白くする手法を示します。まず、37 行目の THRESH_TOZERO_INV は閾値以下の値は元の値のまま保持し、閾値より大きい値を 0 にします（中央図）。この結果に対し、38 行目で続けて THRESH_BINARY を適用すると、閾値以下は 0 に、閾値より大きいところは 255 になります（右図）。2 値化操作の順番が重要なところに注意してください。

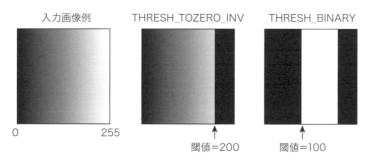

図 5.15 ● THRESH_TOZERO_INV と THRESH_TOZERO を組み合わせた中間領域の 2 値化

```
39        morphologyEx(mask, mask, MORPH_OPEN, noArray(), Point(-1, -1), 2);  // ノイズ除去
```

38 行で生成したマスク画像に morphologyEx 関数をかけることでノイズを除去します。関数定義は次のとおりです。

第 5 章　チャンネル、領域、ピクセル単位の処理

画像の各種モルフォロジー演算	
morphologyEx (InputArray **src**, OutputArray **dst**, int **op**, InputArray **kernel**, Point **anchor** = *Point(-1, -1)*, int **iterations** = *1*, int **borderMode** = *BORDER_CONSTANT*, const Scalar& **borderValue** = *Scalar()*)	
src	入力画像
dst	出力画像
op	モルフォロジー演算の方法
kernel	構造要素
anchor	アンカー位置(X, Y)を指定する。デフォルト値の(-1, -1)は中心を表す。
iterations	処理回数
borderMode	画像範囲外のピクセル値の外挿方法を指定（3.7節参照）。デフォルトはBORDER_CONSTANT。
borderValue	borderModeがBORDER_CONSTANTのとき、ピクセル値をScalar(B, G, R)で指定する。デフォルト値は処理に応じて自動計算される。

第 1 引数と第 2 引数にそれぞれ入力と出力の画像を指定します。

第 3 引数には、表 5.5 に示したモルフォロジー演算の方法を指定します。MORPH_OPEN と MORPH_CLOSE くらいを抑えておけばほとんどの場面で十分です。

第 4 引数と第 5 引数では、erode/dilate と同じ構造要素を指定します（4.7 節の NOTE 参照）。

第 6 引数にはその処理を何回繰り返すかを指定します。

第 7 引数は画像境界の外側に処理範囲が及んだ場合のピクセル値の扱い方について指定するもので、3.7 節の GaussianBlur で用いたものと同じです。第 8 引数は第 7 引数が BORDER_CONSTANT であったときの定数値です。

表 5.5 ●モルフォロジー演算方法指定定数

定数	演算
MORPH_ERODE	erode 処理（erode 関数と同じ処理）
MORPH_DILATE	dilate 処理（dilate 関数と同じ処理）
MORPH_OPEN	open 処理（erode を行ってから dilate）
MORPH_CLOSE	close 処理（dilate を行ってから erode）
MORPH_GRADIENT	モルフォロジーグラディエント処理（dilate したものから、別に erode したものを引く）
MORPH_TOPHAT	モルフォロジートップハット処理（元画像から open したものを引く）
MORPH_BLACKHAT	モルフォロジーブラックハット処理（close したものから元画像を引く）

```
42    src2.copyTo(dst);              // アヒル映像を全部コピー
43    src1.copyTo(dst, mask);        // 入力映像をマスクコピー
```

合成映像はグリーンバック映像のフレーム（src2）上に、アヒル（あるいは指定の前景）ではない部分の背景映像フレーム（src1）をコピーすることで行っています。copyTo 関数は 3.3 節で最もシンプルな全コピーの用法を、4.5 節では ROI（注目領域）だけをコピーする用法をそれぞれ示しました。ここでは、第 2 引数にマスクを指定した用法を用いています。

42 行目は 3.3 節と同じ用法で、src2 をそのまま dst にすべてコピーしているだけです。

43 行目は src1 を dst に重ねてコピーしていますが、このとき第 2 引数のマスク画像の mask が作用します。そのため、マスク画像でピクセル値が 0 になっている（黒い）アヒル（前景）の部分はコピーされず、元の dst（=src2）のピクセルが残ったままです。これで合成は完了です。

5.4 ピクセル操作と点描化

OpenCV の関数群は、基本的には画像全体あるいは画像の一部の領域（4.5 節や 5.3 節参照）を操作対象としています。本節では、Mat クラスの at メンバ関数を用いて画素単位でピクセル値を操作する方法を紹介します。この方法は、特定なピクセルだけを対象としたきめ細かい操作ができる反面、画像全体の処理が OpenCV 関数による一括処理より処理速度が遅くなるという欠点もあり、用途に応じた使い分けが重要になります。

本節では、ビデオファイルのフレームを「点描化」します。ここでいう点描化は、元画像の小さい矩形領域を同じ画素で塗りつぶすモザイク化と基本は同じなのですが、モザイクのタイルにちょっとした工夫があります。図 5.16 に例を示します。まず、16 × 16 の矩形をタイルとして、中心の画素をその代表値とします。普通ならばタイル全体をこの代表値で埋めるのですが、ここでは図右のように代表値の BGR それぞれの輝度に比例した半径でその色の円を描きます。この図では、代表値の色の配分は赤＞緑＞青になっています。背景はグレーです。

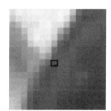 

元画像の矩形領域（中心が代表値）　　点描タイル

図 5.16 ●矩形領域（タイル）を BGR の輝度に比例した円で置き換え

PC、テレビ、カラープリンタなどのデジタル画像表示機器は、3原色を混色することでカラーを表現しています。3色の明暗の諧調表現方法にはさまざまな方式がありますが、元画像の1ピクセルに該当する箇所にピクセルサイズよりも小さい色の点を近傍に置くことで多様な色を表現しています。これに対し、プリンタなどの印刷関係ではシアン・マゼンタ・イエロー・ブラックのCMYKカラーモデルが使われます。プリンタではインクを混ぜてしまうと汚い黒になってしまうことから、各色の細かい点（網点と呼ばれます）の大きさでカラーを表現します。近くで見ると原色の点ですが、遠目だと色が混ざって中間色に見えます。本節の点描化はこれを模したものです。プリンタほど解像度がないために元の絵をきちんと再構成するには至りませんが、ディスプレイから眼を離していただくと、それなりの絵が見えます。

本節で説明するクラス、関数は表5.6のとおりです。

表5.6 ●ピクセル操作と点描化プログラムで使用するクラス・関数

クラス・関数	説明
Mat::at<Vec3b>(y, x)	ピクセル値へのアクセス
Vec3b	0〜255の整数値を3つ格納する

5.4.1 プログラムの実行

ピクセル操作と点描化プログラムの実行例を以下に示します。

図5.17左は赤、緑、オレンジなどの色の果物が写されている入力画像です。これを点描化すると、図右のようになります。縮小したモノクロでは薄ぼんやりとモノの形がわかる程度ですが、カラーで遠くから見ると入力画像と同じように見えますので、ぜひ試してください。

入力画像

点描化

図5.17 ●ピクセル操作と点描化プログラムの実行例

左上の白い背景部分、赤りんご、青りんごの一部を拡大して図 5.18 に示します。背景は R = G = B で最大輝度なので、それぞれの円が同じかつ最大のサイズで表示されます。赤リンゴは赤が強いので、赤の円が大きくなっています。青りんごは赤と緑がほぼ同等ですが、どちらかと言えば緑が強めです。ですから、青りんごというよりは黄緑りんごと呼んだ方が色的には正確なことがわかります。

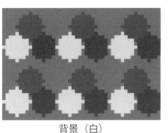
背景（白）

赤リンゴ（赤）

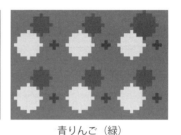
青りんご（緑）

図 5.18 ●点描化後の画像の拡大図

5.4.2　ソースコード

ピクセル操作と点描化プログラムをコード 5.4 に示します。

コード 5.4 ●ピクセル操作と点描化プログラム

```
1  #include "stdafx.h"
2  #include <opencv2/opencv.hpp>
3  #pragma comment(lib, "opencv_world320d.lib")
4  using namespace std;
5  using namespace cv;
6
7  int main()
8  {
9    Mat src = imread("image.png");
10
11   Size size = src.size();                    // 入力画像のサイズ取得
12   Mat dst(size, CV_8UC3, Scalar::all(128));
13
14   for (int y = 8; y < size.height; y += 16) {    // 垂直方向
15     for (int x = 8; x < size.width; x += 16) {   // 水平方向
16       Vec3b bgr;
17       bgr = src.at<Vec3b>(y, x);   // ピクセル値取得
```

第5章 チャンネル、領域、ピクセル単位の処理

```
18        // 点描
19        circle(dst, Point(x + 4, y + 3), int(bgr[0] / 50.0), Scalar(255, 0, 0), -1);
20        circle(dst, Point(x - 4, y + 3), int(bgr[1] / 50.0), Scalar(0, 255, 0), -1);
21        circle(dst, Point(x,     y - 3), int(bgr[2] / 50.0), Scalar(0, 0, 255), -1);
22      }
23    }
24    imshow("入力", src);
25    imshow("点描", dst);
26    waitKey();
27
28    return 0;
29  }
```

5.4.3 ライブラリの用法

以下、コード 5.4 の詳細を、使用している関数とあわせて説明します。ここでは、コード順ではなく関数機能順に説明します。

```
14  for (int y = 8; y < size.height; y += 16) {   // 垂直方向
15      for (int x = 8; x < size.width; x += 16) {  // 水平方向
```

モザイクのように連続した矩形を扱うために、縦横のループを構成します。先ほど説明したように、1 つの矩形（タイル）は 16 × 16 で、中心はタイルの左上を (0, 0) としたときに (8, 8) になるようにループを組んでいます。

```
16      Vec3b bgr;
```

指定した座標のピクセル値（後述）を格納する Vec3b 型を用意します。

Vec3b は 8 ビット符号なし整数（0 ～ 255）の要素 3 つを収容する型です。複数の数値を収容する型は Size、Scalar、Point などこれまでにもいくつか出てきましたが、それぞれ応用範囲が微妙に異なります。Vec3b は 3 つの CV_8U（あるいは uchar）の値、すなわち CV_8UC3 のピクセル 1 点の値を格納するのに適した型です。定義は次のとおりです。

3要素の数値（0～255）を格納するクラス	
Vec3b (uchar **v0**, uchar **v1**, uchar **v2**)	
v0～v3	3要素の数値（0～255）を格納する。各要素は[オブジェクト名][0]～[2]でアクセスする。
戻り値（Vec3b）	Vec3b型のオブジェクトを返す。

222

```
19        circle(dst, Point(x + 4, y + 3), int(bgr[0] / 50.0), Scalar(255, 0, 0), -1);
```

Vec3b に格納された 3 つの要素は、それぞれ添え字から取得できます。16 行目で宣言した bgr では、1 番目の要素は bgr[0]、2 番目の要素は bgr[1]、3 番目の要素は bgr[2] からそれぞれ取得されます。

　各要素の意味はカラーモデルに応じて異なります。ここではデフォルトの BGR カラーモデルを利用しているので、bgr[0] は B、bgr[1] は G、bgr[2] は R です。これが HSV ならその順に読みます。

　19 行目の circle 関数の第 3 引数では、ピクセルの青チャンネルの輝度値を 50 で除した値を点描の半径としています。ピクセルの最大値が 255 なので、半径は最大 5 となります。これを BGR それぞれについて行えば（19 ～ 21 行目）、実行例でみた、矩形領域に 3 つの輝度に比例した小円がその色で描かれます。

　ところで、Vec3b の「3」は要素数を、「b」は byte で 1 バイト（=8 ビット）であることをそれぞれ示しています。ここからわかるように、Vec で始まる型にはデータ型や個数に応じていろいろなバリエーションがあります。たとえば、Vec2d は倍精度浮動小数点数型（double の d）を 2 要素、Vec4i は符号あり整数型（int の i）を 4 要素収容するものです。他の Vec については OpenCV 公式リファレンスを参照してください。

```
17        bgr = src.at<Vec3b>(y, x);  // ピクセル値取得
```

指定の座標値 (x, y) から、そのピクセル値が CV_8UC3、すなわち Vec3b であるとして、Mat のメンバ関数である at を用いてその値を読み取り、Vec3b の変数に格納します。

　コード中の座標の順番が (x, y)、つまり横縦ではなく縦横になっているのは、Mat は行列を表現するためのクラスであり、行列流に「y（行）」→「x（列)」という順序を用いるからです。

　<Vec3b> と山括弧で括っているのは C++ でいうところのテンプレートで、ここで取得するデータの型を示しています。テンプレートに <Vec3b> を指定しているので、at で得られるのは CV_8UC3 のピクセル値です。テンプレートをたとえば <Vec4d> にすると、画像の所定の位置から CV_64FC4（4 チャンネル 64 ビット倍精度浮動小数点数）のピクセル値を読み取ります。もちろん、CV_8UC3 画像のピクセルを Vec4d として読み取ると、まったく見当違いの値として解釈されるので、画像の型、テンプレート、そして読込先の変数の型を合わせるよう注意します。

　Vec3b・CV_8UC3 を対象としたときの at メンバ関数の書式を次に示します。

ピクセルへのアクセス（3チャンネル8ビット符号なし整数画像）	
Mat::at<Vec3b> (int **y**, int **x**)	
y	ピクセルのy座標（行）
x	ピクセルのx座標（列）
戻り値（Vec3b）	Vec3b型のオブジェクト

参考までに 1 チャンネル 8 ビット符号なし整数、つまり CV_8UC1 のグレースケール画像のピクセルを対象としたときの at の用法を次に示します。8 ビット符号なし整数は C の uchar という型なので、テンプレートに <uchar> を指定します。もちろん、戻り値は uchar です。

ピクセルへのアクセス（1チャンネル8ビット符号なし整数画像）	
Mat::at<Vec3b> (int **y**, int **x**)	
y	ピクセルのy座標（行）
x	ピクセルのx座標（列）
戻り値（uchar）	uchar値

at は読み取りだけでなく、画像にピクセル値を書き込むときの左辺にも使えます。たとえば、上記の 19 行目を円ではなく点で描くのなら、次のように書けます。

```
19    src.at<Vec3b>(y+3, x+4)[0] = bgr[0];
```

なお、代入時には値の範囲に注意しなければなりません。ここでは、代入先は Vec3b の第 1 要素であり、その値の範囲は 0 〜 255 の範囲です。256 以上の値を指定すると 9 ビット目以降は無視されるため、0 に循環します（たとえば 256 は 0、257 は 1）。負の値にも注意が必要で、2 の補数表現による負のビット列は正の整数と解釈されるため、たとえば −2 は 254 となります。

範囲外の値の処理方法は場合によって異なりますが、255 より大きい値は 255 に切り詰め、負の値は 0 に下限を抑える「飽和処理」を行うのなら、saturate_cast 関数が利用できます。本書では利用しないので、詳細は OpenCV 公式リファレンスを参照してください。

Mat クラスの画像データ配列と直接アクセス

Mat オブジェクトのピクセルは、画像のピクセル値すべてを 1 次元配列で収容した data というメンバから直接操作できます。

画像としてみたとき、ピクセルは 2 次元に配置されているようにみえます。しかし OpenCV 内部では、画像の横の 1 ラインを上から順に横一直線に並べていくことで 1 次元化して扱って

います。また、1 ピクセルはカラーモデルに応じて複数の値で構成されていますが、これも横 1 列に並んでいます。

図 5.19 にサイズが 4 × 4 ピクセル、データ型が 3 チャンネル 8 ビット符号なし整数（CV_8UC3）の BGR の画像データを模式的に示します。上図は BGR を重ねたカラー画像の模式図で、チャンネル毎にピクセルに 0 から 15 の番号を左から右に、そして上から下に振ってあります。

Mat メンバの data は配列で、これらピクセル値を下図のように一直線に並べて収容しています。データは、3 チャンネル × 4（横）× 4（縦）= 48 個だけあるので、data の配列要素数は 48 です。

たとえば、座標位置 (2, 0) にある G の値を考えてみましょう。上図のチャンネル単位の通し番号では G の 2 番です。これは、直線の通し番号なら 8 番です。ここから、g = data[8] でこの値を読み取ったり、data[8] = 10 で値を書き込んだりできます。

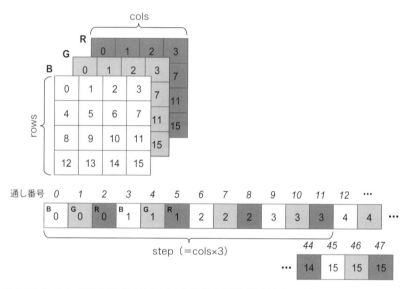

図 5.19 ● data 配列に収容されたピクセル値の配置（BGR カラー）

data メンバに収容されている座標値 (x, y) の C 番目のチャンネルのピクセルにアクセスするには、次の式を使います。

```
data[ (step)×(y座標) + (チャンネル数)×(x座標) + (チャンネル番号) ]
```

ここで step は画像の幅をチャンネル数倍した値（ここでは 4 [px] × 3 = 12）です。これも Mat のメンバ変数なので、src.step で取得できます。同様に、チャンネル数は src.channel です。at メソッドがあるので、data[] に直接アクセスする必要はあまりありません。

第5章 チャンネル、領域、ピクセル単位の処理

5.5 浮動小数点数型画像

ここまで、画像 Mat のピクセル値は 8 ビット符号なし整数（CV_8U）で扱ってきました。単純な画像処理ならばこれでよいのですが、精度が必要とされる場面では浮動小数点数を利用します。本節では、浮動小数点型の画像で注意すべき点をサンプルコードから観察します。

1.4.5 節で説明したように、OpenCV には C/C++ の float に対応する 32 ビットの CV_32FCc と double に対応する 64 ビット長の CV_64FCc の 2 つの浮動小数点数型が用意されています（c はチャンネル数で 1 〜 4）。本書はもっぱら CV_32FCc を使いますが、より高い精度が必要なところでは CV_64FCc を使います。

整数型から浮動小数点数型など、異なるタイプの値を変換するには convertTo 関数を用います。整数から浮動小数点数はよいですが、反対の浮動小数点数から整数への変換では小数点以下の値の切り捨てに注意しなければなりません。たとえば、CV_32FC1 のピクセル値 10.1234 は、CV_8UC1 にすると 10 になります。

値の範囲にも注意が必要です。CV_32FC1 を CV_8UC1 に変換すると、CV_8UC1 の値の範囲は 0 〜 255 なので、0 以下の負の数はすべて 0 に、255 以上の値はすべて 255 に飽和します。たとえば、次のようになります（4 × 3 の Mat）。

CV_32FC1（変換前）	[250, −251.10001, 252.2,　−253.3; 254, −255.10001, 256.20001, −257.29999; 258, −259.10001, 260.20001, −261.29999]
CV_8UC1（変換後）	[250, 0, 252, 0; 254, 0, 255, 0; 255, 0, 255, 0]

imshow 関数で浮動小数点数型の画像を表示するときにも注意が必要です。ピクセル値が 0 〜 255 の符号なし整数型の画像は、自動的に 0 が最低輝度の黒、255 が最大輝度の白に調節されてから表示されます。これが浮動小数点型の場合、0 を最低輝度、1 を最大輝度として調節します。0 未満の負の値は最低輝度として、1 より大きい値は最大輝度に飽和します。

図 5.20 は画像左上のピクセル値が −1.0 とし、右下で 2.0 になるまで徐々に値を上げていったときの Mat を表示したものです。画像の上 1/3 の範囲は −1.0 から 0.0 なので最低輝度の 0、間の 1/3 は 0.0 から 1.0 なのでそれぞれの値そのままのグラデーション、下の 1/3 は 1.0 から 2.0 なので最大輝度の 1 として、それぞれ表示されることがわかります。

図 5.20 ● -1 から 2 のピクセル値を imshow 関数で表示

したがって、表示に際しては convertTo 関数で整数型画像を浮動小数点数型に変換するときなら元の値を 1/255 倍する、あるいは normalize 関数で変換後の値を 0 〜 1 に正規化すべきです。

本節で説明するクラス、関数は次のとおりです。

表 5.7 ● 浮動小数点数型画像プログラムで使用するクラス・関数

クラス・関数	説明
Mat::convertTo	異なる型への変換
normalize	値の範囲を正規化

5.5.1 プログラムの実行

浮動小数点数型画像プログラムの実行例を以下に示します。

プログラムはカメラからのカラーフレーム（CV_8UC3）を受け取り、これを 1 チャンネル単精度浮動小数点数（CV_32FC1）に変換してから表示します。上述のように、浮動小数点数の Mat を表示するときはピクセル値が 0.0 〜 1.0 の範囲にあると想定されているため、1.0 より大きい値は階調が無くなってしまいます（画面が白く飛びます）。その様子を確認するために、ここでは 2 通りの方法で画素値をスケーリングしてみます。一方が convertTo 関数を用いた方法で、結果の画像は「定数倍」ウィンドウに表示します。もう一方が normalize 関数を用いた方法で、結果は「正規化」ウィンドウに表示します。

定数倍ウィンドウでは、倍率をトラックバーの値 0 〜 255 から指定します。ただし、乗じるのはその逆数です。たとえば、10 が指定されていれば 1/10、255 が指定されていれば 1/255 を乗じます。なお、トラックバーの値が 0 だと 0 除算になってしまうので、その場合だけ 1 にかさ上げします。

図 5.21 に動作例を示します。左図は 255 を指定したときのものです。1/255 倍なので、0 〜 255 の整数値が 0.0 〜 1.0 の浮動小数点数に変換されます。この状態なら整数値のときと同じ輝度で表示されます。右図は 100 を指定しているので、浮動小数点数は 0.0 〜 2.55 になります。これだと、0.0 〜 1.0 の範囲のピクセルは適切に表示されますが、1.0 〜 2.55 は飽和して白く飛びます。

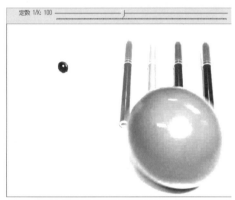

浮動小数点画像（1/255 倍。0.0 〜 1.0）　　浮動小数点画像（1/100 倍。0.0 〜 2.55）

図 5.21 ● convertTo 関数で画像を定数倍したときの浮動小数点数型画像

もう一方の正規化ウィンドウでは、値の範囲を 0 からトラックバーの値までにスケーリングした結果を表示します。図 5.22 に例を示します。左図は 1 を指定したときのもので、0 〜 255 が 0.0 〜 1.0 に正規化されるので、適切な輝度で表示されます。この映像はたまたま最小画素値が 0、最大画素値が 255 であることから 0.0 〜 1.0 に正規化してもまったく変化はありませんが、低い範囲の画素値しか使われていないような薄暗い映像であれば、正規化することでコントラストが高い映像になるでしょう。右図はトラックバーで 3 を指定したときのもので、最小画素値〜最大画素値を 0.0 〜 3.0 に正規化したものです。

 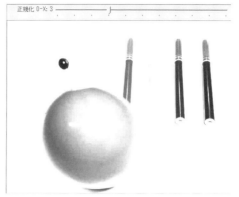

浮動小数点画像（スケーリング 0.0 〜 1.0）　　浮動小数点画像（スケーリング 0.0 〜 3.0）

図 5.22 ● normalize 関数で値の範囲をスケーリングしたときの浮動小数点数型画像の表示。左が 0.0 〜 1.0、右が 0.0 〜 3.0。

5.5.2 ソースコード

浮動小数点数型画像プログラムをコード 5.5 に示します。

コード 5.5 ● 浮動小数点数型画像プログラム

```
1  #include "stdafx.h"
2  #include <opencv2/opencv.hpp>
3  #pragma comment(lib, "opencv_world320d.lib")
4  using namespace std;
5  using namespace cv;
6
7  int main()
8  {
9      VideoCapture cap(0);
10     Mat src, floatConstant, floatNormal;
11     int constant = 255, normal = 1;
12
13     namedWindow("定数倍");
14     createTrackbar("定数 1/X", "定数倍", &constant, 255);
15     namedWindow("正規化");
16     createTrackbar("正規化 0-X", "正規化", &normal, 10);
17
18     while(1) {
19         cap >> src;
```

第5章　チャンネル、領域、ピクセル単位の処理

```
20      if (src.empty()) break;
21      cvtColor(src, src, COLOR_BGR2GRAY);
22
23      if (constant == 0) constant =1;
24      src.convertTo(floatConstant, CV_32FC1, 1.0/constant);
25      imshow("定数倍", floatConstant);
26
27      src.convertTo(floatNormal,CV_32FC1);
28      normalize(floatNormal, floatNormal, 0, normal, NORM_MINMAX);
29      imshow("正規化", floatNormal);
30
31      if (waitKey(100) == 27) break;
32    }
33
34    return 0;
35 }
```

5.5.3　ライブラリの用法

```
24      src.convertTo(floatConstant, CV_32FC1, 1.0/constant);
  ⋮
27      src.convertTo(floatNormal,CV_32FC1);
```

カメラから CV_8UC3 のカラーフレームを取得し（19 行目）、これを CV_8UC1 のグレースケールに変換（21 行目）した上で、32 ビット浮動小数点数型 1 チャンネル画像の CV_32FC1 に convertTo 関数で変換します。

convertTo は Mat のメンバ関数なので、「変換元の Mat.convertTo」と使います。第 1 引数には変換後の画像（Mat）、第 2 引数には変換先のデータ型を指定します。第 3 引数以降はオプションです。27 行目ではオプションを指定していないので、ピクセル値は特に変更されません。たとえば、128 は 128.0 になるだけです。

オプションの第 3 引数と第 4 引数で、元画像内のすべてのピクセル値に定数（第 3 引数）を掛けたり、足したり（第 4 引数）します。24 行目はこの用例で、1.0/constant を掛けています（constant は 14 行目のトラックバーから取得しています）。constant の範囲は 1 〜 255 なので、1/1（元画像に同じ）から 1/255 でスケーリングしています。

なお、「1 /constant」と書くと、constant が int で定義されているため、整数の演算と解釈され

ます。そうなると、結果はいつも1か0になります。これを避けるには、1.0と書くことで浮動小数点数型で演算することを明示的に指定します。

関数定義を次に示します。

画像を異なるデータ型に変換する
Mat::convertTo (OutputArray **m**, int **rtype**, double **alpha** = *1*, double **beta** = *0*)

m	出力画像のMatオブジェクト。サイズや型が適切でない場合は割り当て直される。
rtype	変換後のデータ型を指定する（1.4.5節参照）。
alpha	スケーリング係数（倍率。省略時のデフォルト値は1）
beta	シフト値（増減値。省略時のデフォルト値は0）

---

convertTo関数は変換先のデータ型の範囲にない値を「飽和処理」します。これは、変換先の型で表現可能な最小値より小さい値は最小値に、最大値より大きい値は最大値にする処理です。たとえば、CV_32FC1をCV_8UC1に変換すると0以下は0に、255以上は255に飽和します。

```
28    normalize(floatNormal, floatNormal, 0, normal, NORM_MINMAX);
```

normalize関数は値の範囲を正規化するものです。第1引数が入力の、第2引数が出力のMatです。

入力データをどのように変形するかのアルゴリズムは、第5引数から指定する正規化方法によって異なります。ここではNORM_MINMAX（最小最大）という方法を説明します。

この方法では、元の行列の中で最小の値を第3引数の値に、最大の値は第4引数の値で置き換えます。その中間の値は元行列の値の範囲と第3引数と第4引数の範囲の比に応じて決定します。たとえば、最小値10、最大値が100として指定したとき、値は次のように変換されます。要は、元の値を9倍（値の範囲が元が10、正規化後が90なので、90/10 = 9）して10を足すわけです。

元の値	0	2	4	6	8	10
正規化後の値	10	28	46	64	82	100

ここでは最小値が0、最大値がスライダの指定する値（1、2、3……）なので、0 ～ 255の値が0.0 ～ 1.0、2.0、3.0……になります。

正規化の方法にはこの他にもNORM_L1、NORM_L2などのノルム（長さ）を用いた方法がありますが、ここでは割愛します。normalize関数では使用できませんが、これ以外の正規化方

第5章　チャンネル、領域、ピクセル単位の処理

法に NORM_HAMMING というものもあり、これは 7.3 節の特徴量のマッチングで触れます。

　オプションの第 6 引数はビット深度も変換するためのもので、第 7 引数はマスク画像です。

値の範囲を正規化（NORM_MINMAX使用時）

normalize (InputArray **src**, OutputArray **dst**, double **alpha** = *1*, double **beta** = *0*,
int **norm_type** = *NORM_L2*, int **dtype** = *1*, InputArray **mask** = *noArray()*)

src	入力画像
dst	出力画像。入力画像と同じサイズ。
alpha	値の範囲の下限値
beta	値の範囲の上限値
norm_type	正規化の種別。ここではNORM_MINMAXを使用
dtype	負の場合はsrcと同じ型。
mask	マスク画像

5.6　移動物体の抽出

　本節では、整数型画像を浮動小数点数型化して演算する例として、画面中の移動物体だけを抽出する方法を取り上げます。手順は次のとおりです。

① 入力フレームを重ね合わせていくことにより背景画像を生成。
② その時点の入力フレームと①の背景画像を差し引くことで、前景、すなわち移動している物体の映った画像を取得。
③ ②の画像をネガポジ反転。

　時間的に変化する映像フレームを何枚も重ね合わせて（加算して）平均を取ると、背景部分だけがそのまま表示され、移動物体は薄ぼんやりとしたイメージになります。動かない背景のピクセル値は前を何かが横切っていない限り、何枚ものフレームの平均と一瞬一瞬のフレームとで変わりがないからです。半面、移動している前景部分はフレームの特定の位置に一瞬しか存在しないため、平均するとピクセル値としては非常に小さくなります。

　図 5.23 に左からそれぞれ最初から 10 フレーム分、30 フレーム分、70 フレーム分の映像の平均を示します。最初のうちは 3 人の歩行者が明確にわかりますが、次第に分身の術のように薄い影が残るだけになるのが見て取れます。

図 5.23 ●複数のフレームを重ね合わせて平均を取った画像。次第に歩行者が薄くなっていきます（左から 10、30、70 フレーム目）。

こういった計算を行うのに、処理対象のフレームをすべて蓄えておいてから平均を計算するのではメモリ効率がよくありません。そこで、そこまでの映像の平均画像と現在のフレームの重み付き和（足し合わせる数にそれぞれ計数を掛けることでそれぞれの影響力を加減する方法）を取ることで平均画像をその都度生成します。ただし正確には「平均」ではないので、以降、これを重ね合わせ画像と呼びます。

具体的には次の式を用います。

（現在の重ね合わせ画像）=（入力画像）× α +（そこまでの重ね合わせ画像）× β

（ただし、α + β = 1.0）

ここでは α = 0.01、β = 0.99 としました。

入力画像の重みを 0.01 にしているので、フレームに一瞬しか現れないような変化（動きが速いもの）は重ね合わせ画像にそれほど影響を与えません。その反面、入力フレームであまり変化していない部分は何度も積み重ねられることでより顕著に浮かび上がってきます。

α + β を 1 としているのは、演算結果の画像の値の範囲を入力画像の範囲と同じにするための措置です（normalize 関数をかける手間が省けます）。この演算は直接行列どうしで行ってもよいですが、OpenCV には addWeighted 関数という便利なものがあるので、ここではこちらを使います。

整数のピクセル値に浮動小数点数を掛けて整数値を得ると、丸め誤差が伝播して「そこまでの重ね合わせ画像」の精度が低くなってしまいます。図 5.24 に CV_8UC3 を対象に上記の計算をしたときの画像(75 フレーム目までの平均)を示します。図 5.23 の 70 フレーム目と比べると、微細なグラデーションの飛んだ、汚い画像になっているのがわかります。そこで、convertTo 関数（5.5 節）で画像を整数型から浮動小数点数型に変換します。

第 5 章　チャンネル、領域、ピクセル単位の処理

図 5.24 ●整数（CV_8UC3）に浮動小数点数を定数倍したときの 75 フレーム目までの重ね合わせ画像

　背景が得られたら、現在の画像からその背景を引きます。現在の画像の背景の 1 点の値がたとえば 128 だとして、背景画像の同じ 1 点も理屈の上では同じはずなので 128 です。つまり、減算をすると 0（黒）になるはずです。これに対し、移動物体の箇所には異なる値があるので 0 以外の値です。つまり、そこだけ白っぽく浮かび上がってくるはずです。また、背景の方が移動物体より明るい（値が大きい）と減算の結果が負になってしまうので、減算してから絶対値を取ります。この「差を取ってからその絶対値を取る」には absdiff 関数を用います。

　なお、行列（Mat）どうしの引き算（あるいは足し算）は、それぞれの対応する要素の引き算になります

$$\begin{array}{ccc} 30 & 60 & 90 \\ 120 & 150 & 180 \\ 210 & 240 & 255 \end{array} - \begin{array}{ccc} 10 & 15 & 20 \\ 25 & 30 & 35 \\ 40 & 45 & 50 \end{array} = \begin{array}{ccc} 20 & 45 & 70 \\ 95 & 120 & 145 \\ 170 & 195 & 205 \end{array}$$

図 5.25 ●行列（Mat）どうしの引き算は、互いに対応する位置の要素どうしの減算

　これで、移動物体が白っぽくなります。背景が黒で前景が白というのは、昔の銀塩写真のネガフィルムのような状態です。これでは見にくいので、最後の仕上げにネガポジ反転します。これには bitwise_not 関数を用います。

　なお、この方法は背景が固定していない、たとえばカメラがズームしたりパンしたりするような映像では使えません。背景も（画像の中では）移動しているからです。また、固定カメラであっても、ライティングが変わる（曇るなど）とうまくいきません。同じ位置の同じ背景のピクセルであっても、明るさが異なると減算しても 0 にならないからです

　本節で説明するクラス、関数は表 5.8 のとおりです。

表 5.8 ●移動物体の抽出プログラムで使用するクラス・関数

クラス・関数	説明
addWeighted	2 つの画像それぞれに計数を欠けて足す
absdiff	差の絶対値
bitwise_not	画像中の全画素の NOT（否定）を取る（諧調の反転）
~Mat	Mat の全要素の NOT を取る

5.6.1 プログラムの実行

移動物体の抽出プログラムの実行例を以下に示します。

図 5.26 左上の (a) は入力映像の 100 フレーム目です。カメラは固定で、その中を複数の人物が往来しています。(b) はそこまでの重ね合わせ画像です。0 フレーム目からそれぞれのフレームに 0.01 ずつかけながら足し合わせた画像なので、100 フレームまできてもまだ画像の濃淡がはっきりしていません。(c) は差分画像で、上述の用に人物が白っぽく、ネガのようになっています。ここで、差分映像の諧調を反転すると、ポジのようになります。映像が開始してまだ 100 フレームしか経過していないので、十分に移動物体を抽出できていません。

(a) 入力フレーム

(b) 重ね合わせ画像

(c) 差分画像

(d) 差分反転画像

図 5.26 ●移動物体の抽出プログラムの実行例（100 フレーム目）

図 5.27 にさらに時間の経った 750 フレーム後の映像を示します。(b) では歩行者が背景になじむように消え、ほぼ背景のみが残っています。(c) とその反転 (d) には動くものだけ、つまり歩行者、風に揺られる立ち入り制限テープ（映像中央付近）、そのフレームの直前に開かれた車のトランク（映像右上）などが抽出されています。

(a) 入力フレーム

(c) 差分画像

(d) 差分反転画像

(b) 重ね合わせ画像

図 5.27 ●移動物体の抽出プログラムの実行例（750 フレーム目）

5.6.2 ソースコード

移動物体の抽出プログラムをコード 5.6 に示します。

コード 5.6 ●移動物体の抽出プログラム

```
1 #include "stdafx.h"
2 #include <opencv2/opencv.hpp>
3 #pragma comment(lib, "opencv_world320d.lib")
4 using namespace std;
5 using namespace cv;
6
7 int main()
```

5.6 移動物体の抽出

```
 8 {
 9   VideoCapture cap("video.avi");
10   Size frame((int)cap.get(CAP_PROP_FRAME_WIDTH),
11             (int)cap.get(CAP_PROP_FRAME_HEIGHT));
12   Mat src, diff, diffInv, srcFloat, dstFloat, diffFloat;
13   dstFloat.create(frame, CV_32FC3);         // 小数型領域確保
14   dstFloat.setTo(0.0);                      // 0.0で初期化
15
16   while (1) {
17     cap >> src;
18     if (src.empty()) break;
19     imshow("入力映像", src);
20
21     src.convertTo(srcFloat, CV_32FC3, 1 / 255.0); // 入力映像を小数型に変換
22 //    dstFloat = (srcFloat * 0.01) + (dstFloat * 0.99); // 重み付き和 (数式利用)
23     addWeighted(srcFloat, 0.01, dstFloat, 0.99, 0, dstFloat, -1);
24                                             // 重み付き和 (関数利用)
24     imshow("背景映像", dstFloat);
25
26     absdiff(srcFloat, dstFloat, diffFloat);       // 差分の絶対値の計算
27     imshow("差分映像", diffFloat);
28
29     diffFloat.convertTo(diff, CV_8UC3, 255.0);
30     bitwise_not(diff, diffInv);                   // ネガポジ反転
31 //    diffInv = ~diff;
32     imshow("差分反転映像", diffInv);
33
34     if (waitKey(30) == 27) break;
35   }
36
37   return 0;
38 }
```

5.6.3 ライブラリの用法

以下、コード 5.6 の詳細を、使用している関数とあわせて説明します。

```
13   dstFloat.create(frame, CV_32FC3);         // 小数型領域確保
14   dstFloat.setTo(0.0);                      // 0.0で初期化
```

第5章　チャンネル、領域、ピクセル単位の処理

13 行目では、重ね合わせ画像を格納する Mat オブジェクト dstFloat を、create 関数で準備しています（3.3 節参照）。サイズは入力映像 cap と同じで、データ型は 3 チャンネル 32 ビット浮動小数点数（CV_32FC3）です（1.4.5 節）。続いて、setTo 関数で全ピクセル値を 0.0（真っ黒）で初期化しています。

```
21    src.convertTo(srcFloat, CV_32FC3, 1 / 255.0); // 入力映像を小数型に変換
```

入力フレームをまず、5.5 節で説明した convertTo 関数で CV_32FC3 に変換します。元の 0 ～ 255 の CV_8UC3 データを 1/255 にするので、最小値は 0、最大値は 1 です。

```
22 //    dstFloat = (srcFloat * 0.01) + (dstFloat * 0.99); // 重み付き和（数式利用）
23    addWeighted(srcFloat, 0.01, dstFloat, 0.99, 0, dstFloat, -1);
                                        // 重み付き和（関数利用）
```

続いて、入力フレーム srcFloat に重み $\alpha = 0.01$ を、それまでの重ね合わせ画像（背景画像）dstFloat に重み $\beta = 0.99$ を掛けた上で足し合わせます。コメントアウトしてある 22 行目は計算式をそのまま行列の加減乗除で行ったもの、23 行目は同じことを実行する OpenCV のコンビニエンス関数の addWeighted を用いたものです。どちらを用いても結果は同じです。addWeighted 関数の定義は次のとおりです。

重み付き和を計算する
addWeighted (InputArray **src1**, double **alpha**, InputArray **src2**, double **beta**, double **gamma**, OutputArray **dst**, int **dtype** = −1)

src1	入力画像1。
alpha	入力画像1の各要素に乗ずる重み付け値。
src2	入力画像2。
beta	入力画像2の各要素に乗ずる重み付け値。
gamma	さらに追加で加えられる値
dst	出力画像
dtype	ビット深度型（1.4.5節参照）。デフォルト値は−1で、これはsrc1のビット深度型を使うことを意味する。

第 1 引数と第 3 引数にそれぞれ加算する画像（Mat）を指定します。第 2 引数と第 4 引数には、第 1 と第 3 引数のそれぞれに乗じる係数を指定します。関数定義はこれらを α（alpha）、β（beta）と呼んでいます。第 5 引数には加えた結果に対してさらに足す値を指定します（関数定義では γ）。第 6 引数が結果を収容する画像です。オプションの第 7 引数には、結果画像のビット深度型を指定するもので、デフォルトでは −1 です。−1 のときは、第 1 引数のものが使われます（つ

まり、src1.depth())。

addWeight の操作を数式で書くと次のようになります。

$$dst = src1 \times \alpha + src2 \times \beta + \gamma$$

任意の係数を Mat に乗算すると、値が出力先の画像データ型の範囲外になることがあります。そのため、addWeight は範囲を超える値は上限値（CV_8U なら 255）、範囲より小さい値は下限値（0）に留めるよう「飽和処理」を行います。

```
26    absdiff(srcFloat, dstFloat, diffFloat);        // 差分の絶対値の計算
```

入力画像 srcFloat と背景画像 dstFloat の間で対応するピクセルの差分の絶対値を取り、これを差分画像 diffFloat に代入します。つまり、absdiff 関数は次の演算を行います。

|（第 1 引数の各要素）−（第 2 引数の各要素）| →（第 3 引数の各要素）

absdiff 関数の第 1 引数と第 2 引数にはそれぞれ差分を取る画像を指定します（絶対値なので順番は関係ありません）。これら 2 つの画像は、どちらも同じサイズと型でなければなりません。第 3 引数には結果を収容する Mat を指定します。関数定義は次のとおりです。

画像のピクセル値の差分の絶対値を得る	
absdiff (InputArray **src1**, InputArray **src2**, OutputArray **dst**)	
src1	入力画像1
src2	入力画像2
dst	出力画像。入力画像と型と深さが同じ。

なお、画像どうしの差分をとるだけならば、「−」演算子だけでできます。また、絶対値を取るだけの abs 関数もあります。つまり、absdiff は次の記述と等価です。

```
diffFloat = abs(srcFloat - dstFloat);
```

```
29    diffFloat.convertTo(diff, CV_8UC3, 255.0);
```

差分画像 diffFloat が得られたので、諧調を反転させます。その前に、符号なし整数型に直しておきます。次に用いる bitwise_not 関数は論理演算を行うものなので、0（0000 0000）を 255（1111 1111）のように白黒を反転をさせるのなら符号なし整数でないと都合が悪いからです。

```
30    bitwise_not(diff, diffInv);                    // ネガポジ反転
31 //    diffInv = ~diff;
```

第 5 章 チャンネル、領域、ピクセル単位の処理

　では、反転させます。bitwise_not 関数の第 1 引数には入力映像、第 2 引数には各ピクセルのNOT を取った結果を格納する Mat を指定します。論理演算関数には他にも、bitwise_and 関数（論理積）、bitwise_or 関数（論理和）、bitwise_xor 関数（排他論理和）などがありますが、第 1 引数と第 2 引数の間にもう 1 つ Mat が入ることを除けば関数の形式はいずれも同じです。

ビット毎の反転	
bitwise_not (InputArray **src**, OutputArray **dst**, InputArray **mask** = *noArray()*)	
src	入力画像
dst	出力画像。入力画像と同じサイズとデータ型。
mask	マスク画像（5.8節参照）

　画像のビットを反転するだけなら、コメントアウトされている 31 行目の行列に対する論理演算子の「~」（チルダ）も利用できます。「~」は、Shift を押しながらキーボード右上あたりの平仮名「へ」のキーを押すことで入力できます。

背景差分クラス BackgroundSubtractorMOG2

　本節では、練習も兼ねて浮動小数点数型画像を直接操作することで背景差分の計算処理を実装しましたが、OpenCV には BackgroundSubtractorMOG2 という背景差分専用のクラスもあります。コード例を以下に示します。

```
int main()
{
  VideoCapture cap("video.avi");
  Mat src, dst;
  auto bs = createBackgroundSubtractorMOG2();
  while (1) {
    cap >> src; if (src.empty()) return -1;
    bs->apply(src, dst);                    // 背景差分の計算
    imshow("背景差分", dst);
    if (waitKey(30) == 27) break;
  }
  return 0;
}
```

　コードは createBackGroundSubjectMOG2 オブジェクト bs を用意し、あとはそのメンバ関数の apply にその都度の画像と累積していく背景画像を指定するだけです。本文と同じビデオを用いた実行例を図 5.28 に示します。

240

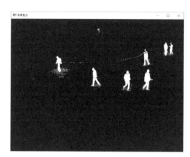

図 5.28 ● BackgroundSubtractorMOG2 クラスによる背景差分

5.7 空間フィルタリング

　ここまで、OpenCV の各種の関数を用いて画像処理を行ってきました。本節では、こうした画像処理がどのように達成されるかを示した上で、独自の処理機能を実装する方法を示します。

　操作対象の 1 つのピクセル（注目画素）とその周辺のピクセル（注目領域）をデータとして何らかの演算を行い、その結果で注目画素を置き換えるのが画像処理の基本です。たとえば、blur 関数による移動平均平滑化（3.7、4.5 節）では、注目画素を中心とした 3 × 3 の範囲の 9 ピクセルの平均で注目画素を置き換えます。この平均値演算は周辺画素の値に 1/9 を掛けてからそれらの和を取る重み付け和と等価です。

　この操作は、3 × 3 ピクセルの行列とすべての要素が 1/9 で埋められた同じく 3 × 3 の行列の間で「畳み込み演算」（コンボリューション）を取ることと等価です。畳み込み演算とその他の行列の掛け算との違いは、5.8 節の NOTE を参照してください。

　畳み込み演算とは、図 5.29 のように 2 つの行列の対応する要素どうしを掛けてからその和を取る操作です。この 1/9 で埋められた行列を「フィルタ」、「カーネル」、「オペレータ」などといいます。図 5.29 の結果の値は次の計算で得られます。結果が整数型（CV_8U）であれば小数点以下は切り捨てられます。

$$(100 * 1/9) + (120 * 1/9) + (130 * 1/9) + (110 * 1/9) + (150 * 1/9)$$
$$+ (120 * 1/9) + (105 * 1/9) + (130 * 1/9) + (125 * 1/9) = 121.11$$

100	120	130		1/9	1/9	1/9		
110	150	120	*	1/9	1/9	1/9	=	121
105	130	125		1/9	1/9	1/9		

元画像（A）　　　　　フィルタ（B）　　　　結果

図 5.29 ●元画像の注目領域（3 × 3）に同じサイズの行列を掛けた結果で注目画素（網掛け部分）を更新

　イメージ的には元画像の 3 × 3 の注目領域に同じサイズのフィルタを重ね合わせ、互いに重なった升目どうしを掛け合わせ、中央をその和で置き換える感じです。あとは、この掛ける行列を元画像の左上から右下まで順次平行移動させながら置換えていくと、画像全体の処理が完了します（図 5.30）。こうした操作を空間フィルタリングといいます。

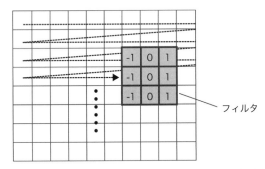

図 5.30 ●注目領域に重ねた行列（フィルタ）を平行移動しながら画像全体にわたって順に注目画素を更新

　フィルタのサイズには、3 × 3 や 5 × 5 ピクセルがよく用いられます。サイズの大きいフィルタは注目領域が広いので、大局的な変化を捉えた操作に向きます。逆に小さいサイズのフィルタは局所的な変化に向いています。

　Canny などの OpenCV 関数も、中身的にはあらかじめ用意してあるフィルタを元画像に畳み込むことで処理を行うのが基本です（もちろん、単純な畳み込み以外のいろいろな計算もたくさん入っていますが）。これらは非常に簡便ですが、実装されていない処理（フィルタ）はできません。ここでは自作したフィルタを filter2D 関数を使って元画像に適用するフィルタリング処理を行います。具体的には、グラディエントフィルタと呼ばれるシンプルですが重要なエッジ検出フィルタを取り上げます。フィルタの格好は次のとおりです。

5.7 空間フィルタリング

−1	0	1
−1	0	1
−1	0	1

　以下、グラディエントフィルタの処理内容を模式的に示します。

　図 5.31 のコーヒーカップの取っ手の黒と白の境界の領域がターゲットです。自然な画像なため境界はくっきり分かれておらず、図右のようにある程度ぼやけています（あるいは滑らかに変化しています）。グラディエントフィルタはこのような対象からエッジを検出します。

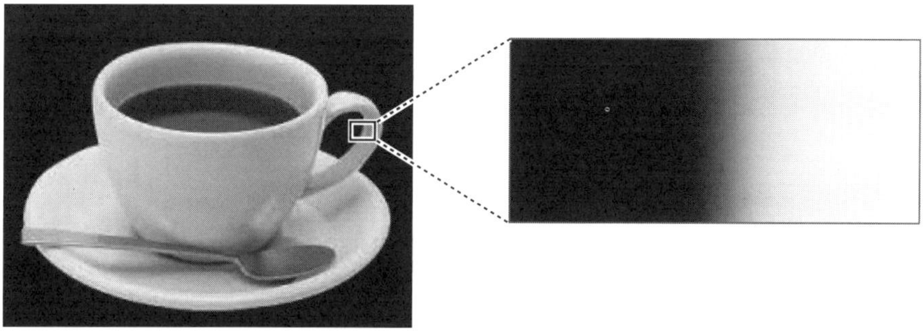

図 5.31 ●元画像とその一部の拡大図

　図 5.32 に処理内容を順を追って示します。図中（a）から（c）の上にあるグラフは、図 5.31 右の画像の横 1 ラインのピクセル輝度を示したものです（横軸が x 方向の位置で、縦軸が輝度）。

　（a）では、上グラフの左側、画像でいうと黒い領域にフィルタをあてはめています。下のグラフはフィルタを表しています。ここでは簡略化のためにフィルタでも横 1 ライン分、つまり (−1, 0, 1) だけを考えます。画像の値 (0, 0, 0) に (−1, 0, 1) を畳み込むと、(−1) × 0 + (0) × 0 + (1) × 0 = 0 となりその結果は 0 です。したがって、元のピクセル（注目画素）は 0 に置き換えられます。

　フィルタを少しずらしたところが図の（b）です。今度は (0, 128, 255) にフィルタをあてはめるので、255 が得られます。ここでは、元画像の輝度の上昇（滑らかではありますが）と、フィルタの上昇（離散的ではありますが）の傾向が一致したので、画像中で最も大きな値が得られました。

　フィルタをさらにずらし、（c）に示した白いエリアに入ります。結果はこれまた 0 です。

　これらの結果をまとめたものが（d）です。このグラフを画像にすれば（e）のようになり、元画像の濃度が変化している部分（エッジ）だけが突出した値になる、つまり抽出されている

243

ことがわかります。

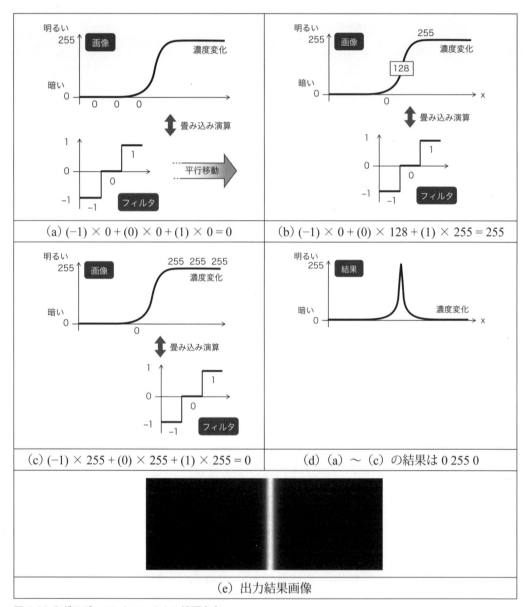

図5.32 ●グラディエントフィルタの処理内容

本文で説明するのはグラディエントフィルタだけですが、その他のよくあるフィルタは本節末のNOTEで説明します。

本節で説明するクラス、関数は表 5.9 のとおりです。

表 5.9 ● 空間フィルタリングプログラムで使用するクラス・関数

クラス・関数	説明
Mat::Mat(Size size, int type, void* data)	配列で Mat オブジェクトを初期化する
filter2D	ユーザ設定フィルタによる畳み込み演算

5.7.1 プログラムの実行

空間フィルタリングプログラムの実行例を以下に示します。グラディエントフィルタは図 5.32 に示したようにエッジを検出します。この例では植物の種のエッジを得ていますが、このエッジ画像の応用例としては、たとえば blur や 2 値化などして白い領域の数をカウントすることで、種の大雑把な数を把握するのにも使えるでしょう。

元画像　　　　　　　　　　グラディエントフィルタ適用後

図 5.33 ● 空間フィルタリングプログラムの実行例

5.7.2 ソースコード

空間フィルタリングプログラムをコード 5.7 に示します。

コード 5.7 ● 空間フィルタリングプログラム

```
1 #include "stdafx.h"
2 #include <opencv2/opencv.hpp>
3 #pragma comment(lib, "opencv_world320d.lib")
4 using namespace std;
```

第5章 チャンネル、領域、ピクセル単位の処理

```cpp
 5 using namespace cv;
 6
 7 int main()
 8 {
 9   Mat src = imread("image.png", IMREAD_GRAYSCALE);
10   Mat dst;
11   float data[9] = {                       // グラディエントフィルタ
12     -1, 0, 1,
13     -1, 0, 1,
14     -1, 0, 1
15   };
16   Mat filter(Size(3, 3), CV_32FC1, data);  // 配列dataからfilterを生成
17
18   filter2D(src, dst, -1, filter);    // フィルタ処理（オリジナルフィルタ）
19   imshow("入力映像", src);
20   imshow("出力映像", dst);
21   waitKey();
22
23   return 0;
24 }
```

5.7.3 ライブラリの用法

以下、コード5.7の詳細を、使用している関数とあわせて説明します。

```cpp
 9   Mat src = imread("image.png", IMREAD_GRAYSCALE);
```

3.1節で説明して以来1度も使わなかった imread 関数の第2引数です。IMREAD_GRAYSCALE は読み込んだ画像がカラーであってもなくても1チャンネルグレースケール画像に変換します。

```cpp
11   float data[9] = {                       // グラディエントフィルタ
12     -1, 0, 1,
13     -1, 0, 1,
14     -1, 0, 1
15   };
16   Mat filter(Size(3, 3), CV_32FC1, data);  // 配列dataからfilterを生成
```

11〜15行目はグラディエントフィルタの係数を格納した配列です。3×3なのでわかりや

246

すいように 3 要素ずつ改行していますが、これは 9 個の値が連続した 1 次元配列です。いつもの 8 ビット符号なし整数（C の型では uchar）ではなく float 型を用いているところに着目してください。

16 行目では Mat オブジェクト filter を生成しています。Mat クラスのコンストラクタは 3.3 節でいくつか示しましたが、これはその別バリエーションで、第 3 引数に配列を指定することで、Mat をそのデータで初期化しています。

```
18    filter2D(src, dst, -1, filter);    // フィルタ処理（オリジナルフィルタ）
```

第 1 引数に指定した入力画像に第 4 引数で指定したフィルタを適用し（畳み込み）、結果を第 2 引数に格納します。関数の定義を次に示します。

ユーザ設定フィルタによる畳み込み演算

filter2D (InputArray **src**, OutputArray **dst**, int **ddepth**, InputArray **filter**, Point **anchor** = *Point(-1, -1)*, double **delta** = *0*, int **borderType** = *BORDER_DEFAULT*)

src	入力画像
dst	出力画像
ddepth	ビット深度型。負の値の場合はsrcと同じビット深度型が使われる。
filter	ユーザが設定したフィルタ（Matオブジェクト）
anchor	フィルタの対象となるピクセルの相対的位置を表す。デフォルトの(-1, -1)のときはフィルタの中心。
delta	フィルタの結果へ付与される値
borderType	画像の外側（範囲外）のピクセル値を推定するときの方法を指定（3.7節参照）

第 3 引数にはビット深度型（1.4.5 節）を指定します。たとえば、元画像が 16 ビット符号なし整数（CV_16U）を、32 ビット浮動小数点数（CV_32F）として保存したいときに用います。型変換に伴う制約もあるので、詳細は OpenCV 公式リファレンスを参照してください。負の値（ここでは -1）のときは、入力画像と同じビット深度型が用いられます。

第 5 引数以下はオプションです。第 5 引数には関数には、注目画素の位置を指定します。デフォルトは (-1, -1) で、これはフィルタの中心を指します。

第 6 引数はフィルタリングのあとの画像に加算する値で、全体の明るさを調整したいときなどに用います。

第 7 引数は画像の外側にあるピクセル値を外挿する方法（3.7 節参照）を指定します。

filter2D 関数は 3 チャンネル画像にも対応しています。3 チャンネル画像に適用すると、チャンネル単位でそれぞれ独立にフィルタ処理した結果が第 2 引数に格納されます。

その他の空間フィルタ

以下、ハイパス、ラプラシアン、ガウシアンフィルタの配列データとその実行例を示します。この配列で本文のコードの 11 〜 15 行目と置き換えれば、それぞれのフィルタを実装できます。ただし Mat コンストラクタのサイズを (3, 3) や (5, 5) など、配列のデータ数に応じて変更するのを忘れないようにしてください。これらのコードも、本節のソースファイル 5_7.cpp の末尾のコメントエリア (#ifdef EXAMPLES) に置いてあります。

実行例用の元画像は右のものです。

ハイパスフィルタ（3 × 3）

ハイパスフィルタ（high-pass filter）は、エッジを強調し鮮鋭化します。

ハイパスフィルタは、オーディオの分野では高周波な音をそのまま通し低周波な音を遮断するフィルタを指します。画像においては、高周波（輝度変化の激しいエッジ部分）はそのままに、低周波（その他）は抑制させる作用を持つものを指します（周波数の考え方は 6.2 節で詳しく展開します）。結果を見ると、食パンやテーブルなど表面が細かくざらざらしている部分(高周波)は値が大きく（白く）なっているのに対し、お皿の滑らかな部分（低周波）は値が小さく（黒く）なっていることがわかります。表面の材質を推定するのに使えるでしょう。

```
float data[9] = {
    -1,-1,-1,
    -1, 8,-1,
    -1,-1,-1
  };
Mat filter (Size(3, 3), CV_32FC1, data);
```

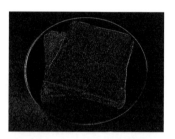

ラプラシアンフィルタ（3 × 3）

本文で紹介したグラディエントフィルタ（gradient filter）は勾配という意味で、1 次微分を計算しています。ここで紹介するラプラシアンフィルタ（Laplacian filter）は 2 次微分を取ることに相当し、これもエッジの検出に使われます。なお、本文のグラディエントフィルタは縦方向のエッジ（左から右、もしくは右から左に明るくなるエッジ）の検出用ですが、このラプラシアンフィルタは全方位的にエッジを検出します。

```
float data[9] = {
    1, 1, 1,
    1,-8, 1,
    1, 1, 1
   };
Mat filter (Size(3, 3), CV_32FC1, data);
```

ラプラシアンフィルタ（5 × 5）

ラプラシアンフィルタの5 × 5バージョンです。5 × 5の方がより大きな変化を検出します。

```
float data[25] = {
    -1,-3,-4,-3,-1,
    -3, 0, 6, 0,-3,
    -4, 6,20, 6,-4,
    -3, 0, 6, 0,-3,
    -1,-3,-4,-3,-1
   };
Mat filter (Size(5, 5), CV_32FC1, data);
```

ガウシアンフィルタ（5 × 5）

ガウシアンフィルタ（Gaussian filter）は画像の平滑化やノイズ除去に用いられるフィルタで、3.7節で説明したとおりです。dataの中身を観察すると、ガウス分布のように中央から外周に行くにしたがって指数関数的に小さくなっていることがわかります。なお、フィルタの要素は全部足すと1になるのが基本なので、ここに示したfilterは要素の総和である256で除してから使います。

```
float data[25] = {
    1, 4, 6, 4, 1,
    4,16,24,16, 4,
    6,24,36,24, 6,
    4,16,24,16, 4,
    1, 4, 6, 4, 1
   };
Mat filter (Size(5, 5), CV_32FC1, data);
filter = filter / 256.0;
```

第5章　チャンネル、領域、ピクセル単位の処理

5.8　行列の要素毎の積とトランジション

映画やテレビでは、ショットの切り替えにしばしばトランジションという技法を用います。
「ショット」は、連続したカメラ操作で撮影した一連のフレームからなる映像を指します。コ
マーシャルのように短いものでも、映画のように長尺なものでも、映像はこのショットを複数
つなぎ合わせることで構成されます。ショットとショットは、前のショットの末尾フレームと
次のショットの先頭フレームを何もせずに単純につなぐのが基本です。しかし、前のショット
の末尾の数秒分と次のショットの先頭の数秒分をオーバーラップさせることで、前後のショッ
トを同一画面に同時に示すような特殊なつなぎ方もあります。これがトランジションです。

本節では表 5.10 に示すワイプ、ディゾルブ、円形ワイプの 3 種類のトランジションを実装し
ます。これから説明しますが、ワイプは、5.3 節で説明したマスク画像と copyTo() 関数で、ディ
ゾルブは 5.5 節の要領で行列と定数の乗算あるいは addWeighted 関数から作成できます。しか
し、円形ワイプは行列を掛け合わせるという新しい方法が必要になります。また、この行列の
積という方法は、ワイプにもディゾルブにも利用できます。そこで、プログラムは行列の積を
用いた統一的な方法で実装します。

表 5.10 ●実装するトランジションの種類

種類	説明	例
ワイプ	前後のショットのフレームを同じ位置で左右に分け、左側に前のショット、右側に次のショットのフレームをそれぞれ表示する方法。左右の境界線は映像が進むにつれて左から右にスライドします。	
ディゾルブ	全体的に徐々に消えていく前ショットのフレームと、徐々に現れてくる次ショットのフレームを重ね合わせて表示する方法。	

種類	説明	例
円形ワイプ	前ショットのフレームの中央に、円形に次ショットのフレームが現れてくる方法。この円形は映像が進むにつれて大きくなっていき、次ショットの部分が完全に全体を覆うところでトランジションが終了します。ここでは、前後ショットを分ける境界線をぼやけさせることで、前後のショットが互いに溶け込むようなトランジションを達成します。	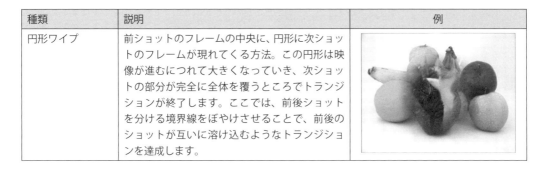

ワイプでは、前ショットのフレーム A からは右側を、次ショットのフレーム B からは左側をそれぞれ切り取り、これらをつなぎ合わせることでトランジションのフレームを生成します。これを達成するには、図 5.34 の 2 列目に示すように前フレーム A には左側を黒、残りを白にしたマスク画像 M を、次フレーム B では M を反対にして右側を黒にしたマスク画像 N を用意します。その上で、4.5 節の copyTo() 関数でそれぞれのマスクされていない部分を合成画像 T にコピーすればできあがりです。

```
A(M).copyTo(T(M));
B(N).copyTo(T(N));
```

ただしこの方法は、ワイプのように A と B の画像がそれぞれ補完的になっているときにしか利用できないという欠点があります。

図 5.34 ●ワイプトランジション。前後のショットのそれぞれのフレームにマスクをかけて合成。

ディゾルブは前ショット A と次ショット B をそれぞれ相補的に薄く、つまり輝度を低くして

から重ね合わせることで達成できます。これには、図 5.35 の 1 列目に 1 以下の値をそれぞれ乗じて 2 列目の画像を得、それを互いに加算します。このとき、乗じる値は A のものと B のものを足すと常に 1 になるようにします。つまり、A を a 倍するなら、B は 1 − a 倍します。この操作は、単純な行列の演算で達成できます。

```
T = a * A + (1.0 - a) * B;
```

あるいは、5.5 節の要領で addWeighted 関数を用いてもよいでしょう。

```
addWeighted(A, a, B, 1-a, 0.0, T);
```

この方法は一定の値を画像全体に掛けるため、画像の一部領域だけに異なる処理ができません。たとえば、ワイプのように同じフレームの左と右とで異なる扱いをするような処理はできません。

元フレーム　　　定数倍で輝度を低下　　　重ね合わせ（加算）

図 5.35 ●ディゾルブトランジション。前後のショットのそれぞれのフレーム全体に同じ重み付けをして合成。

円形ワイプには、残念ながらワイプとディゾルブのどちらの方法も使えません。まず、前後ショットの円の境界が図 5.36 の 2 列目のようにぼやけているので、マスクは使えません。マスク画像でぼけを表現している 1 から 255 の間の値のピクセルの位置のピクセルにも、関数が作用するからです。もちろん、位置に応じて計算が異なるため、まんべんなく同じ係数を乗じるディゾルブの手は使えません。図でいうと、前ショットの中心は黒なのでコピーせず、周辺部は輝度を調整したうえで前後のフレームから足し合わせるような細かい操作はできません。

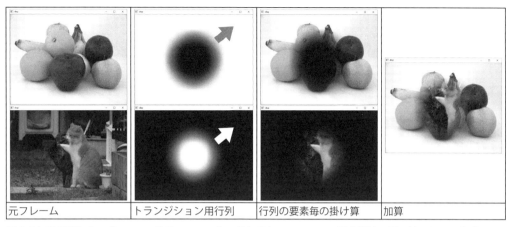

| 元フレーム | トランジション用行列 | 行列の要素毎の掛け算 | 加算 |

図 5.36 ●円形トランジション。前後のショットのそれぞれのフレームに画素単位で重み付けをして合成。

そこで、元フレームのピクセルに対して、それぞれの位置に応じた係数を収容した行列（Mat画像）を用意します。ここではこれを「トランジション用行列」と呼びます。そして、このトランジション用行列と元フレーム間のそれぞれ対応する位置の要素毎に掛け算をし、結果を同じ位置に書き込みます。これを「要素毎の積」といい、Mat のメンバ関数である mul を使って計算します（図 5.37）。

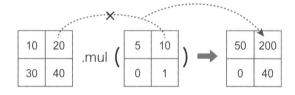

図 5.37 ● 2 つの Mat オブジェクトの要素毎の積の計算

なお、数学的な行列の「積」とこの「要素毎の積」は異なるので注意してください（本節末の NOTE 参照）。

この方法ならディゾルブのような重ね合わせもできます。また、ワイプのように左右がくっきりと分かれたケースでも、領域を 0 と 1 に分けた行列を用意すれば、0 の箇所では元の画素がなくなり、1 の箇所はそのままの値が保持される効果が得られます。ここでは、CV_8UC1 の Mat を要素毎の積用に用意し、実際に演算するときは 1/255 に割ってから使用します。

また、前ショット用のトランジション用行列のビット反転をすることで次ショット用のトランジション用行列も作成できます（bitwise_not または ~ 演算子）。

第5章　チャンネル、領域、ピクセル単位の処理

本節で説明するクラス、関数は表 5.11 のとおりです。

表 5.11 ●行列の要素毎の積とトランジションプログラムで使用するクラス・関数

クラス・関数	説明
Mat::mul	画像の要素毎の積

5.8.1　プログラムの実行

行列の要素毎の積とトランジションプログラムの実行例を以下に示します。

本節のプログラムでは、カットつなぎをする前ショットと次ショットの 2 本のビデオを同時にスタートします（図 5.38）。合成映像に表示されるのは最初のうちは当然前ショットだけですが、所定のキーを押下すると、キーが指定するトランジション方法で前ショットと次ショットを合成します。キーはワイプが「w」、ディゾルブは「d」、円形ワイプは「c」です。トランジションが完了すれば、あとは次ショットの映像だけが表示されます。

トランジションの時間は 60 フレーム分（約 2 秒）です。図中、トランジションの開始時点のフレーム番号を start、トランジションが終了する時点を end、トランジションの行われるフレーム数を transFrames と示してありますが、これらはプログラム中の変数名と同じです。

2 つのビデオを同時にスタートするため、提示終了は 2 本のビデオのどちらか短い方に合わせてあります（図中 maxFrame）。maxFrame に到達すると、2 本のビデオは最初から再スタートします。この時点でまだトランジションが続いていても、最初に前ショットだけが普通に表示されるモードに戻ります。

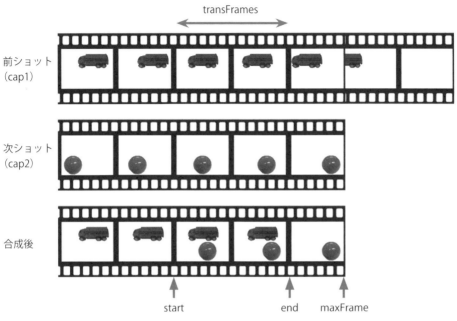

図 5.38 ● トランジションの様子

　表示するウィンドウは前ショットのトランジション行列用と合成後の映像用の2つです。次ショット用のトランジション行列は前ショットのものを反転したものなので、(デバッグを除けば) 特に必要ないでしょう。

　プログラムは Esc キーで終了します。

5.8.2　ソースコード

行列の要素毎の積とトランジションプログラムをコード 5.8 に示します。

コード 5.8 ● 行列の要素毎の積とトランジションプログラム

```
1 #include "stdafx.h"
2 #include <opencv2/opencv.hpp>
3 #pragma comment(lib, "opencv_world320d.lib")
4 using namespace std;
5 using namespace cv;
6
7 void transition(Mat &m, int current, int start, int end, char type);
```

```
 8
 9  int main()
10  {
11    VideoCapture cap1("sample1.avi"), cap2("video.avi");
12    Mat src1, src2, dst;
13    Mat matrix(Size((int)cap1.get(CAP_PROP_FRAME_WIDTH),
14                    (int)cap1.get(CAP_PROP_FRAME_HEIGHT)), CV_8UC3);
15    int transFrames = 60;
16    int maxFrame = min((int)cap1.get(CAP_PROP_FRAME_COUNT),
17                       (int)cap2.get(CAP_PROP_FRAME_COUNT));
18
19    bool flag = true;
20    while (flag) {
21      int start = 0;
22      int end = transFrames;
23      char mode = 0;
24
25      for(int frame=0; frame<maxFrame; frame++) {
26        cap1 >> src1;
27        cap2 >> src2;
28        resize(src2, src2, src1.size());   // src2をsrc1のサイズに合わせる
29
30        transition(matrix, frame, start, end, mode);
31        dst = src1.mul(matrix / 255.0) + src2.mul(~matrix / 255.0);
32        imshow("マスク画像", matrix);
33        imshow("トランジション", dst);
34        int key = waitKey(30);
35        if (key == 27) {
36          flag = false;
37          break;
38        }
39        else if (key == 'w' || key == 'd' || key == 'c') {
40          start = (int)cap1.get(CAP_PROP_POS_FRAMES);
41          end = start + transFrames;
42          mode = key;
43        }
44      }
45
46      cap1.set(CAP_PROP_POS_FRAMES, 0);
47      cap2.set(CAP_PROP_POS_FRAMES, 0);
48      cout<< "Next run" << endl;
```

5.8 行列の要素毎の積とトランジション

```
49    }
50 }
51
52 // トランジション用マスクの生成
53 // src1用。src2はこれの NOT から生成する
54 void transition(Mat &m, int current, int start, int end, char type)
55 {
56    int pos = max(current - start, 0);
57    int duration = end - start;
58    m.setTo(255);
59    switch(type) {       // 左ワイプ
60     case 'w': {
61      int boundary = min(m.cols, m.cols * pos / duration);
62      rectangle(m, Point(0, 0), Point(boundary, m.rows), Scalar::all(0),
63                                              CV_FILLED, LINE_4, 0);
63      break;
64     }
65     case 'd': {         // ディゾルブ
66      int density = max(0, 255 - 255* pos / duration);
67      m.setTo(density);
68      break;
69     }
70     case 'c': {         // 円形ワイプ
71      int diag = norm(Point(m.cols, m.rows)) / 2;
72      int rad = min(diag, diag * pos / duration);
73      circle(m, m.size()/2, rad, Scalar::all(0), CV_FILLED);
74      blur(m, m, Size(100, 100));
75      break;
76     }
77    }
78 }
```

5.8.3　ライブラリの用法

以下、コード 5.8 の詳細を、使用している関数とあわせて説明します。

```
13    Mat matrix(Size((int)cap1.get(CAP_PROP_FRAME_WIDTH),
14                    (int)cap1.get(CAP_PROP_FRAME_HEIGHT)), CV_8UC3);
⋮
```

第 5 章　チャンネル、領域、ピクセル単位の処理

```
28        resize(src2, src2, src1.size());   // src2をsrc1のサイズに合わせる
```

　本プログラムで重要なのは、前後ショットのフレームとそれらのトランジション行列をすべて同じサイズにする点です。ここでは、すべてを前ショット（src1 あるいは cap1）のフレームサイズに合わせます（28 行目）。

　13 〜 14 行目は、前ショット（cap1）の縦横サイズからトランジション行列の Mat を生成しています。単純な白黒画像なので 1 チャンネルの CV_8UC1 でよいようにも思えますが、3 チャンネルのフレームの各チャンネルに同じ値を掛けなければならないため、データ型は入力と同じ 3 チャンネルの CV_8UC3 でなければなりません。

```
34        int key = waitKey(30);
   ⋮
39        else if (key == 'w' || key == 'd' || key == 'c') {
40          start = (int)cap1.get(CAP_PROP_POS_FRAMES);
41          end = start + transFrames;
42          mode = key;
43        }
```

　説明が前後しますが、合成画像を生成したあとで入力されたキーを確認します。入力が w（ワイプ）、d（ディゾルブ）、c（円形ワイプ）のいずれかなら、このフレームからトランジションを開始するので、40 行目で開始フレーム番号 start を現在の入力映像のフレーム番号と一致させます（ビデオキャプチャ属性については 3.8 節参照）。ビデオキャプチャ終了フレーム番号 end は、41 行目にあるように start から transFrames 分、つまり 60 フレーム後です。42 行目では入力したキーの ASCII コードを保存し、トランジション行列を生成する transition 関数を呼び出すときに使います。

```
30        transition(matrix, frame, start, end, mode);
```

　前ショット（src1）のトランジション行列を生成します。この自作関数の第 1 引数には、生成したトランジション行列を格納する Mat を指定します。第 2 引数には現在の（frame）、第 3 引数にはトランジション開始時点の(start)、第 4 引数にはトランジション終了時(end)のフレーム番号をそれぞれ指定します。第 5 引数には使用するトランジションのパターンを ASCII 文字から指定します。

```
56    int pos = max(current - start, 0);
57    int duration = end - start;
58    m.setTo(255);
59    switch(type) {      // 左ワイプ
```

```
60    case 'w': {
61      int boundary = min(m.cols, m.cols * pos / duration);
62      rectangle(m, Point(0, 0), Point(boundary, m.rows), Scalar::all(0),
                                                CV_FILLED, LINE_4, 0);
63      break;
64    }
```

では、この transition 関数のワイプ（w）部分から説明します。

まず、トランジション行列は全面真っ白からスタートします（58 行目）。トランジション時間（60 フレーム）だけかけて縦の境界線を左端から右端まで走らせるとしたら、1 フレームあたりの境界線の進行速度は（画像の幅 / トランジション時間）です。たとえば、フレーム幅が 640 ピクセルなら、10 ピクセル / フレームです。61 行目ではこれは m.cols / duration で表現されています。

これに、トランジション開始時点からの現在のフレーム位置 pos、つまり current-start（56 行目）を乗ずれば、縦の境界線の位置が決定されます。つまり、m.cols * pos / duration です。図 5.39 にこの計算を模式的に示しました。要は、画像上がフレーム位置に関わるパラメータ、下が画像位置のパラメータで、これらの比の関係から位置 x を求めているだけです。

61 行目の min は、現在フレームが指し示す境界線の位置が画像の右端を超えたら、右端に固着するようにするためのものです。

長方形は 4.1 節で説明した rectangle 関数で描きます。

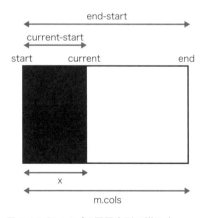

図 5.39 ● ワイプの黒長方形の描き方

```
65    case 'd': {         // ディゾルブ
66      int density = max(0, 255 - 255* pos / duration);
```

第 5 章 チャンネル、領域、ピクセル単位の処理

```
67    m.setTo(density);
68    break;
69    }
```

こちらはディゾルブです。トランジション行列全体を同じ値で埋めるので、setTo 関数（3.3 節）から簡単にできます。値はワイプ同様にフレームの現在位置と最終位置の比から決定しますが、こちらは 255 からスタートして 0 に至るように調整します。

```
70    case 'c': {        // 円形ワイプ
71      int diag = norm(Point(m.cols, m.rows)) / 2;
72      int rad = min(diag, diag * pos / duration);
73      circle(m, m.size()/2, rad, Scalar::all(0), CV_FILLED);
74      blur(m, m, Size(100, 100));
75      break;
76    }
```

円形ワイプも同様に比の考え方を使います。この円の半径は、60 フレームかけて 0 から画像全体を覆うまで広がらなければならないので、norm 関数（4.6 節）を使って画像の対角線の半分のサイズを計算しています。円の描画には circle 関数（4.1 節）を使います。あと、白黒の境界をぼやけさせるために、blur 関数（3.7 節）を用いています。

```
31        dst = src1.mul(matrix / 255.0) + src2.mul(~matrix / 255.0);
```

ここが本節のプログラムの肝の部分です。

冒頭で説明したように、前フレームと次フレームのそれぞれ要素単位でトランジション行列を掛けます。この演算には Mat クラスのメンバ関数である mul を使います。この mul 関数は、複数チャンネルあればそれらを独立にそれぞれ掛け算します。たとえば、BGR 行列どうしを掛ければ、B は B どうし、G は G どうしで計算されます。

CV_8UC3 のトランジション行列に収容されている値の範囲は 0 ～ 255 なので、0 ～ 1 の値を掛けるために 255.0 で割っているところに注意してください（浮動小数点数演算）。また、src2 用のトランジション行列を得るには、src1 のものを ～ 演算子を使って反転します（5.6 節参照）。

mul 関数の定義を次に示します。メンバ関数なので、行列 A × B は A.mul(B) と書きます。第 2 引数はオプションで、結果をさらに scale 倍するときに用います。

要素どうしでのMatの乗算		
Mat::mul (InputArray **m**, double **scale** = 1)		
戻り値（**Mat**）	A.mul(B)の結果を返す	

transition 関数に適切なトランジション行列生成アルゴリズムを加えれば、特殊なものでなければ、どんなトランジションもこの方法で作成できます。たとえば斜めにワイプしたり、ブラインドを閉じるようにすだれ状にワイプするなど、面白そうな方法を試してみてください。

行列の積

ここまでみてきたように、行列（Mat）の掛け算には定数倍、要素どうしの積、畳み込みなどがあります。これに加え、数学で出てくる行列の積もあります。それぞれ演算子と演算結果が異なるので注意が必要です。次の行列 A、B があるとし、以下にそれぞれの計算を示します。

```
    0 1 2        10 10 10
A = 3 4 5    B = 10 10 10
    6 7 8        10 10 10
```

A の 3 倍（3*A）は、A の全要素をそれぞれ 3 倍します。定数倍の演算子は「*」です（3.3 節）。

```
0 1 2            0  3  6
3 4 5 * 3 =      9 12 15
6 7 8           15 18 21
```

数学で出てくる A と B の行列の積（A*B）は、行の全要素と列の 1 要素を互いに掛けてその和を取ります。この行列どうしの積にも「*」演算子を用います。

```
            10              10              10
            10              10              10
            10              10              10
0 1 2   0×10+1×10+2×10  0×10+1×10+2×10  0×10+1×10+2×10       30  30  30
3 4 5   3×10+4×10+5×10  3×10+4×10+5×10  3×10+4×10+5×10   =  120 120 120
6 7 8   6×10+7×10+8×10  6×10+7×10+8×10  6×10+7×10+8×10      210 210 210
```

本節で紹介した A と B の要素毎の積（A.mul(B)）は次のようになります。

```
        10    10    10
        10    10    10
        10    10    10
0 1 2   0×10  1×10  2×10        0 10 20
3 4 5   3×10  4×10  5×10   =   30 40 50
6 7 8   6×10  7×10  8×10       60 70 80
```

第5章 チャンネル、領域、ピクセル単位の処理

　AにBを畳み込みをするときは、Aの外側の値も必要です（ここでは0で埋めています）。畳み込みには5.7節のfilter2D関数を用います。

```
                        10              10              10
                        10              10              10
                        10              10              10
0 0 0 0 0    0×10+0×10+0×10+   0×10+0×10+0×10+   0×10+0×10+0×10+
0 0 1 2 0    0×10+0×10+1×10+   0×10+1×10+2×10+   1×10+2×10+0×10+
0 3 4 5 0    0×10+3×10+4×10    3×10+4×10+5×10    4×10+5×10+0×10
0 6 7 8 0
0 0 0 0 0    0×10+0×10+1×10+   0×10+1×10+2×10+   1×10+2×10+0×10+       80 150 160
             0×10+3×10+4×10+   3×10+4×10+5×10+   4×10+5×10+0×10+   =  210 360 270
             0×10+6×10+7×10    6×10+7×10+8×10    7×10+8×10+0×10       200 330 240

             0×10+3×10+4×10+   3×10+4×10+5×10+   4×10+5×10+0×10+
             0×10+6×10+7×10+   6×10+7×10+8×10+   7×10+8×10+0×10+
             0×10+0×10+0×10    0×10+0×10+0×10    0×10+0×10+0×10
```

6

画像情報の取得

　本章では、ここまで紹介してきた基本的な画像・映像の処理方法を応用しながら、画像や映像からそれらを代表する情報を抽出する方法を紹介します。画像はピクセル値を (x, y) およびチャンネル方向に並べただけの膨大な数値の集まりですが、これに数学的な処理を施すことで、それらの特徴をコンパクトにまとめたり、ほかの有用な表現に変換することができます。

　本章では、そうしたもののうちヒストグラム、周波数成分、オプティカルフローを扱います。これらは画像や映像の内容を理解するときの手がかりとなる重要な要素として用いられます。処理自体は数学的にもアルゴリズム的にも高度かつ複雑なので、イチから自力でプログラミングするとなるとかなりの技量を必要とします。しかし、OpenCV を使えば高々 100 行程度で処理プログラムを作成できます。

6.1　ヒストグラム

6.2　DFT と周波数フィルタリング

6.3　YCbCr カラーモデルと DCT 情報圧縮

6.4　オプティカルフロー

6.1 ヒストグラム

ヒストグラム（度数分布表）は、あるグループに属するモノの数がいくつあるかをグラフで可視化したものです。画像では、全画像で特定範囲の値を持つピクセルの個数を棒グラフで示したものです。たとえば 640 × 480 のグレースケール画像、つまり全ピクセル数 307,200 のうち、値が 0 以上 10 未満のピクセル数が 20,000 個あることを 1 本の棒で示します。図 6.1 はその例で、CV_8UC1（値の範囲が 0 〜 255）の画像から 0 以上 1 未満のようにピクセル値 1 つずつのピクセルの個数を示しているので、狭い幅の棒が 255 本並んでいます。

ヒストグラムの個々の棒の範囲を**ビン**（bin）あるいは**階級**と呼びます。縦軸のピクセル数は**度数**といいます。

縦軸にそのままピクセル数に取ると値があまりに大きくなったり、対象となる画像サイズによって変わってしまうため、割合（全ピクセル 307,200 個のうち 20,000 個は 9.5%）で示したり、ビンの最大値が 1.0 になるように正規化（スケーリング）することもよくあります。

カラーでは、たとえば BGR ならそれぞれに 1 つずつのようにチャンネル毎にヒストグラムを用意します。複数のそれぞれ独立した「棒グラフ」が 3 本あるので、これを「3 次元」のヒストグラムといいます。

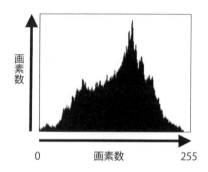

図 6.1 ●ヒストグラム（グレースケール）

画像のヒストグラムは、画像に何が映っているかを大局的に捉えるときの基礎的な指標です。画像ビューワーの多くにも、色やコントラストの調整などのためにしばしば備わっています。また、画像認識にも応用されており、これについては 7.2 節で扱います。

本節では、BGR カラー映像に対して、フレーム単位で各チャンネルのヒストグラムをリアル

タイムに表示します。

本節で説明するクラス、関数は表 6.1 のとおりです。

表 6.1 ● ヒストグラムプログラムで使用するクラス・関数

クラス・関数	説明
calcHist	ヒストグラムの取得

6.1.1 プログラムの実行

ヒストグラムプログラムの実行例を以下に示します。

プログラムは入力映像とヒストグラムを表示するウィンドウを表示します。ヒストグラムは伝統的に棒グラフですが、ここでは図 6.2 右のように 1 枚のウィンドウに全カラーの情報を収容するため、折れ線グラフで描いています。グラフは B チャンネルは青のように、それぞれのチャンネルの色で表示されます。

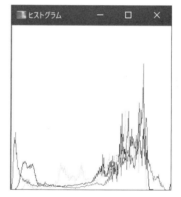

図 6.2 ● BGR のヒストグラムを折れ線グラフで表示

第 6 章　画像情報の取得

6.1.2　ソースコード

ヒストグラムプログラムをコード 6.1 に示します。

コード6.1 ●ヒストグラムプログラム

```
1  #include "stdafx.h"
2  #include <opencv2/opencv.hpp>
3  #pragma comment(lib, "opencv_world320d.lib")
4  using namespace std;
5  using namespace cv;
6
7  int main()
8  {
9    VideoCapture cap("sample1.avi");
10   Mat src;
11   namedWindow("入力映像");
12
13   vector<string> cName{ "青", "緑", "赤" };
14   vector<Scalar> cScalar{ Scalar(255, 0, 0), Scalar(0, 255, 0),
                                            Scalar(0, 0, 255) };
15   Mat hist(Size(256, 256), CV_8UC3);
16
17   while (1) {
18     cap >> src; if (src.empty()) break;
19     imshow("入力映像", src);
20     vector<Mat> ch(3);
21     split(src, ch);
22
23     vector<int> size{ 256 };              // ビンの本数
24     vector<float> range{ 0, 256 };        // ヒストグラム範囲
25     hist.setTo(255);
26     for(int c = 0; c < 3; c++) {
27       vector<int> channel{ c };           // チャンネル指定
28       Mat bins;
29       calcHist(ch, channel, noArray(), bins, size, range);
30       Point prev = Point(0, 255);
31       for (int x=0; x < 256; x++) {       // ビン描画
32         Point current = Point(x, 256 - (int)(bins.at<float>(x) / 50));
33         line(hist, prev, current, cScalar[c]);
34         prev = current;
```

266

```
35          }
36      }
37      imshow("ヒストグラム", hist);
38
39      if (waitKey(50) == 27) break;
40  }
41
42  return 0;
43 }
```

6.1.3 ライブラリの用法

以下、コード 6.1 の詳細を、使用している関数とあわせて説明します。

```
20      vector<Mat> ch(3);
21      split(src, ch);
```

まず、CV_8UC3 のフレームを 5.1 節の要領で BGR のチャンネル別に分離しておきます。

```
23      vector<int> size{ 256 };              // ビンの本数
24      vector<float> range{ 0, 256 };        // ヒストグラム範囲
```

取得に先立ち、ヒストグラムの構造を規定します。

23 行目の size はビンの個数を指定しています。ここでは本数は 256、つまり 1 輝度あたり 1 階級を指定しています。

ヒストグラムを取得する calcHist 関数は、複数チャンネルを一気に処理できます。また、チャンネル単位で異なるビン数も指定できるため（たとえば CV_8UC3 の HSV カラーモデルでは H だけ値の範囲が異なる）、この size は int 型の vector でなければなりません。ここではチャンネル単位で取得するので、vector には要素を 1 つ指定しているだけです。

24 行目の range はヒストグラムの横軸の範囲を指定しています。こちらも始点と終点の 2 つの要素があるので vector です。また、浮動小数点数型画像にも対応できるよう、calcHist 関数は型には float を用いるよう指定しています。calcHist 関数は多チャンネル対応なので、このヒストグラム範囲もチャンネル単位で指定できます。その場合、範囲 vector の vector（vector の入れ子）、あるいは複数の vector を横 1 列に並べた単体の vector 用意しなければなりません。

ヒストグラム範囲は左の値以上、右の値「未満」です。ここで対象とするピクセル値は 0 〜 255（255 を含む）の整数値なので、右の値は 256 にしなければなりません。

第6章　画像情報の取得

多次元ヒストグラムは 7.2 節で扱います。

```
26    for(int c = 0; c < 3; c++) {
27        vector<int> channel{ c };          // チャンネル指定
28        Mat bins;
29        calcHist(ch, channel, noArray(), bins, size, range);
```

用意ができたら、ループを組んで（26 行目から）チャンネル毎に calcHist 関数でヒストグラムを計算します（29 行目）。まず、関数の定義を次に示します。

画像のヒストグラムを計算する	
calcHist (InputArrayOfArrays **images**, const std::vector< int > & **channels**, InputArray **mask**, OutputArray **hist**, const std::vector< int > & **histSize**, const std::vector< float > & **ranges**, bool **accumulate** = *false*)	
images	入力画像の配列
channels	ヒストグラムを計算する画像のチャンネル番号
mask	マスク画像
hist	結果のヒストグラムが格納されるMatオブジェクト
histSize	ヒストグラム配列のサイズ
ranges	ヒストグラムの範囲
accumulate	ヒストグラムを初期化せずに累積したい場合true。デフォルトはfalse。

第 1 引数にヒストグラムの計算対象の画像を指定します。ただし、普通の Mat ではなく画像の配列です。ここでは、3 つの（それぞれグレースケールとして表現される）チャンネルの Mat の vector である ch（20 行目）をそのまま指定します。

第 2 引数には、第 1 引数の配列のどのチャンネルを計算対象とするかを指示します。関数定義にあるように、ここには vector を使わなければなりません。これは、先ほども述べたように、calcHist 関数は複数のチャンネルを一気に、しかも計算したいチャンネルを適宜選択できるように設計されているからです。たとえばここに vector {0, 1, 2} を指定すれば、3 チャンネルが一気に計算できます。{0, 2} なら B と R だけです。ここでは、ループカウンタに沿ってその時点のチャンネル c を順に指定していくので、27 行目のように 1 要素だけの vector で指定します。

第 3 引数にはマスク画像を指定しますが、今回は使用しないので noArray（3.3 節）を指定することで空の Mat オブジェクトを渡します。

第 4 引数には calcHist 関数の結果を収容する Mat を指定します（宣言は 28 行目）。計算結果は浮動小数点数型で格納されます。

第 5 引数には vector でビンの本数を指定します。この値は 23 行目であらかじめ宣言してあります。

第6引数には vector でヒストグラムの値の範囲を指定します。この値も23行目で宣言して
あります。

```
30        Point prev = Point(0, 255);
31        for (int x=0; x < 256; x++) {        // ビン描画
32          Point current = Point(x, 256 - (int)(bins.at<float>(x) / 50));
33          line(hist, prev, current, cScalar[c]);
34          prev = current;
35        }
```

Mat 画像 hist に折れ線グラフを描画します。calcHist 関数から得られた bins には、第5引数
で指定したように全部で256個の階級が順に収容されています。bins から x 番目の要素の値を
取得するには、5.4節で説明した Mat のメンバ関数 at を用います。

ここでは得られた値を50で割っていますが、これは折れ線グラフの高さの調整用です。これ
で、640 × 480 ピクセルのキャンバスにヒストグラムの最大値がだいたい収まります。これは
画像によって異なる値なので、輝度の偏りのある画像では調整が必要になります。

度数をそのまま、あるいは固定値で割るのではなく、割合（全ピクセル数で除す）にするの
もよいでしょう。ただし、度数の分布によってはキャンバスを飛び出したり、すべての値が低
くてグラフが見にくいなどの問題も出てきます。normalize 関数（5.5節）を使って最大値を1
に正規化するのは描画上はよい案ですが、フレーム毎に最大値の値が異なるため、ピクセルの
絶対数をもとにした比較ができなくなります。

いろいろと工夫してみてください。

6.2 DFT と周波数フィルタリング

本節では、離散フーリエ変換（DFT）を用いた周波数フィルタリングプログラムを作成します。

音のように時間と共に振幅が変化する信号は、複数の異なる周波数の正弦波を重ね合わせる
ことで再現できます。ピアノの鍵盤はそれぞれが単一の周波数の正弦波を発生しますが、これ
らを複数同時に叩くことで和音という1つの音を鳴らすのとおなじ要領です。図6.3左は、ド
ミソという3つの純音が混ざったときに聞こえる音を示しています。グラフの横軸が時間 t（単
位は秒）で縦軸がその振幅なので、音のデータが「時間領域」で表現されているといいます。

複数の正弦波の混ざった信号にフーリエ変換という数学的な操作を施すと、周波数単位でそ

の強度を算出できます。これは、音感がよければ聞こえた和音を頭の中でもともとの音要素に分解し、音符として書き起こすことができるのと同じイメージです。図 6.3 右はこれを図示したもので、横軸が周波数 f（単位は秒の逆数の Hz）を、縦軸はその強度を示しています。これを見ると、演者はドミソを均等には叩いておらず、ミを若干強めに、ソを弱めに演奏していることがわかります。左と右の図は、データとしては同じものです。実際に聞こえる音と楽譜上の指示は同じものであり、表現方法が異なっているだけです。

図右は、図左の時間領域に対し、音データが「周波数領域」で表現されているといいます。

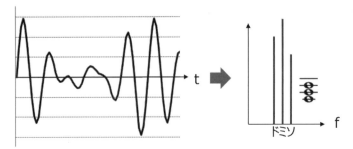

図 6.3 ●複数の正弦波を重ね合わせた信号（音）を周波数とその強度に分解

音から 1 音だけ抜いて聞くのはほぼ不可能でしょうが、書き起こした楽譜から音符を 1 つ抜くのは簡単です。消しゴムで消すだけですからね（図 6.4 左）。このような周波数領域でのデータの操作を周波数フィルタリングといいます。

そして、この楽譜をピアニストに打鍵させれば、もとの和音から 1 音抜けた音を聞くことができます（図右）。音を抜くだけでなく、たとえばドミソのそれぞれの強度も変更できます。たとえば、それぞれの音の強度を揃えるなら、周波数領域の棒グラフの高さを揃えます。このように、周波数領域で表現されているデータを元の時間領域に戻す操作は、先ほどのフーリエ変換の逆操作である逆フーリエ変換でできます。

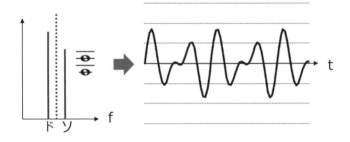

図 6.4 ●周波数領域のデータから 1 周波数だけ抜き、合成すれば「ドソ」が聞こえます

以上は時間と共に変化する信号の話ですが、位置に応じて変化する信号にも適用できます。時間順にしろ位置順にしろ、数値が均等間隔で並んでいるという点ではどちらも同じだからです。

 画像の横1ラインは、左から右にピクセル値が並んでいるという観点から、位置に応じて変化する信号として捉えることができます。また、画像は縦横の2方向にピクセル値が並んでいますが、これらは別々の系列として考えれば、同じように「値の並び」として処理できます。つまり、画像もフーリエ変換によって周波数領域に表現でき、フーリエ逆変換で元に戻すことができます。

 ただし、本書で扱っているデジタル画像は値が飛び飛びになっているので、フーリエ変換には（実数用ではなく）離散型のものを用います。離散的なのでこれを**離散フーリエ変換**（DFT：Discrete Fourier Transformation）といいます。逆変換は逆 DFT あるいは IDFT（I は「逆」の Inverse）といいます。これら変換の数式については、本節末の NOTE を参照してください。

 図 6.5 に、画像を DFT で周波数領域に表現した例を示します。左図が元画像で、絵にしか見えませんが、コンピュータの内部的には位置 (x, y) にあるピクセルの強度に応じて白黒の濃淡で表現した「グラフ」です。データを位置に依存して表現しているので、これを「空間領域」の表現といいます。右図は周波数とその強度です。これも、周波数で表現したという以外、データとしては画像と同じです。これも、音と同じように「周波数領域」での表現といいます。周波数領域でも、強度は白黒の濃淡で表現されています。音と同じく、左から右への変換には DFT を、右から左への逆変換には IDFT を用います。

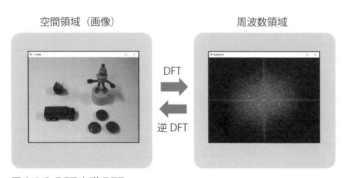

図 6.5 ● **DFT と逆 DFT**

 図 6.3 と図 6.4 の音データの周波数領域表現は横軸に周波数を取っており、左端の原点が 0 Hz で右にいくに従って周波数が高くなっています。画像の周波数領域表現では、図 6.6 に示すように画像中央の周波数が 0（これを直流成分といいます）で、周辺に行くにしたがって周波数が高くなります。2次元データなので、x 方向と y 方向があるところに注意してください。

第 6 章　画像情報の取得

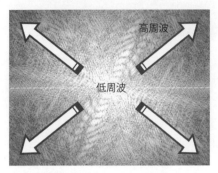

図 6.6 ● 画像の周波数領域の表現方法。中心が周波数 0 で、周辺に行くにしたがって高周波。

　画像であっても、音と同じように周波数フィルタリングができます。たとえば、図 6.5 右の中心領域のごく近傍の値をすべて 0 にした上で、IDFT で元の空間領域表現に戻せば、低周波がなく高周波だけのデータだけが残った画像に変換できます。

　これは、図 6.7 に示すように周波数領域表現の図像中心を値 0 で埋める（黒い円を描く）のと操作的には同じです。低周波は画素のデータが位置を変えてもあまり変化しない画像領域、つまり同じようなピクセル値の続くなめらかな物体表面などです。高周波は急峻に変化する領域で、これはエッジです。つまり、低周波を除くと、空間領域の画像は図のように輪郭だけになります。

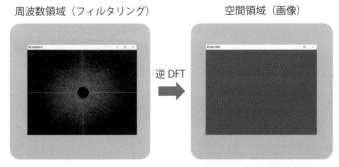

図 6.7 ● 周波数領域で中心部分のデータを 0 にすることで低周波の成分をフィルタリングすると、輪郭だけが残ります

　本節のプログラムは、入力された画像（空間領域）を dft 関数で周波数表現にし、これを図示します。その上で、周波数領域画像の上にマウス操作で黒いドーナツを描きます。これにより、特定の範囲の周波数成分の値が 0 となります。そして、周波数領域のデータを idft 関数で元の空間領域表現に戻します。なお、単純に変換しただけだと値が大きすぎて画像が真っ白に

なってしまうため、normalize 関数で画像として適切な範囲に値を調整します。なお、本節では話を簡単にするためにグレースケール画像を対象とします。カラーについては次節で扱います。

フーリエ変換では複素数が用いられます。具体的には、見たり聞いたりできる時間・空間表現時のデータは実数だけですが、DFT で変換して周波数領域表現にすると虚部が現れます。そして、周波数領域表現データを逆 DFT で戻すと、虚部はなくなり、再び実数データだけになります。このため、入力する通常の画像が 1 チャンネルグレースケール画像であっても、計算上、元の空間表現データ、周波数表現データ、周波数フィルタを表現する画像データ、フィルタ後の空間表現データはいずれも 2 チャンネル画像として扱います。

具体的には、画像データは図 6.8 の手順で扱います。

① 図の左 1 列目に示したのは入力画像で、読み込んだ 1 チャンネルグレースケール画像とすべて 0 の画像をそれぞれ実部と虚部とした 2 要素の Mat vector で表現します。

② 2 列目は、この Mat vector の 2 要素を merge することで、2 チャンネルの複素数入力画像に変換しています。

③ この複素数入力画像に dft 関数をかけると、3 列目中央の 2 チャンネル複素数の周波数領域表現画像が得られます。これに作用させるマスク画像(3 列目上)も同じ 2 チャンネルで、どちらも同じ値で構成されます。複素数の周波数領域表現画像は、3 列目下のように 2 要素の Mat vector に戻し、実数部だけを表示します。

④ マスクを作用させた後の周波数領域表現画像を idft で空間領域表現に戻すと、2 チャンネルの複素数が得られます。ただし、これは空間表現なので虚部はすべて 0 になります(丸め誤差のために一部値が残ることもありますが、誤差範囲です)。

⑤ これを split で 2 つの Mat に分解すると 5 列目が得られるので、実部だけを表示します。

なお、計算精度上、プログラムでは実部も虚部も浮動小数点数型を用います。2 チャンネルなので、型としては CV_32FC2 です。

第 6 章　画像情報の取得

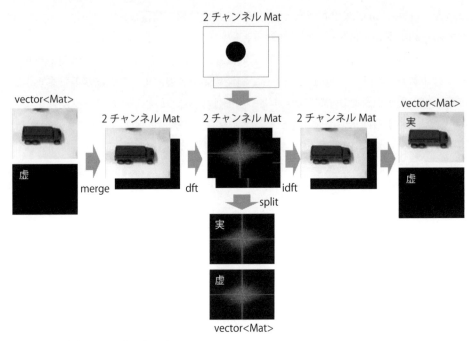

図 6.8 ● 複素数形式の画像の扱い方

　フーリエ変換の計算には、画像サイズの 2 乗に比例した時間がかかります。これではサイズが大きくなるとより遅くなっていくため、通常は FFT（Fast Fourier Transform）と呼ばれる特殊なアルゴリズムが用いられます。OpenCV の dft・idft 関数もこれを採用しています。

　しかし、FFT で最も高速に計算できるのは画像のサイズが 2、3、5 のべき乗の積になっているときです。そのようなサイズでなければ、サイズを調整します。具体的には、現在のサイズに最も近い最適値を定め、そのサイズに拡張するとともに空いた領域をパディングします（0 で埋める）。OpenCV には最適なサイズを決定する getOptimalDFTSize 関数と、パディングをして指定のサイズに拡張する copyMakeBorder 関数があります。

　本節で説明するクラス、関数は表 6.2 のとおりです。

表 6.2 ● DFT と周波数フィルタリングプログラムで使用するクラス・関数

クラス・関数	説明
getOptimalDFTSize	最適 DFT サイズの計算
copyMakeBorder	DFT に最適なサイズに拡大
dft	1 次元もしくは 2 次元の DFT
idft	1 次元もしくは 2 次元の逆 DFT

6.2.1 プログラムの実行

DFT と周波数フィルタリングプログラムの実行例を以下に示します。

プログラムが表示するのは、入力動画ファイルを示す「入力映像」ウィンドウ、入力に対して DFT をかけた周波数領域表現での「周波数分布」ウィンドウ、そしてこれにフィルタリングをかけてから逆 DFT で空間領域表現に戻した映像を示す「逆 DFT 映像」ウィンドウです。入力動画ファイルはカラーですが、グレースケールに変換します。周波数分布ウィンドウに表示される周波数分布は、先述のとおり中心付近に低周波成分、外側に高周波成分が分布するように配置しています。

図 6.9 に左から順に入力映像、周波数分布、逆 DFT 映像を示します。周波数分布にはフィルタ（黒での塗りつぶし）を施していないので、逆変換後の映像は入力とまったく同じになります。入力が動画なので、これらウィンドウは刻々と変化します。

図 6.9 ●入力映像、周波数分布、逆 DFT 映像（フィルタなし）

図 6.9 の入力映像は 640 × 480 ピクセルで最初から DFT に最適なサイズなので、変更はありません。しかし、2 のべき乗や 5 の倍数といった「きりのよい」値でなければ、copyMakeBorder 関数でその値まで拡張され、拡張部分は 0（黒）で埋められます。図 6.10 に、もともとは 649 × 487 であったサイズが 675 × 500 に拡張されたときの例を示します。見てのとおり、右側と下側のボーダー部分が黒で埋められています。

図 6.10 ● copyMakeBorder 関数でサイズが拡張された例

周波数分布ウィンドウ内でマウス左ボタンを押下すると、そこが黒く塗りつぶされ、その周波数のデータが 0 に変更されます。マウスのペン先（円の半径）は 32 ピクセルです。

図 6.11 左では、映像の中心近傍を黒く塗りつぶしています。これにより低周波成分が 0 になります。これは低周波フィルタであるので、エッジなど高周波成分だけが残った映像になります（右図）。

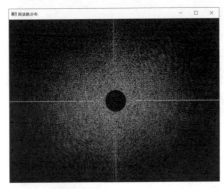 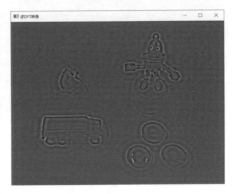

図 6.11 ●低周波カット

左マウスボタンを押下しながら移動すれば、好みの形で黒く塗りつぶせます。図 6.12 では、中心部を抜いたドーナツ型を描いています。これは、一部の中周波領域がカットされることを意味します。直流成分と低周波領域、そして高周波領域が残されるので、物体の格好が識別できる程度にはデータが残っています。

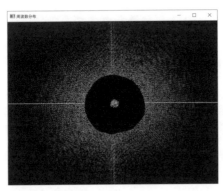 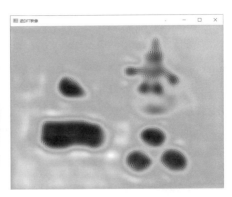

図 6.12 ●中周波カット

図 6.13 のように中央部分だけ残して周辺を塗りつぶせば、高周波成分がカットされます。これにより、画像中の細かい変化（ノイズなど）を消すことができます。低周波および中周波の

カットよりも広い範囲で値を 0 にしているにも関わらず、元の映像がほぼそのままに認識できます。つまり、高周波領域の情報ならばかなりの量を削減しても、画像の品質にはさほど影響を与えないということになります。JPEG 画像や MPEG 映像はこの原理で情報量を圧縮しています（次節で説明します）。

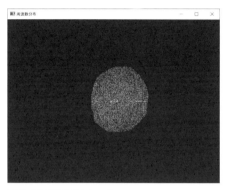 

図 6.13 ● 高周波カット

右ボタンをクリックすると塗りつぶしがリセットされます。

6.2.2　ソースコード

DFT と周波数フィルタリングプログラムをコード 6.2 に示します。

コード 6.2 ● DFT と周波数フィルタリングプログラム

```
1  #include "stdafx.h"
2  #include <opencv2/opencv.hpp>
3  #pragma comment(lib, "opencv_world320d.lib")
4  using namespace std;
5  using namespace cv;
6
7  void onMouse(int event, int x, int y, int flags, void* userdata);
8  void shiftImage(Mat& img);                  // 画像入れ替え関数
9
10 int main()
11 {
12     VideoCapture cap("sample2.avi");
13     Mat src, srcW, freqW, dstW;
```

第6章 画像情報の取得

```
14
15      // DFT用最適サイズ取得
16      int oW = getOptimalDFTSize((int)cap.get(CAP_PROP_FRAME_WIDTH));
17      int oH = getOptimalDFTSize((int)cap.get(CAP_PROP_FRAME_HEIGHT));
18      Mat mask(Size(oW, oH), CV_32FC2, Scalar(1.0, 1.0));
19      namedWindow("周波数分布");
20      setMouseCallback("周波数分布", onMouse, &mask);
21
22      while (1) {
23        cap >> src; if (src.empty()) break;
24
25        // 入力映像を DFT 入力形式に変換
26        copyMakeBorder(src, src,
27                       0, oH - src.rows, 0, oW - src.cols,
28                       BORDER_CONSTANT, Scalar::all(0));
29        cvtColor(src, src, COLOR_BGR2GRAY);
30        src.convertTo(src, CV_32FC1, 1.0 / 255.0);
31        imshow("入力映像", src);
32        vector<Mat> chW{ src, Mat::zeros(src.size(), CV_32FC1) };
33        merge(chW, srcW);                 // チャンネル数2の入力画像srcWを合成
34
35        // DFT
36        dft(srcW, freqW);                 // DFT計算
37        shiftImage(freqW);                // 画像入れ替え
38        freqW = freqW.mul(mask);          // フィルタリング（マスクとの積）
39        split(freqW, chW);
40        imshow("周波数分布", chW[0] / 10);
41
42        // 逆 DFT
43        shiftImage(freqW);                // 画像入れ替え（元に戻す）
44        idft(freqW, dstW);                // 逆DFT計算
45        split(dstW, chW);
46        normalize(chW[0], chW[0], 0.0, 1.0, NORM_MINMAX);
47        imshow("逆DFT映像", chW[0]);
48
49        if (waitKey(20) == 27) break;
50      }
51
52      return 0;
53    }
54
```

```
55  // マウスによる塗りつぶし
56  void onMouse(int event, int x, int y, int flags, void* userdata)
57  {
58    Mat* mask = (Mat*)(userdata);          // void型をMat型にキャスト
59    switch (event) {
60    case EVENT_MOUSEMOVE:                   // マウス移動中
61      if (flags == EVENT_FLAG_LBUTTON) {   // 左ボタンを押したとき
62        circle(*mask, Point(x, y), 32, Scalar(0.0), -1);   // 黒円を描画
63      }
64      break;
65    case EVENT_RBUTTONDOWN:                 // 右ボタンを押したとき
66      (*mask).setTo(1.0);                   // リセット
67      break;
68    }
69  }
70
71  // 画像入れ替え関数
72  void shiftImage(Mat& img) {
73    int cx = img.cols / 2, cy = img.rows / 2;
74    Mat q0(img, Rect(0, 0, cx, cy)), q1(img, Rect(cx, 0, cx, cy));
75    Mat q2(img, Rect(0, cy, cx, cy)), q3(img, Rect(cx, cy, cx, cy)), tmp;
76    q0.copyTo(tmp);
77    q3.copyTo(q0);
78    tmp.copyTo(q3);
79    q1.copyTo(tmp);
80    q2.copyTo(q1);
81    tmp.copyTo(q2);
82  }
```

6.2.3 ライブラリの用法

以下、コード 6.2 の詳細を、使用している関数とあわせて説明します。処理順序は次のとおりです。

- DFT のための下準備
- 複素数用 2 チャンネル Mat の準備
- DFT 処理
- 高周波と低周波の入れ替え

第 6 章　画像情報の取得

- フィルタリング
- 高周波と低周波の入れ替え（元に戻す）
- 逆 DFT 処理

DFT のための下準備

```
16    int oW = getOptimalDFTSize((int)cap.get(CAP_PROP_FRAME_WIDTH));
17    int oH = getOptimalDFTSize((int)cap.get(CAP_PROP_FRAME_HEIGHT));
```

dft・idft 関数で高速に入力画像を変換できるよう、getOptimalDFTSize から最適サイズを決定します。

この関数は引数にサイズを指定すると、それよりも多少大きな DFT に最適なサイズを返します。もちろん、すでに適切サイズならば元のサイズのままです。コード 6.2 で読み込んでいるデモ用ビデオファイルの sample2.avi は 640 × 480 ピクセルで適切サイズ（640=2^7 × 5、480=2^5 × 3 × 5）なので、getOptimalDFTSize 関数はそれぞれ 640 と 480 をそのまま返します。図 6.10 で例として示した 649 × 487 ならば、675 × 500（675=3^3 × 5^2、500=2^2 × 5^3）を返します。

DFTを高速に演算するのに最適なサイズを計算
getOptimalDFTSize（ int **vecsize** ）

vecsize	計算対象となる画像のサイズ
戻り値（int）	最適なサイズを返す

```
26    copyMakeBorder(src, src,
27                   0, oH - src.rows, 0, oW - src.cols,
28                   BORDER_CONSTANT, Scalar::all(0));
```

getOptimalDFTSize 関数で取得したサイズをもとに、copyMakeBorder 関数で入力画像のサイズを拡張します。

第1引数と第2引数にはそれぞれ入力画像と出力画像を指定します。ここでは単純にオーバーライトしています。

第 3 〜第 6 引数にはそれぞれパディングをする周囲の枠のサイズ（ボーダーサイズ）を指定します。順に画像の上部、下部、左側、右側です。ここでは図 6.14 に示すように右側と下部だけにパディングを入れるので、第 3 引数と第 5 引数には 0 を指定します。下部のパディングサイズは最適な高さと現状の高さの差なので、oH から src.rows を引いた値を指定します。右側も同様です。

第7引数にはパディングの種類をピクセルの外挿方法（3.7.3節、4.6.3節参照）で指定します。ここでは第8引数の値で埋めるので BORDER_CONSTANT を用いています。第8引数にはパディングするピクセル値を指定します（ここでは 0）。

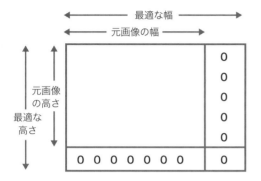

図 6.14 ● 元画像と DFT 演算に最適な計算領域サイズ

画像の周囲にパディングを加える	
copyMakeBorder (InputArray **src**, OutputArray **dst**, int **top**, int **bottom**, int **left**, int **right**, int **borderType**, const Scalar& **value** = *Scalar()*)	
src	入力画像
dst	出力画像
top	上部ボーダーサイズ
bottom	下部ボーダーサイズ
left	左部ボーダーサイズ
right	右部ボーダーサイズ
borderType	画像の外側（範囲外）のピクセル値を推定するときの方法を指定（3.7.3節、4.6.3節参照）
value	borderTypeがBORDER_CONSTANTのときの外挿ピクセル値（3.7.3節、4.6.3節参照）

複素数用 2 チャンネル Mat の準備

```
29    cvtColor(src, src, COLOR_BGR2GRAY);
30    src.convertTo(src, CV_32FC1, 1.0 / 255.0);
31    imshow("入力映像", src);
32    vector<Mat> chW{ src, Mat::zeros(src.size(), CV_32FC1) };
33    merge(chW, srcW);                    // チャンネル数2の入力画像srcWを合成
```

先に説明したように、フーリエ変換では 2 チャンネル浮動小数点数型のグレースケール画像を用います。1 チャンネル目が実部、すなわち実際の入力画像、2 チャンネル目が虚部です。

第6章　画像情報の取得

　そのため、まずカラーの入力画像 src をグレースケールに変換します（28行目）。続いて、これを浮動小数点数型に変換します（29行目）。変換するのは実部だけなので、CV_32FC1 で 1 チャンネルを指定しているところに注意してください。32行目では、第 1 要素に変換後の src を、第 2 要素に同じく CV_32FC1 の同じサイズの真っ黒（全画素 0）な虚部用の画像を指定して、2 要素の Mat vector を生成しています。これを 33 行目で合成すると、CV_32FC2 の複素数画像（srcW）が生成されます。

DFT 処理

```
36    dft(srcW, freqW);                // DFT計算
```

dft 関数を用いて、フーリエ変換を施します。関数定義は次のとおりです。

1次元もしくは2次元のDFT（離散フーリエ変換）

dft (InputArray **src**, OutputArray **dst**, int **flags** = 0, int **nonzeroRows** = 0)

src	入力画像
dst	出力画像
flags	変換に関わる処理フラグ（表6.3）
nonzeroRows	0ではない行数（高速化用）。0の時は未使用。

　第 1 引数と第 2 引数にはそれぞれ入力と出力の 2 チャンネル浮動小数点型 Mat を指定します。
　ここで指定していない第 3 引数はオプションで、DFT の処理方法を指示する表 6.3 のフラグを指定します。ビットフラグなので、複数の定数を OR 演算で組み合わせることができます。デフォルトでは単純に DFT を行います。たとえばここを DFT_INVERSE にすれば、dft 関数からでも idft 関数と同じ操作を行います。
　第 4 引数には計算対象の領域内で 0 以外のデータが入っている行の数を示します。これにより、DFT は計算しなくてもよいエリアを無視でき、計算を高速化できます。

表 6.3 ● dft 関数の代表的な処理フラグ

フラグ	変換の種類
DFT_INVERSE	逆 DFT
DFT_SCALE	計算結果を要素数で割ってスケーリング
DFT_ROWS	行ごとに変換を行う
DFT_COMPLEX_OUTPUT	DFT（複素数）
DFT_REAL_OUTPUT	DFT（実数のみ出力）

高周波と低周波の入れ替え

```
37     shiftImage(freqW);                    // 画像入れ替え
  ⋮
72 void shiftImage(Mat& img) {
73     int cx = img.cols / 2, cy = img.rows / 2;
74     Mat q0(img, Rect(0, 0, cx, cy)), q1(img, Rect(cx, 0, cx, cy));
75     Mat q2(img, Rect(0, cy, cx, cy)), q3(img, Rect(cx, cy, cx, cy)), tmp;
76     q0.copyTo(tmp);
77     q3.copyTo(q0);
78     tmp.copyTo(q3);
79     q1.copyTo(tmp);
80     q2.copyTo(q1);
81     tmp.copyTo(q2);
82 }
```

2次元の周波数領域を表現するとき、中心部に低周波の値を、画像の周辺に行くにしたがって高周波の値を示すのが通例です（図 6.15 右）。しかし、dft 関数の計算結果は、図左に示すように中央に高周波、4隅にいくほど低周波の値が格納されています。これは dft 関数内部の計算効率化によるものですが、逆になっていてわかりにくいです。

そこで、配置を並び替えます。37 行目で呼び出している自作の shiftImage 関数は、この入れ替えを行うものです。この関数は、図に示した①と③、②と④の対角領域を入れ替えます。コードはこれらの 4 つの矩形領域の ROI（4.5 節）を設定し、相互にコピーすることで入れ替えしています。

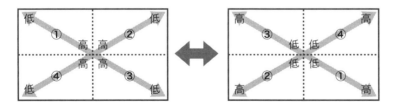

図 6.15 ● shiftImage 関数（自作）が行う対角領域の入れ替え（左上と右下、左下と右上の領域の交換）

フィルタリング

```
38     freqW = freqW.mul(mask);              // フィルタリング（マスクとの積）
39     split(freqW, chW);
40     imshow("周波数分布", chW[0] / 10);
```

第6章　画像情報の取得

　特定の周波数成分のフィルタリングは、マウス操作で周波数分布画像を黒く塗りつぶし、その位置の値を 0 にすることで行います。ただしここでは、周波数領域表現データを収容している（入れ替え後の）freqW を直接塗りつぶすのではなく、別に用意したマスク画像 mask に塗りつぶし結果を収容し、これを freq に乗ずる（mul 関数）ことで塗りつぶし後の周波数分布画像を生成しています（38 行目）。

　マスク画像の値は 0 か 1 としているので、塗りつぶされた 0 のところは 0 になり、塗りつぶされていないところは元の値が保持されます。マウス操作でマスク画像に描画を行う方法は、4.4 節を参照してください。

　周波数分布画像 freqW は実部と虚部を含む 2 チャンネルの浮動小数点数型画像です。そこで、これは split 関数で 1 チャンネル 2 要素の Mat vector に分解します（39 行目）。

　その上で、実部（vector の第 1 要素）だけを表示します（40 行目）。正しくは実部と虚部の平方の和（パワー）を用いるのですが、これについては各自で試してください。また、画像の見栄えがよくなるように値を 1/10 倍していますが、この値は適当です。

高周波と低周波の入れ替え（元に戻す）

```
43      shiftImage(freqW);                    // 画像入れ替え（元に戻す）
```

　idft 関数で逆 DFT を施す前に、周波数領域のデータを OpenCV の表現（高周波が中心）に戻します。shiftImage 関数は単純に対角の領域を入れ替えているだけなので、もう 1 回呼び出せば元に戻ります。

逆 DFT 処理

```
44      idft(freqW, dstW);                    // 逆DFT計算
```

　idft 関数で逆 DFT を行い空間領域表現に戻します。dft 関数の flags から準方向と逆方向のどちらでも行えることからもわかるように、dft と idft は実体としては同じものです。次に関数定義を示しますが、引数は dft と違いはありません。

1次元もしくは2次元の逆DFT（逆離散フーリエ変換）	
idft(InputArray **src**, OutputArray **dst**, int **flags** = 0, int **nonzeroRows** = 0)	
src	入力画像
dst	出力画像
flags	変換に関わる処理フラグ（表6.3）
nonzeroRows	0ではない行数（高速化用）。0の時は未使用。

```
45      split(dstW, chW);
46      normalize(chW[0], chW[0], 0.0, 1.0, NORM_MINMAX);
47      imshow("逆DFT映像", chW[0]);
```

逆 DFT の結果も複素数なので、2 チャンネルの浮動小数点数型の画像に格納します。ただし、複素数側の値はすべて 0 です。そのため、表示するのは実部だけでよいので、2 チャンネル複素数画像を 1 チャンネル 2 要素の vector に分解（split）します。ただし、表示前に、normalize 関数（5.5 節）から値が 0.0 〜 1.0 の範囲に収まるように調整します。

離散フーリエ変換

本節冒頭で示した音声信号の例では、時間領域の信号は 1 次元です。こうした 1 次元の離散的なデータを 1 次元の周波数領域表現に変換する DFT は次のように定義されます。

$$F_X = \sum_{x=0}^{N-1} f_x e^{-j\frac{2\pi xX}{N}}$$

f_x が元の時間領域の信号データ（の配列）、F_X が変換後の周波数領域のデータ（の配列）、N がデータ数、j が虚数記号です。X は周波数を表し、データの個数 N 個だけ存在します。

画像データは縦横に広がる 2 次元データですが、それぞれを個別（というかその組み合わせ）で扱えばよいので、DFT は次のようになります。

$$F_{X,Y} = \sum_{y=0}^{H-1} \sum_{x=0}^{W-1} f_{x,y}\, e^{-j\frac{2\pi xX}{W}} e^{-j\frac{2\pi yY}{H}}$$

ここで $f_{x,y}$ は対象となる画像の (x, y) 点のピクセル値、W と H はそれぞれ画像の幅と高さです。$F_{X,Y}$ が周波数領域の座標 (X, Y) 点の値です。

2 次元逆 DFT の式を次に示します。

$$f_{x,y} = \frac{1}{WH} \sum_{Y=0}^{H-1} \sum_{X=0}^{W-1} F_{X,Y}\, e^{j\frac{2\pi xX}{W}} e^{j\frac{2\pi yY}{H}}$$

虚数記号の前に負の符号があるかないか、またシグマの前に 1/WH があるかないか以外、格好は同じです。

式に虚数記号 j があることからわかるように、DFT では複素数を扱わなければなりません。複素数のままでは（普通の意味では）見ることができないので、グラフや画像として表現するときは、たいていは実数値であるパワーを求めます。パワーとはその周波数の強さを示します（本節では簡単にするためにパワーは求めていません）。これには、まず e の $j\theta$ 乗としてひとまとめで表現されている上記の式の複素数を、実部と虚部に分けます。$F_{X,Y}$ は、次のオイラーの公式

第 6 章　画像情報の取得

を用います。

$$e^{j\theta} = \cos\theta + j\sin\theta$$

こうすることで、cos 成分の実部（次式で $FR_{X,Y}$）と sin 成分の虚部（$FI_{X,Y}$）の和に変形できます。

$$F_{X,Y} = FR_{X,Y} + jFI_{X,Y}$$

これら実部と虚部をそれぞれ 2 乗して和を取れば、パワー値である $P_{X,Y}$ が求められます。

$$P_{X,Y} = FR_{X,Y}{}^2 + FI_{X,Y}{}^2$$

音の強さを対数スケールのデシベルで表すように、このパワーも通常は log に変換して示します。

以上は、配列の各要素に対してべき乗（pow）、加算（add）、対数計算（log）を行う OpenCV の関数で計算できます。詳細は OpenCV 公式リファレンスを参照してください。

6.3　YCbCr カラーモデルと DCT 情報圧縮

前節では DFT（離散フーリエ変換）を扱いましたが、本節では DCT（Discrete Cosine Transformation：離散コサイン変換）の利用方法を示します。

DFT では、実数である音や画像のデータを変換すると、複素数が出てきました。実部には cos が、虚部には sin が付いているので、それぞれ cos 波成分、sin 波成分ともいいます（数式については前節の NOTE を参照）。DCT はその名の示すとおり、DFT の cos 波成分（実部）だけを用いた変換です。一方だけしか扱わないため、計算コストが比較的少ないことが特徴です。さらに、変換後の成分が低周波領域に集中しやすいため、画像に適用したときに圧縮効率が高いといわれています。

DCT は、MPEG や H.264（MPEG-4）映像、AAC 音声、JPEG 画像などのメディア圧縮技術で採用されています。これら圧縮技術は、前節のように画像全体を単純に変換・逆変換はせず、いろいろな前処理や後処理を行います。その中でも特に重要なのは色空間変換とブロック化です。

これまでみてきたように、コンピュータで用いる画像は通常 RGB（OpenCV では BGR）カラーモデルを用います。しかし、JPEG などでは、これを YCbCr に変換した上で処理をします。1.4.3

6.3 YCbCr カラーモデルと DCT 情報圧縮

節でも説明しましたが、YCbCr 3 チャンネルカラーは明るさ (Y)、青み (Cb)、赤み (Cr) で構成されています。YCbCr は次の式で RGB と相互に変換できます。

```
Y  =  (77/256)R + (150/256)G +  (29/256)B
Cb = -(44/256)R -  (87/256)G + (131/256)B + 128
Cr = (131/256)R - (110/256)G -  (21/256)B + 128
```

OpenCV では色味の位置が入れ替わった YCrCb が用いられます。

YCbCr が用いられるのは、ヒトの眼は明るさほどには色味には敏感でないからです[注1]。(不可逆な) 圧縮とは、前節の DFT 同様、不要と考えられるデータだけを取り除くことです。RGB でたとえば G だけ半分に削ってしまうと、やけに緑が足りない画像になってしまいますが、YCbCr で Cb だけ削っても、たいてい気づかれません。そこで、Y はそのまま保持し、Cb や Cr は削ることでヒトの眼には自然な削減が達成できるのです (ちなみに、映像のスペックに 4:2:2 とかの表示がありますが、これは色データの量を半分にしているという意味です)。

本節では、スライダーインタフェースから YCbCr の成分をそれぞれ個別に削減します。

ブロック化は、画像全体を処理するのではなく、画像の微小領域単位で DCT を行うための前処理です。前節で述べたように、フーリエ変換の計算量はサイズの 2 乗に比例するため、対象が小さければ小さいほど高速化できるからです。ブロックのサイズは、JPEG では 8 × 8 ピクセル、H.264 では 4 × 4 ～ 16 × 16 ピクセルです。

ブロックサイズが 8 × 8 のときのブロックの様子を図 6.16 に示します。図はモノクロですが、実際には Y、Cb、Cr の 3 枚のチャンネルがそれぞれ存在します。

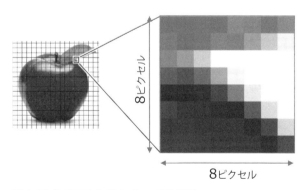

図 6.16 ● JPEG などのブロック化処理

注 1 ヒトの網膜には波長の異なる光に反応する 3 種の錐体細胞 (L、M、S) がありますが、これらの応答が輝度 (白⇔黒) と色差 (赤⇔緑、黄⇔青) に統合され (CIELAB)、最終的に大脳で色の見えとして知覚される (CIECAM97s) というモデルが一般的です。輝度に比べ色度の空間分解能が低いということが知られています。

前図のブロックにDCTを施したときに得られる周波数領域表現を図6.17に示します。前節のDFTでの周波数領域表現は中心に低周波、周辺に行くにしたがって高周波でしたが、DCTでは左上が低周波、右や下にいくほど高周波になっています。図から、左上の方が白っぽい、つまり値が大きく、右下の方が黒っぽい、つまり値が小さいことがわかります。これは低周波にデータが集中していることを示しており、ここから、逆に高周波データはもともと少ないのだから削っても画質に影響をさほど及ぼさないことがわかります。

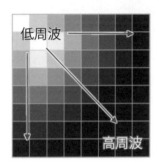

図6.17 ● DCT処理後の周波数領域表現。左上が低周波、右下に行くに従い高周波。

そこで、本節のプログラムは図6.18のように逆L字型に高周波成分をカットします。この図では4ピクセル目まで、座標でいうと(0, 0)から(3, 3)までの成分を残し、あとは削っています。プログラムでは、トラックバーから残すほうの閾値の位置を指定します。これで、面積的には元の1/4のサイズになったので、データ量も1/4に圧縮できました。

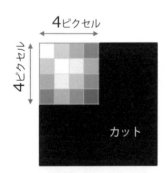

図6.18 ● 高周波成分をカット

本節で説明するクラス、関数は表6.4のとおりです。

6.3 YCbCr カラーモデルと DCT 情報圧縮

表 6.4 ● YCbCr カラーモデルと DCT 情報圧縮プログラムで使用するクラス・関数

クラス・関数	説明
dct	1 次元もしくは 2 次元の DCT（離散コサイン変換）
idct	1 次元もしくは 2 次元の逆 DCT（逆離散コサイン変換）

6.3.1 プログラムの実行

YCbCr カラーモデルと DCT 情報圧縮とプログラムの実行例を以下に示します。

プログラムは計 5 枚のウィンドウを表示します。「周波数分布」、「Y（輝度）」、「Cr（赤み）」、「Cb（青み）」、そして「逆 DCT」です。元フレームを示すウィンドウは表示していません。

プログラムは指定の映像を読み込んでフレーム単位で処理を行います。

フレームはまず、縦横とも 80 の倍数にリサイズします。これは、用いるブロックサイズに 80 × 80 を用いているからです。JPEG などの 8 × 8 ブロックよりも大きく取っているのは、ブロックの形などが見た目でわかりやすくするためです。プログラム上さほど意味があるわけではないので、適宜変更してもかまいません。

その上で、8 ビット 3 チャンネル BGR カラーのフレームを浮動小数点数型 3 チャンネル YCrCb カラー（OpenCV の順番）に変換します。カラーモデルを YCrCb に変換したときの様子を図 6.19 に示します。写されているマグネットはそれぞれ（上から時計回りで）緑、赤、青です。Y はカラーをグレースケールにしただけです。Cr（赤み）では赤マグネットが輝度（強度）が高いために白く、Cb（青み）では青マグネットが白くなっているのがわかります。

Y（輝度）チャンネル

Cr（赤み）チャンネル

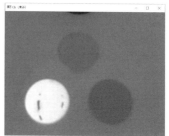
Cb（青み）チャンネル

図 6.19 ● YCrCb カラーモデルによる表現

続いて、ブロック単位で dct 関数を用いて DCT をかけます。

その後、周波数領域表現のデータを削減します。削減対象は周波数分布ウィンドウにある

「Y-Cr-Cb」トラックバーから、その都度1チャンネルだけ指定します。たとえば、Yが選択されていれば削減をするのはYだけで、CrとCbはそのままです。

指定のチャンネルの高周波領域を周波数分布ウィンドウの「カット閾値」トラックバーから削減します。ブロックサイズが80×80なので、指定できる値は0から79までです。たとえば、デフォルト値の40では周波数にして帯域の1/2が、ブロック内の総データ量にして3/4が削減されます（図6.20）。

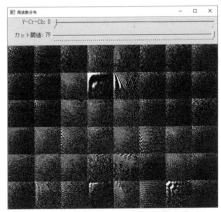

図6.20 ●周波数分布ウィンドウで周波数帯域を1/2、データ量にして3/4をカット

圧縮が完了したら、周波数領域のデータを空間領域にidft関数で戻し、各チャンネル単位でウィンドウに表示します（図6.19）。

最後に、Y、Cr、Cbのチャンネルを再びCV32FC3の3チャンネルカラーフレームに戻し、結果の画像を逆DFTウィンドウに表示します。図6.21に示すのは、Yを対象にカット帯域をいくつか変えた結果です。図から、半分（39）カットしても削減なし（79）とほとんど変わらないことがわかります。

右図のように帯域を95%（80から4）も削減すると、マグネットの周囲が霞がかったようにぼやけるように画質が劣化することがわかります。このぼやけはモスキートノイズと呼ばれ、削減された周波数の高いエッジ部分が再現されないために起こるものです。imwrite関数でJPEG画質オプションを極端に低い例にしたり（3.2節）、画像ビューワーでの保存時にオプションのJPEGクオリティ（アプリケーションにより名称は異なります）を下げると同じ結果が得られます。

6.3 YCbCr カラーモデルと DCT 情報圧縮

  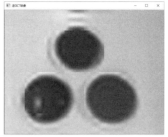

閾値 79（削減なし）　　　　　閾値 39（データ量 1/4）　　　　閾値 4（データ量 1/400）

図 6.21 ● 逆 DCT ウィンドウ。Y に対してそれぞれ異なる閾値でデータ圧縮を行った結果。

　図右をよくみると、マグネットが格子で区切られているようになっているのがわかります。これをブロックノイズといい、ブロック単位で処理をしていることによる副作用です。本節のプログラムは圧縮の対象を 1 チャンネルだけにしているなど実際の JPEG とは処理手順が異なりますが、JPEG 等でも圧縮率を高めるとこのようなブロックノイズが観測できます。

6.3.2　ソースコード

YCbCr カラーモデルと DCT 情報圧縮プログラムをコード 6.3 に示します。

コード 6.3 ● YCbCr カラーモデルと DCT 情報圧縮プログラム

```
1  #include "stdafx.h"
2  #include <opencv2/opencv.hpp>
3  #pragma comment(lib, "opencv_world320d.lib")
4  using namespace std;
5  using namespace cv;
6  
7  int main()
8  {
9      int bs = 80;                    // 分割ブロックサイズ（ピクセル）
10     int th = bs / 2;                // カット閾値thの初期値はbsの半分
11     int cn = 0;                     // カットする成分の初期値（0=Y 1=Cr 2=Cb）
12     VideoCapture cap("sample2.avi");
13     int frameWidth = (int)cap.get(CAP_PROP_FRAME_WIDTH);
14     int frameHeight = (int)cap.get(CAP_PROP_FRAME_HEIGHT);
15     namedWindow("周波数分布");
16     createTrackbar("Y-Cr-Cb", "周波数分布", &cn, 2);
17     createTrackbar("カット閾値", "周波数分布", &th, bs - 1);
```

```
18   Mat src, yrb, tmp, dst;
19   Size size((frameWidth / bs) * bs, (frameHeight / bs) * bs); // bsの倍数サイズ
20   Mat imgDCT(size, CV_32FC1);
21
22   while (1) {
23     cap >> src; if (src.empty()) break;
24     resize(src, src, size);                    // bsの倍数サイズに合わせる
25     cvtColor(src, yrb, COLOR_BGR2YCrCb);
26     yrb.convertTo(yrb, CV_32FC3);
27     vector<Mat> ch;
28     split(yrb, ch);                            // Y, Cr, Cbチャンネルの分離
29     imgDCT.setTo(0.0);                         // 周波数領域画像を黒く塗る
30
31     for (int y = 0; y < size.height; y += bs)
32     {
33       for (int x = 0; x < size.width; x += bs)
34       {
35         Rect roi(x, y, bs, bs);                // 変換対象ブロック（bs×bsピクセル）
36         dct(ch[cn](roi), tmp);                 // DCT変換
37         // カット閾値内だけ周波数領域画像にコピー（残りは黒のまま）
38         tmp(Rect(0, 0, th + 1, th + 1)).copyTo(
39           imgDCT(Rect(roi.x, roi.y, th + 1, th + 1)));
40         idct(imgDCT(roi), ch[cn](roi));        // 逆DCT変換
41       }
42     }
43
44     merge(ch, dst);                            // Y, Cr, Cbチャンネルの結合
45     dst.convertTo(dst, CV_8UC3);
46     cvtColor(dst, dst, COLOR_YCrCb2BGR);
47     normalize(ch[0], ch[0], 0.0, 1.0, NORM_MINMAX);
48     normalize(ch[1], ch[1], 0.0, 1.0, NORM_MINMAX);
49     normalize(ch[2], ch[2], 0.0, 1.0, NORM_MINMAX);
50     imshow("Y（輝度）", ch[0]);
51     imshow("Cr（赤み）", ch[1]);
52     imshow("Cb（青み）", ch[2]);
53     imshow("周波数分布", imgDCT);
54     imshow("逆DCT映像", dst);
55
56     if (waitKey(20) == 27) break;
57   }
58
```

```
59    return 0;
60 }
```

6.3.3 ライブラリの用法

以下、コード 6.3 の詳細を、使用している関数とあわせて説明します。

```
 9    int bs = 80;                     // 分割ブロックサイズ（ピクセル）
⋮
13    int frameWidth = (int)cap.get(CAP_PROP_FRAME_WIDTH);
14    int frameHeight = (int)cap.get(CAP_PROP_FRAME_HEIGHT);
⋮
19    Size size((frameWidth / bs) * bs, (frameHeight / bs) * bs); // bsの倍数サイズ
⋮
24       resize(src, src, size);       // bsの倍数サイズに合わせる
```

　まず、フレームサイズをブロックサイズの 80 × 80 の倍数（正確には元のサイズより少し小さい 80 の倍数）に合わせます。ブロックサイズは 9 行目から変更できます

```
25       cvtColor(src, yrb, COLOR_BGR2YCrCb);
26       yrb.convertTo(yrb, CV_32FC3);
27       vector<Mat> ch;
28       split(yrb, ch);               // Y, Cr, Cbチャンネルの分離
```

　続いて、cvtColor 関数で入力フレームのカラーモデルを BGR から YCrCb に変換し（25 行目）、convertTo 関数で 3 チャンネル浮動小数点型（CV_32FC3）に変換します（26 行目）。その上で、split 関数でチャンネル分離をします。OpenCV では YCbCr ではなく YCrCb の順なので、インデックスからアクセスするときには番号に注意します。

　DCT 処理の対象となるチャンネルはトラックバーから得られる cn で指定します。

```
35       Rect roi(x, y, bs, bs);       // 変換対象ブロック（bs×bsピクセル）
36       dct(ch[cn](roi), tmp);        // DCT変換
```

　DCT は dct 関数を用いてかけますが、対象となるのは bs（9 行目）で指示されるサイズのブロック単位です。元の画像の一部にだけ関数を適用するには、4.5 節で紹介した ROI（注目領域）を用います。繰り返しになりますが、roi（34 行目）で指定される部分領域だけを関数の処理対象にするには、Mat(roi) と指定します。あとは、この部分領域に 31 行目と 33 行目の x 方向と

第6章　画像情報の取得

y 方向のループで dct 関数を繰り返しかけるだけです。

　dct 関数の定義は次のとおりで、第 1 引数と第 2 引数にそれぞれ入力と出力の Mat を、第 3 引数に前節で説明したフラグを指定します。

1次元もしくは2次元のDCT（離散コサイン変換）	
dct (InputArray **src**, OutputArray **dst**, int **flags** = *0*)	
src	入力画像
dst	出力画像
flags	変換に関わる処理フラグ（6.2節）

　この段階では、まだ情報は削減されていません。

```
29      imgDCT.setTo(0.0);                      // 周波数領域画像を黒く塗る
 ⋮
38        tmp(Rect(0, 0, th + 1, th + 1)).copyTo(
39          imgDCT(Rect(roi.x, roi.y, th + 1, th + 1)));
40        idct(imgDCT(roi), ch[cn](roi));  // 逆DCT変換
```

　高周波成分データを削減するには、DCT 後のブロック（36 行目の tmp）の (0, 0) から (th + 1, th + 1) までの範囲以外を黒く塗りつぶします（th は 17 行目のトラックバーから得られる 0 ～ bs − 1 の範囲の閾値です）。ここでは「塗りつぶす」のではなく、先に真っ黒なブロック（imgDCT。29 行目）を用意し、そこに保持するデータの領域をコピーしています（38 ～ 39 行目）。

　これで情報削減ができました。続いて、39 行目でブロックに idct 関数で逆 DCT を施し、元の空間領域表現に復元します。関数定義は次のとおりで、dct と変わりはありません。

1次元もしくは2次元の逆DCT（逆離散コサイン変換）	
idct (InputArray **src**, OutputArray **dst**, int **flags** = *0*)	
src	入力画像
dst	出力画像
flags	変換に関わる処理フラグ（6.2節）

　あとは、空間領域表現に戻された（トラックバーの指定による）チャンネルと、もともと変更されていない他のチャンネルを merge 関数で 3 チャンネルに戻し、CV_32FC3 を CV_8UC3 のカラーに戻し、YCrCb を BGR に戻し、正規化して表示するだけです。

6.4 オプティカルフロー

オプティカルフローは、動画の前フレームにあるピクセルと同じものを次のフレームで見つけ出すことで、そのピクセルの移動量を推定する技術です。たとえば図 6.22 の目のように、物体の特定の 1 点が位置 (x, y) から (x + Δx, y + Δy) に移動していれば、移動量を (Δx, Δy) と算出します。2 次元データなので、これをフローベクトルといいます。

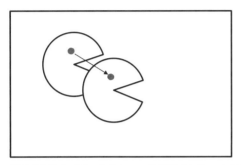

図 6.22 ●オプティカルフローは前後のフレームの同じ点を対応付けることで求めます

ある 1 点がどこに移動したのかを見つけるのは難しい問題ですが、勾配法と呼ばれる方法では、少しだけ移動しても輝度自体は変わらない、そして変化は滑らかに起こるという仮定のもとで対応点を探しています。これ以外にも各種のアルゴリズムが考案されていますが、本節では画像ピラミッドを使って効率的にオプティカルフローを計算する Dual TV-L1 アルゴリズムを用います。

画像ピラミッドとは、対象の画像サイズを順次変えることで、細かい解像度から粗い解像度まで階層化して処理する方法です。この名前は階層化の様子が図 6.23 のようにピラミッド状に見えるところからきており、オプティカルフロー以外のアルゴリズムでも用いられています。オプティカルフローでは、初期段階では縮小した画像を対象にフローを計算します。同じ対象を別のフレームで探索しなければならないので、サイズが小さいほうが計算が早いからです。そして、そこで得られた動きをベースに、それよりも若干大きな画像を対象に同様な計算をします。

詳細を示した原論文については、付録 E の参考文献 [JAV01] [ZAC07] を参照してください。

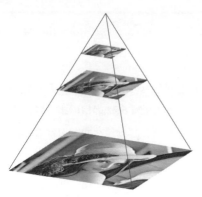

図6.23 ●画像ピラミッド

　オプティカルフローでは、基本的には画像のすべてのピクセル（640 × 480 なら約 31 万ピクセル）のフローベクトルを算出しますが、視覚的に表現するときは、ベクトルを一定間隔で間引いて矢印で表示します。ただし、あまりに密に矢印を描き込むと個々に読み取れませんし、間引きすぎると細かい動きが把握できません。

　図 6.24 に例を示します。入力映像は画面の左から右に、画面の高さの 3/5 くらいのサイズの球体が水平に転がっていく様子を写したものです。画面サイズは 640 × 480 ピクセルです。計算したフローベクトルを左図では 4 ピクセル毎、右図では 16 ピクセル毎にそれぞれ描画しています。ベクトル描画があまりに密だと真っ黒になることがわかります。図では白紙のキャンバスに矢印を描いていますが、何が動いているかを把握するために、元フレームの上に矢印を重畳することもあります。この場合は、かなり間引かなければ何が映っているかを把握するのも困難でしょう。

　見るためだけにオプティカルフローを計算するのなら、全画面を対象に演算してからベクトルを間引くより、画像を縮小して演算してから元のサイズに拡大した方が、精度の点はさておいて、計算量的には楽です。本節のプログラムもそのようにしています（たとえば、4 ピクセル毎にベクトルを描画するのなら、1/4 に縮小します）。

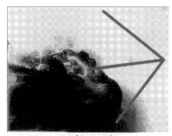
4 ピクセル毎

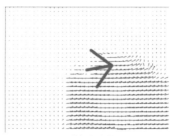
16 ピクセル毎

図6.24 ●オプティカルフローの視覚的表現（フローベクトル）

6.4 オプティカルフロー

　図6.24にはグレーの大きな矢印も描き込まれています。これは全フローベクトルの平均値で、画面全体の動きを知るのに便利です。図から、球体が右方向に動いていることが把握できます。複数の物体が互い違いの方向に同じ速さで動いているときは、平均が0に近くなってしまうので、場合によっては役に立ちません。

　オプティカルフローは元フレーム、個々の点の（間引いた）フローベクトルの矢印、平均フローベクトルなど多様な情報で画面を埋めるため、必要な情報が得られて、かつ見やすい視覚表現を達成するのはなかなか困難です。本プログラムでは元フレーム、フローベクトルをそれぞれ表示するウィンドウに加え、ベクトルの方向を色相（HSVのHueチャンネル）で表現するウィンドウも用意します。

　このフロー色相ウィンドウでは、図6.25左のように画面の上方向への動きを色相0（赤）に対応させ、右方向なら黄緑、下方向ならシアンのように、その点の方向を時計回りで変化する色相と一致させて表示します。図右がその例です。これは図6.24と同じく球が移動しているときのもので、画面右下の球が存在する部分が黄緑になっていることから移動方向が右であることがわかります。近年のオプティカルフロー研究では、この表現手法がよく用いられています。

　色相については5.2節を参照してください。

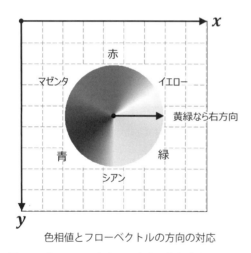

　　　色相値とフローベクトルの方向の対応　　　　　　　色相表現

図6.25 ●フローベクトルの方向の色相表現

　オプティカルフローは上述のように可視化だけでなく、物体認識や自動運転など外界を認識するための要素技術としても用いられます。また、手の動きでマウスカーソルやオブジェクトを動かすといったインタラクティブなインタフェースへの応用も考えられます。

　なお、オプティカルフローは、正確には「物体の動き」を捉えているわけではありません。

第6章　画像情報の取得

あくまで前フレームの対応点を次フレームで探し出すだけです。そのため、パンと呼ばれる動いている物体をカメラが追いかける映像では、物体は常に画面の同じ位置にあるので「動きなし」で、反対に背景が動いていると判断されます（停車している車窓の錯覚と同じです）。また、前後のフレームが同じショットにあると仮定しているため、カット点やトランジション（5.8 節）で誤検出をするなどの問題もあります。

本節で説明するクラス、関数は表 6.5 のとおりです。

表 6.5 ●オプティカルフロープログラムで使用するクラス・関数

クラス・関数	説明
createOptFlow_DualTVL1	オプティカルフロー手法（Dual TV-L1 アルゴリズム）
DualTVL1OpticalFlow::setWarpingsNumber	Dual TV-L1 アルゴリズムパラメータ設定
DualTVL1OpticalFlow::setEpsilon	Dual TV-L1 アルゴリズムパラメータ設定
DenseOpticalFlow::calc	オプティカルフロー計算
cartToPolar	ベクトルの大きさと角度を計算

6.4.1　プログラムの実行

オプティカルフロープログラムの実行例を以下に示します。

図 6.26 の左列に入フレーム、中央列にフローベクトル、右列にフローベクトルの方向の色相表現を示します。

1 段目の入力フレームでは青いボールが画面を左から右に横切っており、その他は静止しています。この時点のフローベクトルをみると、ボールの位置に長いベクトルが描かれていることが、線の密度から読み取れます。物体そのものは球体ですが、その陰の部分も動きとして描かれている点に注目してください。色相表現ではボール部分が黄緑色で描かれており、画面右方向のベクトルであることが示されています。

2 段目では赤いトラックが右から左に横切っています。そのため中央図の平均フローベクトルは右方向を向いています。色相表現では、右方向の青っぽい色が観察されています。

映像を見た限りでは、ボールとトラックの早さ自体にさほど違いありません。しかし、物体の大きさが全く異なるため、フローベクトルの全体の平均値からするとトラックがボールよりもゆっくりだと勘違いしてしまいます。ここから、平均フローベクトルが私たちが直感的に見たものを示しているわけではないことがわかります。

298

 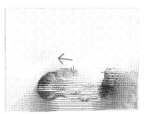 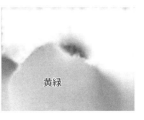

図 6.26 ●オプティカルフロー検出プログラムの実行例。左：入力フレーム、中央：フローベクトル、右：フローベクトルの方向（色相表現）

6.4.2 ソースコード

オプティカルフロープログラムをコード 6.4 に示します。

コード 6.4 ●オプティカルフロープログラム

```
1  #include "stdafx.h"
2  #include <opencv2/opencv.hpp>
3  #pragma comment(lib, "opencv_world320d.lib")
4  using namespace std;
5  using namespace cv;
6
7  void drawOpticalFlow(const Mat& src, Mat& flowVec, Mat& flowHue);
8
9  int main()
10 {
11     VideoCapture cap("sample1.avi");
12     Mat src, flowVec, flowHue;
13
14     while (1) {
15         cap >> src; if (src.empty()) break;
16         drawOpticalFlow(src, flowVec, flowHue);       // フロー描画（自作関数）
17         imshow("入力映像", src);
18         imshow("フローベクトル", flowVec);
```

第6章　画像情報の取得

```
19     imshow("フロー色相", flowHue);
20     if (waitKey(20) == 27) break;
21   }
22 }
23
24 // フロー描画（自作関数）
25 void drawOpticalFlow(const Mat& src, Mat& flowVec, Mat& flowHue)
26 {
27   int step = 8;                                    // 計算ステップ
28   Mat now, flow, flowXY[2], length, angle, hsv;
29   static Mat pre(src.size() / step, CV_8UC1);      // 事前画像（pre）
30   cvtColor(src, now, COLOR_RGB2GRAY);              // 現在画像（now）
31   resize(now, now, src.size() / step);            // 縮小
32   flowVec.create(src.size(), CV_8UC1); flowVec.setTo(255);
33   flowHue.create(src.size(), CV_8UC3);
34   Ptr<DualTVL1OpticalFlow> opf = createOptFlow_DualTVL1(); // 計算手法（DualTV-L1法）
35   opf->setWarpingsNumber(3);                       // パラメータ設定
36   opf->setEpsilon(0.05);
37   opf->calc(pre, now, flow);                       // フロー計算
38   split(flow, flowXY);
39   cartToPolar(flowXY[0], flowXY[1], length, angle, true);
                                                     // ベクトルの長さと角度を計算
40
41   // ベクトル描画
42   for (int py = 0; py < flowVec.rows; py += step) {
43     for (int px = 0; px < flowVec.cols; px += step) {
44       int dx = (int)(flowXY[0].at<float>(py / step, px / step) * 8);
45       int dy = (int)(flowXY[1].at<float>(py / step, px / step) * 8);
46       arrowedLine(flowVec, Point(px, py), Point(px + dx, py + dy), 0); // 矢印描画
47     }
48   }
49
50   // 色相描画
51   angle.convertTo(angle, CV_8U, 0.5, 45);          // 0〜360度 → 0〜180（色相範囲）
52   length.convertTo(length, CV_8U, 255);
53   // 角度→色相、長さ→彩度、明るさ→255
54   vector<Mat> ch{ angle, length, Mat::ones(src.size() / step, CV_8U) * 255 };
55   merge(ch, hsv);
56   cvtColor(hsv, hsv, COLOR_HSV2BGR);               // 色空間をHSVからBGRに変換
57   resize(hsv, flowHue, src.size());                // 入力サイズに拡大
58
```

```
59    // 全体の平均移動方向矢印描画
60    Point cp = flowVec.size() / 2;
61    int mh = mean(flowXY[0]).val[0] * 100;
62    int mv = mean(flowXY[1]).val[0] * 100;
63    arrowedLine(flowVec, cp, cp + Point(mh, mv), Scalar(128), 10, LINE_8, 0, 1);
64    now.copyTo(pre);                            // 現在画像を事前画像にコピー
65 }
```

6.4.3 ライブラリの用法

以下、コード 6.4 の詳細を、使用している関数とあわせて説明します。

```
7 void drawOpticalFlow(const Mat& src, Mat& flowVec, Mat& flowHue);
```

オプティカルフローの計算は、上記のプロトタイプで定義した自作関数で行います。本体は
コードの後半（25 〜 66 行目）にあります。

この関数は第 1 引数に現在のフレームを取り、このフレームとその前のフレームと間でオプ
ティカルフローを計算し、結果のフローベクトル画像と色相表現画像を第 2、第 3 引数を返し
て返します。前のフレームは関数がその内部で保持しているので、引数に指定するのはその時
点のフレームだけです（後述）。main 関数（9 〜 22 行目）はフレームを読み込むたびにこの関
数を呼び出し、演算結果を imshow 関数で表示するだけです。

以下、この drawOpticalFlow 関数の中身を説明します。

```
27    int step = 8;                              // 計算ステップ
```

28 行目でフローベクトルの描画密度を決定する変数を定義します。ここでは 8 ピクセル単位
に矢印を描画します。これだと、たとえば 640 × 480 ピクセルのフレームは 80 × 60 に縮小さ
れ、そのすべてのピクセルについてフローベクトルが計算されます。ここを 16 に変更すれば、
フレームは 40 × 30 に縮小されるので、フローベクトルの矢印はより疎に描画されます。また、
計算対象が少なくなるのにともない、実行速度も早くなります。

```
29    static Mat pre(src.size() / step, CV_8UC1);   // 事前画像（pre）
30    cvtColor(src, now, COLOR_RGB2GRAY);           // 現在画像（now）
  ⋮
64    now.copyTo(pre);                              // 現在画像を事前画像にコピー
```

計算に必要な前後フレーム（pre と now）を用意します。now は現在の入力フレーム src を

グレースケール化することで取得します。グレースケールなのは、オプティカルフロー計算の DualTVL1OpticalFlow::calc 関数が受け取れるのが1チャンネル8ビット符号なし画像だからです。1フレームの処理が完了したら、main に戻る前に関数末尾で now を pre にコピーします。

　前フレームの pre には、29行目で定義されているように static 指定子が付されています。これは、この関数から main に制御が戻ったときでも（「関数のスコープから外れる」と言います）その内容を保持せよという意味です。この指定子がないと、この関数から main に戻り、またそこからこの関数に戻ったときに、普通のローカル変数の pre には以前の内容が格納されていません。

```
34    Ptr<DualTVL1OpticalFlow> opf = createOptFlow_DualTVL1(); // 計算手法（DualTV-L1法）
```

　では、オプティカルフローの計算に入ります。

　まず、createOptFlow_DualTVL1 コンストラクタで Dual TV-L1 法を実装したオブジェクトを取得します。引数はありません。関数は Ptr<DualTVL1OpticalFlow> を返しますが、この Ptr は OpenCV のスマートポインタです。スマートポインタは普通のポインタと異なり、ポインタの指し示すメモリ領域の割り当てや解放といった管理を自動的に行ってくれる C++ の機能です。ここでは、DualTVL1OpticalFlow オブジェクトへのポインタの管理をゆだねています[注2]。

Dual TV-L1の準備 **createOptFlow_DualTVL1** ()	
戻り値（Ptr<DualTVL1OpticalFlow>）	DualTVL1OpticalFlowオブジェクトのスマートポインタ

```
35    opf->setWarpingsNumber(3);                    // パラメータ設定
36    opf->setEpsilon(0.05);
```

オプティカルフロー計算に関するパラメータ値を設定します。

　Dual TV-L1 アルゴリズムはかなり複雑で、調整可能なパラメータが12個用意されています。いずれについても、DualTVL1OpticalFlow のその名を関した set/get メンバ関数から設定します。たとえば、WarpingsNumber というパラメータを設定するには setWarpingsNumber を、その値を取得するには getWarpingsNumber をそれぞれ使います。

　本プログラムで使用しているパラメータ2点を表6.6に示します。その他については、原論文を参照してください。

注2　DualTVL1OpticalFlow は DenseOpticalFlow クラスのサブクラスなので、DenseOpticalFlow のメンバ関数も利用できます。DualTVL1OpticalFlow のリファレンスには未掲載でありながらも利用可能な一部のメンバ関数に関しては、DenseOpticalFlow のリファレンスに示されています。

表 6.6 ●オプティカルフロー計算パラメータ

パラメータ	値の範囲	型	初期値	参考
WarpingsNumber	1以上の整数	int	5	値が小さいほど、局所的な範囲の細かい動きまで取得する。値が大きければ全体的な動きの方向を取得する。値が大きいほど演算量が増加。
Epsilon	0.0より大きい	double	0.01	値が大きいほど、局所的な範囲の細かい動きまで取得する。値が大きければ全体的な動きの方向を取得する。値が小さいほど演算量が増加。

　なお、35 ～ 37 行目で opf のメンバ関数にアクセスするとき、ドット演算子「.」ではなくアロー演算子「->」を用いている点に注意してください。これは、opf オブジェクトは（スマート）ポインタ型であるためです。

```
37    opf->calc(pre, now, flow);                    // フロー計算
```

　opf（DualTVL1OpticalFlow オブジェクト）のメンバ関数 calc で、pre と now からオプティカルフローを計算します。結果のフローベクトルは第 3 引数に指定した Mat オブジェクト（ここでは flow）に格納されます。フローベクトルは画像 (x, y) それぞれのピクセルについて (vx, vy) のように 2 要素で構成されているので、この Mat オブジェクトのチャンネル数は 2 です。1 チャンネル目にはフローベクトルの x 成分が、2 チャンネル目には y 成分がそれぞれ浮動小数点数型で保存されます（CV_32FC2）。

オプティカルフローの計算
DenseOpticalFlow::calc (InputArray **I0**, InputArray **I1**, InputOutputArray **flow**)

I0	前のMatオブジェクト（8ビット1チャンネル）
I1	現在（後）のMatオブジェクト（8ビット1チャンネル）
flow	計算されたフローベクトルのxy成分（32ビット2チャンネル）

```
38    split(flow, flowXY);
39    cartToPolar(flowXY[0], flowXY[1], length, angle, true);
                                           // ベクトルの長さと角度を計算
```

　計算結果は (vx, vy) のように直交座標系（Cartesian）で表現されているので、色相表現ができるように角度に変換します。

　これにはまず、2 チャンネル画像を split 関数（5.1 節）で 1 チャンネル画像の配列（flowXY[0] が x 成分、flowXY[1] が y 成分）に分割します。

　その上で、cartToPolar 関数で極座標形式（polar）に変換します。第 1 引数と第 2 引数にそれ

ぞれ入力するベクトルのx成分とy成分を指定します。結果の長さと角度は、それぞれ第3引数と第4引数に格納されます。オプションの第5引数には角度を度で表現するかをブール値で指定します。デフォルトはfalseで、これはラジアンです。ここでは角度（0～360）が必要なので、trueを指定します。

2次元ベクトルの長さと角度を計算	
cartToPolar(InputArray **x**, InputArray **y**, OutputArray **magnitude**, OutputArray **angle**, bool **angleInDegrees** = *false*)	
x	x座標が格納されたMatオブジェクト
y	y座標が格納されたMatオブジェクト
magnitude	計算されたベクトルの長さ（xと同じサイズと型）
angle	計算されたベクトルの角度（xと同じサイズと型）
angleInDegrees	角度の単位の指定。falseの場合ラジアン0～2π（デフォルト）、trueの場合0～360度。デフォルトはfalse。

```
51    angle.convertTo(angle, CV_8U, 0.5, 45);          // 0〜360度 → 0〜180(色相範囲)
```

　角度は色相で表現し、描く対象のMatにはCV_8UC3（3チャンネル8ビット符号なし整数）を用いるので、描画時には0.5倍することで半分の0～180の範囲に直します（convertTo関数については5.2節参照）。ここで45（角度としては90度）を足すことで画像の上方向の色相が赤に対応するようにシフトしています。色相環（図6.25参照）で言うと反時計回りに90度回転することに相当します。

```
52    length.convertTo(length, CV_8U, 255);
```

　ベクトルの長さ（大きさ）は0～255の範囲の彩度（HSVのS）として表現するので、同様に255倍します。フローベクトル長が1.0以上のときは、自動的に255に切り詰められます。

```
54    vector<Mat> ch{ angle, length, Mat::ones(src.size() / step, CV_8U) * 255 };
55    merge(ch, hsv);
```

　以上の色相（H）、彩度（S）を用いて1チャンネル画像を3要素持つMatの配列（vector）を生成します。明るさ（V）はすべてのピクセルについて最大輝度の255で埋めます。チャンネル合成については5.1節を参照してください。

```
57    resize(hsv, flowHue, src.size());                // 入力サイズに拡大
```

　本プログラムでは元フレームを1/step倍に縮小した画像を対象にオプティカルフローを計算

しているので、表示をするにあたっては、元のサイズに戻します。視覚的（ユーザインタフェース上の）な問題ですので、戻さなくても計算上は不都合はありません。

```
61    int mh = mean(flowXY[0]).val[0] * 100;
62    int mv = mean(flowXY[1]).val[0] * 100;
```

38行目で取得した1チャンネル画像2要素からなるフローベクトル flowXY から、全体の動きを表す矢印を描画します。これは、5.1節でも用いた mean 関数を用いて平均値を取得することで行います。フローベクトルのサイズは小さいので、ここでは100倍して表示しています。映像の性質に応じて、適宜、変更してください。

7

物体認識

　本章では、画像の中の「どこに」「何が」映っているかをプログラムから判断させます[注]。

　何をどのように判断するかについてはいろいろな考え方があります。対象が何であれ、サンプルとまったく同じものを別の画像から探すのも「どこに何があるか」の判断の1つです。たとえば、「ウォーリーを探せ」などはこの類の判断です。本章では、テンプレートマッチングという手法を用いてこのような物体探索を行います。

　何百枚とある写真の中から、同じ風景を探すとしましょう。こうしたとき、細かいことには頓着せず、おおざっぱに色合いだけで分別するのは私たちがよくやる手です。ここでは、6.1節で説明したヒストグラムの形状から対象の画像と同じものを複数の写真の中から探します。

　物体の形に着目することもあるでしょう。探しているものは三角なのか四角なのかといった考え方を応用した方法として、特徴点と特徴量を比較する物体検出方法も紹介します。また、顔や人物の検出によく用いられている「HaarLike特徴」により、映像中から顔と眼を検出するという方法も取り上げます。

　さらにディープラーニング（深層機械学習）による一般画像のクラス分類や、文字認識についても解説します。

7.1	テンプレートマッチング
7.2	次元ヒストグラムと類似画像検出
7.3	特徴点抽出と特徴量のマッチング
7.4	HaarLike 特徴検出を用いた顔・眼の検出
7.5	ディープラーニングによる画像分類
7.6	N&M アルゴリズムによる文字検出

　注　本章では計算量の多い高度なアルゴリズムを多用するため、環境によっては処理速度が極端に遅くなるかもしれません。そのときはリリースモードでビルドしてみてください。デバッグには向きませんが、実行速度はかなり早くなるはずです。リリースモードについては2.2.3節や2.4節を参考に、［デバッグ］を［リリース］に読み替えて設定をしてください。

7.1 テンプレートマッチング

テンプレートマッチングは、画像から特定の物体を検出する古典的手法です。

方法は図 7.1 のようにいたって単純です。ここでは、図右の画面中央にある白丸を検出します。まず、検出の対象となる物体とまったく同じでなくてもよいけれども十分に似ている画像を用意します（図左）。これをテンプレート画像といいます。その上で、このテンプレート画像を図右のグレーの点線のように探索対象の画像に重ね、矢印が示すように左から右に 1 ピクセルずつスキャンします。右端まで入ったら、左に戻って 1 ピクセル下がり、またスキャンします。これを最下端になるまで愚直に繰り返します。

スキャン中はテンプレートと重なったところどうしが「似て」いるかを毎回確認します。そして、最も「似ている」とされた箇所に、テンプレート画像と同じものがあると判断します。

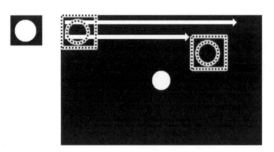

図 7.1 ●テンプレートマッチングの動作。左がテンプレート画像、右が探索画像。テンプレート画像を探索画像の上にあて、左上から右下まで順次スキャンします。右図の中央付近に来たとき最も一致します。

テンプレート画像と探索画像の重なった部分領域の似ている度合いは、**類似度**という数値で表現します。類似度の計算方法にはいくつかありますが代表的なものに残差法と相関法があります。

残差法は、テンプレート画像と探索画像の部分領域のそれぞれ対応するピクセルの間で差分を取り、部分領域全体にわたって和を取る方法です。この和が 0 に近ければ近いほど類似度が高いと判断します。差分の計算方法には、ピクセル差分の絶対値を用いるものとピクセル差分の 2 乗を使う 2 種類があります。前者を **SAD**（Sum of Absolute Difference）、差分の 2 乗を用いる方法を **SSD**（Sum of Square Difference）といいます。

相関法は、2 つのデータの関係性を示す相互相関係数を用いる方法です。相互相関係数は（正規化してあれば）−1 から 1 の範囲の値を取ります。−1 のとき 2 つのデータの間には強い負の相関（一方が増えると他方が減る）があり、0 のとき無相関（両者に関係はない）、1 のとき強

い正の相関（一方が増えると他方も増える）があると判断します。テンプレート画像と部分領域の間に強い正の相関があれば、両者が似ているということになります。強い負の相関があるときは、部分領域かテンプレート画像のどちらかのピクセル値を反転すれば正の相関になります。

それぞれの方法の正確な計算方法と値の解釈方法は、ライブラリの用法の節で説明します。

OpenCV では、このテンプレートマッチングを matchTemplate 関数で行います。この関数は上記の残差法と相関法のどちらもサポートしていますが、本節では相関法を用います。matchTemplate 関数はテンプレート画像と探索画像を入力画像に取り、その結果を浮動小数点数型の Mat 型に出力します。Mat 型なのは、探索画像の位置 (x, y) にテンプレート画像をあてはめたときの結果が、座標の数（よりちょっと少ないですが）だけ生成されるからです。

Mat 型なので、画像として imshow 関数で表示することもできます。図 7.1 を入力として用いたとき結果を図 7.2 に例として示します。

SSD（差分の 2 乗）

相互相関係数

図 7.2 ● matchTemplate 関数の結果（図 7.1 を使用）

図左は SSD（差分の 2 乗）の結果で、0 に近いほど「似ている」ので、中心で黒っぽくなっているところがテンプレートの画像があるとおぼしき箇所です。ピンポイント的に中心だけに黒点が現れずにぼやけた格好になっているのは、テンプレートの白丸が一部でも探索画像の白丸に重なる部分は、たとえ重なっているのが円の異なる場所であっても、ピクセルの値的には $(255 - 255)^2 = 0$ で「似ている」とされるからです。

図右は相互相関係数（正規化後）のもので、SSD とは逆に似ているところが白くなります。

この画像から具体的にどの点が最も「似ている」かは、SSD なら最小値、相互相関係数なら最大値を探すことで調べられます。これには minMaxLoc 関数（5.1 節参照）を用います。ところが、これだけでは全然似ていなくてもその画像で最小値あるいは最大値を示した位置にその物体があると判定されてしまうので、ある程度の閾値で類似度をはじくようにします。

実際には、テンプレートマッチングでは探索したい物体は簡単に見つかりません。ヒトの眼

には同じものに見えても、テンプレートと対象の間で大きさ、傾き、輝度、カメラのフォーカスなどが異なっているだけで、同じものと認識できないからです。画像の大きさや傾きが異なっても検出可能な方法は本章の以降の節で取り上げます。

本節で説明するクラス、関数は表 7.1 のとおりです。

表 7.1 ●テンプレートマッチングプログラムで使用するクラス・関数

クラス・関数	説明
matchTemplate	探索画像とテンプレート画像から相互相関係数を取得

7.1.1 プログラムの実行

テンプレートマッチングプログラムの実行例を以下に示します。

プログラムはビデオファイルの各フレームに対して、あらかじめ用意しておいた 2 つのテンプレート画像を逐次あてはめていきます。そして、テンプレート画像をフレーム内に検出したら、その領域を四角で囲み、そのテンプレート画像の名称をフレーム内に描き込みます。

ここではアヒルとペンを背景に、青いボールと赤いミニカーが交互に横切るビデオファイルを例に用います。テンプレート画像には、あらかじめこのビデオファイルから切り出した青いボールと赤いミニカーを用います（図 7.3）。他の素材を用いてもかまいませんが、先に述べたように、テンプレートの物体の写り方が探索画像内のものと異なると検出しないので、選択には注意が必要です。

図 7.3 ●本節のデモで用いるテンプレート画像

プログラムの実行例を図 7.4 に示します。図左は映像内でボールが右に移動しているところ、図右はミニカーが左に移動しているところです。プログラムは、探索画像内にテンプレート画

像を検出すると、そこに矩形枠とそのテンプレート画像名（ballまたはcar）を表示します。映像内をボールやミニカーが移動すると、それに合わせて枠や名称も移動します。図中の矢印は物体の移動方向を示すために筆者が加えたもので、プログラムでは表示されません。

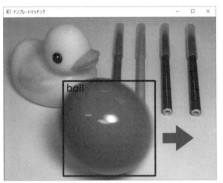 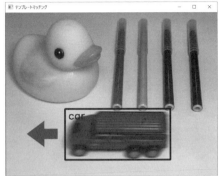

図7.4 ● テンプレートマッチングプログラムの実行例。検出した物体（ballまたはcar）を矩形で囲って示します。

マッチング結果の映像と共に、2つのテンプレート画像それぞれに対する相互相関係数の分布も表示します（図7.5）。相互相関係数なので、値が大きいほど（1に近い、つまり白っぽいほど）類似度が高い箇所です。

図7.5 ● 相互相関係数の分布画像。左がボール、右がミニカーのものです。大きさの関係が逆転していることに注目してください（図7.6参照）。

7.1.2　ソースコード

テンプレートマッチングプログラムをコード7.1に示します。

第7章 物体認識

コード7.1 ●テンプレートマッチングプログラム

```cpp
1  #include "stdafx.h"
2  #include <opencv2/opencv.hpp>
3  #pragma comment(lib, "opencv_world320d.lib")
4  using namespace std;
5  using namespace cv;
6
7  int main()
8  {
9    VideoCapture cap("sample1.avi");
10   Mat src;
11   // テンプレート画像とその名称
12   vector<Mat> img{ imread("ball.png"), imread("car.png") };
13   vector<string> name{ "ball", "car" };
14
15   while (1) {
16     cap >> src; if (src.empty()) break;
17
18     for (int num = 0; num < 2; num++) {        // テンプレート2種
19       Mat mapCC;
20       // テンプレートマッチング
21       matchTemplate(src, img[num], mapCC, TM_CCOEFF_NORMED);
22       double maxCC;
23       Point maxLoc;
24       // 相互相関係数の最大値探索
25       minMaxLoc(mapCC, NULL, &maxCC, NULL, &maxLoc);
26
27       if (maxCC > 0.4) {   // 類似度が 0.4 以上なら枠描画
28         rectangle(src, maxLoc,
29                   maxLoc + Point(img[num].cols, img[num].rows), 0, 4);
30         putText(src, name[num], maxLoc + Point(10, 30),
31                 FONT_HERSHEY_SIMPLEX, 1, 0, 2);
32       }
33       imshow("相互相関係数 " + name[num], mapCC);
34     }
35
36     imshow("テンプレートマッチング", src);
37     if (waitKey(20) == 27) break;
38   }
39
40   return 0;
41 }
```

7.1.3 ライブラリの用法

以下、コード 7.1 の詳細を、使用している関数とあわせて説明します。

```
12    vector<Mat> img{ imread("ball.png"), imread("car.png") };
13    vector<string> name{ "ball", "car" };
```

まず、テンプレート画像 2 種を vector から用意します。12 行目はそれぞれの画像を収容した Mat、13 行目はその名称です。フレーム単位のループの中にはこの 2 種をそれぞれ処理するためのループが入れ込んであります。

```
19        Mat mapCC;
20        // テンプレートマッチング
21        matchTemplate(src, img[num], mapCC, TM_CCOEFF_NORMED);
```

マッチングを行います。

matchTemplate 関数の第 1 引数には探索画像を、第 2 引数にはテンプレート画像をそれぞれ指定します。結果の類似度は 19 行目で宣言し、第 3 引数として指定されている Mat に収用されます。第 4 引数は類似度の計算方法を指定するもので、ここではゼロ平均正規化相互相関（TM_CCOEFF_NORMED）を指定しています。類似度の計算方法はこのあと説明します。

第 5 引数からはオプションでマスクを指定しますが、ここでは利用していません。

matchTemplate 関数の定義を次に示します。

探索画像とテンプレート画像の類似度を計算

matchTemplate (InputArray **image**, InputArray **templ**, OutputArray **result**, int **method**, InputArray **mask** = *noArray()*)

image	探索対象の画像。8ビット型または32ビット浮動小数点数型でなければならない。
templ	テンプレート画像。imageより小さくなければならない。また、imageと同じデータ型でなければならない。
result	比較結果。1チャンネル32ビット浮動小数点数型を用いること。imageのサイズがW × H、templのサイズがw × hの場合、resultのサイズは(W − w + 1) × (H − h + 1)である。
method	探索画像とテンプレート画像の類似度を計算する方法を指定する（表7.2）。
mask	テンプレート画像に対するmask画像。templと同じデータ型、サイズでなければならない。

---

matchTemplate 関数は、テンプレート画像を探索画像からはみださないように左上から右下まで 1 ピクセルずつずらしながらスキャンします。そのため、テンプレート画像が左右にスキャンできる範囲は、テンプレート画像の左上の座標位置にして 0（左端）から（探索画像の

幅 − テンプレート画像の幅 + 1）までです（1 ピクセル加えているのは画像端も含めるため）。同様に、縦方向も（探索画像の高さ − テンプレート画像の高さ + 1）までです。

図 7.6 左では、探索画像を src、テンプレート画像を img として、その探索範囲を示しています。これが、matchTemplate 関数の第 3 引数の Mat のサイズになります。

いうまでもなく、探索画像のサイズはテンプレート画像よりも大きくなければなりません。

matchTemplate 関数は、探索画像内でテンプレート画像の左上が置かれている座標位置に、そこで得られた類似度を書き込みます（図 7.6 右）。値は浮動小数点数型（CV_32FC1）で、先にも述べましたが、正規化された相関関数では −1 から 1 の範囲です。

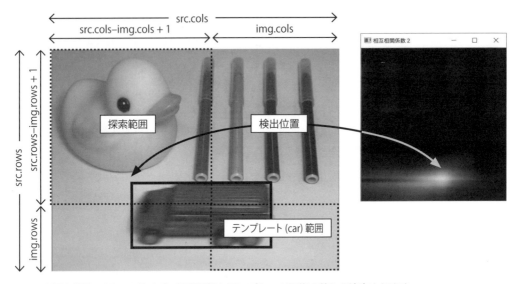

図 7.6 ●探索結果の Mat のサイズ。探索画像とテンプレート画像の差から決定されます

matchTemplate 関数の第 4 引数の類似度計算方法には、表 7.2 に示すものが用意されています。

最初の 2 点は残差法のもので、TM_SQDIFF はピクセル間差分の 2 乗和（SSD）を計算します。このままだと、テンプレートと探索対象の画像が同じでも、明るさが異なるだけで同じと認識してくれないため、輝度の総和で正規化するという手を用います。これが表 2 行目の TM_SQDIFF_NORMED です。どちらも、値が最小（0 に近い）のときに最大の類似度を示します。これらは演算が比較的シンプルなので、処理が他よりも高速というメリットがあります。

残りの 4 点は相関法のものです。TM_CCORR は相互相関係数を計算するもので、TM_CCORR_NORMED はその正規化版です。前者では、値が最大のときに最大の類似度を示します。後者は正規化相互相関（NCC：Normalized Cross Correlation）という名でも知られており、

最大値が1になります

　TM_CCOEFF は、NCC でピクセル間の積を取るに際し、それぞれの画像の平均輝度をピクセル値から引いたバージョンです（表7.2に示した式の <T> および <I> が平均値）。この輝度平均をあらかじめ引いておくという操作のおかげで、輝度の変化への耐性が強くなっています。TM_CCOEFF_NORMED はこの正規化版です。この正規化版をゼロ平均正規化相互相関（ZNCC: Zero-mean Normalized Cross Correlation）といいます。精度は高いのですが、演算量が多く遅いというデメリットがあります。

　一般に用いられるのはゼロ平均正規化相互相関です。

表7.2 ● matchTemplate 関数で用いる類似度判定方法

方法	意味	式
TM_SQDIFF	差の二乗和	$R_{X,Y} = \sum_{y=0}^{h-1} \sum_{x=0}^{w-1} (T_{x,y} - I_{X+x,Y+y})^2$
TM_SQDIFF_NORMED	差の二乗和 + 正規化	$R_{X,Y} = \dfrac{1}{S_{X,Y}} \sum_{y=0}^{h-1} \sum_{x=0}^{w-1} (T_{x,y} - I_{X+x,Y+y})^2$
TM_CCORR	相互相関	$R_{X,Y} = \sum_{y=0}^{h-1} \sum_{x=0}^{w-1} (T_{x,y} \cdot I_{X+x,Y+y})$
TM_CCORR_NORMED	相互相関 + 正規化	$R_{X,Y} = \dfrac{1}{S_{X,Y}} \sum_{y=0}^{h-1} \sum_{x=0}^{w-1} (T_{x,y} \cdot I_{X+x,Y+y})$
TM_CCOEFF	相関係数	$R_{X,Y} = \sum_{y=0}^{h-1} \sum_{x=0}^{w-1} (T_{x,y} - <T>)(I_{X+x,Y+y} - <I_{X,Y}>)$
TM_CCOEFF_NORMED	相関係数 + 正規化	$R_{X,Y} = \dfrac{1}{S_{X,Y}} \sum_{y=0}^{h-1} \sum_{x=0}^{w-1} (T_{x,y} - <T>)(I_{X+x,Y+y} - <I_{X,Y}>)$

　ただし

$R_{X,Y}$　　　　探索画像の (X, Y) 位置の演算結果

w、h　　　　テンプレート画像の幅と高さ

$T_{x,y}$　　　　テンプレート画像の (x, y) ピクセル値

　　　　　　　$x = [0, w-1]$、$y = [0, h-1]$

315

第 7 章　物体認識

W、H　　　探索画像の幅と高さ

$I_{X+x,Y+y}$　　　探索画像の $(X+x, Y+y)$ ピクセル値

　　　　　　　$X = [0, W - w + 1]$、$Y = [0, H - h + 1]$

$S_{X,Y}$　　$\sqrt{\displaystyle\sum_{y=0}^{h-1}\sum_{x=0}^{w-1}(T_{x,y})^2 \sum_{y=0}^{h-1}\sum_{x=0}^{w-1}(I_{X+x,Y+y})^2}$

$<T>$　　$\dfrac{1}{wh}\displaystyle\sum_{j=0}^{h-1}\sum_{i=0}^{w-1}T_{i,j}$

$<I_{X,Y}>$　　$\dfrac{1}{wh}\displaystyle\sum_{j=0}^{h-1}\sum_{i=0}^{w-1}I_{X+i,Y+j}$

```
24      // 相互相関係数の最大値探索
25      minMaxLoc(mapCC, NULL, &maxCC, NULL, &maxLoc);
26
27      if (maxCC > 0.4) {  // 類似度が 0.4 以上なら枠描画
```

　先に得た相互相関係数（類似度）の Mat から、minMaxLoc 関数（5.1 節）で最大値、すなわち最も似ている領域の左上座標を取得します。その上で、係数値が 0.4 より大きいければ、矩形とテンプレート画像の名称を描画します。

　統計学ではしばしば、表 7.3 に示すように相関係数の絶対値が 0.7 以上ならかなり強い、0.5 以上ならある程度強い相関があると判断することが多いです。ここでは、0.4 より大きいとしています。閾値の選択は計算対象の画像によって変わってくるので、なかなか難しいところがあります。いろいろな値を試してみてください。

表 7.3 ●相関値の目安

|r| の値	相関の強さ
0.0 〜 0.2	ほぼ相関なし
0.2 〜 0.4	弱い相関あり
0.4 〜 0.7	やや相関あり
0.7 〜 1.0	強い相関あり

　matchTemplate 関数は比較的計算量の多い処理のため、表示がかなりスローです。その場合は、waitKey 関数の待ち時間を短くする、テンプレートを 1 種類だけに限る、より簡単な類似度計算方法（TM_SQDIFF_NORMED）に変更する、探索画像やテンプレート画像のサイズを小さくするなど、工夫をしてみてください。

316

画像のべき乗表示

本プログラムでは、相関係数の分布を−1から1の値のまま画像として表示させていますが、どこが一番明るいかがわかりにくいこともあります。そうした場合は、ピクセル値を見やすいように変更します。

こうしたときに最もよく用いられるのはべき乗です。たとえば、0から1の値を自乗すると、そのままなら真ん中くらいの明るさ（0.5）が1/4（0.25）になって目立たなくなるからです。しかも、最大値の1は2乗しても3乗しても1のままなので、改めて正規化する必要もありません。

2乗、3乗したときの結果を図7.7に示します。画像のすべてのピクセル値の自乗は、5.8節で説明した要素どうしの乗算を行うmul関数を図下に示した要領で用います。

元画像　　　　　　　　2乗　　　　　　　　　3乗
map　　　　　　map.mul(map)　　　map.mul(map.mul(map))

図7.7 ●相関係数画像 map のべき乗表示

7.2　2次元ヒストグラムと類似画像検出

テンプレートマッチングを使えば、画像データベースから探しているものと同じ画像を見つけることができます。ただし、ほぼ同じものでなければなりません。構図が異なっていたり、上下が逆さになっていると検出できません。また、「これと似た絵」を探すということもできません。単純に、テンプレートと探索画像の間で対応するピクセルが一致しているかをチェックしているだけですから。

そこで、画像の色構成が似ているものを探すという手段が考えられました。これには対象と探索画像からそれぞれ取得したヒストグラム（6.1節）を比較するという方法を用います。ヒストグラムが一致するということはそれらの色構成が同じということなので、それらは類似と考えることができます。また、画像を逆さにしても構図をずらしても元とおおむね同じヒストグ

ラムが得られるので、探索画像の変化にも強いはずです。

　ヒストグラムは、一般には横軸（変数）に画素値、縦軸（値）にその画素数を示した棒グラフです。プロットする対象が画像の輝度だけならば、変数は1種類、つまり1次元なので棒グラフで十分に表現できます（図7.8左）。これなら、ヒストグラムどうしの比較も容易です。しかし、カラー画像をグレースケール化して比較すると、肝心の色情報が失われてしまうため、類似画像の探索には向きません。

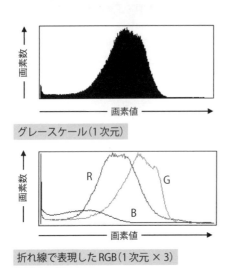
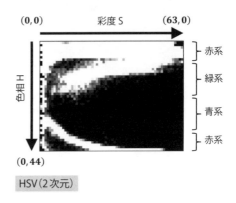

図7.8 ●ヒストグラムの各種の表現方法

　6.1節では、変数がRGBの3種類あるカラー情報を折れ線グラフで表現しました（図中央）。これは見た目にはわかりやすいのでしょうが、3種類の変数を同じウィンドウに表示したというだけで輝度だけのヒストグラムと何ら変わることはありません。このヒストグラムどうしを比較するには、R、G、Bそれぞれのヒストグラムを個別に比較した上で結果を統合するという手間がかかります。

　そこで、ヒストグラムを2次元表現します。変数として取る2種類は何でもかまいませんが、ここでは色合いに着目しているので図右に示すように色相（H）と彩度（S）をそれぞれ変数とします。横軸が彩度、縦軸が色相です。値の範囲は、CV_8UC3（8ビット）で本来はそれぞれ0～255、0～180ですが、本節では高速化のため1/4に階調を落としています。つまり、図に示したように彩度は0～63の64諧調、色相は0～44の45諧調とします。この2次元座標上の各点はそれぞれ所定の(S, H)の数（あるいは割合）を示しており、グラフィカルには明るさで表現します。つまり、明るい箇所はその(S, H)のピクセル数が多いことを表します。このよ

うな2次元ヒストグラムを用いれば比較は1回で済みます。

 2次元ということはHSVのうちVは無視していることになりますが、これにより輝度変化が多少あっても検出できるようになるはずです。むろん、HSVすべてのチャンネルを使って3次元ヒストグラムにすることもできますが、ヒストグラムをわかりやすく視覚化するのは多少面倒でしょう。

 どの形式のどのチャンネルを何種類だけ使ってヒストグラムを使ってもかまいませんし、それを決めるのはどのような比較をしたいかによります。同様に色合いを捉えやすいYCrCb（6.3節）なども利用できます。

 OpenCVのcalcHist関数（6.1節）はどんなカラー形式のどのチャンネルを用いようと、多次元のヒストグラムを1次元のときとまったく同じように扱うことができます。

 ヒストグラムを比較するには、7.1節で画像を比較したときと同じような統計学的な手法を用います。

 相関係数（correlation coefficient）を用いた比較は7.1節で説明をしたTM_CCOEFF_NORMEDと同じで、係数値の絶対値が大きければ（最大1）一致度が高く（負の場合はネガ、つまりヒストグラムの上下を逆さまにしたときに一致）、小さければ（最小0）一致していないことを示します。ヒストグラムのように頻度をカウントしたデータを比較するときによく用いられるカイ2乗（chi square）検定を用いることもできます。

 これらよりも計算量が少ない**交差法**（intersection）という比較方法もあります。これは、図7.9のように2つのヒストグラムを重ね合わせ、互いに重なる部分の面積を求める方法です。重なっている部分が大きいほど類似と判断できます。ヒストグラムが度数ではなく割合になっているとき、ヒストグラムの全面積は1なので、1ならば完全一致、0ならばまったく似ていないと単純に判定できます。

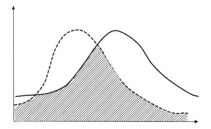

図7.9 ●ヒストグラム交差法。重なりの多い方が「類似」と考えます。

 本節ではこの方法を利用します。計算はいたって簡単で、それぞれ対応する階級（たとえばHの値が20）のときの度数（値）のどちらか小さい方を取り、それらを全階級で和を取るだけ

第 7 章　物体認識

です。式にすると、次のとおりです。

$$d = \sum_{n=0}^{N-1} \min(H_n, I_n)$$

H_n と I_n は 2 つのヒストグラムの n 番目の度数の頻度、N が度数の個数（45 階調の色相なら $N = 45$）です。ヒストグラム交差法の原論文については、付録 E の参考文献［SWA91］を参照してください。

OpenCV には compareHist という 2 つのヒストグラムを比較する関数が用意されており、上記のどちらの比較方法もサポートしています。関数にはこれ以外にも、ヘリンガー距離（Hellinger distance）、バタチャリヤ距離（Bhattacharyya distance）、カルバック・ライブラー情報量（Kullback-Leibler divergence）といった比較度量が用意されていますが、詳細は割愛します。

本節で説明するクラス、関数は表 7.4 のとおりです。

表7.4 ● 2 次元ヒストグラムと類似画像検出プログラムで使用するクラス・関数

クラス・関数	説明
compareHist	ヒストグラムの類似度を計算

7.2.1　プログラムの実行

2 次元ヒストグラムと類似画像検出プログラムの実行例を以下に示します。

ここでは、複数の異なる静止画像を連結して作成したビデオファイル（sample3.avi）から、所定の画像を探します。入力は映像ですが、大量の静止画を収容したデータベースから探索対象の画像を探し出す作業をエミュレートしています。ビデオファイル自体は 0.5 fps（静止画がそれぞれ 2 秒表示される）なので、waitKey 関数の引数を 2000 に指定するのを忘れないでください。

ビデオファイルには図 7.10 に示す 7 枚の静止画が含まれています。

320

7.2 2次元ヒストグラムと類似画像検出

図7.10 ● 2次元ヒストグラムと類似画像検出プログラムで対象とする静止画

　プログラムはこの中からリス（上段左1列目。chipmonk.jpg）とアヒルの子（上段左2列目。duckling.jpg）を検索します（図7.11）。探索対象画像はビデオファイルから直接取ってきていますが、リスの画像は180度回転したものを使います。

図7.11 ●対象画像。図7.10と同じフレームですが、リスは180度回転しています。

　プログラムを実行すると、探索する入力フレームとその時点の入力フレームの2次元ヒストグラムをそれぞれ表示します。ヒストグラムの階級が彩度で0～63の64諧調、色相で0～44の45諧調なので、画像としてのヒストグラムはそのままでは64×45ピクセルと非常に小さいです。そこで、ここではこれをresize関数で4倍に拡大してから表示しています。探索画像が発見されると、入力フレーム上に該当画像の名称（chipmonkまたはduckling）を表示します。リスが検出された時の入力映像ウィンドウとヒストグラムを図7.12に示します。

321

第 7 章　物体認識

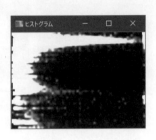

図 7.12 ● 2 次元ヒストグラムと類似画像検出プログラムの実行例。図左は対象画像（リス）が検出された時の入力映像ウィンドウ、図右はそのときの入力フレームの 2 次元ヒストグラム。

　上述のように、本節ではヒストグラムの比較に交差法を用いています。ヒストグラムは全ピクセル数で除すことで正規化しているので、類似度の範囲は 0 から 1 です。ここでは、0.7 を超えたときに画像名を表示しています。この閾値を調整すれば、検出感度を変更できます。ただし、あまり低くしすぎると誤検出しやすくなります。

7.2.2　ソースコード

2 次元ヒストグラムと類似画像検出プログラムをコード 7.2 に示します。

コード 7.2 ● 2 次元ヒストグラムと類似画像検出プログラム

```
1  #include "stdafx.h"
2  #include <opencv2/opencv.hpp>
3  #pragma comment(lib, "opencv_world320d.lib")
4  using namespace std;
5  using namespace cv;
6
7  void hist2D(Mat& src, Mat& hist);           // 2次元ヒストグラム取得関数
8
9  int main()
10 {
11     VideoCapture cap("sample3.avi");
12     Mat src;
13     // 参照画像、その名称、ヒストグラム
14     vector<Mat> img{ imread("chipmonk.jpg"), imread("duckling.jpg") };
15     vector<string> name{ "chipmonk", "duckling" };
```

7.2 2次元ヒストグラムと類似画像検出

```
16    vector<Mat> histRef(2);
17    hist2D(img[0], histRef[0]);                 // 参照画像1
18    hist2D(img[1], histRef[1]);                 // 参照画像2
19    Mat histSrc;
20
21    while (1) {
22      cap >> src; if (src.empty()) break;
23      hist2D(src, histSrc);                      // 入力画像のヒストグラム取得
24
25      for (int num = 0; num < 2; num++) {
26        // ヒストグラムの類似度計算
27        double similarity = compareHist(histRef[num], histSrc, CV_COMP_INTERSECT);
28        if (similarity > 0.7)                    // 類似度が大きいとき"Detect"
29          putText(src, name[num], Point(20, 40), FONT_HERSHEY_SIMPLEX, 1, 0, 4);
30      }
31
32      imshow("入力映像", src);
33      Mat showHistSrc;
34      resize(histSrc*30000, showHistSrc, histSrc.size()*4);
35      imshow("ヒストグラム", showHistSrc);
36
37      if (waitKey(2000) == 27) break;
38    }
39  }
40
41  // 2次元ヒストグラム取得関数
42  void hist2D(Mat& src, Mat& hist)
43  {
44    Mat hsv;
45    cvtColor(src, hsv, COLOR_BGR2HSV);          // 色相H-彩度S-明度V に変換
46    vector<Mat> ch(3);
47    split(hsv, ch);
48    vector<int> channel{ 0 , 1 };               // チャンネル指定(色相Hと彩度S)
49    vector<int> size{ 45, 64 };                 // ビンのマス数
50    vector<float> range{ 0, 180, 0, 256 };      // ヒストグラム範囲
51    calcHist(ch, channel, noArray(), hist, size, range); // ヒストグラム計算
52    hist = hist / (src.cols * src.rows);        // ヒストグラム高さ正規化 (0.0～1.0)
53  }
```

第 7 章　物体認識

7.2.3　ライブラリの用法

以下、コード 7.2 の詳細を、使用している関数とあわせて説明します。

```
7  void hist2D(Mat& src, Mat& hist);          // 2次元ヒストグラム取得関数
```

　色相と彩度の度数をカウントする 2 次元ヒストグラムの作成方法は、6.1 節の 1 次元ヒストグラムと変わりありません。ただし、HSV が対象なので、BGR 形式のカラーフレームはあらかじめ HSV 形式に変換しなければなりません。その後チャンネル分離をしてからヒストグラムを計算します。こうした一連の操作は、7 行目でプロトタイプが、42 ～ 53 行目で本体が定義されている自作の hist2D 関数にまとめられています。その部分だけ次に説明します。

```
48    vector<int> channel{ 0 , 1 };           // チャンネル指定 (色相Hと彩度S)
49    vector<int> size{ 45, 64 };             // ビンのマス数
50    vector<float> range{ 0, 180, 0, 256 };  // ヒストグラム範囲
```

　48 行目では計算対象となるチャンネルの番号を指定します。1 次元では値を 1 つしか指定しませんでしたが、ここでは 0、1（H と S）の 2 つを指定しています。49 行目のビンのマスの数（サイズ）も同じように、2 つです。なお、H と S の本来の最大値はそれぞれの 180 と 256 ですが、ここでは 1/4 にしています。50 行目は範囲なので、1 次元なら 0、256 のように 2 要素、このように 2 次元なら 4 要素です。

　参考までに、6.1 節と本節で用いた設定を表 7.5 にまとめました。

表 7.5 ● 1 次元と 2 次元のヒストグラム作成における calcHist 関数のパラメータの違い

操作	1 次元（6.1 節）	2 次元（本節）
チャンネル番号指定	vector<int> channel{ c };	vector<int> channel{ 0 , 1 }
ビンサイズの指定	vector<int> size{ 256 };	vector<int> size{ 45, 64 };
ヒストグラムの値範囲指定	vector<float> range{ 0, 256 };	vector<float> range{ 0, 180, 0, 256 };

```
51    calcHist(ch, channel, noArray(), hist, size, range); // ヒストグラム計算
```

　51 行目で calcHist 関数を呼び出してヒストグラムを計算していますが、恰好は 6.1 節とまったく同じです。関数定義はそちらを参照してください。

```
52    hist = hist / (src.cols * src.rows);     // ヒストグラム高さ正規化 (0.0～1.0)
```

　calcHist 関数はそれぞれの階級に属するピクセルの数（度数）を返します。ここでは、交差法を用いたヒストグラムの比較を行うので、類似度の結果がわかりやすくなるように全数であ

らかじめ除します（正規化）。

```
27        double similarity = compareHist(histRef[num], histSrc, CV_COMP_INTERSECT);
```

compareHist 関数でヒストグラムを比較し、その結果である類似度を取得します。関数の第 1 引数と第 2 引数には比較対象のヒストグラムを指定します。このとき、2 つのヒストグラムのサイズは同じでなければなりません。第 3 引数には比較方法を定数値から指定します。ここでは、前述した交差法の CV_COMP_INTERSECT を使用しています。

代表的な比較方法を表 7.6 に示します。現在 OpenCV には 7 種類の比較方法が用意されています。詳細は OpenCV 公式リファレンスを参照してください。

表 7.6 ● compareHist 関数から利用できる代表的な比較計算方法

定数値	意味
CV_COMP_CORREL	相関法（相関係数を使用）
CV_COMP_CHISQR	カイ 2 乗法
CV_COMP_INTERSECT	交差法
CV_COMP_BHATTACHARYY	バタチャリヤ距離法

関数定義は次のとおりです。

2つのヒストグラムを比較する
compareHist (InputArray **H1**, InputArray **H2**, int **method**)

H1	1つめのヒストグラム
H2	2つめのヒストグラム（H1と同じサイズ）
method	比較手法（表7.6参照）
戻り値（double）	2つのヒストグラムの比較結果（類似度）をdouble型で返す。

7.3 特徴点抽出と特徴量のマッチング

本節では特徴点抽出と特徴量のマッチングを用い、映像中から物体を検出します。

7.1 節のテンプレートマッチングでは、テンプレート画像を探索対象上でスキャンさせて探索しました。この方法は、たとえば 50 × 50 ピクセルのテンプレート画像を対象に 1 回あては

めるだけで、ピクセルを対応付ける計算（たとえば距離計算）を 2,500 回行わなければならず、画像全体ではさらに走査対象のピクセル数（たとえば 590 × 430 = 253,700）を乗じた計算量となり、非常に負荷の高いものとなっています。しかも、ほぼまったく同じ対象でなければマッチしません。回転したりリサイズされていれば、ヒトの眼には同じであることが一目瞭然でも異なると判定されます。

　7.2 節のヒストグラムの方法は、画像から色構成のヒストグラムという別形式の情報を抽出し、それを比較することで、計算量が削減されています。また、抽出した情報には各画素の位置の情報が含まれていないため、画像の回転や平行移動の変化にもロバストになっています。しかし、たとえば探しているのが同じアヒルでも、背景が芝生かコンクリートでは色構成が大幅に異なるため、色情報のみでは完全に区別できないという問題もあります。

　そこで、対象となる物体の特徴的な形状に着目します。たとえば、テンプレート画像に立方体の箱があるとします（図 7.13 左）。一方、見つけ出す探索画像中の箱は右のように回転しているかもしれません。私たちがこの箱を探すとしたら、一様な色で塗られた面は無視して、箱の恰好に注目するでしょう。仮に対象画像内に同じ色の円錐や直方体があったとしても、箱の輪郭だけからターゲットを見つけられます。とはいえ、輪郭だと直線部分は円錐でも直方体でも同じなので、線分だけからでは差異を検出できません。線分より線分の交点、つまり角部分（コーナーといいます）の方がより端的に物体の特徴を表しているでしょう。このような「特徴的」な点を、つまり**特徴点**（キーポイント）といいます。

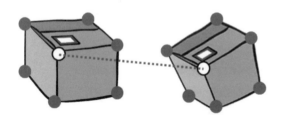

図 7.13 ●立方体の「特徴」は角部分だけでよい

　特徴点を見出したら、その点がどんな恰好をしているかの情報を取得します。これが**特徴量**（ディスクリプタ）です。これは、特徴点の周囲の情報などからその点を特定する情報を数値化する（たとえば「001101101」といったビット列にする）処理です。ちなみに、この特徴量の計算結果（Mat オブジェクト）を画像化すると QR コードのようなモザイク状になります。特徴量は、対象を見る角度や明るさなどが変化してもその画像中で唯一の点であることが望ましいです。図 7.13 で言うと、たとえば段ボールのラベル近くの特徴点（白丸）に対する特徴量は、回転して違う角度から撮影された画像（図右）の対応する特徴点でも同じ特徴量を持つという

意味です。特徴量は、各特徴点を識別する「指紋」のようなものです。

特徴量を取得したあと、各特徴点のすべての組み合わせに対して特徴量を比較し、特徴量が近い点どうしを結び付ける「特徴点のマッチング」処理を行います。これは、図 7.13 で模式的に示したグレー点線のような対応を見つける処理です。

これが、特徴点抽出と特徴量マッチングによる物体検出の基本的な考え方です。

より詳細かつ丁寧な説明は OpenCV チュートリアルにあるので興味のある方は参照してください（英文）。

http://docs.opencv.org/master/d9/d97/tutorial_table_of_content_features2d.html

テンプレートマッチングやヒストグラム比較には、テンプレート画像が対象に対して大きさ、回転角、色彩、輝度などが異なっているとマッチングができないという問題があります。そこで、実用的な物体検出では、そうした見かけの変化があっても変化の少ない特徴量を用意する必要があります。この条件を**特徴量の不変性**といい、表 7.7 に示す特性があります。

表 7.7 ●特徴量の不変性

不変性	説明
スケール変化	サイズがある程度異なっても検出可能
回転変化	オブジェクトが回転していても検出可能
照度変化	撮影時の照明条件が異なっていても検出可能
アフィン変化	画像がある程度歪んでいても検出可能
ノイズやボケ	ノイズがある程度あっても検出可能
部分遮蔽	一部が遮蔽されていても検出可能

本節で紹介する ORB（Oriented FAST and Rotated BRIEF）は、高速で精度が高く、しかも特徴量の不変性にも対応した優れたアルゴリズムです。詳細を示した原論文については、付録 E の参考文献［RUB11］を参照してください。また、これ以外の方法については、本節末の NOTE を一読ください。

具体的には、ORB クラスのオブジェクトを生成し（ORB::create）、入力画像の特徴点抽出と特徴量の取得（記述）を行ったのち（ORB::detectAndCompute）、それらのマッチングを行います（BFMatcher::match）。得られたマッチング結果は、見てわかるように可視化します。検出対象を写した参照画像とその対象を探索する入力映像フレームを左右に並べ、得られた特徴点の位置に小さな円を描画します。さらに、左右の画像で特徴量が近い特徴点どうしを線で結ぶことで、どの点とどの点が対応しているのかを 1 枚の画像に描画します。これには、OpenCV に備わっている drawMatches 関数を用います。

本節で説明するクラス、関数は表 7.8 のとおりです。

表 7.8 ●特徴点抽出と特徴量のマッチングプログラムで使用するクラス・関数

クラス・関数	説明
KeyPoint	特徴点を収容するクラス
ORB::create	ORB 特徴点クラスのオブジェクト生成
ORB::detectAndCompute	特徴量の抽出と記述
DMatch	特徴点をマッチングするクラス
BFMatch	特徴点を総当たり式でマッチングするクラス
BFMatcher::match	BFMatch のマッチングの実行
drawMatches	マッチした特徴点の描画

7.3.1 プログラムの実行

特徴点抽出と特徴量のマッチングプログラムの実行例を以下に示します。

プログラムは参照画像と入力フレームを 1 枚のウィンドウに左右に表示します（図 7.14）。参照画像には、実行開始時ではロボットの画像を用います。入力には円形のマグネット、ロボット、ミニカー、コマを順に撮影した映像を用います。どちらにも、検出された特徴点のある場所に小円が描かれます（色はランダムに決定されます）。また、マッチした点があれば、その間に直線が引かれます（こちらも色はランダム）。

図左（参照画像）の左上の数値は、検出された特徴点のうちマッチングした点の数の割合を示す一致率です。検出された特徴点がすべてマッチしたら「すべて一致」で、図のように 1.000000 が示されます。図左（入力フレーム）の左上には、一致率が一定値以上のときに Detect と表示されます。ここでは、0.01 以上（1% 以上の特徴点がマッチ）のときに表示するようにしています。

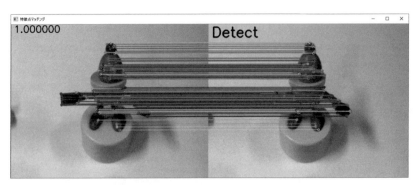

図 7.14 ●特徴点抽出と特徴量のマッチングプログラムの実行例

なお、図 7.14 で 100% もの一致率が達成できているのは、参照画像を探索映像から切り出して用意したからです。映像とは無関係に撮影した画像などを用いれば一致率は変わってきますので、試してみるのも楽しいでしょう。

参照画像（最初はロボット）は、キー「r」から変更できます。押下すると、その時点の入力フレームに置き換えられます。図 7.15 の例は入力フレームにミニカーがアップで映っている瞬間に r キーを押して更新したときのものです。ヒトの眼には同じミニカーに見えますが、右図では移動によるブレがあるため、同じ特徴点と同じ特徴量が得られず、一致率は低下しています。

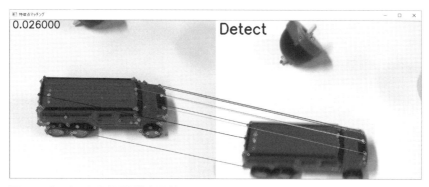

図 7.15 ● r キーから参照画像を更新

7.1 節のテンプレートマッチングでは、テンプレートと探索側の物体のサイズがだいたい一致していないとマッチしませんでした。特徴点を用いたマッチングでは、図 7.16 に示すように互いのサイズがある程度異なっていてもマッチングします。

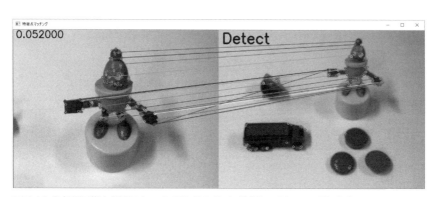

図 7.16 ● 参照画像と探索フレームの物体のサイズが異ってもマッチします

第7章　物体認識

7.3.2　ソースコード

特徴点抽出と特徴量のマッチングプログラムをコード 7.3 に示します。

コード 7.3 ●特徴点抽出と特徴量のマッチングプログラム

```cpp
1  #include "stdafx.h"
2  #include <opencv2/opencv.hpp>
3  #pragma comment(lib, "opencv_world320d.lib")
4  using namespace std;
5  using namespace cv;
6
7  int main()
8  {
9    VideoCapture cap("sample2.avi");
10   Mat src, ref(imread("robo.png"));             // 最初はロボを参照画像に
11   cout << " r キーで参照画像更新" << endl;
12
13   while (1) {
14     cap >> src; if (src.empty()) break;
15
16     // 特徴の抽出と記述
17     vector<KeyPoint> keypoint1, keypoint2;
18     Mat descriptor1, descriptor2;
19     Ptr<ORB> feature = ORB::create();          // ORBオブジェクト生成
20     feature->detectAndCompute(ref, noArray(), keypoint1, descriptor1);
21     feature->detectAndCompute(src, noArray(), keypoint2, descriptor2);
22
23     // 特徴点マッチング
24     vector<DMatch> allMatch, goodMatch;
25     BFMatcher matcher(NORM_HAMMING);
26     matcher.match(descriptor1, descriptor2, allMatch);
27
28     // 似ている特徴点ペアのみピックアップ
29     for (int i = 0; i < (int)allMatch.size(); i++) {
30       if (allMatch[i].distance < 30) goodMatch.push_back(allMatch[i]);
31     }
32
33     // 描画
34     Mat dst(480, 1280, CV_8UC3);
35     drawMatches(ref, keypoint1, src, keypoint2, goodMatch, dst,
```

330

7.3 特徴点抽出と特徴量のマッチング

```
36              Scalar::all(-1), Scalar::all(-1), vector<char>(),
37              DrawMatchesFlags::DRAW_RICH_KEYPOINTS);
38
39      // 一致率
40      float matchRate = (float)goodMatch.size() / (float)keypoint1.size();
41      stringstream st;
42      st.precision(3);
43      st << fixed << matchRate;
44      putText(dst, st.str(), Point(8, 24), FONT_HERSHEY_SIMPLEX, 1, 0, 2);
45      if (matchRate > 0.01)
46        putText(dst, "Detect", Point(650, 40), FONT_HERSHEY_SIMPLEX, 1.5, 0, 4);
47      imshow("特徴点マッチング", dst);
48
49      int key = waitKey(20);
50      if (key == 'r') src.copyTo(ref);          // r で参照画像更新
51      if (key == 27) break;
52    }
53 }
```

7.3.3　ライブラリの用法

以下、コード 7.3 の詳細を、使用している関数とあわせて説明します。

```
17      vector<KeyPoint> keypoint1, keypoint2;
18      Mat descriptor1, descriptor2;
```

最初に、抽出した特徴点（キーポイント）と特徴量（ディスクリプタ）を格納する領域を用意します。参照画像と入力フレームの分が必要なので、それぞれ 2 つずつです。

17 行目では、特徴点 1 つを収容する KeyPoint オブジェクトの vector を用意しています。KeyPoint クラスにはその点の位置 (x, y)、半径（その点の近傍を示す範囲で、アルゴリズムにより異なります）、方向など、特徴点を示す情報が格納されます。詳細は OpenCV 公式リファレンスを参照してください。

18 行目では特徴量を収容する Mat オブジェクトを用意しています。

```
19      Ptr<ORB> feature = ORB::create();          // ORBオブジェクト生成
```

特徴点抽出と特徴量のアルゴリズムのオブジェクトを生成します。ここでは ORB を使用す

第 7 章　物体認識

るので、ORB クラスのメンバ関数である create を用いて ORB オブジェクトを生成します[注1]。戻り値の Ptr<ORB> は 6.4 節でも用いた OpenCV のスマートポインタです。

　create 関数で ORB アルゴリズムオブジェクトを生成するとき、オプションの引数から各種のパラメータを設定できます。たとえば、nfeatures は検出する特徴点の最大数を規定するもので、デフォルトでは 500 点です（実際の検出結果はこれより少ないこともあります）。これ以外のオプションについては、次に示す関数定義にその内容を簡略に紹介しますが、いずれもアルゴリズムそのものと密接に関係しているので、その意味や影響を理解するには付録 E の参考文献［RUB11］と OpenCV 公式リファレンスを参照する必要があります。

　ここではすべてデフォルト値を用いるため指定していません。

　各種パラメータは、オブジェクト生成後でもそれぞれのパラメータ名の付いた set 関数から指定できます。たとえば、scaleFactor パラメータを指定するときは setScaleFactor です（ただし nfeatures だけは setMaxFeatures です）。同様に get 関数もあり、たとえば getScaleFactor から現在のパラメータ値を取得できます。

ORB特徴点オブジェクトの生成

ORB::create (int **nfeatures** = *500*, float **scaleFactor** = *1.2f*, int **nlevels** = *8*,
int **edgeThreshold** = *31*, int **firstLevel** = *0*, int **WTA_K** = *2*, int **scoreType** = *ORB::HARRIS_SCORE*,
int **patchSize** = *31*, int **fastThreshold** = *20*)

nfeatures	最大検出数
scaleFactor	ピラミッドレイヤ間の縮小比率
nlevels	ピラミッドレベル数
edgeThreshold	検出しないエッジの閾値。patchSizeとほぼ同じ。
firstLevel	初期レベル。現時点の実装では常に0。
WTA_K	各要素を表す点の数
scoreType	スコア手法
patchSize	パッチサイズ
fastThreshold	FASTの閾値
戻り値（Ptr<ORB>）	生成したORBオブジェクトをスマートポインタPtr型で返す

```
20    feature->detectAndCompute(ref, noArray(), keypoint1, descriptor1);
21    feature->detectAndCompute(src, noArray(), keypoint2, descriptor2);
```

特徴点の抽出と特徴量の取得は、本来的にはそれぞれ異なる処理です。ORB クラスにも、そ

注1　ORB は Feature2D クラスを継承しているので、Feature2D の関数が使えます。以下で説明する detect や compute の関数は、いずれも Feature2D のメンバ関数です。

7.3 特徴点抽出と特徴量のマッチング

れぞれ detect と compute というメンバ関数が用意されています。しかし、これら2つは続けて行うことがほとんどなので、まとめて行う detectAndCompute 関数も用意されています。ここではそれを用いて参照画像（ref）と探索対象のフレーム（src）を対象に計算を行っています。

なお、ORB オブジェクトの feature はポインタ型（Ptr）なので、メンバ関数にアクセスするには 6.4 節同様「->」を用います。

detectAndCompute 関数では、第1引数に対象となる画像を指定します。第2引数には計算対象領域を指定するマスク画像を指定しますが、ここでは利用しないので noArray() を渡しています。計算結果は特徴点は第3引数に、特徴量は第4引数にそれぞれ収容されます。

特徴点の抽出と特徴量の取得

Feature2D::detectAndCompute (InputArray **image**, InputArray **mask**,
　vector<KeyPoint>& **keypoints**, OutputArray **descriptors**, bool **useProvidedKeypoints** = *false*)

image	特徴点を抽出する画像
mask	マスク画像
keypoints	抽出した特徴点を格納するKeyPoint型のvectorコンテナ
descriptors	計算した特徴量を格納するMatオブジェクト
useProvidedKeypoints	ユーザが渡したキーポイントを使用する場合はtrue

```
23      // 特徴点マッチング
24      vector<DMatch> allMatch, goodMatch;
```

続いて、得られた特徴量（descriptor1 と descriptor2）からマッチングを行います。

まず、マッチング結果を収容する DMatch クラス（D は descriptor の D です）のオブジェクトを 24 行目で生成します。このクラスは、1つのマッチにつき、対象画像のどの点と探索対象のどの点がどの程度の類似度（距離）でマッチしているかを収容します。このうち距離を収容したメンバの distance（つまり DMatch.distance）は、のちほど検出した点の組を再チェックするときに利用します。

マッチする点の組は複数あるので vector を使います。

特徴量記述の比較結果（1組の点）を収容するクラス（のコンストラクタ）
DMatch ()

戻り値（DMatch）	対応する点と点のインデックスと距離を収容するDMatchのオブジェクト

```
25      BFMatcher matcher(NORM_HAMMING);
```

続いてマッチングを実行する BFMatcher クラスをそのコンストラクタからインスタンス化し

333

ます。クラス名先頭の「BF」は Brute Force（力まかせ）の略で、これは対象画像の 1 点を探索対象のすべての点に対して順に比較し、最も類似度の高い結果を返す総当たり方法です。引数はすべてオプションで、第 1 引数では点と点の類似度（距離）の計算方法を、第 2 引数ではクロスチェックを行うかを指定します。

第 1 引数の距離計算方法は 5.5 節の normalize 関数でも少しふれました。デフォルトは NORM_L2 ですが、ここではハミング距離（NORM_HAMMING）を指定しています。ハミング距離は、2 つの同じサイズのデータ列で、対応する位置にあるデータ要素で異なっているものの数です。たとえば「0010」と「0110」では 1 ヶ所のみが異なるので、ハミング距離は 1 です。定義からわかるように、小さいほうがより類似度が高くなります。辞書にない誤った単語から最も適切な単語を探すスペルチェッカーで使える「距離」の考え方です。

BFMatcher の OpenCV 公式リファレンスは ORB、BRISK、BRIEF では NORM_HAMMING を、SIFT や SURF では定数に NORM_L1 や NORM_L2 を使用することをそれぞれ推奨しています。

ちなみに NORM_L1 は L1 ノルムと呼ばれ、2 点間の距離を各要素の差の絶対値の和で示します。京都やニューヨークのような道が格子状の街で、A 地点から B 地点まで移動するときの道の 1 区間（ブロックの一辺）の数を示しています。ニューヨーク風なのでマンハッタン距離と呼ばれています。NORM_L2 は L2 ノルムで、2 点間の直線距離（各要素の差の 2 乗の和の平方根）を示します。2 次元座標のいわゆる「距離」なので、ユークリッド距離ともいわれます。

第 2 引数のクロスチェックはデフォルトでは false、つまりクロスチェックを行いません。クロスチェックとは、対象画像の点 A のベストマッチが探索対象の点 B だとしたら、探索対象の点 B のベストマッチが対象画像の点 A になるかを確認する作業です。いつも同じになるように思えますが、アルゴリズムによっては異なることもあるために用意されています。ここではクロスチェックは行っていません。

Brute Forceマッチングクラスのコンストラクタ

BFMatcher::BFMatcher (int **normType**, bool **crossCheck** = *false*)

normType	NORM_L1、NORM_L2、NORM_HAMMING、NORM_HAMMING2のいずれかのノルムタイプ。
crossCheck	クロスチェックを行うかどうかを指定する。デフォルトのfalseでは行わない。

```
26    matcher.match(descriptor1, descriptor2, allMatch);
```

最後に、match メンバ関数を呼び出して実際のマッチング処理を行います。第 1 引数と第 2 引数にはそれぞれの特徴量を指定します。第 3 引数は結果を収容する DMatch オブジェクトの vector を指定します。第 4 引数はオプションのマスク画像です。なお、関数定義では DescriptorMatch のメンバとして書かれていますが、BFMatcher はこのクラスを継承しているの

7.3 特徴点抽出と特徴量のマッチング

でそのメンバが利用できます。

特徴量間のマッチングを行う

DescriptorMatch::match (InputArray **queryDescriptors**, InputArray **trainDescriptors**,
vector<DMatch>& **matches**, InputArray **mask** = *noArray()*)

queryDescriptors	特徴量1
trainDescriptors	特徴量2
matches	マッチングしたペアが格納されるDMatch型のvectorコンテナ
mask	マスク画像

```
30        if (allMatch[i].distance < 30) goodMatch.push_back(allMatch[i]);
```

以上で、match 関数でマッチしたすべての点の組を allMatch に格納しましたが、間違った点の組も含まれている可能性もあります。そこで、特に距離が所定の閾値よりも近い組のみを DMatch のメンバの distance（型は float）を介して取り出し、新たに goodMatch（24 行目で定義）に格納し直しています。ここでは閾値を 30 としましたが、各種撮影環境や対象によっても設定すべき値が変わってくるため、利用したいシーンによっては試行錯誤が必要です。

なお、vector の配列操作関数の push_back については、4.1 節の NOTE を参照してください。

```
35    drawMatches(ref, keypoint1, src, keypoint2, goodMatch, dst,
36              Scalar::all(-1), Scalar::all(-1), vector<char>(),
37              DrawMatchesFlags::DRAW_RICH_KEYPOINTS);
```

drawMatches は OpenCV に用意されたマッチング画像描画専用関数です。この関数は、第 1 引数の参照画像の Mat（ここでは ref）上にある第 2 引数の特徴点（keypoint1）と、第 3 引数の入力映像フレームの Mat（src）上にある第 4 引数の特徴点（keypoint2）にそれぞれ特徴点があることを示す小円を描画します。その上で、第 5 引数にマッチしているとされている両者の点（goodMatch）の間に線分を描画します。

2 枚の元画像と描かれた点は第 6 引数の Mat（dst）に描き込まれます。

第 7 引数以降はオプションです。第 7 引数はマッチした特徴点とこれらを対応付ける線の色を指定します。デフォルトではランダムです。第 8 引数はマッチしていない特徴点の色で、これもデフォルトはランダムです。

第 9 引数はマスクです。KeyPoint の要素のどれをマスクするかを指定するものなので、vector<char> で定義されています。カラの vector ならすべてを描画します。

第 10 引数は描画方法です。ここで用いている DRAW_RICH_KEYPOINTS は、キーポイントの小円の半径をキーポイントのサイズに応じて大きく描画するものです。また、その円の中

335

第7章　物体認識

にキーポイントの方向を半径の線分として描きます。表 7.9 に指定可能な値を示します。なお、DrawMatchesFlags というクラスのメンバであるため、DrawMatchesFlags:: を定数の前に付けて使用します。デフォルトの DEFAULT は特徴点を中心として同じ大きさの円を描きます。なお、ビットフラグ式なので、OR 演算を介して複数を同時に指定できます

表 7.9 ● drawMatches 関数の第 10 引数に指定する描画方式

定数	意味
DEFAULT	第 6 引数の outImage を新規に作成し、そこに第 1、3 引数に指定した画像を描画する。また、すべてのキーポイントとマッチした線分を描画する。
DRAW_OVER_OUTIMG	第 6 引数の outImage をそのまま利用する（自分で Mat の領域を確保しないとエラーになる）。すべてのキーポイントとマッチした線分を描画する。
NOT_DRAW_SINGLE_POINTS	DEFAULT と同じだが、マッチしないキーポイントは描画しない。
DRAW_RICH_KEYPOINTS	DEFAULT と同じだが、キーポイントの小円の半径をキーポイントのサイズに応じて大きくし、方向も描く（1.3.7 節の図はこの方法で描いています）。

2枚の画像から抽出した特徴点のマッチング結果を描画
drawMatches (InputArray **img1**, vector<KeyPoint>& **keypoints1**, InputArray **img2**,
　vector<KeyPoint>& **keypoints2**, vector<DMatch>& **matches1to2**, InputOutputArray **outImg**,
　const Scalar& **matchColor** = *Scalar::all(-1)*, const Scalar& **singlePointColor** = *Scalar::all(-1)*,
　const vector<char>& **matchesMask** = *vector<char>()*, int **flags** = *DrawMatchesFlags::DEFAULT*)

img1	1枚目の画像
keypoints1	1枚目の画像の特徴点
img2	2枚目の画像
keypoints2	2枚目の画像の特徴点
matches1to2	1枚目の画像の特徴点から2枚目の画像の特徴点へのマッチングの対応
outImg	マッチング描画画像
matchColor	マッチした特徴点と対応線の色。デフォルトではランダム。
singlePointColor	マッチしていない特徴点の色。デフォルトではランダム。
matchesMask	描画するマッチングのマスクを指定。デフォルトではすべて描画。
flags	特徴点の描画方法（表7.9）。

```
40    float matchRate = (float)goodMatch.size() / (float)keypoint1.size(); // 一致率
⋮
45    if (matchRate > 0.01)
46      putText(dst, "Detect", Point(650, 40), FONT_HERSHEY_SIMPLEX, 1.5, 0, 4);
```

　参照画像と探索対象の入力フレームのそれぞれの特徴点がどれだけ一致しているかは、参照画像に発見されたすべての特徴点の個数のうち、マッチングが一定以下の距離であった（30 行

目で 30 以下としています）特徴点の数の割合から算出しています。この値が大きいほど、参照画像と探索対象がより一致（検出）していることを示します。

46 行目ではこの値が 0.01 以上なら Detect という文字列を描画するようにしていますが、この値は使用している画像に応じて適宜決める必要があります。

特徴点抽出と特徴量記述

本節で ORB を紹介したのは、ライセンスがオープンであり計算速度と精度のバランス的によいからです。これ以外にも特徴点の抽出、特徴量の記述を行う方法はいろいろありますが、いずれもスケール不変性、回転不変性、照度不変性といった特徴抽出の機能の精度などはそれぞれ異なります。

OpenCV に実装されている特徴点抽出と特徴量記述のアルゴリズムには次のものがあります。

- FAST（Features from Accelerated Segment Test）[ROS10]
- BRIEF（Binary Robust Independent Elementary Features）[CAL10]
- BRISK（Binary Robust Invariant Scalable Keypoints）[LEU11]
- FREAK（Fast Retina Keypoint）[ALA12]
- KAZE（略語ではなく文字どおり「風」の意味）[ALC12]
- A-KAZE（Accelerated KAZE）[ALC13]

いずれについても、（一部を除いて）インタフェースは共通なので ORB と同じように扱うことができます（Feature2D のサブクラス）。たとえば、KAZE を利用するのなら、Ptr<KAZE> kaze= KAZE::create() でオブジェクトを用意し、detectAndCompute 関数で抽出と記述を行います。詳細を示した原論文については、付録 E の参考文献をそれぞれ参照してください。

なお、特徴量アルゴリズムは SIFT と SURF が有名ですが特許化されているため、OpenCV のパッケージ本体には含まれていません。これらを利用するには、opencv_contrib から OpenCV ライブラリをリビルドしなければなりません。

SIFT、SURF、ORB の計算速度と精度は、Karami らが比較を行っています [KAR15]。原画に人為的にノイズを乗せた対象に対して試行した結果を、参考までに表 7.10 に次に示します。これをみると、計算速度（処理時間の逆数）は ORB、SURF、SIFT の順に早く、一致率（精度）は ORB、SIFT、SURF の順であることがわかります。

表 7.10 ● SIFT、SURF、ORB の比較

	Time (sec)	Kpnts1	Kpnts2	Matches	Match rate (%)
SIFT	0.115	248	242	132	53.8
SURF	0.059	162	385	108	39.48
ORB	0.027	261	308	155	54.48

* 表のそれぞれの列は、計算時間（秒）、特徴点（キーポイント）の数―条件 1 と条件 2、一致した数、一致率（%）です。

7.4 HaarLike 特徴検出を用いた顔・眼の検出

本節では「HaarLike 特徴を用いたブースティングされた分類器のカスケード」を用いた物体検出を行います。非常に長い名称なので、ここでは「HaarLike 特徴検出」と縮めて呼ぶことにします。

HaarLike 特徴検出は、特にヒトの顔や眼の検出を念頭に考案されたメカニズムです。このアルゴリズムでは、図 7.17 左に示す HaarLike（Haar 状）と呼ばれる明暗で構成される矩形の特徴が対象の画像にあるかないかでそこに顔や眼があるかどうかを判断します。これは、あるパターンが対象画像の部分領域にマッチするかしないかを判定するという意味では 7.1 節のテンプレートマッチングと似ていますが、テンプレートマッチングがまったく同じパターンを探しているのに対し、HaarLike 特徴検出では明暗（白黒）の非常に単純なパターンを探すという点で大きく異なります。

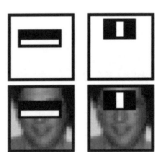

図 7.17 ● HaarLike 特徴と一致パターン

なぜ明暗かというと、たとえばヒトの顔を正面からみると、眼の辺りは陰って暗く、その下の頬の領域は明るくなっているような明暗のパターンが特徴的だからです。

しかし、明暗がマッチしただけでは顔とは限りません。そこで、大量の顔（正答）と顔以外（誤答）のサンプル画像を用意し、この明暗比較をさせます。そして、どんな比較パターンなら正答・誤答なのかをコンピュータに学習させ、その結果をファイルに記録します。実際に別の画像から顔を検出するときは、このファイルを読み込み、正答と同じパターンなら顔、そうでないなら顔以外と判断させます。なお、この学習で使われるのが AdaBoost と呼ばれる機械学習の方法なので、名称に「ブースティングされた」とあるわけです。

プログラムはまず既存の特徴分類ファイルを指定して読み込みます（CascadeClassifier 関

数）。そして、読み込んだ特徴分類ファイルを使用して映像中から顔の領域を検出します
（detectMultiScale 関数）。

詳細を示した原論文については、付録 E の参考文献［JON01］［VIO01］を参照してください。

本節で説明するクラス、関数は表 7.11 のとおりです。

表 7.11 ● HaarLike 特徴検出を用いた顔・眼の検出プログラムで使用するクラス・関数

クラス・関数	説明
CascadeClassifier	HaarLike 特徴分類ファイルの指定と読み込み
CascadeClassifier::detectMultiScale	画像中の物体を検出

7.4.1 プログラム実行に必要なファイル

本プログラムでは、OpenCV にバンドルされている HaarLike 特徴分類ファイル（Haar カスケードファイルとも呼ばれます）を利用します。次の 2 点のファイルはすでにプロジェクトフォルダおよび data フォルダに格納してあります。

- haarcascade_eye.xml（眼用）
- haarcascade_frontalface_alt2.xml（顔用）

これ以外のファイルを用いたいなど、自力でファイル入手するときのために以下に取得方法を説明します。

HaarLike 特徴分類ファイルは、デフォルトでは OpenCV 標準パッケージを展開したときの次のフォルダに複数（バージョン 3.1 あるいは 3.2 には 17 ファイル）が用意されています。インストールディレクトリについては 2.2 節を参照してください。

C:/opencv/build/etc/haarcascades/

図 7.18 に示すエクスプローラの画面からわかるように、ファイルは XML 形式です。

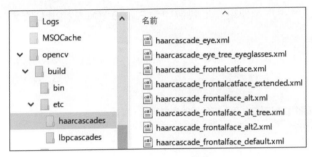

図7.18 ●特徴分類ファイルの保存フォルダ

　それぞれのファイルがどのような特徴を示しているかは、冒頭部分に簡潔に示されています。たとえば、図7.18の先頭にあるhaarcascade_eye.xmlには「Stump-based 20x20 frontal eye detector」（正面からの眼の20×20の検出器）とあります。代表的なHaarLike特徴分類ファイルとその用途を表7.12に示します。

表7.12 ● HaarLike特徴を用いた顔・眼の検出プログラムで使用するファイル

ファイル	用途
haarcascade_frontalface_default.xml	正面顔用（標準）
haarcascade_profileface.xml	横顔用
haarcascade_smile.xml	笑顔用
haarcascade_eye_tree_eyeglasses.xml	眼用（眼鏡含む）
haarcascade_fullbody.xml	全身像用
haarcascade_upperbody.xml	上半身用
haarcascade_lowerbody.xml	下半身用
haarcascade_frontalcatface.xml	猫の正面顔用

　ファイル冒頭にはまた、ライセンス条項も示されています。OpenCVのライセンスとは異なるものもあるので、商用のときは一読してください。
　本節で用いるのは、haarcascade_frontalface_alt2.xml（正面顔）とhaarcascade_eye.xml（眼）です。

7.4.2　プログラムの実行

　HaarLike特徴検出による顔・眼検出プログラムの実行例を以下に示します。
　カメラを接続してプログラムを実行すると、正面を向いた顔の領域を検出して枠で囲み、眼の位置に星の画像を表示します（図7.19）。星は検出された眼の大きさに応じて伸縮します。た

いていは同時に双方が描画されますが、正面顔と眼のそれぞれの分類ファイルから独立に検出しています。フレームレートで処理しているので、顔やカメラを動かせば映像中の顔や眼に追従して枠や星が移動します。

図 7.19 ●顔と眼の検出例。カメラ映像に対してフレームレートで検出します。

7.4.3 ソースコード

HaarLike 特徴検出を用いた顔・眼の検出プログラムをコード 7.4 に示します。

コード 7.4 ● HaarLike 特徴検出を用いた顔・眼の検出プログラム

```
1  #include "stdafx.h"
2  #include <opencv2/opencv.hpp>
3  #pragma comment(lib, "opencv_world320d.lib")
4  using namespace std;
5  using namespace cv;
6
7  int main()
8  {
9      VideoCapture cap(0);
10     Mat src, star(imread("star.png")), star_r;
11
12     // 顔と眼のHaarLike特徴分類ファイル読み込み
13     CascadeClassifier face("haarcascade_frontalface_alt2.xml");
14     CascadeClassifier eye("haarcascade_eye.xml");
15
```

第 7 章 物体認識

```
16   while (1) {
17     cap >> src;
18     vector<Rect> faceLoc, eyeLoc;
19
20     // 顔検出と枠描画
21     face.detectMultiScale(src, faceLoc, 1.1, 5, 0, Size(100,100));
22     for (int i = 0; i < faceLoc.size(); i++)
23       rectangle(src, faceLoc[i], 255, 4);
24
25     // 眼検出と星描画
26     eye.detectMultiScale(src, eyeLoc, 1.1, 20, 0, Size(30,30), Size(100,100));
27     for (int i = 0; i < eyeLoc.size(); i++) {
28       resize(star, star_r, eyeLoc[i].size());
29       star_r.copyTo(src(eyeLoc[i]));
30     }
31
32     imshow("HaarLike検出", src);
33     if (waitKey(20) == 27) break;
34   }
35 }
```

7.4.4 ライブラリの用法

以下、コード 7.4 の詳細を、使用している関数とあわせて説明します。

```
12   // 顔と眼のHaarLike特徴分類ファイル読み込み
13   CascadeClassifier face("haarcascade_frontalface_alt2.xml");
14   CascadeClassifier eye("haarcascade_eye.xml");
```

HaarLike 特徴を用いた物体検出を行うには、まず CascadeClassifier クラスのオブジェクトをそのコンストラクタから生成します。引数には HaarLike 特徴分類ファイルのパス（文字列）を指定します。複数の特徴を検出するとしても、1 特徴ファイルあたり 1 オブジェクトを生成しなければなりません。

HaarLike 特徴分類ファイルの所在は 7.4.1 節を参照してください。また、ファイルはカレントフォルダにあると仮定しているので、他所にあるときはパスを指定してください。

7.4 HaarLike 特徴検出を用いた顔・眼の検出

HaarLike特徴分類クラスのコンストラクタ

CascadeClassifier (const String & **filename**)

filename	HaarLike特徴分類ファイルのパス
戻り値（CascadeClassifier）	CascadeClassifierオブジェクト

```
21    face.detectMultiScale(src, faceLoc, 1.1, 5, 0, Size(100,100));
  ⋮
26    eye.detectMultiScale(src, eyeLoc, 1.1, 20, 0, Size(30,30), Size(100,100));
```

CascadeClassifier クラスの detectMultiScale メンバ関数から検出を行います。21 行目は正面の顔を、26 行目は眼をターゲットにしています。関数定義を次に示します。

HaarLike特徴分類器を用いた物体検出

CascadeClassifier::detectMultiScale (InputArray **image**, vector<Rect>& **objects**,
double **scaleFactor** = 1.1, int **minNeighbors** = 3, int **flags** = 0, Size **minSize** = $Size()$,
Size **maxSize** = $Size()$)

image	物体を検出する入力画像
objects	検出した位置とサイズをRect型のvectorコンテナで返す。
scaleFactor	マルチスケール化時の拡大縮小率の倍率
minNeighbors	近傍領域の規定
flags	処理方法（現在未使用なので0を指定）
minSize	最小の検出対象サイズ
maxSize	最大の検出対象サイズ

第 1 引数には検索対象の入力画像を指定します。第 2 引数には Rect（四角形）コンテナの vector を指定します（定義は 18 行目）。vector なのは、図 7.19 右のように複数のターゲットが検出されることもあるからです。

第 3 引数以降は HaarLike 特徴を分類するときのパラメータで、いずれもオプションです。

HaarLike 特徴の明暗画像を探索先の入力画像にマッチングさせるとき、アルゴリズムはこれの相対サイズを拡大することで多様なサイズの対象します。これをマルチスケールといい、第 3 引数の scaleFactor から指定します。たとえば 2.0 や 3.0 のように大きな値にすると高速になりますが、間のサイズの対象を検出できなくなります。ここでは、低速な代わりに正確な検出に向く 1.1 を指定しています。この値はデフォルト値でもあります。

次の第 4 引数の minNeighbors は近傍にある検出した領域をまとめるときの近傍を指定するものです。たとえば 21 行目で指定している 5 では、最低でも 5 つの近隣の領域がオーバーラップ

第7章 物体認識

して検出されているところが顔の位置と判断されます。小さな値を指定する、より多数の位置が対象と判断されますが、対象でないところも検出してしまう確率が高くなります。逆に大きな値だと、誤検出は減りますが、見落としも発生します。デフォルト値は3です。

第5引数のflagsは処理方法ですが、現在は使われていないので未指定の0（デフォルト値）を指定します。

第6引数のminSizeと第7引数のmaxSizeには、検出対象の大きさの範囲をSizeで指定します。この範囲外にある領域は検出候補から除外されます。minSizeの値を大きくする、あるいはmaxSizeの値を小さくするとその範囲外の小さい、あるいは大きい対象の検出漏れが起こります。未指定のときはすべてのサイズを検出対象とします。検出するサイズを限定すれば、無駄な検出が省けるので検出速度を向上できます。

上記では、カメラに映る顔や眼のサイズとして妥当と思われる値をそれぞれ指定しています。具体的には、顔検出では最小サイズを 100×100 にしているので、カメラ（通常 640×480）から遠ざかると検出しません。上限は指定していないので、カメラにかなり寄ってアップになっても認識します。眼検出では、30×30 から 100×100 の範囲をターゲットとしているため、映し出されている眼のサイズがこの範囲内にあれば検出します。

```
22    for (int i = 0; i < faceLoc.size(); i++)
23      rectangle(src, faceLoc[i], 255, 4);
 ⋮
27    for (int i = 0; i < eyeLoc.size(); i++) {
28      resize(star, star_r, eyeLoc[i].size());
29      star_r.copyTo(src(eyeLoc[i]));
```

あとは、検出した領域（顔はfaceLoc、眼はeyeLoc。どちらもdetectMultiScale関数の第2引数）に矩形と星形をそれぞれ描画するだけです。faceLoc、eyeLocはどちらもRect型vectorコンテナなので、上記のように1つずつループで描画します。眼の場合は事前に読み込んである星の画像（10行目）を検出された眼の大きさ（= eyeLoc[i].size()）にリサイズし、そのサイズ、その位置のROIにコピーします。ROIについては4.5節を参照してください。

本節では顔と眼の検出を独立して行いましたが、たとえば最初に顔を検出しておいて、その範囲（ROI）に限定して眼を検出するといった工夫も考えられるので試してみてください。

344

7.5 ディープラーニングによる画像分類

本節のサンプルプログラムは、2.2 節で導入した OpenCV 3.2 の標準パッケージには含まれていない contrib のモジュールを使用します。実行するには、付録 A の要領で cv::dnn モジュールをインストールしなければなりません。ただし、contrib は将来的なバージョンでは標準パッケージに移行される可能性が高く、API 仕様も定まっていないので変更されやすい点にも注意してください。

本節では、ディープラーニングで生成した既成の学習データを用いて画像を分類します。

ここで「分類」（classification）とは、あらかじめ各種のものがいくつかのクラス（カテゴリー）に分けられているとき、新しいものがどのクラスに属するかを決定することです。たとえば、ヒトが男と女の 2 クラスに分類されるとしたら、新しく登場したヒトがどちらに属するかを判断します。画像処理においては、たとえば大量の写真がそれぞれ 1,000 クラスのどれかに分類されているとして、新しく撮影した写真がどのクラスに属するのかをその特徴量から判断することで、その写真が何であるかを決定します。

これには、どの写真にはどんな特徴があり、それがどのようになっていれば何に属するかを示すモデルが必要です。

7.4 節では、大量のサンプル画像と HaarLike 特徴パターンを比較することで得たファイルを利用しました。このファイルを作成するには、顔が映っている（正答）か否か（誤答）があらかじめ明らかになっている大量のサンプルデータが必要です。また、顔にある眼や口の領域を探すには明暗という特徴を見よというモデルを、ヒトの側から明示的に指示しなければなりません。

このため、モデルや学習ファイルの用意にはかなりの手間がかかります。また、異なるものを探すにあたっては、探索対象の特徴は何かを定めるモデルを適切に設計しなければならず、これには事前知識や試行錯誤が必要です。

一方、本節で紹介するディープラーニングは、ヒトの側から特徴を個別に設計せずとも、大量の学習データ群からその注目すべき特徴量を自動的に抽出してくれるものです。本節では大量の学習用画像（例：数千〜数万）と長い時間（例：数時間〜数日間）をかけて行うディープラーニングの機械学習は扱わず、既存ファイルを利用するにとどめます。

世界的な画像認識コンテストである ILSVRC（ImageNet Large-scale Visual Recognition Challenge）の 2012 年大会においてディープラーニングが圧勝したことが発端となり、現在で

第 7 章　物体認識

はディープラーニングが多方面で研究開発・応用されるようになっています。ディープラーニングの詳細については、本節末の NOTE を参照してください。

　OpenCV には、既存のモデルファイルを利用できる cv:dnn ディープラーニング用モジュールがあります。本節ではこのモジュールを利用した物体認識方法を解説します。

　モデルファイルには、Caffe と呼ばれるフレームワークのモデルの 1 つである bvlc_reference_caffenet.caffemodel を使用します。これは、ImageNet2012 という画像データベースから 1 クラスあたり 5 万枚、1,000 クラス（計 5,000 万枚）の画像を学習することで獲得されたものです[注2]。1,000 クラスということは、世の中に存在する無数の物体を 1,000 種類のもののどれかに分類するということです。そのため、このクラスに属していない画像を入力したときには、見当違いのクラスに分類されてしまうこともあります。

　本節で説明するクラス、関数は表 7.13 のとおりです。

表 7.13 ●ディープラーニングによる画像分類プログラムで使用するクラス・関数

クラス・関数	説明
dnn::Importer	カフェモデルインポート用クラス
dnn::Net	ディープネット計算クラス
dnn::createCaffeImporter	Caffe フレームワークのネットワークのインポータを生成
dnn::Net::populateNet	読み込んだ層を net に追加接続する
dnn::Importer::release	インポータを解放
dnn::Blob::fromImages	画像を blob データに変換
dnn::Net::setBlob	新たな値を指定した層にセットする
dnn::Net::forward	順方向の伝搬計算を行う
dnn::Net::getBlob	指定した層から値を取得する
dnn::Blob::matRefConst	blob データを Mat 型の参照（const）で返す
Mat::reshape	行列の形状を変更

7.5.1　プログラム実行に必要なファイル

　本プログラムでは Google の研究員が開発した GoogLeNet というモデルをもとに、Caffe フレームワークの開発元である Berkeley Vision and Learning Center（カリフォルニア大学バークレー校の研究所）が用意したモデルファイルを利用します。次の 3 点のファイルはすでにプロジェクトフォルダおよび data フォルダに格納してあります。

注2　1,000 クラスなのは、ILSVRC で実施されているタスクが、「120 万枚の画像を 1000 クラスに分類すること」であるためです。

- bvlc_googlenet.caffemodel（Caffe モデルファイル）
- bvlc_googlenet.prototxt（プロトテキストファイル）
- synset_words.txt（説明ファイル）

bvlc_googlenet.caffemodel は画像を 1,000 クラスに分類する Caffe モデルデータファイルです。バイナリデータなので、そのままでは読めません。bvlc_googlenet.prototxt には用いたニューラルネットの構造が定義されており、各層の種類やサイズ、入出力の接続方法などが記述されています。

synset_words.txt はこの 1,000 種類のクラスに付した判別しやすい名称が記述されています。このファイルは、WordNet という同義語辞書（正確には概念あるいは意味辞書）における同じ意味を指し示す単語を集めたデータベースから抽出されたもので、ディープラーニングと直接は関係ありません。映っている同じようなものの名称を取得するために、開発者が流用しているだけです。興味のある方は次の NICT（情報通信研究機構）の日本語版 WordNet をご覧ください。

http://compling.hss.ntu.edu.sg/wnja/index.ja.html

今回利用するプロトテキストファイルと説明ファイルは、次の OpenCV contrib の dnn モジュールフォルダの samples サブフォルダに含まれています。インストールディレクトリについては付録 A.1 を参照してください。

C:/opencv_contrib-master/modules/dnn/samples

bvlc_googlenet.caffemodel は OpenCV contrib にバンドルされていないので、以下 Github から配布されているファイルをダウンロードします。

https://github.com/BVLC/caffe/tree/master/models/

現在、図 7.20 に示すように 5 種類のセット（ディレクトリ）が置かれていますが、今回用いる GoogLeNet モデルは bvlc_googlenet に収容されています。

第 7 章 物体認識

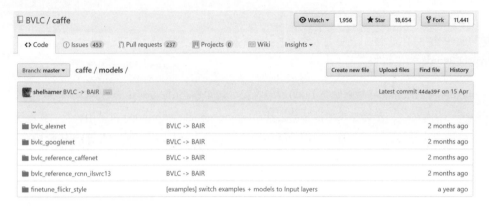

図 7.20 ● UC バークレー提供の Caffe モデル（5 種）

図 7.20 で bvlc_googlenet をクリックすると、図 7.21 に示す次ページからダウンロードできます。図の矢印部分をクリックすることでダウンロードが開始するので、プロジェクトフォルダに保存してください。ファイルサイズは 50 MB 程度です。

name	caffemodel	caffemodel_url	license
BAIR/BVLC GoogleNet Model	bvlc_googlenet.caffemodel	http://dl.caffe.berkeleyvision.org/bvlc_googlenet.caffemodel	unrestricted

This model is a replication of the model described in the GoogleNet publication. We would like to thank Christian Szegedy for all his help in the replication of GoogleNet model.

図 7.21 ● Caffe モデルファイル bvlc_googlenet の配布サイト

なお、本書ではこの bvlc_googlenet 以外のモデルは扱いません。これ以外のモデルやモデルを自作する方法はたとえばバークレーの次のサイトを参照するなどしてください。

　　http://caffe.berkeleyvision.org/

7.5.2 プログラムの実行

ディープラーニングによる画像分類プログラムの実行例を以下に示します。
　プログラムは分類対象の複数の画像を順に表示し、その画像に最も一致しているクラスの名称（これは synset_words.txt から）とその信頼率（そのクラスである確度）をそれぞれコンソールウィンドウに表示します。画像を次に送るには、任意のキーを押下します。

図7.22にここで使用する画像と、実行結果のクラス名称とその信頼率を示します。

space shuttle　　　　　　　　　tiger cat　　　　　　　　　jeep, landrover
99.9799%　　　　　　　　　　74.1613%　　　　　　　　　18.4044%

図7.22 ●ディープラーニングによる画像のクラス分類プログラムの分類対象画像、その結果のクラス名称と信頼率

最初のスペースシャトルを除き、いずれもモデルファイルを生成した時とは異なる種類の画像をあえて用いています。space shuttle は正しく認識されました。

2番目の猫はというと、tiger cat は正確にはブラジルに生息するヤマネコの一種ですが、トラ猫と似ていないこともないのでおおむね合っているといえるでしょう。しかし、synset_words.txt には文字どおりの tabby cat（トラ猫）があるので、そちらの方が正解のはずです。本プログラムは信頼率が最大となるクラスのみを表示させていますが、第2候補第、3候補も表示させることもできます。そうすれば、こちらの（ヒトが判断したときの）正解が得られるかもしれないので、試してください。

車のほうはジープあるいはランドローバーという固有名詞の車に該当するかというと微妙ですが、確かにそれっぽい形の車であることには違いないでしょう。

7.5.3　ソースコード

ディープラーニングによる画像のクラス分類プログラムをコード7.5に示します。

コード7.5 ●ディープラーニングによる画像のクラス分類プログラム

```
1  #include "stdafx.h"
2  #include <fstream>
3  #include <opencv2/opencv.hpp>
4  #include <opencv2/dnn.hpp>                    // DNNヘッダ
```

第 7 章　物体認識

```cpp
 5 #pragma comment(lib, "opencv_world320d.lib")
 6 #pragma comment(lib, "opencv_dnn320d.lib")     // DNNライブラリ
 7 using namespace std;
 8 using namespace cv;
 9 using namespace dnn;                            // DNN名前空間
10
11 int main()
12 {
13   // Caffeモデルの読み込み
14   Ptr<Importer> caffe = createCaffeImporter
15     ("bvlc_googlenet.prototxt", "bvlc_googlenet.caffemodel");
16   Net deepnet;
17   caffe->populateNet(deepnet);
18   caffe.release();
19
20   // クラス説明ファイルを読み込む（1,000クラス）
21   vector<string> classNames;
22   ifstream fp("synset_words.txt");
23   string name;
24   while (getline(fp, name))
25   {
26     if (name.length())
27       classNames.push_back(name.substr(name.find(' ') + 1));
28   }
29   fp.close();
30
31   // 入力画像
32   vector<string> files{"space_shuttle.jpg", "cats.jpg", "car.png"};
33
34   for(int i=0; i<files.size(); i++) {
35     Mat src = imread(files[i]);
36     imshow("入力画像", src);
37     resize(src, src, Size(224, 224));           // 画像を対応サイズにリサイズ
38
39     Blob srcBlob = Blob::fromImages(src);       // 入力画像をBlob型に変換
40     deepnet.setBlob(".data", srcBlob);          // 入力Blogを入力層にセット
41
42     // ディープラーニングによる分類
43     deepnet.forward();                          // 順方向の伝搬を計算
44
45     // 出力結果の取得
```

350

```
46    Blob dstBlob = deepnet.getBlob("prob");  // 出力層の出力Blobを取得
47    Mat probMat = dstBlob.matRefConst().reshape(1, 1); // 結果を1000x1に変形
48
49    // 出力値が最も高くなるクラスの位置を求める
50    double maxVal;
51    Point maxLoc;
52    minMaxLoc(probMat, NULL, &maxVal, NULL, &maxLoc);  // 最大値の計算
53
54    // 出力値が最も高くなるクラス名と信頼度を表示
55    cout << "最も一致するクラス: " << classNames.at(maxLoc.x) << endl;
56    cout << "信頼度: " << maxVal * 100 << "%" << endl;
57    waitKey(0);
58  }
59
60  return 0;
61 }
```

7.5.4 ライブラリの用法

以下、コード7.5の詳細を、使用している関数とあわせて説明します。ディープラーニングはその学習機能にニューラルネットワークを用いているため、層など関連の用語が出てきますが、本節ではニューラルネットワークの構造や用法は扱わないので、適当に読み流してください。

```
2 #include <fstream>
⋮
4 #include <opencv2/dnn.hpp>                  // DNNヘッダ
⋮
6 #pragma comment(lib, "opencv_dnn320d.lib")   // DNNライブラリ
⋮
9 using namespace dnn;                         // DNN名前空間
```

先頭部分では、本節で用いる関数のためにこれまでは使わなかったヘッダや名前空間を定義しています。

2行目のfstreamはファイルストリームの略で、21行目から29行目でsynset_words.txtファイルを読み込むときに用いるファイルI/O用関数のヘッダを読み込んでいます。fstreamもC++の標準に含まれており、名前空間もstdなのでここでインクルードをする以外に、他に何も準

備する必要はありません。

4 行目の dnn.cpp は cv::dnn モジュールのヘッダで、6 行目はそのライブラリの指定です。付録 A の要領で dnn がインストールされていれば、これで利用準備ができたはずです。コンパイル時に以降で使用する dnn の関数がエラーになったら、正しくインストールされているか確認してください。9 行目は、dnn の名前空間です。

```
13    // Caffeモデルの読み込み
14    Ptr<Importer> caffe = createCaffeImporter
15      ("bvlc_googlenet.prototxt", "bvlc_googlenet.caffemodel");
```

Caffe モデルをニューラルネットワークに読み込みます。ファイルからの読み込みにはインポータを介さなければならないので、まずは createCaffeImporter 関数からインポータを生成します。第 1 引数にはプロトテキストファイル（bvlc_googlenet.prototxt）、第 2 引数には Caffe モデルファイル（bvlc_googlenet.caffemodel）をそれぞれ指定します。返ってくるのは Importer という dnn のクラスのオブジェクトへのポインタです。ここでは、スマートポインタ（6.4 節参照）を介しています。

関数定義は次のとおりです

Caffeフレームワークのネットワークのインポータを生成する		
dnn::createCaffeImporter (const String & **prototxt**, const String & **caffeModel** = *String()*)		
prototxt	プロトテキストファイル（.prototxt）へのパス。	
caffeModel	Caffeモデルファイル（.caffemodel）へのパス。	
戻り値（Ptr<Importer>）	Importerオブジェクトへのスマートポインタ	

```
16    Net deepnet;
17    caffe->populateNet(deepnet);
```

続いて、用意したインポータからニューラルネットワークのクラス Net のオブジェクトを生成します。16 行目が宣言文、17 行目がインポータからニューラルネットワークへの読み込みです。インポータの caffe はスマートポインタなので、Importer クラスのメンバ関数 populateNet にはアロー演算子（->）でアクセスします。引数には Net オブジェクトを指定します。

読み込んだ層をnetに追加接続する	
dnn::Importer::populateNet (Net **net**)	
net	Netオブジェクト

```
18    caffe.release();
```

ファイルを読み込めばインポータは不要なので、インポータのメンバ関数の release で開放します。なお、OpenCV 3.2 からはこの一連の読み込み操作を readNetFromCaffe 関数でできるようになっています。

インポータを解放
dnn::Importer::release()

```
20    // クラス説明ファイルを読み込む (1,000クラス)
21    vector<string> classNames;
22    ifstream fp("synset_words.txt");
23    string name;
24    while (getline(fp, name))
25    {
26      if (name.length())
27        classNames.push_back(name.substr(name.find(' ') + 1));
28    }
29    fp.close();
```

次に、クラス説明ファイルの synset_words.txt からクラスの名称を読み取ります。ファイルを開き、1 行ずつ読み込みながら名称だけを抜き出し、これを string の vector に収容するだけです。方法は通常の C++ の用法と同じなので、関数の説明は割愛します。

synset_words.txt から読み込んだ行は次のような構成になっています。

```
n01440764 tench, Tinca tinca
n01443537 goldfish, Carassius auratus
 ⋮
n13133613 ear, spike, capitulum
n15075141 toilet tissue, toilet paper, bathroom tissue
```

このような行が全部で 1,000 行、つまりクラス分だけあります。行番号とクラスの ID が一致しているので、たとえば先頭行の「n01440764 tench, Tinca tinca」はクラス ID 0 番です。各行の先頭にある「n01440764」などは、WordNet の ID なのでここでは必要ありません。必要なのは WordNet ID からスペースを 1 つ挟んで次から行末まで記述されている名称です。

これら名称だけを用意した vector <string> classNames（21 行目）に収容するため、27 行目でまず name.find(' ') を用いて最初のスペースの位置を探し（0 からカウントするので上の例では 9 番目）、そこからスペースの分（+1）だけ飛ばした位置（10 番目）から末尾までの文字列を name.substr で取得しています。これで、classNames には次のようにクラス名称の文字列が順に

第 7 章　物体認識

格納されます。

```
className[0] = "tench, Tinca tinca";
className[1] = "goldfish, Carassius auratus";
  ⋮
```

```
37      resize(src, src, Size(224, 224));          // 画像を対応サイズにリサイズ
```

ここから、読み込んだ Caffe モデルを用いた入力画像の分類作業です。

37 行目では、読み込んだ画像を 224 × 224 ピクセルに強制的にリサイズしています。これは、ニューラルネットワークの構成を記述したプロトテキストファイル bvlc_googlenet.prototxt で画像サイズが次のように 224 × 224 × 3 チャンネルで定義されており、これ以外のサイズ・チャンネルは受け付けないからです。入力画像はもともと 3 チャンネルなので、ここではチャンネル数（次元数）を変換する必要はありません。

```
input_dim: 3
input_dim: 224
input_dim: 224
```

```
39      Blob srcBlob = Blob::fromImages(src);      // 入力画像をBlob型に変換
```

（リサイズ後の）画像 src から blob を生成します。blob（ブロブ）とは一般的には定まった形を持たないスライム的な塊を指しますが、Caffe モデルのコンテクストでは N 次元（デフォルトでは 4 次元）の配列データの塊で、ニューラルネットワークの層どうしでデータを交換するときに用いられます。データは内容的には BGR ピクセル値の羅列です。

このような blob を表現するため cv::dnn モジュールには Blob クラスが用意されており、上記ではメンバの fromImages を使って Blob オブジェクトを生成しています。第 1 引数には画像 Mat を、オプションの第 2 引数で出力 blob の第 2 軸（チャンネル数）を指定します。Blob の詳細は、以下の Caffe サイトのページを参照してください（英文）。

http://caffe.berkeleyvision.org/tutorial/net_layer_blob.html

画像からblobを生成	
dnn::Blob::fromImages (InputArray **image**, int **dstCn** = *-1*)	
image	複数チャンネルの2次元画像、もしくは1チャンネルの3次元画像。
dstCn	出力blobの第2軸のサイズを指定。
戻り値（Blob）	結果をBlob型で返す。

```
40      deepnet.setBlob(".data", srcBlob);        // 入力Blogを入力層にセット
```

　上記で作成した Blob を、Net クラスの setBlob 関数で deepnet の複数ある層の最初の層（入力層）にセットします。第 1 引数にはニューラルネットワークの層名を記述しますが、これは bvlc_googlenet.prototxt で「data」と定められているので、これに従って指定します（本節末の NOTE 参照）。第 2 引数には出力先を指定します。

新たな値を指定した層にセットする
dnn::Net::setBlob(String **outputName**, const Blob & **blob**)

outputName	更新する層の名前を記述する。
blob	新たなblob

```
42      // ディープラーニングによる分類
43      deepnet.forward();                        // 順方向の伝搬を計算
```

　上記で与えられた入力から、複数の層で順方向の伝搬を計算し、画像のクラス分類を実行しています。順方向の伝搬計算については本節末の NOTE を参照してください。

順方向の伝搬計算を行う
dnn::Net::forward()

```
45      // 出力結果の取得
46      Blob dstBlob = deepnet.getBlob("prob");   // 出力層の出力Blobを取得
```

　計算結果を、Net クラスの getBlob メンバ関数から Blob として取り出します。引数には setBlob 関数同様に層名を指定します。ここでは、最後の層の出力層を bvlc_googlenet.prototxt にある名称（prob）に従って指定しています。この層にあるデータは、所定のクラスである確率（信頼率）です。この値が一番大きい（確率が高い）クラスが、入力画像として最も確からしい分類です。

指定した層から値を取得する
dnn::Net::getBlob(String **outputName**)

outputName	値を取得する層の名前を記述する。

```
47      Mat probMat = dstBlob.matRefConst().reshape(1, 1); // 結果を1000x1に変形
```

　クラスと信頼率の対応（計 1,000 組あります）を知るため、この Blob を 1 チャンネル 1000

第 7 章　物体認識

× 1 の Mat に変換します。このような形にすれば、クラスの ID 順に確率が並びますから、52
行目で行っているように最大値とその位置を minMaxLoc 関数（5.1 節）から簡単に取得できます。
　まず、得られた Blob（dstBlob）をそのメンバ関数の matRefConst 関数で Mat オブジェクト
に変換します。このとき得られるのは 1 × 1000 の Mat です。

---

blobデータをMat型の参照（const）で返す
dnn::Blob::matRefConst()

　その後、この Mat を 1000 × 1 に変換します。ここで用いている reshape は Mat のデータの
中身を変えずに形式だけ変更する関数です。たとえば、1 チャンネル 30 × 100 ピクセルの Mat
には 3,000 個のデータが並んでいますが、これを 1 チャンネル 100 × 30 あるいは 60 × 50 に
変換します。チャンネルをまたぐこともでき、3,000 個のデータは 3 チャンネル 10 × 100 や 20
× 50 に変形できます。
　関数の第 1 引数には変更後のチャンネル数を、第 2 引数には行数（高さ）を指定します。幅
はデータ数とこれらの引数から自動的に計算されます。ここではチャンネル数 1、行数 1 を指
定しているので、幅が 1,000 になります。

画像のチャンネル数・形状を変換する
Mat::reshape(int **cn**, int **rows** = 0)

cn	変換後のチャンネル数を指定する。0であれば元と同じ。
rows	変換後の行数（rows、高さ）を指定する。0（もしくは未指定）であれば元と同じ。
戻り値（Mat）	生成したMatオブジェクト。

```
52    minMaxLoc(probMat, NULL, &maxVal, NULL, &maxLoc);  // 最大値の計算
53
54    // 出力値が最も高くなるクラス名と信頼度を表示
55    cout << "最も一致するクラス: " << classNames.at(maxLoc.x) << endl;
56    cout << "信頼度: " << maxVal * 100 << "%" << endl;
```

　あとは、probMat から最大値とその位置座標を minMaxLoc 関数から求めます（5.1 節参照）。
probMat は 1000 × 1 の 1 次元配列の形になっているので、Point 型オブジェクト maxLoc に格
納した、最大値を与える位置座標の (x, y) は x 座標はそのままクラス ID の何番目かを示してい
ます。classNames(maxLoc.x) で一番確率が高いクラスの名称を取得できるのはそのためです。
maxVal はその確率（信頼率）なので 100 倍して百分率で表示します。

ディープラーニングの多層構造

ディープラーニング（深層学習）は既存のニューラルネットワークに比べて多くの層を用いることをその特徴としています。ディープラーニングの原著論文［KRI12］で議論されている層構造を図7.23に示します。論文著者らは、これらの計算をPCのGPU（グラフィックス・プロセッシング・ユニット）を使用して高速に実行していて、図の上下に同じ構造があるのは、GPU2機を使って並列計算も可能なことを示しています。直方体で模式的に示しているのは多次元の配列で、たとえば左端の直方体には224 × 224 × 3個の数値が格納されます（224 × 224 ピクセルの3チャンネルカラー画像）。

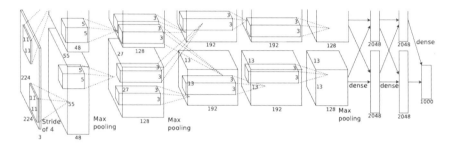

図7.23 ●ディープラーニングの層構造の模式図

左端が入力層、右端が出力層(1,000クラスに分類)です。中間層では主に「畳み込み層」と「プーリング層」の2種類の層が繰り返されます。他にも、次の層に伝播する値の計算を行う活性化層（ReLU：Rectified Linear Unit）などもありますがここでは説明を省略します。

「畳み込み」とは、5.7節で説明したとおり、3 × 3や5 × 5ピクセルのフィルタを画像全体にわたって重ね合わせながら画素値どうしを掛け合わせた値の合計値を記録していく処理のことです。図7.24はディープラーニングにより自動的に抽出された、最初の畳み込み層（11 × 11ピクセルの3チャンネル画像）の例です。3チャンネルであるため、これらのフィルタには実際には色が付いているものもあります。

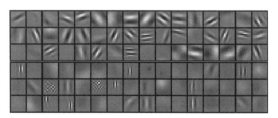

図7.24 ●ディープラーニングにより自動的に抽出された特徴（フィルタ、カーネル）

プーリング層は、畳み込んだ結果の画像配列に対して、たとえば2 × 2ピクセルの領域を1 × 1ピクセルにまとめて縮小することで、局所的な細かい変化に対しても柔軟性を持たせる機能

第 7 章　物体認識

を果たしています。

　結合層はすべての出力値を結合し、1000 要素の配列に格納します。これが最終的な出力値（各クラスの信頼度）となります。

　このように、入力層→中間層→出力層という単一方向にデータを計算していくことを順伝播（順方向の伝播）計算と呼びます。

　このように複数の層で結合されている構造をニューラルネットワークといいますが、ニューラルネットワークによる学習とは、入力層に入力データを与えたときに出力層から出力される値が目標値に近くなるように、大量の正解の入力データ（教師データ）を通してネットワークのパラメータを調整することです。

　こういったディープラーニングの理論をプログラムで実装したものの 1 つが、本節で利用した Caffe です。Caffe モデルによる層構造の定義の例を表 7.14 に示します。これらはプロトテキストファイルで定義されています。ここに示した層以外にも活性化層（ReLU）などもあります。入力層「data」は図 7.24 の左端、出力層の「prob」は図 7.24 の右端に対応しています。

表 7.14 ● Caffe による層構造の定義例

層名	機能	（枚数 , チャンネル数 , 高さ , 幅）
data	入力層	(1, 3, 224, 224)
conv1	畳み込み層 1	(1, 64, 7, 7)
pool1	プーリング層 1	(1, 64, 3, 3)
norm1	正規化層 1	(1, 64, 3, 3)
conv2	畳み込み層 2	(1, 64, 3, 3)
pool2	プーリング層 2	(1, 64, 3, 3)
norm2	正規化層 2	(1, 64, 3, 3)
⋮	⋮	⋮
pool5	プーリング層 5	(1, 64, 7, 7)
classifier	分類	(1, 1000)
prob	出力層	(1, 1000)

　Caffe は多数枚の画像入力に対応していますが、本節で入力しているのは 1 枚だけです。各層のチャンネル数、高さ、幅といったパラメータは、ユーザがある程度自由に変更することもできますが、逆にいえば、効率と精度のトレードオフなども考慮しながらチューニングが必要であるともいえます。多層にすると精度がよくなる理由や、何層であればよいのか、あるいは各パラメータがどう影響してくるのかといったことについてはまだ定説がないようなので、試行錯誤が必要です。

358

7.6 N&M アルゴリズムによる文字検出

本節のサンプルプログラムは、2.2 節で導入した OpenCV 3.2 の標準パッケージには含まれていない contrib のモジュールを使用します。実行するには、付録 A の要領で cv::text モジュールをインストールしなければなりません。ただし、contrib は将来的なバージョンでは標準パッケージに移行される可能性が高く、API 仕様も定まっていないので変更されやすい点にも注意してください。

郵便番号の自動読み取りや書類のテキストデータ化などの文字認識は OCR（Optical Character Recognition）と呼ばれ、製品化もされている確立された技術です。しかし、十分な認識精度が得られるのは活字のようにしっかりと書かれた文字が枠内に収まっている、あるいは間隔が一定しているなど、どこに文字を探せばよいのかわかっているときだけです。

昨今のデバイスはスタイラスペンなどで文字を書けばそれを理解してくれますが、これも文字認識の一分野です。崩れた手書き文字を対象にするため OCR よりは難易度は高いですが、書かれているのが文字であるという条件や、書き順というリアルタイムならではの情報も参考にできるため、ときおり苛立つこともありますが、まずまず使えることはご存知でしょう。

しかし、図 7.25 の画像のようにどこに文字があるのか、そもそも文字があるのかどうか、そしてその大きさもゆがみ具合もわからないときには、文字認識は格段に難しくなります。

図 7.25 ●外界にある道路標識の文字列

文字の検出と認識も、近年のディープラーニングや人工知能、全自動運転などの研究開発に伴って再び活発化している分野の 1 つです。ここで文字の「検出」（detection）とは、文字のあ

る画像中の部分領域を発見することを指します。文字領域を検出したところで、そこにあるのが何の文字か（「A」とか「あ」とか）を判定することを文字の「認識」(recognition) といいます。

OpenCV contrib に含まれている cv::text モジュールには、文字の検出と認識のどちらの機能も備わっています。ただし、後者は他のオープンソフトウェアである Tesseract の API を利用したものなので、このソフトウェアを別途インストールする必要があります。興味のある方は以下の GitHub を参照してください。

https://github.com/tesseract-ocr/tesseract/wiki

本節では、OpenCV text モジュールに実装されている Neumann & Matas の文字検出アルゴリズム（N&M アルゴリズム）を利用し、任意の画像から文字領域を検出します。

N&M アルゴリズムについて以下、簡単に説明しますが、正確な詳細を示した原論文については、付録 E の参考文献［NUE12］を参照してください。

このアルゴリズムでは、まず入力画像から複数のチャンネルの画像を取得します。これは、たとえば輝度情報だけからなる 1 チャンネルから文字を探すより、複数を統合した方が精度が高まるからです。原論文では RGB、HSV、輝度勾配（エッジ）画像の 7 チャンネルを利用しています。既定のテストデータを用いたとき、原論文は輝度単体（V）だけだと再現率は 86% なのに対し、以上の 7 チャンネルを用いると 95% になると報告しています。本節では HSV の 3 チャンネルを利用します。

続いて、それぞれのチャンネルから文字領域とおぼしき候補を検出します。N&M アルゴリズムは文字を構成するピクセルの値（色や輝度）がそれぞれ似ており、また 1 つの文字の線がほぼ連結しているところを探します。これは、小文字のアイ「i」とジェイ「j」以外は線がすべて連結しているのが英アルファベットの特徴だからです。そのため、連結していない文字が多い日本語にはあまり向かないようです。

また、このとき、ER（Extremal Region）と呼ばれる図 7.26 のような木構造で領域を関連付けます。この例は、画像の 2 値化レベルの閾値を徐々に高くすることで、その中の連結した領域を分離しながら木構造化した様子を示しています。

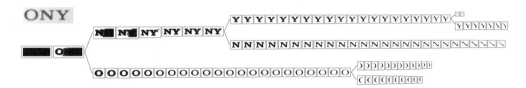

図 7.26 ●領域の木構造分類　（OpenCV 公式サイト docs.opencv.org より）

7.6 N&M アルゴリズムによる文字検出

　検出した候補の中には文字以外も大量に含まれているので、学習ファイルを用いてそれが文字なのかの分類処理を行います。そこで最初に計算の早い方法でざくっと探索し、続いて計算量は多いが精度の高い方法で確定をするというように、2段階で処理をします。原論文に示されている事例では、2メガピクセルの画像から 10^6 のオーダーに達してしまうほどの数の候補領域が得られますが、第1段階の分類処理で2,600程度にまで、第2段階で20程度にまで絞り込むことができます。

　最後に、各チャンネルから得られた文字領域候補を、より高次の文字ブロック（単語、文章、段落など）にまとめます。これをグルーピングといいます。グルーピングの方式には複数の方法がありますが、ここでは Neumann が提案した Exhaustive Search 方法を用います。詳細を示した原論文については、付録 E の参考文献［NUE11］を参照してください。

　本節のプログラムはまず、2段階処理のそれぞれで用いる学習済み特徴分類ファイル（loadClassifierNM1、loadClassifierNM2）を cv::text モジュールの createERFilterNM1、createERFilterNM2 関数でそれぞれ読み込みます。次に入力画像をチャンネル分離し、各チャンネルに対して ER フィルタリングを実行（ERFilter::run）し、結果を連結成分（ERStat 構造体）に格納します。最後に、erGrouping 関数でグルーピングします。

　本節で説明するクラス、関数は表 7.15 のとおりです。

表 7.15 ● N&M アルゴリズムによる文字検出プログラムで使用するクラス・関数

クラス・関数	説明
text::ERFilter	ER フィルタクラス
text::createERFilterNM1 text::createERFilterNM2	ER フィルタの生成（第1段階と第2段階）
text::loadClassifierNM1 text::loadClassifierNM2	特徴分類ファイルの読み込み（第1段階と第2段階）
text::ERStat	領域を木構造で保持する構造体
text::ERFilter::run	ER フィルタリングの実行
text::erGrouping	文字列として意味のある領域のグループ化

7.6.1　プログラム実行に必要なファイル

　本プログラムでは、OpenCV にバンドルされている学習済みの特徴分類ファイルを利用します。次の2点のファイルはすでにプロジェクトフォルダおよび data フォルダに格納してあります。

- trained_classifierNM1.xml

- trained_classifierNM2.xml

前者は N&M アルゴリズムの第 1 段階、後者は第 2 段階で使用するものです。どちらも英数文字を対象に学習されたものなので、検出できるのは英数字だけです。

今回利用するこれら 2 点のファイルは、次の OpenCV contrib の text モジュールフォルダの samples サブフォルダに含まれています。インストールディレクトリについては付録 A.1 を参照してください。

C:/opencv_contrib-3.2.0/modules/text/samples

図 7.27 に示すエクスプローラの画面からわかるように、ファイルは XML 形式です。

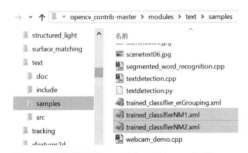

図 7.27 ●特徴分類ファイルの保存フォルダ

7.6.2　プログラムの実行

N&M アルゴリズムによる文字領域検出プログラムの実行例を以下に示します。

プログラムは最初に入力画像を表示します。ここでは図 7.28 左に示すように、それぞれにアルファベットでその名称を手書きした付箋を貼り付けたロボット、ミニカー、アヒルのおもちゃを映した画像を用いています。画像サイズは 640 × 480 ピクセルです。文字検出が完了すると、入力画像中の文字の領域に矩形が描き込まれます（図右）。見てのとおり、きっかり 3 つの付箋が検出されています。

入力画像　　　　　　　　　　　検出結果

図 7.28 ●入力画像例 1

　前述のように、プログラムは複数チャンネルでそれぞれ文字検出を行ってから、グルーピングを行います。これら処理には、使用している PC の性能にもよりますが比較的時間がかかることがあります。どの程度かかったかは、結果画像が表示されるタイミングから把握できます。

　本書のサンプル画像には含まれていませんが、同じシーンを少し異なるアングルから撮影した画像を試した結果を図 7.29 に示します。3 つの付箋はここでも検出できていますが、ロボットの目の部分を文字領域だと誤検出しています。このようなときは、対象画像に応じて、プログラム中で設定可能なパラメータを調整します。

入力画像　　　　　　　　　　　検出結果

図 7.29 ●入力画像例 2

7.6.3　ソースコード

N&M アルゴリズムによる文字検出プログラムをコード 7.6 に示します。

第7章 物体認識

コード7.6 ● N&M アルゴリズムによる文字検出プログラム

```cpp
1  #include "stdafx.h"
2  #include <opencv2/opencv.hpp>
3  #include <opencv2/text.hpp>                        // TEXTヘッダ
4  #pragma comment(lib, "opencv_world320d.lib")
5  #pragma comment(lib, "opencv_text320d.lib")        // TEXTライブラリ
6  using namespace std;
7  using namespace cv;
8  using namespace text;                              // TEXT名前空間
9
10 int main()
11 {
12   Mat img = imread("moji.png");
13   string winName = "文字領域検出";
14   imshow(winName, img);
15   waitKey(10);
16
17   // 多チャンネル化
18   Mat hsv;
19   vector<Mat> ch;
20   cvtColor(img, hsv, COLOR_BGR2HSV);
21   split(hsv, ch);
22
23   // 第1第2ステージ用ERFilterオブジェクトを生成
24   Ptr<ERFilter> filter1 = createERFilterNM1(
25     loadClassifierNM1("trained_classifierNM1.xml"));
26   Ptr<ERFilter> filter2 = createERFilterNM2(
27     loadClassifierNM2("trained_classifierNM2.xml"));
28
29   // 各チャンネルから領域を抽出
30   vector< vector<ERStat> > regions(ch.size());
31   for (int i = 0; i < ch.size(); i++) {
32     filter1->run(ch[i], regions[i]);
33     filter2->run(ch[i], regions[i]);
34   }
35
36   // 文字領域のグルーピング
37   vector< vector<Vec2i> > groups;
38   vector<Rect> box;
39   erGrouping(img, ch, regions, groups, box);
40   for (int i = 0; i < box.size(); i++)
```

```
41    rectangle(img, box[i], 0, 4, 4);        // 検出領域に矩形枠描画
42    imshow(winName, img);
43    waitKey(0);
44 }
```

7.6.4 ライブラリの用法

以下、コード 7.6 の詳細を、使用している関数とあわせて説明します。

```
3 #include <opencv2/text.hpp>                    // TEXTヘッダ
 ⋮
5 #pragma comment(lib, "opencv_text320d.lib")    // TEXTライブラリ
 ⋮
8 using namespace text;                          // TEXT名前空間
```

前節同様、本節で用いる関数のためにヘッダや名前空間を定義します。3 行目の text.hpp は
cv::text モジュールのヘッダで、5 行目はそのライブラリの指定です。付録 A の要領で text がイ
ンストールされていれば、これで利用準備ができたはずです。コンパイル時に以降で使用する
text の関数がエラーになったら、正しくインストールされているか確認してください。8 行目は、
text の名前空間です。

```
17    // 多チャンネル化
18    Mat hsv;
19    vector<Mat> ch;
20    cvtColor(img, hsv, COLOR_BGR2HSV);
21    split(hsv, ch);
```

冒頭で述べたように、本プログラムでは HSV の 3 つのチャンネルをそれぞれ使って文字検
出を行います。ch（19 行目）は vector コンテナなので、他のチャンネルも随時追加できます。
たとえば、輝度画像（HSV の V なので ch[2] に格納されています）の反転画像、原論文で用い
られているエッジ画像や RGB、あるいは YCrCb など異なるカラーモデルのチャンネル、さら
には入力画像をさまざまに変換した 1 チャンネル画像なども試してみるとよいでしょう。

```
23    // 第1第2ステージ用ERFilterオブジェクトを生成
24    Ptr<ERFilter> filter1 = createERFilterNM1(
25       loadClassifierNM1("trained_classifierNM1.xml"));
```

冒頭で説明したように、N&M アルゴリズムでは 2 段階で文字を検出します。そこで、まず

は第1段階の処理方法を実装した分類器を createERFilterNM1 関数から生成します。この関数の第1引数には、分類器を呼び出すコールバック関数を指定します。この目的のため、text モジュールには loadClassifierNM1 という関数が用意されています。引数は分類器のモデルを記述した XML ファイルで、ここでは 25 行目にあるように trained_classifierNM1.xml です。

これ以外の引数はオプションで、いずれも文字領域検出の最適化に用いられます。たとえば、minArea を小さくすると細かい文字も検出できますが、反面、文字でないノイズも誤検出することがあります。詳細は原論文を参照してください［NUE12］。

createERFilterNM1 関数は ERFilter という ER の構造とアルゴリズムを実装したクラスのオブジェクトへのスマートポインタを返します。このクラスには setMaxArea や setCallback など、コンストラクタで指定するパラメータをあとからセットする setter 関数が用意されています。あとから利用する run も、このクラスのメンバ関数です。

N&Mアルゴリズム第1段階分類器の生成

text::createERFilterNM1 (const Ptr< ERFilter::Callback > & **cb**, int **thresholdDelta** = *1*, float **minArea** = *0.00025*, float **maxArea** = *0.13*, float **minProbability** = *0.4*, bool **nonMaxSuppression** = *true*, float **minProbabilityDiff** = *0.1*)

cb	分類器モデルを読み込むコールバック関数。loadClassifierNM1を使用。
thresholdDelta	図7.26の木構造を生成するときに閾値が次第に増加していくが、そのときの増加量。デフォルトは1。
minArea	検出領域の最小サイズを入力画像のサイズの比率から決定。デフォルトは0.00025。
maxArea	検出領域の最大サイズを入力画像のサイズの比率から決定。デフォルトは0.13。
minProbability	文字領域と認められる最小の確率。デフォルトは0.4。
nonMaxSuppression	非最大値の抑制を行う。デフォルトはtrue。
minProbabilityDiff	局所最大値と局所最小値のそれぞれの確率の差の最小値。デフォルトは0.1。
戻り値（Ptr<ERFilter>）	ERFilterオブジェクトのスマートポインタ。

N&Mアルゴリズム第1段階分類器モデルファイルの読み込み

text::loadClassifierNM1 (const String & **filename**)

filename	第1段階分類器モデルファイルのパス
戻り値（Ptr<ERFilter::Callback>）	コールバック関数（のスマートポインタ）

```
26   Ptr<ERFilter> filter2 = createERFilterNM2(
27     loadClassifierNM2("trained_classifierNM2.xml"));
```

7.6 N&Mアルゴリズムによる文字検出

　第2段階の処理方法を実装した分類器の生成も、関数の用法的には第1段階と同じです。まずは loadClassifierNM2 関数で trained_classifierNM1.xml を指定してコールバック関数を用意し、これを createERFilterNM2 関数の第1引数に指定します。別のアルゴリズムなので createERFilterNM2 関数のオプション引数は createERFilterNM1 とは異なり、指定できるのは minProbabilityDiff だけです。loadClassifierNM2 関数の格好は、第1段階のものと同じです。

N&Mアルゴリズム第2段階分類器の生成
text::createERFilterNM2 (const Ptr< ERFilter::Callback > & **cb**, float **minProbabilityDiff** = *0.3*)

cb	分類器モデルを読み込むコールバック関数。loadClassifierNM1を使用。
minProbabilityDiff	局所最大値と局所最小値のそれぞれの確率の差の最小値。デフォルトは0.3。
戻り値（Ptr<ERFilter>）	ERFilterオブジェクトのスマートポインタ。

N&Mアルゴリズム第2段階分類器モデルファイルの読み込み
text::loadClassifierNM2 (const String & **filename**)

filename	第2段階分類器モデルファイルのパス
戻り値（Ptr<ERFilter::Callback>）	コールバック関数（のスマートポインタ）

```
29    // 各チャンネルから領域を抽出
30    vector< vector<ERStat> > regions(ch.size());
```

　検出した文字領域候補を格納する ERStat オブジェクトを用意します。これは、ER のデータ構造を反映したクラスです。前述のように、検出はそれぞれのチャンネルに対して行われるので、ERStat もチャンネル数だけ必要です。そこで、要素数が ch.size()（ここでは3）の vector を用意します。ERStat 自体も候補の数だけ必要なため、こちらも vector になっています。vector の vector という入れ子になっている点に注意してください。

ERのデータ構造を反映した構造体（クラス）
text::ERStat

```
31    for (int i = 0; i < ch.size(); i++) {
32      filter1->run(ch[i], regions[i]);
33      filter2->run(ch[i], regions[i]);
34    }
```

　チャンネルの数だけ、文字領域候補の検出を行います。24 ～ 27 行目で生成した ERFilter クラスには run というメンバ関数があるので、そこから実行をスタートさせます。run の第1引数

第 7 章　物体認識

には Mat オブジェクト画像、第 2 引数には検出結果を格納する ERStat オブジェクトをそれぞれ指定します。画像は 1 チャンネル 8 ビット符号なし（CV_8UC1）でなければならない点に注意してください。

ERフィルタリングの実行	
text::ERFilter::run (InputArray **image**, vector< ERStat > & **regions**)	
image	CV_8UC1のMat
regions	検出結果を収容するERStatのvector

```
39    erGrouping(img, ch, regions, groups, box);
```

　最後に、erGrouping 関数から結果のグルーピングをします。第 1 引数に元の入力画像、第 2 引数に多チャンネル化した画像の vector（いずれも CV_8UC1）、第 3 引数には各チャンネルから検出された領域（ERStat）の vector の vector（32 ～ 33 行目で検出）を指定します。

　第 4 引数と第 5 引数は演算結果を受け取るオブジェクトです。第 4 引数には、どの小領域がどの単語にグルーピングされたかを示すインデックスのリストを返されます。37 行目で定義したように、ここには Vec2i（整数 2 要素からなるクラス）の vector の vector を指定します。本節の実行例で 3 つの単語領域が検出されているので、最初の vector には要素が 3 個（groups.size()）収容されます。本プログラムは単語領域を枠で囲むだけなので、このデータは利用はしていません。

　第 5 引数には、検出された領域の矩形（Rect クラス）のオブジェクトの vector が返されます。本プログラムでは、この情報から枠線を描画しています（40 ～ 41 行目）。

　第 6 引数以降はオプションです。第 6 引数には 2 種類用意されているグルーピングのアルゴリズムを定数から指定します（表 7.16）。ERGROUPING_ORIENTATION_HORIZ は Neumann & Mates が 2011 年に発表したアルゴリズムに基づくもので、水平方向に並んだ文字の列に向いています［NEU11］。こちらがデフォルトです。もう一方の ERGROUPING_ORIENTATION_ANY は任意方向の並びに向いたものです。たとえば、7.6.2 節の実行例で用いた画像を 90 度回転させることで文字方向を縦にするとデフォルトでは単語領域として認識しませんが、任意方向用を用いれば（精度は低いものの）認識します。

　なお、これらの定数は erGrouping_Modes クラスに属するものなので、参照するときには erGrouping_Modes:: ERGROUPING_ORIENTATION_ANY のようにクラス名で修飾します。

368

7.6 N&M アルゴリズムによる文字検出

表7.16 ●グルーピングアルゴリズム指定定数（text::erGrouping_Modes）

定数	意味
ERGROUPING_ORIENTATION_HORIZ	水平方向向き
ERGROUPING_ORIENTATION_ANY	任意方向向き

　第7引数と第8引数は第6引数で ERGROUPING_ORIENTATION_ANY を指定したときに使用します。第7引数では分類モデルを定義した XML 形式のファイルを指定します。このファイルは先に利用した XML ファイルと同じ samples フォルダに trained_classifier_erGrouping.xml という名で保存されています（本書の配布パッケージには含まれていません）。第8引数はグループとして認められる最小の確率を指定するもので、デフォルトは 0.5 です。

文字列として意味のある領域のグループ化

text::erGrouping (InputArray **img**, InputArrayOfArrays **channels**, vector< vector< ERStat > > & **regions**,
vector< vector< Vec2i > > & **groups**, vector< Rect > & **groups_rects**,
int **method** = *ERGROUPING_ORIENTATION_HORIZ*, const string & **filename** = *string()*,
float **minProbability** = *0.5*)

img	もともとの入力画像
channels	CV_8UC1画像のvector
regions	文字検出の実行結果（ERFilter）を収容したオブジェクト
groups	グルーピングされた単語領域を構成する領域のインデックスのリスト（出力）
groups_rects	グルーピングされた単語領域を構成する領域の矩形（Rect）（出力）
method	グルーピング方法（表7.16）。デフォルトはERGROUPING_ORIENTATION_HORIZ。
filename	ERGROUPING_ORIENTATION_ANY利用時に用いるXML形式の分類モデルファイル。
minProbability	ERGROUPING_ORIENTATION_ANY利用時に用いる、グループとして認められる最小の確率。デフォルトは0.5。

付　録

　本付録では、OpenCV contrib の導入方法と Visual Studio の効果的な利用方法に関わるヒントを中心に、本文では扱いきれなかったトピックを取り上げます。OpenCV contrib は標準のパッケージに含まれていない実験的な拡張モジュールの集まりで、7.5 節と 7.6 節でそれぞれ dnn（ディープラーニング）と text（文字検出・認識）を利用するときに必要となるものです。Visual Studio のヒントについては、各種の便利機能や拡張機能プラグインの導入方法を紹介します。他にもOpenCV アプリケーションの開発中に遭遇するエラーメッセージとその対処法、OpenCV ライセンス条項、各種アルゴリズムの原論文をまとめた参考文献を掲載してあります。

付録 A	OpenCV contrib のビルド
付録 B	Visual Studio の便利な機能
付録 C	エラーメッセージと対処法
付録 D	OpenCV ライセンス
付録 E	参考文献

付録

付録A OpenCV contrib の ビルド

　本付録では、OpenCV contrib モジュールをビルドする方法を説明します。あるいは、標準パッケージ（2.2節）の各種機能を有効化したい場合や、32 ビット環境でビルドする必要がある場合も本節を参考にしてください。その場合は contrib モジュールの項目は読み飛ばしてもかまいません。

　OpenCV contrib（貢献：contribution）とは、まだ API の仕様が定まっていない、動作試験が完全ではない、あるいはラインセンスの都合といった理由から標準パッケージには含まれていないモジュール群を指します。拡張版とも追加版ともいわれます。contrib モジュールには、将来的に OpenCV 標準パッケージに含まれる可能性のある先進的なアルゴリズムが多数収録されています。

　contrib はバイナリ形式では配布されていないため、ソースコードを別途ダウンロードしてビルドしなければなりません。また、contrib のソースコード単体ではビルドできないので、標準パッケージに含まれているソースコードと一緒に、標準パッケージそのものも含めてイチから再ビルドすることになります。また、OpenCV のビルドには CMake というツールをビルド自動ツールが必要なので、これもインストールします。

　ここでは、OpenCV contrib に含まれている 7.5 節のディープラーニング（dnn）モジュールと 7.6 節の文字領域（text）モジュールをビルドします。

　OpenCV contrib のビルドの手順は次のとおりです。

（1）　OpenCV contrib のダウンロード

（2）　CMake のインストール

（3）　OpenCV contrib のプロジェクトファイルを生成（CMake）

（4）　OpenCV contrib のビルド（Visual C++）

（5）　ビルドしたモジュールファイルのコピー

本付録は、公式配布の標準パッケージが 2.2 節の要領ですでにインストールされていることを前提としています。インストールも C ドライブ直下にした（すなわち、C:¥opencv）ものとして話を進めます。

なお、対象としている OpenCV 3.2 以降のバージョンでは、本付録で例として示している dnn や text モジュールは標準パッケージに移行されている可能性があります。

A.1 contrib のダウンロード

OpenCV contrib ソースコードを、共同開発と提供の場である GitHub からダウンロードします。サイトの URL は次のとおりです。

　　https://github.com/opencv/opencv_contrib/releases

図 A.1 ● opencv_contrib 配布サイト（GitHub）から Zip ファイルをダウンロード

ダウンロードページ（図 A.1）の［3.2.0］から［zip］ボタンをクリックし、ソースコード一式を ZIP ファイル化したものをダウンロードします。ファイル名は opencv_contrib-3.2.0.zip です。

OpenCV contrib のバージョンはそれとともにビルドする OpenCV の標準パッケージのバージョンと一致していなければなりません。たとえば、標準パッケージ 3.1.0 と共にビルドする contrib は 3.1.0 でなければなりません。

ダウンロードを終えたら、ZIP ファイルを展開します。OpenCV 通常版のフォルダ

付録

（C:¥opencv¥sources）の中ではなく、同じレベル（C:¥）に展開してください。また、展開後に生成されるフォルダを、通常版にあるものにコピーするなどしてまとめないでください。

展開後の様子を図 A.2 に示します。

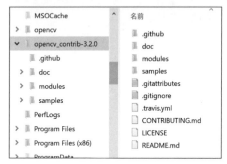

図 A.2 ● C ドライブ直下に opencv_contrib-3.2.0 フォルダを展開

A.2　CMake のインストール

通常版であれ contribution であれ、OpenCV ライブラリ本体のビルドにはビルド自動化ツールの CMake が必要です。バイナリ版は以下の公式サイトからダウンロードできます。

https://cmake.org/download/

Windows 用にはインストーラの形式（MSI か ZIP）と OS のビット数（64 か 32）が用意されていますが、ここでは 64 ビット版 MSI（Microsoft インストーラ）を用います（図 A.3）。執筆時の最新版は 3.9.0 です。クリックしてダウンロードします。

Platform	Files
Windows win64-x64 Installer: **Installer tool has changed. Uninstall CMake 3.4 or lower first!**	cmake-3.9.0-rc3-win64-x64.msi
Windows win64-x64 ZIP	cmake-3.9.0-rc3-win64-x64.zip
Windows win32-x86 Installer: **Installer tool has changed. Uninstall CMake 3.4 or lower first!**	cmake-3.9.0-rc3-win32-x86.msi

図 A.3 ● cmake-3.9.0-win64-x64.msi（64 ビット MSI 版）をダウンロード

ダウンロードが完了したら MSI をクリックし、インストールを開始します。

ライセンスの確認に続いて、インストレーションオプションを選択する画面が現れます（図 A.4）。［Add Cmake to the system PATH for the current user］（cmake のバイナリを PATH に加える）をチェックしてください。続いてインストール先のフォルダの指定をしますが、デフォルトのままでけっこうです。続く画面からインストールが開始します。

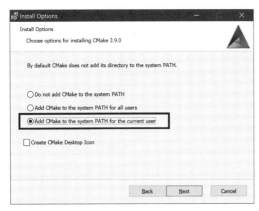

図 A.4 ● CMake インストールの PATH 設定

インストールが完了したら、Windows スタートメニューなどから［CMake (cmake-gui)］を起動します（図 A.5）。

図 A.5 ● CMake のショートカット

付録

A.3 contrib プロジェクトの生成（CMake）

　CMake を起動すると、図 A.6 に示すようなビルド設定の画面が表示されます（この図では次の手順のパスが入力済み）。

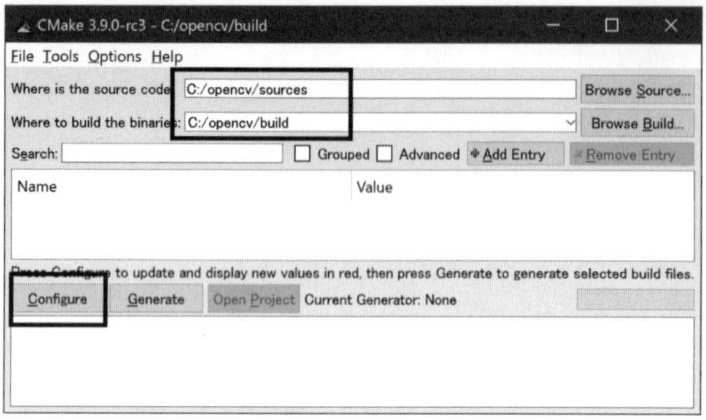

図 A.6 ● CMake の設定画面

　最上端にある［Where is the source code:］と［Where to build the binaries:］の 2 フィールドから、それぞれソースコードのフォルダとビルドしたバイナリを置くフォルダを指定します。ソースのフォルダは、OpenCV の通常版のものです（VisualC++ ライブラリとともにソースコードも付いてきます）。contrib のフォルダではない点に注意してください。バイナリのビルド先も通常版にもとからある build フォルダです。通常版を C:¥ 以下に展開していれば、それぞれ次のフォルダです。

> C:/opencv/sources
> C:/opencv/build

　選択したら［Configure］ボタンをクリックします。

　使用するコンパイラを指定するダイアログが表示されます（図 A.7）。CMake のバージョンによっては［Visual Studio 14］がデフォルトなこともありますが、本書が想定している開発環境は Visual Studio 2017 の 64 ビット環境であるため、［Visual Studio 15 2017 Win64］を選択してください[注1]。

注1　通常は Win64 ですが、32 ビット環境でビルドする必要がある場合は Win64 が付いていない［Visual Studio 15 2017］などを選択します。

Visual Studio のバージョン番号と年号は間違えやすいので注意が必要です。たとえば、「Visual Studio 15 2017」のバージョン「15」で、バージョン番号と西暦の下二桁は一致していません。[Visual Studio 15 2017 Win64] を選択したら、その他はデフォルトのまま [Finish] を押します。

図 A.7 ●コンパイラに [Visual Studio 15 2017 Win64] を指定

しばらくすると、メインの画面に図 A.8 のように中央のパネルにたくさんの項目が現れ、背景が赤くなります。これは、まだ設定が完了していない（エラーがある、不足している値がある、更新されていないなど）ことを意味しています。

以下、この中央パネルから必要な設定を順に行います。パネルは右側のスクロールバーからスクロールできます。

図 A.8 ●初期状態（中央パネルが赤い）

まずは、この何も設定を変更していない状態でエラーが出ないことを確認しておくために、このまま左下の [Configure] ボタンを押します。すべてが白くなって下のコンソールに

377

付録

Configuring doneと表示されれば正常です。contribの拡張ではなく標準パッケージの機能を有効化するだけであれば、この状態から必要な機能をチェックすればよく、次の手順は読み飛ばしてください。

次に、スクロールして［OPENCV_EXTRA_MODULES_PATH］の項目を探し、OpenCV contribのソースコードの所在を指定します（図A.9）。右側の空欄をクリックすると入力フィールドが現れるので、C:/opencv_contrib-3.2.0/modulesフォルダを指定します（所在についてはA.1節参照）。指定したら再度［Configure］ボタンを押します

図A.9 ● OPENCV_EXTRA_MODULES_PATHからOpenCV contribのソースコードを指定

もしも図A.10のようなエラーダイアログが出たら、それは誤ったパスを指定したり、ソースコードを適切に展開しなかったからでしょう。標準パッケージのC:/opencv/source/modulesを指定していないか、contribのファイルを標準のものと混ぜたりしていないか（たとえば同じフォルダに展開した）、あるいは標準パッケージと異なるバージョンのcontribをダウンロードしていないか、など確認します。それでも修正できなければ、A.1節に戻ってソースコードを最初から準備しましょう。

図A.10 ● ソースファイルに問題のあるときに出るエラーダイアログ

しばらくするとコンソールにConfiguring doneと表示されますが、中央パネルはまだ赤いままのはずです。上のほうにBUILD_opencv_〜という項目が並びます（図A.11）。これらはOpenCVのモジュール名で、ビルド対象となるものに右手のチェックボックスに最初はチェックが入っています。

図 A.11 ● 1 回目の設定の反映が完了した状態

ここで、下方にスクロールし、ディープラーニング（BUILD_opencv_dnn）と文字検出・認識モジュール（BUILD_opencv_text）のチェックボックスにチェックが入っていることを確認してください。

確認したら、再度［Configure］ボタンを押します。［Protobuf_SRC_ROOT_FOLDER］項目が赤く残った場合はそのままもう一度［Configure］ボタンを押してください。

設定が正しく完了すれば、すべての背景が赤から白になります。もし赤背景の項目がまだ残っているならば、その項目を修正し［Configure］ボタンをクリックするステップを繰り返して、設定を完了させます。

設定が完了したら、CMake メインウィンドウの下方にある［Generate］ボタンをクリックします（図 A.12）。

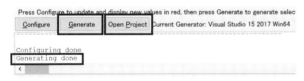

図 A.12 ● Generate ボタン→ Open Project ボタン

しばらくすると、下のコンソールに Generating done と表示され（図 A.12 下部）、C:/opencv/build フォルダに OpenCV.sln ファイルが生成されます。正しく生成されていれば［Open Project］ボタンが押せるようになるのでクリックします。するとその OpenCV.sln ファイルが開かれ、Visual Studio が起動します。

［Open Project］ボタンは CMake のバージョン 3.6 以降の機能なため、旧バージョンでは C:/opencv/build/OpenCV.sln ファイルを直接起動します。

ここまでくれば、CMake は閉じてかまいません。

A.4　contrib のビルド（Visual C++）

　Visual Studio が起動したら、[Debug モード] [x64] の構成でソリューションエクスプローラーの [opencv_dnn] プロジェクトを右クリックし、[ビルド] を選択します（図 A.13）。[ビルド] をクリックしてビルドを開始します。ビルドは環境や選択した項目によってはかなりの時間（数十分〜）がかかることもあります。

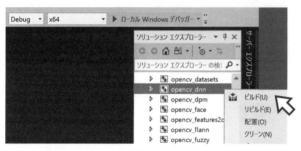

図 A.13 ●バッチビルドの選択

　Visual Studio の出力ウィンドウに以下のように表示されればビルド完了です。同じようにして [opencv_text] もビルドしておきます。

========== ビルド: 6 正常終了、0 失敗、0 更新不要、0 スキップ ==========

　ビルドが正常に終了すれば、Visual Studio を閉じてもかまいません。失敗の数が 0 でなければ、図 A.11 の cmake の BUILD_opencv 〜の項目を見直す必要があります。また、BUILD_opencv 〜以外にも設定項目があり、場合によってはそれらも変更する必要があります。環境にもよりますが、CMake の設定に戻って CUDA 機能のチェックを外すなどすると解決する場合もあるようです。

A.5　モジュールファイルのコピー

　モジュールファイルは 2.4 節で設定した各種パスとは異なる場所にビルドされるため、このままでは Visual Studio が読み込めません。そこで、すでに設定されているパスのフォルダにビ

付録 A　OpenCV contrib のビルド

ルドしたファイルをコピーします。新たなパスを追加することで Visual Studio に認識させることもできますが、本書ではこの方式を推奨します。

　本書は Debug モードのみを想定しているので、以下では Debug のみのコピーについて説明します。Release モードであっても「Debug」は「Release」に、「320d」は「320」と読み替えるだけで対応できます（OpenCV バージョン 3.1.0 なら「310」）。

　表 A.1 ～表 A.3 の左列に示したファイルを、右列のフォルダにコピーします。右列のフォルダは、2.4 節で設定した各種パスが通っている箇所です。左列のファイルが存在しなければ、おそらくビルドに失敗しているでしょう。前節に戻ってビルドし直します。

　表 A.3 ではコピー元フォルダ内のすべて（dnn.hpp と dnn フォルダ、および text.hpp と text フォルダ）をそのままコピー先フォルダにコピーしてください。

表 A.1 ●静的ライブラリファイル（*.lib）のコピー

コピー元フォルダとファイル	コピー先フォルダ
C:/opencv/build/lib/Debug/opencv_dnn320d.lib	C:/opencv/build/x64/vc14/**lib**/
C:/opencv/build/lib/Debug/opencv_text320d.lib	
C:/opencv/build/lib/Debug/opencv_ml320d.lib	
C:/opencv/build/lib/Debug/opencv_core320d.lib	
C:/opencv/build/lib/Debug/opencv_imgproc320d.lib	

表 A.2 ●動的ライブラリファイル（*.dll）のコピー

コピー元フォルダとファイル	コピー先フォルダ
C:/opencv/build/bin/Debug/opencv_dnn320d.dll	C:/opencv/build/x64/vc14/**bin**/
C:/opencv/build/bin/Debug/opencv_text320d.dll	
C:/opencv/build/bin/Debug/opencv_ml320d.dll	
C:/opencv/build/bin/Debug/opencv_core320d.dll	
C:/opencv/build/bin/Debug/opencv_imgproc320d.dll	

表 A.3 ●ヘッダファイルのコピー

コピー元フォルダとファイル	コピー先フォルダ
C:/opencv_contrib-3.2.0/modules/dnn/include/opencv2/	C:/opencv/build/include/opencv2/
C:/opencv_contrib-3.2.0/modules/text /include/opencv2/	

　本書で扱っていない他の contrib モジュールも同様な方法で利用できるようになります。

付 録

付録 B　Visual Studio の便利な機能

本付録では、Visual Studio の知っておくと便利な機能を紹介します。

B.1　行番号の表示

コード左の行番号はデフォルトでは表示されません。行番号を表示させるには、［ツール］→［オプション］→［テキストエディター］→［C/C++］の［行番号］にチェックを入れます（図 B.1）。

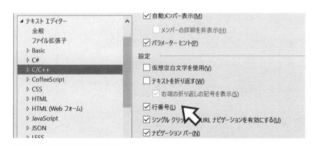

図 B.1 ●行番号の表示

B.2　ビルドとリビルド

実行ファイルを生成するとき、通常は［ビルド］を選択します。ソースコードに何らかの変更を施してからビルドを行うと、正常にビルドできれば、次のようなメッセージが表示されます。

```
========== ビルド: 1 正常終了、0 失敗、0 更新不要、0 スキップ ==========
```

「1 正常終了」は正常終了の回数が 1、「0 失敗」は失敗回数が 0 であることを示しています。

このようにいったんビルドが正常終了したあとで、ソースコードに何も変更を加えずに再度 ［ビルド］を実行すると、次のようなメッセージが表示されます。

```
========== ビルド: 0 正常終了、0 失敗、1 更新不要、0 スキップ ==========
```

正常終了の回数は 0 で、つまりビルドは行われていません。それは、「1 更新不要」と示されているように、ソースコードが変更されていないからビルドが必要ないと判断されたからです。

ソースコードに変更がなくても再度ビルドを実行したいときには、［リビルド］を選択します。ソースコードが変更されていようといまいと、最初から全部ビルドし直します。

ビルドはたくさんのソースファイルで構成されたプロジェクトをビルドするのに向いています。全部のファイルを生成し直すとそれなりに時間がかかりますが、変更のあったファイルだけならより短い時間で実行ファイルを生成できます。

反面、ソースコードの依存関係が複雑になってくると、ソースコードを変更したのにビルドされないという問題が発生することがあります。そのようなときは、［リビルド］で全ファイルをビルドし直します。本書のサンプルコードはいずれもシンプルな構成なので、リビルドが必要になることはまずないでしょう。

B.3 「デバッグの開始」と「デバッグなしで開始」

ビルド後のプログラムは、［デバッグ］の［デバッグの開始］と［デバッグなしで開始］の 2 つの方法から実行できます。

［デバッグの開始］では、ブレークポイント（実行中の状態を確認するために所定の箇所でプログラムを休止する箇所）やステップ実行（プログラムを連続にではなく 1 処理ずつ進める）、変数のウォッチなどのデバッガ機能が使えます。main 関数が終了すれば、同時にコンソールも閉じられます。Visual Studio メニューの緑三角のボタンは［デバッグの開始］です（図 B.2）。

図 B.2 ● ［デバッグの開始］を行う緑三角ボタン

［デバッグなしで開始］だとデバッガは使えませんが、最適化が行われます。こちらは、main関数が終わってもコンソールは表示されたままです。コンソールに文字が表示されているのに一瞬で閉じてしまって読み取れないときがありますが、そのようなときにこの方法は重宝します。

B.4　デバッグの中断

　プログラム実行中に、プログラムの側からではなく Visual Studio の側から強制的に終了させることもできます。図 B.3 に示す、中央の赤四角ボタンを押下するだけです。
　ただし、プログラムによってはリソースを正しく解放できないため、問題が生じることもあります。たとえば、VideoWriter を強制終了させると、ビデオファイルが適切に生成されません（3.5 節参照）。

図 B.3 ●［デバッグの停止］ボタン

B.5　IntelliSense

　IntelliSense は関数定義、関数で利用できるパラメータ、クラスで利用できるメンバの一覧などを表示する機能です。
　関数や定数にマウスカーソルをかざすことでその定義を表示する機能は「クイックヒント」と呼ばれています。たとえば図 B.4 の imread 関数の第 2 引数に指定されている IMREAD_GRAYSCALE の上にカーソルを置けば、その引数の定義と説明が表示されます。

```
img = imread("image.png", IMREAD_GRAYSCALE);
              enum cv::ImreadModes::IMREAD_GRAYSCALE = 0
              !< If set, always convert image to the single channel grayscale image.
```

図 B.4 ● Visual Studio のクイックヒント

クラスオブジェクトのあとにピリオドを打てば、そのクラスのメンバ一覧が表示されます。これは「リストメンバ」機能と呼ばれています。図 B.5 では、Mat クラスのオブジェクト img の後にピリオドを打つことでそのメンバを表示させています。左の小さなアイコンからは、その種別も確認できます。たとえば青い箱がメンバ変数、白い箱がメンバ関数です。

図 B.5 ●クラスオブジェクトのメンバー覧（Mat.）

　他にも便利な機能があるので、詳細は次の URL を参照してください。

　　https://msdn.microsoft.com/ja-jp/library/hcw1s69b.aspx

B.6　データヒント

　Visual Studio のデバッグモードでは、プログラムの実行中に任意の箇所で一時停止させ、その時点の変数値を調べられます。これを**データヒント**といいます。実行をプログラムの所定の箇所で一時停止させるには、コード左側の縦のグレーの帯をクリックして赤い●を設定します。これを**ブレークポイント**といいます。図 B.6 では 11 行目の左端にブレークポイントを設定しています。
　この状態でたとえば Mat オブジェクト img の上にマウスカーソルを置けば、図のようにその変数のヒントが表示されます。ここでは、cols=640、rows=480 であることから、読み込んだ画像が 640 × 480 ピクセルであることが読み取れます。値が cols=0、rows=0 となっていれば、画像の読み込みに問題があったことがわかります。

図 B.6 ●データヒント機能

付録

B.7 ライブラリバージョンの自動切換え

　ライブラリファイル名はソースコード内の #pragma comment にじかに書き込みます。当然、OpenCV を別のバージョンに変更したら、コードも修正しなければなりません（とはいえ 320 を 330 などに変えるだけですが）。これが面倒なときは、C/C++ のマクロという文字置換機能を使えばライブラリ名の数字部分を自動的に書き換えることができます（正確には C/C++ の機能であって、Visual Studio のものではないですが、ここで説明します）。

　通常、プログラム先頭部分には次の行が書かれています。

```
#pragma comment(lib, "opencv_world320d.lib")
```

　これを以下の 9 行のマクロに置き換えます。

```
#define C1 CVAUX_STR(CV_MAJOR_VERSION)
#define C2 CVAUX_STR(CV_MINOR_VERSION)
#define C3 CVAUX_STR(CV_SUBMINOR_VERSION)
#ifdef _DEBUG      // ビルドモード
#pragma comment(lib, "opencv_world" C1 C2 C3 "d.lib")
#else
#pragma comment(lib, "opencv_world" C1 C2 C3 ".lib")
#endif
```

　これで、バージョンに応じて自動的にライブラリファイル名を生成できます。

　ここに示した CVAUX_STR やその引数の CV_MAJOR_VERSION などは、OpenCV のヘッダに定義されているマクロや定数です[注2]。ここでは、このマクロと定数から得た数字を C1 C2 C3 として結合しています。また、このマクロは _DEBUG を利用することでデバッグモードとリリースモードの切り替えにも対応しています。

注2　opencv2/core/version.hpp で定義されています。

付録C　エラーメッセージと対処法

付録C エラーメッセージと対処法

　ビルド後の出力パネルに表示された項目が、警告（warning C ○○○○）であればビルドも実行もできますが、「エラー」のときは対処しなければなりません、出力パネルの最後のレポートの例を図 C.1 に示します。この例では「1 失敗」とあるので、エラーが 1 つあります。これエラーを修正し、再度ビルドして「1 正常終了、0 失敗」となればプログラムは実行できます。

```
========== ビルド： 0 正常終了、1 失敗、0 更新不要、0 スキップ ==========
```

図 C.1 ●出力パネル上のビルドレポート

　ビルドが正常終了してプログラムを実行できたとしても、実行時にエラーが発生することもあります。その場合、エラーダイアログが表示されることもあれば、コンソールにエラーメッセージが出力されることもあります。もちろん、その場合もプログラムの修正が必要です。
　本付録では、ビルドや実行時によく現れるエラーメッセージ、その表示先（出力パネル、コンソール、またはエラーダイアログ）、その最もありそうな原因、対処策を簡単にまとめています。

OpenCV Error: Assertion failed【コンソール】
バンドルされない例外が 0x00007ffe4e2a7788 で発生しました【エラーダイアログ】

　このエラーは、空（img.empty()）の画像データにアクセスしたときに発生します。たとえば、img の領域確保をしていないのに以下のように表示させようとした場合です。

```
imshow("画像表示", img);
```

　対象となっている Mat オブジェクト（上記では img）に画像ファイルを正しく読み込めているか、手前の imread 等で指定されているファイルへのパスは正しいか、ファイルを読み込むの

付録

387

付録

でなければ領域確保が事前になされているかなどを確認します。

このエラーは、imshow 関数に限らず Mat オブジェクト扱うすべての関数で発生し得ます。

include ファイルを開けません。'opencv2/opencv.hpp'【出力パネル】

プログラム冒頭の #include で指定したファイルにアクセスできていません。

インクルードパスが正しいかを確認するとともに、2.4.1 節の手順を見直します。

ファイル 'opencv_world320d.lib' を開くことができません。【出力パネル】

プログラム冒頭の #pragma comment で指定したライブラリファイル（opencv_.....lib）にアクセスできていません。あるいは、ダウンロードした OpenCV ライブラリのバージョンが 3.2.0 ではありません（メッセージの 320d に着目）。

ライブラリパスが正しいかを確認するとともに、2.4.2 節の手順を見直します。

これとは異なるバージョンをインストール・使用しているのなら、コード中の #pragma comment を変更します。たとえば、3.1.0 なら、次のように変更します。

```
変更前：#pragma comment(lib, "opencv_world320d.lib")
変更後：#pragma comment(lib, "opencv_world310d.lib")
```

'Mat': 定義されていない識別子です。【出力パネル】
'imshow': 識別子が見つかりませんでした【出力パネル】

OpenCV のクラスや関数の未定義エラーです。メッセージの左側に表示される「Mat」や「imshow」は一例です。

opencv2/opencv.hpp が正しくインクルードされているかを確認します（2.4.1 節参照）。また、opencv が所定の位置（本書では C:/opencv フォルダ）にインストールされているかも確認します。

プログラム冒頭で using namespace cv;　が記述されていなければ、単体で imshow のように書いてもクラス・関数は見つかりません（本来的な書き方では cv::imshow ですが、using namespace cv があると先頭の cv:: を省ける）。参照が正しいかも確認します。

コンピュータに opencv_world320d.dll がないため、プログラムを開始できません。【エラーダイアログ】

実行時に OpenCV のダイナミックライブラリ（opencv_.....dll）にアクセスできていません。

dll が収容されているフォルダがコマンドパスにあるか確認するとともに、2.4.3 節の手順を見直します。

error C4996: 'fopen': This function or variable may be unsafe.

1. Visual Studio メニューの［プロジェクト］から［（プロジェクト名）のプロパティ］を選択します。
2. ［構成プロパティ］→［C/C++］→［全般］を選択します（図 C.2）。
3. ［SDL チェック］の項目を［いいえ (/sdl-)］にして［OK］をクリックします。

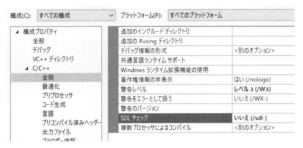

図 C.2 ● SDL チェックの無効化

warning: Could not find codec parameters (../../modules/videoio/src/cap_ffmpeg_impl.hpp:589)【コンソール】

読み込もうとしているビデオファイルが非対応のコーデックを使用しています（3.4.3 節参照）。

必要なコーデックをインストールします。あるいは、異なるコーデックのビデオファイルを試し、エラーがでないかを確認します。

error LNK1112: モジュールのコンピューターの種類 'X86' は対象コンピューターの種類 'x64' と競合しています。【出力パネル】

ビルドプラットフォームとして、x64 ではなく x86 を利用しています。
2.5.3 節を参考に開発環境ウィンドウのツールバーにあるプラットフォームを修正します。

識別子 "DBL_EPSILON" が定義されていません【出力パネル】

このメッセージ自体は未定義エラーを示すものですが、こういったエラーメッセージが大量に発生した場合は、ビルドプラットフォームを x64 ではなく x86 にしてしまっている影響による可能性があります。
2.5.3 節を参考に修正します。

'0x3000': この文字を識別子の最初の文字にすることはできません【出力パネル】

おそらく、コード中に全角のスペースが混入しています。

全角スペースを消すか、半角スペースに変更します。

warning C4819: ファイルは、現在のコードページ（932）で表示できない文字を含んでいます。データの損失を防ぐために、ファイルを Unicode 形式で保存してください。【出力パネル】

OpenCV をインストールした直後の初期状態では、ビルド時にヘッダファイルの文字コードに対する警告がいくつか（1 プロジェクトにつき 3 件）表示されることがあります。メッセージある「コードページ」は文字コードの種類で、括弧にある「932」は Shift_JIS（シフトジス）を意味します。つまり、Windows 日本語版が通常対象としている Shift_JIS 文字ではない文字が、OpenCV パッケージにあるヘッダファイルの一部に含まれていることを、この警告は告げているわけです。

以下の手順でこの C4819 の警告文を非表示にできます。

1. Visual Studio メニューの［プロジェクト］から［（プロジェクト名）のプロパティ］を選択します。
2. ［構成プロパティ］→［C/C++］→［詳細設定］を選択します（図 C.3）。
3. ［指定の警告を無効にする］の項目に、非表示にしたい警告番号（今回は 4819）を記入し、［OK］をクリックします。

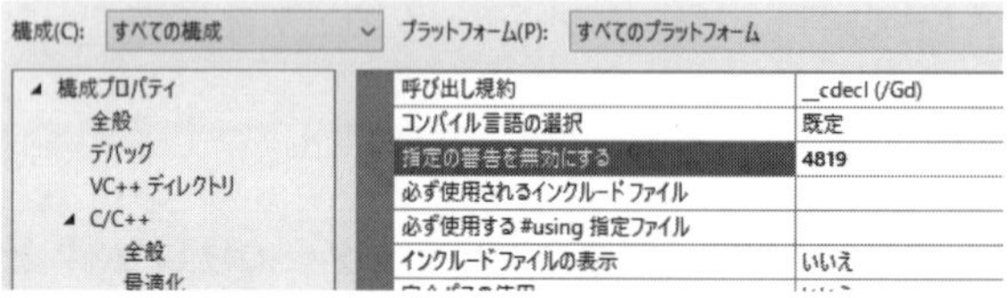

図 C.3 ●警告文（4819）の非表示

既に別の数値が記入されている場合は、セミコロンで区切ってください。（例：4996;4819）

コンピューターに MSVCP120D.dll / MSVCP140D.dll がないため、プログラムを開始できません。【エラーダイアログ】

新しいバージョンの Visual Studio で作成されたプログラムを、それより古いバージョンの Visual Studio がインストールされている（もしくは何もインストールされていない）、別の環境で動作させたときなどに発生します。

付録 C　エラーメッセージと対処法

　以下のサイトより、必要な Visual C++ 再配布可能パッケージをインストールすれば、動作させることができます。

Visual Studio 2013 用

　https://www.microsoft.com/ja-jp/download/details.aspx?id=40784

Visual Studio 2015 用

　https://www.microsoft.com/ja-JP/download/details.aspx?id=48145

Visual Studio 2017 用

　https://www.visualstudio.com/ja/downloads/?q=#other-ja

error MSB8020: The build tools for v141 (Platform Toolset = 'v141') cannot be found.【出力パネル】
fatal error LNK1158: 'rc.exe' を実行できません。【出力パネル】
warning：v141 のビルド ツールが見つかりません。【出力パネル】

　新しいバージョンの Visual Studio で作成したプロジェクトを、それより古いバージョンの Visual Studio でビルドしようとしたときなどに発生します。

　以下の手順で修正したのち、リビルドします。

（1）　ソリューションエクスプローラーでプロジェクトを選択
（2）　メニューの［プロジェクト］→［プロパティ］→［構成プロパティ］
（3）　［ターゲットプラットフォーム バージョン］を古いバージョンに変更（たとえば 10.0.15063.0 から 8.1）。
（4）　［プラットフォームツールセット］を古いバージョンに変更（たとえば v141 から v140）。

391

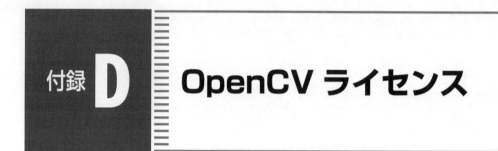

付録D OpenCV ライセンス

　以下に、パッケージに含まれている OpenCV ライセンスを全文で示します。所在は、「opencv/LICENSE.txt」、「opencv/build/LICENSE」、もしくは「opencv/sources/LICENSE」で、同一の内容です。

By downloading, copying, installing or using the software you agree to this license.
If you do not agree to this license, do not download, install,
copy or use the software.

License Agreement
For Open Source Computer Vision Library
(3-clause BSD License)

Copyright (C) 2000-2016, Intel Corporation, all rights reserved.
Copyright (C) 2009-2011, Willow Garage Inc., all rights reserved.
Copyright (C) 2009-2016, NVIDIA Corporation, all rights reserved.
Copyright (C) 2010-2013, Advanced Micro Devices, Inc., all rights reserved.
Copyright (C) 2015-2016, OpenCV Foundation, all rights reserved.
Copyright (C) 2015-2016, Itseez Inc., all rights reserved.
Third party copyrights are property of their respective owners.

Redistribution and use in source and binary forms, with or without modification,
are permitted provided that the following conditions are met:

  * Redistributions of source code must retain the above copyright notice,
    this list of conditions and the following disclaimer.

付録 D　OpenCV ライセンス

* Redistributions in binary form must reproduce the above copyright notice, this list of conditions and the following disclaimer in the documentation and/or other materials provided with the distribution.

* Neither the names of the copyright holders nor the names of the contributors may be used to endorse or promote products derived from this software without specific prior written permission.

This software is provided by the copyright holders and contributors "as is" and any express or implied warranties, including, but not limited to, the implied warranties of merchantability and fitness for a particular purpose are disclaimed. In no event shall copyright holders or contributors be liable for any direct, indirect, incidental, special, exemplary, or consequential damages (including, but not limited to, procurement of substitute goods or services; loss of use, data, or profits; or business interruption) however caused and on any theory of liability, whether in contract, strict liability, or tort (including negligence or otherwise) arising in any way out of the use of this software, even if advised of the possibility of such damage.

付録 E 参考文献

本書で取り上げたアルゴリズムや方法に関する原論文です。

[ALA12]　A. Alahi, R. Ortiz, P. Vandergheynst, "FREAK: Fast Retina Keypoint," IEEE Computer Vision and Pattern Recognition (CVPR), 2012.

[ALC12]　P. F. Alcantarilla, A. Bartoli, A. J. Davison, "KAZE features," In Eur. Conf. on Computer Vision (ECCV), 2012.

[ALC13]　P. F. Alcantarilla, J. Nuevo, A. Bartoli, "Fast Explicit Diffusion for Accelerated Features in Nonlinear Scale Spaces," British Machine Vision Conference (BMVC), 2013.

[CAN86]　J. Canny, "A Computational Approach to Edge Detection," IEEE Transaction on Pattern Analysis and Machine Intelligence, 1986.

[GAS11]　E. S. L. Gastal, M. M. Oliveira, "Domain Transform for Edge-aware Image and Video Processing", ACM Transactions on Graphics (TOG), 2011.

[HIN06]　G. E. Hinton, R. R. Salakhutdinov, "Reducing the Dimensionality of Data with Neural Networks," Science, 2006.

[JAV01]　S. Javier, M.-L. Enric, F. Gabriele, "TV-L1 Optical Flow Estimation," Image Processing On Line, 2012.

[JON01]　M. J. Jones, P. Viola, "Rapid Object Detection using a Boosted Cascade of simple features," IEEE Computer Vision and Pattern Recognition (CVPR), 2001.

[KAR15]　E. Karami, S. Prasad, M. Shehata, "Image Matching Using SIFT, SURF, BRIEF and ORB: Performance Comparison for Distorted Images", IEEE Newfoundland Electrical and Computer Engineering Conference, 2015.

[KRI12]　A. Krizhevsky, I. Sutskever, G. E. Hinton, "ImageNet Classification with Deep Convolutional Neural Networks," Neural Information Processing Systems (NIPS), 2012.

付録 E 参考文献

[LEU11] S. Leutenegger, M. Chli, R. Y. Siegwart, "BRISK: Binary Robust Invariant Scalable Keypoints," IEEE International Conference on Computer Vision (ICCV), 2011.

[LIE02] R. Lienhart , J. Maydt, "An Extended Set of Haar-like Features for Rapid," IEEE International Conference on Image Processing (ICIP), 2002.

[NEU11] L. Neumann, J. Matas, "Text localization in real-worldimages using efficiently pruned exhaustive search," International Conference on Document Analysis and Recognition (ICDAR), 2011.

[NEU12] L. Neumann, J. Matas, "Real-time Scene Text Localization and Recognition," IEEE Conference on Computer Vision and Pattern Recognition (CVPR), 2012.

[OTS79] N. Otsu, "A Threshold Selection Method from Gray-Level Histograms," IEEE Transaction on Syst. Man Cybern, 1979.

[ROS10] E. Rosten, R. Porter, T. Drummond, "Faster and Better: A Machine Learning Approach to Corner Detection," IEEE Transactions on PAMI, 2010.

[RUB11] E. Rublee, V. Rabaud, K. Konolige, G. R. Bradski, "ORB: An Efficient Alternative to SIFT or SURF," IEEE International Conference on Computer Vision (ICCV), 2011.

[SWA91] M. J. Swain, D. H. Ballard, "Color Indexing", International Journal of Computer Vision, 1991.

[VIO01] P. Viola , M. J. Jones, "Rapid Object Detection using a Boosted Cascade of Simple Features," Proceedings of the IEEE Computer Vision and Pattern Recognition (CVPR), 2001.

[ZAC77] G. W. Zack, W. E. Rogers, S. A. Latt, "Automatic Measurement of Sister Chromatid Exchange Frequency," J. Histochem. Cytochem. 25, 1977.

[ZAC07] C. Zach, T. Pock, H. Bischof, "A Duality Based Approach for Realtime TV-L1 Optical Flow," Annual Symposium of the German Association for Pattern Recognition (DAGM), 2007.

索 引

■記号・数字

().. 174
* 261
/ viii
<< 103
>> 93
~ 240
¥ ix
1～4個の数値を格納 85
1チャンネル画像からマルチチャンネル画像を合成
.... 201
1秒あたりのtick数を返す 190
2次元座標を扱うクラス 130, 181
2次元ヒストグラム 318
2次微分 248
2値化 6
2値化閾値の自動判定 156
2つのヒストグラムを比較する 325
2点を結ぶ線の描画 130
2枚の画像から抽出した特徴点のマッチング結果を描画
.... 336
3要素の数値を格納するクラス 222

■A

absdiff() 239
AdaBoost 338
adaptiveThreshold() 157
addWeighted() 238
AKAZE 12, 337
arrowedLine() 132

■B

BackgroundSubtractorMOG2 クラス 240
BFMatcher クラス 333
BFMatcher::BFMatcher() 334
BGR 16
BGRA 17
bitwise_not() 240

blob 354
Blob クラス 354
blob データを Mat 型の参照で返す 356
blur() 114
BORDER_CONSTANT 112, 184
BORDER_DEFAULT 112
BORDER_REFLECT 112, 184
BORDER_REFLECT_101 112
BORDER_REPLICATE 112, 184
BORDER_WRAP 112, 184
BRIEF 337
BRISK 337
Brute Force マッチングクラスのコンストラクタ 334

■C

Caffe フレームワークのネットワークのインポータを生
成する 352
Caffe モデル 346, 358
calcHist() 268
Canny アルゴリズム 71
Canny() 74
CAP_PROP_BRIGHTNESS 120
CAP_PROP_CONTRAST 121
CAP_PROP_CONVERT_RGB 121
CAP_PROP_EXPOSURE 121
CAP_PROP_FORMAT 120
CAP_PROP_FOURCC 120
CAP_PROP_FPS 120
CAP_PROP_FRAME_COUNT 120
CAP_PROP_FRAME_HEIGHT 120
CAP_PROP_FRAME_WIDTH 120
CAP_PROP_GAIN 121
CAP_PROP_HUE 121
CAP_PROP_POS_AVI_RATIO 120
CAP_PROP_POS_FRAMES 120
CAP_PROP_POS_MSEC 120
CAP_PROP_SATURATION 121
cartToPolar() 304

397

CascadeClassifier() 343
CascadeClassifier::detectMultiScale()................. 343
changeBrightness() 154
circle() 135
closing 8
CMake 374
CMY 17
CMYK 17
COLOR_BGR2GRAY 100
COLOR_BGR2HSV 100
COLOR_BGR2YCrCb 100
COLOR_GRAY2BGR 100
COLOR_HSV2BGR 100
COLOR_HSV2RGB 100
COLOR_RGB2HSV 100
COLOR_RGB2YCrCb 100
COLOR_YCrCb2BGR 100
COLOR_YCrCb2RGB 100
cols 18, 82
compareHist() 325
contrib 345
copyMakeBorder() 281
cout 22
createOptFlow_DualTVL1() 302
createTrackbar() 152
cv::dnn 346
CV_COMP_BHATTACHARYY 325
CV_COMP_CHISQR 325
CV_COMP_CORREL 325
CV_COMP_INTERSECT 325
cvtColor() 100

■D

DCT 286
dct() 294
DEFAULT 336
DenseOpticalFlow クラス 302
DenseOpticalFlow::calc() 303
depth 82
DescriptorMatch::match() 335
destroyAllWindows() 124
destroyWindow() 124
DFT 271
dft() 282

DFT に最適なサイズの計算 280
DFT_COMPLEX_OUTPUT 282
DFT_INVERSE 282
DFT_REAL_OUTPUT 282
DFT_ROWS 282
DFT_SCALE 282
dilate 186
dilate() 192
dilation 7
DMatch クラス 333
dnn::Blob::fromImages() 354
dnn::Blob::matRefConst() 356
dnn::createCaffeImporter() 352
dnn::Importer クラス 346
dnn::Importer::populateNet() 352
dnn::Importer::release() 353
dnn::Net クラス 346
dnn::Net::forward() 355
dnn::Net::getBlob() 355
dnn::Net::setBlob() 355
DRAW_OVER_OUTIMG 336
DRAW_RICH_KEYPOINTS 336
drawMatches() 336
Dual TV-L1 アルゴリズム 295
Dual TV-L1 の準備 302

■E

ellipse() 136
ER 360
ER のデータ構造を反映した構造体 367
ER フィルタクラス 361
ER フィルタリングの実行 368
ERGROUPING_ORIENTATION_ANY 369
ERGROUPING_ORIENTATION_HORIZ 369
erode 209
erosion 7
EVENT_FLAG_ALTKEY 165
EVENT_FLAG_CTRLKEY 165
EVENT_FLAG_LBUTTON 164
EVENT_FLAG_MBUTTON 164
EVENT_FLAG_RBUTTON 164
EVENT_FLAG_SHIFTKEY 165
EVENT_LBUTTONDBLCLK 163
EVENT_LBUTTONDOWN................................... 163

索引

EVENT_LBUTTONUP 163
EVENT_MBUTTONDBLCLK 163
EVENT_MBUTTONDOWN 163
EVENT_MBUTTONUP 163
EVENT_MOUSEHWHEEL 163
EVENT_MOUSEMOVE.. 163
EVENT_MOUSEWHEEL..................................... 163
EVENT_RBUTTONDBLCLK 163
EVENT_RBUTTONDOWN 163
EVENT_RBUTTONUP 163
Exhaustive Search 361
Extremal Region.. 360

■F

FAST... 337
Feature2D::detectAndCompute() 333
FFT.. 274
fillConvexPoly() 134
fillPoly() 134
filter2D() 247
flip()... 108
FONT_HERSHEY_COMPLEX 138
FONT_HERSHEY_COMPLEX_SMALL................. 138
FONT_HERSHEY_DUPLEX 138
FONT_HERSHEY_PLAIN 138
FONT_HERSHEY_SCRIPT_COMPLEX 138
FONT_HERSHEY_SCRIPT_SIMPLEX 138
FONT_HERSHEY_SIMPLEX 138
FONT_HERSHEY_TRIPLEX 138
FONT_ITALIC 138
FOURCC... 97
FOURCC コーデックの指定................................. 98
fps 23
FREAK.. 337

■G

GaussianBlur()... 111
getOptimalDFTSize().. 280
getPerspectiveTransform() 183
getTickCount()... 191
getTickFrequency()... 190
GRAY... 17

■H

HaarLike 特徴.. 13
HaarLike 特徴検出 338
HaarLike 特徴分類器を用いた物体検出.............. 343
HaarLike 特徴分類クラスのコンストラクタ 343
HaarLike 特徴分類ファイル............................... 339
HSV 9, 17
HSV 変換のピクセル値の変化 207

■I

idct() 294
IDFT 271
idft() 284
ILSVRC 345
imread() 65
IMREAD_ANYCOLOR...................................... 66
IMREAD_ANYDEPTH....................................... 66
IMREAD_COLOR... 66
IMREAD_GRAYSCALE...................................... 65
IMREAD_LOAD_GDAL 66
IMREAD_UNCHANGED 65
imshow() 67
imwrite() 75
IMWRITE_JPEG_QUALITY 75
IMWRITE_PNG_COMPRESSION 75
IMWRITE_PXM_BINARY 75
InputArray 185
InputArrayOfArrays... 185
IntelliSense 384
INTER_AREA 113
INTER_CUBIC 114
INTER_LANCZOS4... 114
INTER_LINEAR 113
INTER_NEAREST 113

■K

KAZE 337
KeyPoint クラス.. 328

■L

L1 ノルム 74, 334
L2 ノルム 74, 334
line() 130
LINE_4.. 131

LINE_8 131
LINE_AA 131

■M

Mat オブジェクト 14
Mat オブジェクトが空のとき true を返す 67
Mat クラス 62
Mat クラスの画像データ配列と直接アクセス ... 224
Mat コンストラクタ 86
Mat の属性 82
Mat() 86
Mat::at<Vec3b>() 224
Mat::clone() 89
Mat::convertTo() 231
Mat::copyTo() 89
Mat::create() 87
Mat::empty() 67
Mat::Mat() 245
Mat::mul() 260
Mat::operator() 174
Mat::reshape() 356
Mat::setTo() 88
Mat::size() 83
Mat::total() 83
Mat::zeros() 87
matchTemplate() 313
max() 123
mean() 201
merge() 201
min() 123
minMaxLoc() 202
MORPH_BLACKHAT 218
MORPH_CLOSE 218
MORPH_DILATE 218
MORPH_ERODE 218
MORPH_GRADIENT 218
MORPH_OPEN 218
MORPH_TOPHAT 218
morphologyEx() 218

■N

N&M アルゴリズム 360
N&M アルゴリズム第 1 段階分類器の生成 366

N&M アルゴリズム第 1 段階分類器モデルファイルの読
み込み 366
N&M アルゴリズム第 2 段階分類器の生成 366
N&M アルゴリズム第 2 段階分類器モデルファイルの読
み込み 366
namedWindow() 107
NCC 314
Neumann & Matas の文字検出アルゴリズム 360
noArray() 88
norm() 182
normalize() 232
NOT_DRAW_SINGLE_POINTS 336

■O

OCR 359
onMouse() 162
open/close 210
OpenCV 2
　インストール 30
　ダウンロード 28
　ライセンス 392
OpenCV contrib 372
opening 8
ORB 12, 337
ORB アルゴリズム 327
ORB 特徴点オブジェクトの生成 332
ORB::create() 332
OutputArray 185
OutputArrayOfArrays 185

■P

PATH 36, 43
pencilSketch() 77
Point クラス 130
Point2f クラス 181
polylines() 135
putText() 137

■Q

Q&A サイト 5

■R

rand() 122

Rect() 133	THRESH_TRUNC 155
rectangle() 133	threshold() 102, 156
resize() 113	tick 数 186
resizeWindow() 108	TM_CCOEFF 315
RGB... 16	TM_CCOEFF_NORMED 315
RGBA 17	TM_CCORR 315
ROI.............................89, 173, 193	TM_CCORR_NORMED 315
データを抽出 174	TM_SQDIFF 315
rows 18, 82	TM_SQDIFF_NORMED 315

■S

SAD 308
saturate_cast() 224
Scalar クラス 85
Scalar の全要素に同じ値をセット 87
Scalar::all() 87
setMouseCallback()............................ 161
setTrackbarPos().............................. 154
SIFT.. 337
Size クラス 85
split() 200
SSD... 308
stdafx.h 50
stringstream クラス 146
stringstream::str() 146
stylization() 76
SURF 337

■T

text::createERFilterNM1() 366
text::createERFilterNM2() 366
text::ERFilter クラス 361
text::ERFilter::run() 368
text::erGrouping() 369
text::ERStat 構造体................................361, 367
text::loadClassifierNM1() 366
text::loadClassifierNM2() 366
THRESH_BINARY 155, 217
THRESH_BINARY_INV.. 155
THRESH_OTSU 157
THRESH_TOZERO 156
THRESH_TOZERO_INV.............................156, 217
THRESH_TRIANGLE 157

■U

Unicode 形式.. 390
using namespace.. 64

■V

Vec3b クラス 222
vector 185
vector コンテナ 75, 139
VideoCapture クラス 90
VideoCapture コンストラクタ 92
VideoCapture::get() 120
VideoCapture::isOpened().. 93
VideoCapture::release() 124
VideoCapture::set().. 122
VideoCapture::VideoCapture() 92
VideoWriter クラス 95
VideoWriter::fourcc().. 98
VideoWriter::release().. 124
VideoWriter::VideoWriter() 97
Visual Studio
インストール 33
環境設定 36
ダウンロード 32
バージョン 47, 377, 390

■W

waitKey().. 68
戻り値.. 147
warpPerspective().. 183
WINDOW_NORMAL.. 108
Windows の「項目のサイズ」と画像のサイズ 69
WINDOWS_AUTOSIZE.. 108

■X

x64 50
x86 50

■Y

YCbCr 287
YCrCb 17

■Z

ZNCC 315

■あ

アート風画像処理 76
青み 287
赤み 287
明るさ 287
浅いコピー 146
値の範囲を正規化 232
アパーチャサイズ 74
新たな値を指定した層にセットする 355
アルファチャンネル 16
移動物体の抽出 232
移動平均平滑化 114, 115
イラスト風に加工 76
彩度 9, 203
インクルードパス 37, 388
インポータ 352
　　解放 353
インポートライブラリ 63
ウィンドウ 115
　　画像を表示 67
　　作成 107
　　閉じる 124
ウィンドウサイズの設定 108
映像からフレームを取得 93
映像の構造 23
エッジ検出 7, 71, 74
エラーメッセージ 387
エロージョン 7
円形ワイプ 251
円の描画 135
鉛筆画風に加工 77
大津アルゴリズム 156

■か

オーバーロード 5
オープニング 8
オプティカルフロー 10, 295
　　計算 303
オペレータ 241
重み付き和の計算 238
折れ線の描画 135

■か

カーネル 241
カーネルサイズ 74
階級 264
外挿 112
開発環境 vii
開放 8
ガウシアンフィルタ 249
ガウシアン平滑化 111, 115
ガウス分布 116
書き込み用ビデオファイルの初期化 97
学習 13
拡大 113
重ね合わせ画像 233
画素 15
画像
　　各種モルフォロジー演算 218
　　構成 20
　　構造 14
　　異なるデータ型に変換する 231
　　コピーの作成 89
　　次元数 82
　　射影変換 183
　　周囲にパディングを加える 281
　　高さ 82
　　チャンネル数・形状を変換する 356
　　チャンネル分離 200
　　幅 82
　　反転 108
　　ピクセル値の差分の絶対値を得る 239
　　ヒストグラムを計算する 268
　　ファイルに保存 75
　　べき乗表示 317
　　別の画像にコピー 89
　　膨張処理 192

メタデータ	82	グラディエント	74
読み込み	65	グラディエントフィルタ	243

画像オブジェクト

サイズを取得	83	グリーンバック	208
生成	86, 87	グルーピング	361
総画素数を取得	83	グレースケール画像	6, 15

画像から blob を生成 354

画像カラーモデルの変換 100

画像サイズ 18

画像情報、画像データ格納用クラス 62

画像全体を同じ値で埋める 88

画像内の最小／最大値およびその座標を取得 202

画像ピラミッド 295

活性化層 357

カフェモデルインポート用クラス 346

カメラ映像 23

クラス	90
属性値のセット	122
保存を扱うクラス	95

カメラを開く 92

カラー画像 15

カラーモデル 16

カラの InputArray を返す 88

空の画像データにアクセス 387

カレントディレクトリ 53

環境変数ダイアログボックス 44

キーコンビネーション 163

同時押し判定 164

キー入力の待機 68

キーポイント 326

キーボード操作 140

機械学習 13

基本色 15

逆離散コサイン変換 294

逆離散フーリエ変換 284

キャニーアルゴリズム 71

教師データ 358

強制終了 384

行番号の表示 382

行列の積 261

クイックヒント 384

空間フィルタリング 241

矩形領域抽出演算子 174

グリーンバック 208

グルーピング 361

グレースケール画像 6, 15

クロージング 8

クロマキー合成 207

結合層 358

検出 359

原色 15

減色処理 203

交差法 319

公式ドキュメント 3

高周波カット 276

高周波と低周波の入れ替え 283

構造要素 193

コーデック 24

コードページ 390

コマンドパス 37, 43, 388

コンテナフォーマット 24

コンピュータビジョン iii

コンボリューション 241

■さ

最小値の選択 123

サイズ 18

最大値の選択 123

座標系 126

残差法 308

時間領域 270

閾値 6

閾値処理 102, 156

色相 9, 203

システム環境変数 45

指定子 64

指定した層から値を取得する 355

射影変換 175

射影変換行列の取得 183

縦横サイズを扱うクラス 85

周期 23, 186

収縮 8

周波数 186

周波数フィルタリング 270

403

周波数領域 270	低周波カット 276
縮小 113	定数倍 261
縮退 209	データ型 18
出力層 357	定数名 20
順方向の伝搬計算を行う 355	データヒント 385
ショット 250	適応的2値化 157
処理の流れ 25	デバッグなしで開始 383
新規プロジェクトの作成 48	デバッグ
深層学習 357	開始 383
ステップ実行 383	中断 384
ストリームに格納された文字列を取り出す 146	デプス画像 2
すべて0で埋めた画像オブジェクトの生成 87	点描化 219
すべてのウィンドウを閉じる 124	テンプレートマッチング 10, 308
スライダ 148	動画 23
位置の設定 154	透視投影変換 175
正規化相互相関 314	動的ライブラリファイル 64
ゼロ画像 196	透明度 16
ゼロ平均正規化相互相関 315	特徴点 326
全角スペース 390	マッチング 12
相関値の目安 316	特徴点検出 11
相関法 308	特徴点抽出と特徴量記述 337
層構造 357	特徴点の抽出と特徴量の取得 333
その時点のtick数を返す 191	特徴点を収容するクラス 328
ソリューション 52	特徴量 326
	不変性 327
■た	特徴量間のマッチングを行う 335
楕円の描画 136	特徴量記述の比較結果を収容するクラス 333
多角形の描画 135	度数 264
畳み込み 262	度数分布図 9
畳み込み演算 241	度数分布表 264
畳み込み層 357	トライアングルアルゴリズム 156
探索画像とテンプレート画像の類似度を計算 313	トラックバー 148
チャンネル数 16	作成 152
中間層 357	トラックバーイベントに対するコールバック関数 .. 154
中周波カット 276	トランジション 250
注目領域 89, 173	トランジション用行列 253
長方形の指定 133	
長方形の描画 133	**■な**
ディープネット計算クラス 346	名前空間 64
ディープラーニング 13, 345, 357	日本語文字 ix
ディスクリプタ 326	ニューラルネットワーク 351, 357
ディゾルブ 250	入力層 357
ディレーション 7	任意形状の構造要素 193

索引

認識 360
塗りつぶしたポリゴンの描画 134
ノルム 74, 182
ノンフォトリアリスティック 76

■は

ハール状特徴 13
背景差分クラス 240
ハイパスフィルタ 248
配列で Mat オブジェクトを初期化する 245
パス 36
パス区切り記号 viii
パワー 285
ピクセル 15
　　アクセス 224
　　外挿 112
ピクセル値の平均をチャンネル単位で計算 201
ピクセル補間方法 113
ヒストグラム 9, 264
非対応のコーデック 389
ビット毎の反転 240
ビット深度 19
ビデオキャプチャ
　　初期化状態を調べる 93
　　属性値の取得 120
　　閉じる 124
ビデオのプロパティ 25
ビデオファイル 23
　　クラス 90
　　属性値のセット 122
　　開く 92
　　保存を扱うクラス 95
ビデオライタを閉じる 124
ビルド 55, 57, 382
ビン 264
ファイルの置き場所 53
フィルタ 241
フィルタサイズ 115
フーリエ逆変換 271
フーリエ変換 271
プーリング層 357
フォント 138
深いコピー 88, 146

複素数用 2 チャンネル Mat 281
物体認識 13
浮動小数点数型画像 226
プラットフォーム 50, 389
ブルーバック 208
ブレークポイント 383, 385
フレーム 23
　　ビデオファイルに書き込む 103
フレームレート 23
フロー色相ウィンドウ 297
フローベクトル 296
プロジェクト 52
分類 345
平滑化 109
平滑化アルゴリズム 115
閉鎖 8
ベクトルの長さと角度を計算 304
ベクトルの長さを算出 182
膨張 8, 186
飽和 145, 224
ボーダーサイズ 281
ポスタリゼーション 203
保存したビデオファイルの再生エラー 103

■ま

マウスイベントに対するコールバック関数 162
　　登録 161
マウスクリック 163
マウス操作 158
マウスホイール 163
マクベスチャート 213
マスク画像 208
マッチングを実行するクラス 333
ミニチュア風映像 166
明度 9, 203
文字列ストリーム 146
文字列として意味のある領域のグループ化 369
文字列の描画 137
モノクロ画像 15
モルフォロジー演算 7

■や

矢印の描画 132

405

ユークリッド距離 334
ユーザ環境変数 45
ユーザ設定フィルタによる畳み込み演算 247
要素毎の積 253
要素どうしでの Mat の乗算 260
読み込んだ層を net に追加接続する 352

■ら

ライブラリパス 37, 41, 388
ラプラシアンフィルタ 248
ランダム値の生成 122
離散コサイン変換 286, 294
離散フーリエ変換 271, 282, 285
リストメンバ機能 385
リビルド 382
リファレンス 3
領域の木構造分類 360
領域を木構造で保持する構造体 361
類似度 308

■わ

ワイプ 250

■ 著者プロフィール

永田 雅人（ながた・まさひと）

幼少期の古き良きマイコンブームの頃は、アナログ・デジタル回路の電子工作やプログラミング（機械語〜）に熱中するラジオ少年だった。早稲田大学理工学部電気電子情報工学科の学部＆修士の後、横浜国立大学の博士課程で人間の視覚について学ぶ。現在は視覚（質感知覚）に関する研究員と画像処理の非常勤講師を務めている。

著書に、本書の前版『実践 OpenCV』と『実践 OpenCV 2.4』（カットシステム、2009、2013）、共著書に『ディジタル映像分析』（カットシステム、2012）、『実践 OpenCV 2.4 for Python』（カットシステム、2014）、訳書に『OpenCL 詳説』（カットシステム、2011）、『詳解 OpenCV 3』（O'Reilly、2017 刊行予定）がある。

豊沢 聡（とよさわ・さとし）

電話会社や各種教育産業をはしごした後、現在はコンピュータネットワーク技師。著書、訳書、監修書は、これで 28 冊目。主な著作に『実践 Java インターネットプログラミング』（カットシステム、2002）、『コマンドで理解する TCP/IP』（アスキー・メディアワークス、2008）、訳書に『IPv6 エッセンシャルズ第 2 版』（オライリー・ジャパン、2007）、『詳細イーサネット第 2 版』（オライリー・ジャパン、2015）、監修書に『実践 OpenCV 2.4』（カットシステム、2013）がある。ここに書けることが何も思い当たらず、ああ、会社と自宅を往復するだけのサラリーマンになっているなぁ、と感じる今日この頃です。

実践 OpenCV 3 for C++
画像映像情報処理

2017 年 9 月 10 日　　　初版第 1 刷発行

著　者	永田 雅人／豊沢 聡
発行人	石塚 勝敏
発　行	株式会社 カットシステム
	〒 169-0073 東京都新宿区百人町 4-9-7　　新宿ユーエストビル 8F
	TEL　(03)5348-3850　　　FAX　(03)5348-3851
	URL　http://www.cutt.co.jp/
	振替　00130-6-17174
印　刷	シナノ書籍印刷 株式会社

本書に関するご意見、ご質問は小社出版部宛まで文書か、sales@cutt.co.jp 宛に
e-mail でお送りください。電話によるお問い合わせはご遠慮ください。また、本書の内
容を超えるご質問にはお答えできませんので、あらかじめご了承ください。

■本書の内容の一部あるいは全部を無断で複写複製(コピー・電子入力)することは、法律で認められた
場合を除き、著作者および出版者の権利の侵害になりますので、その場合はあらかじめ小社あてに許
諾をお求めください。

Cover design　Y.Yamaguchi　　　© 2017 永田雅人／豊沢 聡

Printed in Japan　ISBN978-4-87783-380-0